电子商务实战系列规划教材

跨境电商实务

——速卖通平台运营实战

黄军明　主　编

谢昕坤　李雪龙　副主编

电子工业出版社

Publishing House of Electronics Industry

北京·BEIJING

内 容 简 介

本书从零基础开始，系统、全面地讲解速卖通跨境电商平台运营的基础知识和应用技巧，按操作流程分为跨境电商基础、选品与店铺装修、店铺运营与客户管理、跨境电商物流与支付、跨境电商营销与推广、数据分析与店铺优化以及速卖通无线端运营7个项目。本书结合作者多年的跨境电商运营和教学经验编写而成，内容通俗易懂，后台数据均来自企业的真实案例，是一本不可多得的实战型教材。

本书既可作为高等职业院校和普通高等学校电子商务类、经济贸易类相关专业的"跨境电商实务"课程的教材，也可作为有意从事跨境电商运营工作人员的入门指导书，还可作为电子商务及外贸行业从事跨境电商相关工作人员的参考用书。

图书在版编目（CIP）数据

跨境电商实务：速卖通平台运营实战 / 黄军明主编. —北京：电子工业出版社，2019.8
ISBN 978-7-121-36391-7

Ⅰ. ①跨…　Ⅱ. ①黄…　Ⅲ. ①电子商务－商业经营－高等学校－教材　Ⅳ. ①F713.365.2

中国版本图书馆 CIP 数据核字（2019）第 076199 号

责任编辑：朱千支
印　　刷：三河市鑫金马印装有限公司
装　　订：三河市鑫金马印装有限公司
出版发行：电子工业出版社
　　　　　北京市海淀区万寿路 173 信箱　　邮编 100036
开　　本：787×1 092　1/16　印张：20.5　字数：524.8 千字
版　　次：2019 年 8 月第 1 版
印　　次：2022 年 10 月第 5 次印刷
定　　价：56.00 元

前　言

近年来，国家大力支持跨境电子商务行业的发展，积极扶持传统外贸企业借助互联网技术实现转型升级。在"互联网+外贸"模式下，催生了蓬勃兴起的跨境电子商务行业。这既是互联网时代的产物，也是"互联网+外贸"模式的具体表现，必将成为新的经济增长点。跨境电子商务的出现，打破了以往传统电商模式下时间和空间的界限，改变了原有的企业格局、价值体系和经营模式，甚至改变了企业的形式。跨境电商将助力相关企业在商务活动中消除时空限制，减少中间环节，降低交易成本，提高市场反应速度，促进产品信息和服务的集成，打破传统产业垄断和规模的限制。

随着跨境电子商务行业的发展，跨境电商相关人才的需求量也在不断增加，这不仅吸引了大量高校纷纷在相关院系开设"跨境电商实务"课程，也令大量有意从事跨境电商运营工作的人员跃跃欲试。对于刚接触跨境电商的人来说，缺乏的是运营经验。为此，编者力图通过真实的店铺数据，结合多年的跨境电商运营工作经验，系统地介绍跨境电商运营的主要内容。

本书的内容安排如下图所示。

本书主要特色及创新点如下。

编写体例新颖：按项目—任务式的教材编写方式，共规划了 7 个项目 15 个教学任务。

系统性强：按照店铺运营的规律由浅入深地精选教学内容，既有基础知识的讲解，也有应用技能的提升。

实战性强：教材中的实例数据均来自企业真实店铺的数据，有利于读者直观地了解操作流程和进行数据分析。此外，大量的图例也能帮助读者进行自学。

本书由黄军明担任主编，谢昕坤、李雪龙担任副主编。黄军明负责全书的整体编排和统稿工作。其中，谢昕坤负责项目 1 跨境电商基础的编写工作；郭骏铠负责项目 2 选品与店铺装修的编写工作；王彦岚负责项目 3 店铺运营与客户管理的编写工作；李雪龙负责项目 4 跨境电商物流与支付的编写工作；蔡林权负责项目 5 跨境电商营销与推广的编写工作；黄军明负责项目 6 数据分析与店铺优化的编写工作；陆剑锋负责项目 7 速卖通无线端运营的编写工作；熊鹏负责全书的审读工作。

本书提供电子课件，需要者可登录华信教育资源网（www.hxedu.com.cn）免费下载。为了拓展知识面，本书提供部分案例和阅读材料，读者可以通过扫描书中二维码的方式进行阅读。另外，本书在部分图片旁边配备了二维码，读者也可以扫描阅读。

本书适当参考了有关作者的著作和研究成果，包括部分网上资料，在此对他们一并表示诚挚的谢意。

在本书的编写过程中，编写组成员对书的内容进行了反复研讨及修改。但由于学识和能力有限，错误与不足之处在所难免，恳请读者不吝赐教和斧正。

编者联系邮箱：2420158275@qq.com。

编　　者

目　　录

跨境电商基础

　　跨境电子商务是指分属不同关境的交易主体，通过电子商务平台达成交易、进行支付结算，并通过跨境物流送达商品、完成交易的一种国际商业活动。跨境电商是一种新型业态，未来必将得到快速发展。

　　本项目先介绍跨境电商的基础知识和跨境电商平台的特点，然后对速卖通平台的基本操作、入驻规则及后台页面进行详细讲解。

任务 1.1 认识跨境电商

任务导入

对于刚接触跨境电商的人来说，要从哪些方面开始了解跨境电商呢？当然要先从了解跨境电商的定义、模式及平台的分类和特点入手。跨境电商平台不同，其特点也不一样。从各个跨境电商平台的特点去了解它们，从不同平台的用户类型去分析其经营特色，触类旁通，从而掌握跨境电商的基础知识。

任务导图

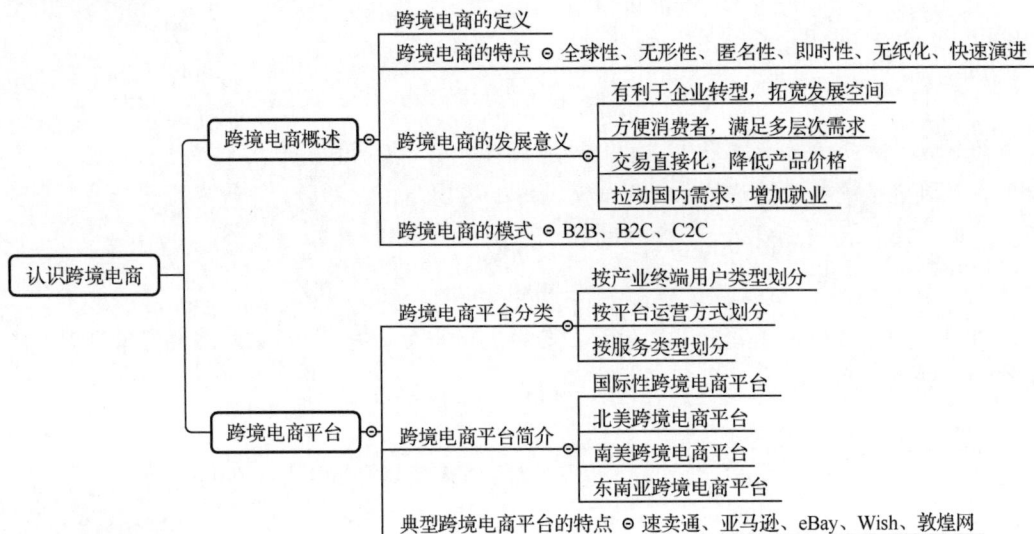

学习目标

知识 目标	了解跨境电商的定义、特点及发展意义
	熟悉跨境电商的模式
	熟悉跨境电商平台的分类及典型跨境电商平台的特点
能力 目标	掌握全球多个跨境平台的风格及定位
	能够区分典型跨境电商平台的模式

任务实施

1.1.1 跨境电商概述

1. 跨境电商的定义

跨境电子商务（Cross-Border Electronic Commerce）简称跨境电商，是一种以电子数据交换和网上交易为主要内容的商业模式，是指分属不同关境的交易主体，通过电子商务平台达

成交易、进行支付结算，并通过跨境物流送达商品、完
成交易的一种国际商业活动。跨境电商商业活动示意图
如图 1-1 所示。

跨境电商的概念有狭义和广义之分。

（1）狭义概念。狭义的跨境电商是指跨境网络零售
的商业活动，即分属不同关境的交易主体借助互联网，
通过各种电商平台完成交易，采用快件、邮政小包等方
式通过跨境物流运送交易商品，进行跨境支付结算，最
终将商品送达消费者手中，从而完成交易的一种国际商
业活动。

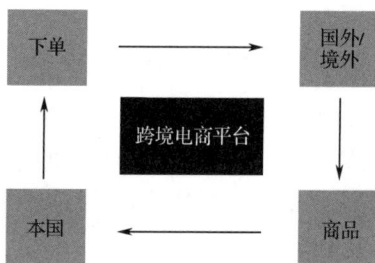

图 1-1　跨境电商商业活动示意图

（2）广义概念。广义的跨境电商泛指对外贸易电子商务的活动，即
分属不同关境的交易主体通过电子商务的手段，将传统进出口贸易中的
展示、洽谈和成交环节进行电子化、数字化和网络化，并通过跨境物流
运输商品，最终达成交易的跨境进出口贸易活动。

阅读材料：跨境电
商 2018 年呈现
"高、低、严"态
势，2019 年又将
如何呈现？

近些年，随着电子商务产业环境的不断变化，跨境电商逐渐走进了
人们的生活。跨境电商作为推动经济一体化、贸易全球化的技术基础，
具有非常重要的战略意义。跨境电商不仅冲破了国家间的交易障碍，使
国际贸易走向无国界贸易，而且它也正在引起世界经济贸易的巨大变革。

跨境电商作为电子商务发展的延伸，是一种全新的贸易运作方式。它打破了地域限制，
缩短了信息交流的时间，降低了物流、信息流及资金流的传输处理成本，使生产与消费更加
贴近，这是对传统电子商务贸易的变革，已经在社会经济中占有越来越重要的地位。跨境电
商适应了当今世界全球化发展的需求，也是电子商务发展的必然结果。

2．跨境电商的特点

跨境电商是基于网络发展起来的，网络空间相对物理空间来说是一个新空间，是一个由
网址和密码组成的虚拟但客观存在的世界。网络空间独特的价值标准和行为模式深刻地影响
着跨境电商，使其不同于传统的交易方式而呈现出自己的特点。

从网络空间的角度分析，跨境电商具有如下特点。

1）全球性（Global）

网络是一个没有边界的媒介，具有全球性和非中心化的特征。依附于网络发生的跨境电
商是以各种跨境电商平台为依托进行国际贸易的活动，也因此具备了全球性和非中心化的特
性。电子商务与传统的交易方式相比，其重要特点在于电子商务是一种无边界交易，不受传
统交易方式中地理因素的限制。互联网用户不需要考虑跨越国界的问题，可以直接把产品，
尤其是高附加值的产品和服务提交到网络平台。

2）无形性（Intangible）

网络的发展使数字化产品和服务的传输盛行，而数字化传输是通过不同类型的媒介传播
的。例如，数据、声音和图像在全球化网络环境中进行传输，这些内容是以计算机数据代码
的形式出现的，因而是无形的。

基于数字化产品网络传输的特性，数字化产品和服务也必然具有无形性。传统交易以线

下实物交易为主，而在电子商务活动中，"无形产品"先是通过线上达成购买，然后才在线下完成交易。

3）匿名性（Anonymous）

由于跨境电商具有非中心化和全球性的特性，因此很难识别电子商务用户的真实身份和其所处的地理位置。在线交易的消费者往往不显示自己的真实身份和自己的地理位置，重要的是这丝毫不影响交易的进行，网络的匿名性也允许消费者这样做。

4）即时性（Instantaneous）

对于网络而言，传输的速度与时空距离无关。传统的对外贸易模式中，信息交流方式如信函、电报、传真等，在信息的发送与接收的时间上存在着不同的差异，而且传输过程中还有可能遇到一定的障碍，使得信息无法流畅即时地进行传递，这在一定程度上影响了国际贸易的正常进行。不同于传统的对外贸易模式，电子商务中的信息交流，无论实际时空距离有多远，一方发送信息与另一方接收信息几乎是同时的，不存在时间差，就如同生活中面对面交谈，这个过程在一定程度上等同于传统贸易的面对面交流、磋商的过程。某些数字化产品如音像制品、软件等的交易，还可以即时交易，订货、付款、交货都可以在瞬间完成，为双方的交易带来了极大的便利。

5）无纸化（Paperless）

传统对外贸易中，从询价、议价、磋商、订立合同到货款结算，都需要一系列的书面文件，并且把它当作双方乃至多方交易的凭据。而电子商务主要采取无纸化操作的方式，这是电子商务交易形式的主要特征。

6）快速演进（Rapidly Evolving）

互联网是一个快速发展的事物，网络技术、设施和相应软件日新月异。例如，5G 网络是第五代移动通信网络，其峰值理论传输速度可达 10Gbps，比 4G 网络的传输速度快数百倍。一部 1GB 超高画质的电影可在 3 秒之内下载完成。随着 5G 技术应用的快速普及，用智能终端分享 3D 电影、游戏及超高画质（UHD）节目的时代正向我们走来。

基于互联网本身也在无时无刻地发生着变化，电子商务活动也处在瞬息万变的过程中。短短的几十年中，电子商务交易经历了从 EDI 到电子商务零售业兴起的过程，而数字化产品和服务更是花样百出，不断改变着人类的生活，为人们的生活带来了翻天覆地的变化。跨境电商的出现使得人们在家中随便动动手指就可以买到国外的产品，享受到国外的服务。

延伸阅读：跨境电商的特点

总之，新技术、新设备的变革会推动跨境电商的快速演进。

3. 跨境电商的发展意义

跨境电商冲破了国家间的障碍，使国际贸易走向无国界贸易，同时它也正在引起世界经济贸易的巨大变革。对于正在面临转型升级中的"中国制造"来说，跨境电商构建的高效、便利、开放的贸易环境，极大地拓宽了进入国际市场的途径，优化了外贸产业链，为产品创新和品牌创立提供了便利的平台和宝贵的机遇。

1）有利于企业转型，拓宽发展空间

对于企业而言，跨境电商利用互联网在全球构建了立体、开放、多边贸易合作的交易平台，拓宽了进入国际市场的途径，优化了资源配置，有利于企业转型和寻求更广阔的发展空间。

2）方便消费者，满足多层次需求

跨境电商可以使消费者更容易获得其他国家的产品信息，可以不受地域、时间的限制买到国内买不到的产品，也可以通过价格对比，买到物美价廉的国外产品。

3）交易直接化，降低产品价格

跨境电商可以通过电子商务平台，实现跨境企业间、企业与消费者间的直接贸易。一方面，通过电商平台可以直接与消费者交易，减少中间环节，提高效率；另一方面，中间环节的减少，节省了交易成本，企业可以让利给消费者，实现共赢。

4）拉动国内需求，增加就业

跨境电商这种新型业态得到了国家政策的大力支持，新业态既能带动国内需求，又能增加就业机会，成为我国经济发展新动能。

4．跨境电商的模式

按交易模式划分，跨境电商主要有企业对企业（Business to Business，B2B）、企业对消费者（Business to Customer，B2C）和消费者对消费者（Customer to Customer，C2C）三种贸易模式。

1）B2B 模式

B2B 跨境电商又称在线批发，是外贸企业间通过互联网进行产品、服务及信息交换的一种商业模式。B2B 模式下，企业运用电子商务以广告和信息发布为主，成交和通关流程基本在线下完成，本质上仍属传统贸易，纳入海关一般贸易统计。

2）B2C 模式

B2C 跨境电商是指跨境电商企业针对个人消费者开展的网上零售活动的一种商业模式。目前，B2C 模式下的交易在中国整体跨境电商市场交易规模中的占比不断升高。B2C 模式下，国内企业直接面对国外消费者，以销售个人消费品为主，物流方面主要采用航空小包、邮寄、快递等方式，其报关主体是邮政或快递公司，目前大多数未纳入海关登记。

3）C2C 模式

C2C 跨境电商是指从事外贸活动的个人对国外个人消费者进行网络零售的一种商业模式。各大跨境电商平台上的小卖家是以 C2C 模式进行的，主要通过第三方交易平台实现个人对个人的电子交易活动。个人卖家通过第三方跨境电商平台发布产品和服务的信息，消费者对商品进行筛选，最终通过跨境电商平台达成交易。

1.1.2 跨境电商平台

跨境电商平台是指分属于不同国界或地区的交易主体进行信息交换、达成交易并完成支付结算的虚拟场所，具有电子化、全球性、开放性、低成本等特点。跨境电商平台显著提高了跨境贸易的交易效率，使得中小外贸企业有可能拥有与大企业一样的信息资源和竞争优势。

跨境电商是基于互联网进行的跨境贸易，受到网络虚拟性和交易主体虚拟化的制约，跨境交易主体的行为模式和价值标准都较传统交易方式有所不同，涉及的交易主体较多、产业链较长、交易环节复杂、相关税收及法律政策不统一。而通过跨境电商平台进行交易，在物流运输、通关检验和退税结汇等方面都非常便利，再加上完善的服务，通过跨境电商平台完成的交易成为当前外贸企业和个人开展跨境贸易的主要途径。

1．跨境电商平台分类

1）按产业终端用户类型划分

（1）B2B 平台。B2B 平台所面对的最终客户为企业或集团客户，提供企业、产品、服务等相关信息。目前，中国跨境电商市场交易中，B2B 平台市场交易规模占总交易规模的 90%以上。在跨境电商市场中，企业平台始终处于主导地位。B2B 平台代表有敦煌网、阿里巴巴国际站、环球资源网、中国制造网等。

（2）B2C 平台。B2C 平台所面对的最终客户为个人，针对最终客户以网上零售的方式将产品卖给个人。

不同的 B2C 跨境电商平台，在垂直类目产品销售上也有所不同，如 Focalprice 主营 3C 数码电子产品，兰亭集势则在婚纱销售上占有绝对优势。B2C 模式的跨境电商市场在逐渐发展，且在中国整体跨境电商市场交易规模中的占比不断提升。未来，B2C 模式的跨境电商市场将会迎来大规模增长，代表平台有速卖通、DX、兰亭集势、米兰网、大龙网等。

2）按平台运营方式划分

（1）第三方开放平台。该类型平台的电商企业通过线上搭建商城，整合物流、支付、运营等服务资源，吸引商家入驻，并为其提供跨境电商交易服务。平台以收取商家佣金和增值服务佣金作为主要盈利模式，代表平台有敦煌网、速卖通、阿里巴巴国际站、环球资源网。

（2）自营型平台。自营型平台的电商企业在线上搭建平台并整合供应商资源，通过较低的价格采购产品，然后以较高的价格出售产品。自营型平台主要以产品差价作为盈利模式，代表平台有兰亭集势、米兰网、大龙网、Focalprice。

3）按服务类型划分

（1）信息服务平台。信息服务平台主要是为境内外会员商户提供网络营销平台，传递供应商或采购商的产品或服务信息，促进双方完成交易，代表平台有阿里巴巴国际站、环球资源网、中国制造网。

（2）在线交易平台。在线交易平台不仅提供企业、产品、服务等多方面信息展示，还可以通过平台线上完成搜索、咨询、对比、下单、支付、物流、评价等购物环节。在线交易平台模式正在逐渐成为跨境电商平台中的主流模式，代表平台有敦煌网、速卖通、DX、米兰网、大龙网。

2．跨境电商平台简介

1）国际性跨境电商平台

（1）亚马逊。亚马逊公司（Amazon）简称亚马逊，是一家世界 500 强公司，也是美国最大的一家网络电子商务公司，总部位于美国华盛顿州的西雅图。它创立于 1995 年，目前已成为全球产品品种最多的网上零售商。公司包括 Alexa Internet、A9、Lab126 和互联网电影数据库（Internet Movie Database，IMDB）等子公司。

亚马逊及其他销售商为客户提供数百万种独特的全新、翻新及二手产品，如图书、影视、音乐和游戏、数码下载、电子和电脑、家居园艺用品、玩具、婴幼儿用品、食品、服饰、鞋类和珠宝、健康和个人护理用品、体育及户外用品、玩具、汽车及工业产品等。

亚马逊于 2004 年进入中国，目前在中国布局的核心战略业务包括以亚马逊海外购和亚马逊全球开店为中心的跨境电子商务，Kindle 电子书阅读器和电子书，亚马逊物流运营和亚马逊云计算服务（AWS）。

依托亚马逊全球 15 大站点、独一无二的全球资源和跨境物流体系，亚马逊中国持续推进跨境电商战略。2014 年，亚马逊中国正式上线亚马逊海外购商店——亚马逊第一个本地化、多站点的全球商店，致力于打造中国消费者信赖的选购高品质海外正品的跨境网购首选站点。消费者用中文即可直接购买来自亚马逊美国、英国、日本、德国网站的 30 大品类、逾 2 000 万的海外正品。商品经由亚马逊全球物流体系从海外运营中心直送中国消费者。亚马逊 Prime 会员服务于 2016 年 10 月在中国上线，是亚马逊全球首个提供跨境订单全年无限次免费配送的会员服务。

亚马逊全球开店致力于帮助中国卖家发展出口业务、拓展全球市场、打造国际品牌。目前数以万计的中国卖家加入了该项目。包括亚马逊美国、加拿大、德国、英国、法国、意大利、西班牙、日本、墨西哥、澳大利亚、中东及印度在内的 12 大海外站点已向中国卖家全面开放。中国卖家可将商品销售给亚马逊全球超过 3 亿的活跃用户，以及亚马逊美国、欧洲和日本的数百万企业与机构买家。

亚马逊在全球拥有 175 个运营中心，配备超过 10 万台 Kiva 智能机器人，可将商品配送至 185 个国家和地区。借助全球领先的物流交付能力，亚马逊中国为通过海外购进行跨境网购的中国消费者提供一流的跨境配送体验，并帮助中国卖家出口海外，拓展国际市场。（资料来源：亚马逊官方网站）

（2）eBay。eBay 又称电子湾、亿贝、易贝，是可以让全球网民上网买卖物品的线上拍卖及购物网站，1995 年 9 月成立于美国加州圣荷西，是全球商务与支付行业的领先者，为不同规模的商家提供公平竞争与发展的机会。

eBay 在线交易平台在全球范围内拥有 1.75 亿（2018 年）的活跃用户，以及 4 亿多件由个人或商家刊登的产品，其中以全新的"一口价"产品为主。eBay 提供个性化的购物体验，并通过移动应用程序实现客户与全球产品的无缝衔接。

（3）速卖通。速卖通（AliExpress）创立于 2009 年，2010 年 4 月正式上线，是阿里巴巴帮助中小企业接触终端批发零售商、小批量多批次快速销售、拓展利润空间而全力打造的融合订单、支付、物流于一体的外贸在线交易平台。它也是阿里巴巴旗下唯一面对全球市场的在线交易平台，广大的卖家称它国际版淘宝。速卖通面向海外客户，目前已成为全球第三大英文在线购物网站，覆盖了 220 多个国家和地区的客户，包括服装服饰、3C、家居、饰品等共三十多个经营大类，拥有多种语言分站。

（4）Wish。Wish 是基于移动 App（编者注：全书统一用 App，部分截图中为 APP）交易的平台，客户通过移动端进行浏览购物。Wish 创立于 2011 年 12 月，平台主要客户分布在欧美地区。Wish 平台上又主要以女性客户为主，大约占了 80%，年龄在 18～30 岁之间。因此，卖家可以根据平台客户群体的特性，适当选择一些适合该年龄段女性所需的产品。

（5）敦煌网。敦煌网是全球领先的在线外贸交易平台，创立于 2004 年。敦煌网致力于帮助中国中小企业通过跨境电商平台走向全球市场，开辟一条全新的国际贸易通道，让在线交易变得更加简单、安全和高效。

（6）兰亭集势。兰亭集势成立于 2007 年，电子配件为兰亭集势的第一大品类，婚纱礼服为主的服装品类为兰亭集势的第二大品类，除此之外的产品包括小配饰、小商品、家居和园艺等。

从 Alexa 公司公开的信息，兰亭集势主站 LightIn TheBox 的前五大流量来源分别是谷歌在美国、英国、意大利、法国和德国的分站。

（7）DX。DealeXtreme（DX）是一家综合的外贸 B2C 电子商务网站，帝科思（深圳）贸易有限公司旗下网站。DX 主打 3C 电子产品，销售包括计算机、手机、数码产品、玩具、家具、服饰、汽车配件在内的 15 个大类近 14 万种产品。业务体系包括 dx.com 主站、VR 分站，通过博客、论坛、Facebook、YouTube、Google 链接等多种宣传渠道，密切与用户的沟通和交流。其业务范围涵盖全世界 150 多个国家和地区，包括欧洲地区、美国、南美洲各国、南亚、印度、澳大利亚、非洲等。

2）北美跨境电商平台

（1）Walmart（沃尔玛）。作为全球最大的零售商，沃尔玛的零售业务遍布全球多个国家和地区，布局电商一直是沃尔玛在中国市场的发展战略，从控股 1 号店，到上线自己的 App，沃尔玛一直将电商作为实体门店的补充和延伸，用来提升客户的购物体验。目前，沃尔玛 App 上"全球 e 购"频道提供来自美国、英国、日本、韩国、澳大利亚等全球知名产地的食品、保健品、个护化妆品和母婴产品。

（2）Newegg（新蛋）。Newegg 网于 2001 年成立，总部位于美国南加州的洛杉矶，是美国领先的计算机、消费电子、通信产品的网上超市。Newegg 最初销售消费类电子产品和 IT 产品，但现在已经扩大到全品类，吸引了 18～35 岁的男性客户。畅销品类是汽车用品、运动用品和办公用品。值得一提的是，虽然大部分客户是男性，但女性客户也在快速增长。

（3）BestBuy（百思买）。由于线下业务的衰落，BestBuy 逐渐将业务重点放到了线上，于 2011 年进入网络市场。目前，其线上的跨境业务主要在北美国家，包括加拿大和墨西哥，网站提供英语、法语、西班牙语三种语言服务。与其他电商平台不同的是，只有被邀请的卖家才可以入住 BestBuy 平台，并且产品可以出现在 BestBuy 门店销售，但其产品仅局限于消费类电子产品。

（4）Overstock。Overstock 是美国知名在线购物网站，成立于 1999 年，总部设在美国犹他州盐湖城，经销各类产品，包括名牌时尚时装、珠宝、电器、家用百货、影音产品等。其跨境业务覆盖美洲、欧洲、亚太、中东、非洲的上百个国家和地区，包括提供至中国的货运服务。

（5）Staples（史泰博）。Staples 是全球卓越的办公用品公司，创建于 1986 年，目前在全球拥有几千家办公用品超市和仓储分销中心，业务涉及多个国家和地区。随着电子商务的快速发展，Staples 也迅速开展了自己的线上业务，主要通过建立分站和本地化运营的方式打入国外在线市场。该平台于 2004 年对中国开放，后来还推出了 Staples 中国官网，主要经营纸张、耗材、文具、设备、日常用品等十大类、数万种办公用品。

（6）Neiman Marcus（尼曼）。Neiman Marcus 是以经营奢侈品为主的连锁高端百货商店，已有 100 多年的发展历史。公司总部位于得克萨斯州的达拉斯，能进入该平台的品牌都是各个行业中的佼佼者。其在线零售业务也于近几年做得风生水起，产品可运至全球 100 多个国家和地区。该公司于 2012 年 12 月正式启动中国线上销售网站，提供中文、英文两种语言服务，产品包括女装、潮鞋、手提包、配饰、男士服饰、儿童用品、家居等。

（7）J.C.Penny（杰西潘尼）。J.C.Penny 也是由线下走到线上的典型平台，公司创立于 1902 年，迄今为止在全美设有一千多家大型服装商场，是美国较大的连锁百货商店、目录邮购和电子商务零售商，主要销售男装、女装、童装、珠宝、鞋类、饰品和家居用品等。所有业务都由其自有配送网络提供全面支持，该配送网络是美国集成化程度较高的服装配送网络。该平台的跨境业务覆盖美洲、欧洲、亚太、中东、非洲的近 50 个国家，目前也提供直运中国的服务。

3）南美跨境电商平台

（1）Mercado Libre。Mercado Libre 于 1999 年在阿根廷成立，现在它已经成为拉美国家人们网购的首选平台。最初，Mercado Libre 模仿的是 eBay 拍卖模式，随着业务的发展，它的模式越来越类似亚马逊。现在 Mercado Libre 对拉美市场的影响力比亚马逊更大。

Mercado Libre 与 eBay 合作，提供卖家全新的拉美销售渠道。该平台覆盖拉美地区多个国家，包括巴西、墨西哥、智利、哥伦比亚、阿根廷等。

（2）Mercadolivre（魅卡多网）。Mercadolivre 是巴西本土最大的 C2C 平台，相当于中国的淘宝网。利用好这个平台有利于了解巴西各类物价指数、消费趋势、付款习惯等市场信息。该平台业务范围覆盖包括巴西、阿根廷、智利、哥伦比亚、哥斯达黎加、厄瓜多尔、墨西哥、巴拿马、秘鲁、多米尼加、巴拉圭、委内瑞拉和葡萄牙等十多个国家和地区。

4）东南亚跨境电商平台

（1）Lazada（来赞达）。Lazada（来赞达）是 Rocket Internet 为打造"东南亚版亚马逊"而创立的公司，获得阿里 10 亿美元注资控股，销售电子产品、服装、用具、书籍、化妆品等，市场范围涵盖印度尼西亚、马来西亚、菲律宾、泰国和越南。该公司提供免费送货和 14 天内免费退换货服务，付款方式灵活。

（2）Shopee。Shopee 于 2015 年 6 月正式上线，是东南亚领先的移动电商平台，目标市场（新加坡、印尼、菲律宾、泰国、越南、马来西亚等）有近 6 亿人口，上线之后一直保持迅猛发展。

（3）Zalora。Zalora 主打时尚电商，除时尚产品外，还提供鞋类产品，是全球时尚集团 GFG 的子公司。它是东南亚地区成长最迅速的电商之一。在印度尼西亚、马来西亚、文莱、菲律宾、泰国、越南等国家和地区均有业务。Zalora 售卖国际品牌，各个分区网页亦会售卖本地品牌。

（4）Luxola。Luxola 主打护肤品和化妆品品牌，该网站目前销售几百个品牌 4 000 多种产品。2015 年 7 月，被法国奢侈品集团路易威登（LVMH）收购。目前该网站服务的国家和地区包括澳大利亚、文莱、印度、马来西亚、新西兰、菲律宾、阿联酋及本土新加坡等。

3. 典型跨境电商平台的特点

跨境电商平台非常多，这里着重介绍五个比较常用、名气较大的平台，分别是速卖通、亚马逊、eBay、Wish 和敦煌网。

1) 速卖通

（1）特点。速卖通是阿里巴巴集团的系列平台产品之一，它是面向国外客户，通过支付宝国际账户进行担保交易，并使用国际快递发货的平台。在平台开店简单、易操作，适合初级卖家和个体经营者。

速卖通对入驻商家实行年费机制和年费返还机制。一方面，平台根据经营大类设置不同的年费，提高了卖家的入驻门槛；另一方面，商家的销售额如果能达到考核标准，则可享受年费返还的奖励机制。

速卖通店铺运营过程中，直通车推广方式尤其重要。该方式是阿里巴巴提供速卖通会员使用的，是会员通过自主设置多维度关键词免费展示产品信息，通过大量曝光产品信息吸引潜在的买家，并按照点击量付费的全新网络推广方式。通过这种方式，可以甄选出商业价值大、潜在客户多、性价比高的特定关键词，通过竞争在这些关键词下的产品核心展示位置，获得在搜索结果右侧页面前五位的优先展示机会，从而持续吸引目标客户的关注，提升页面跳转率和成交概率。直通车推广是速卖通的一大特色，也是入驻速卖通卖家尤其需要关注的内容。

（2）优势。速卖通的平台交易手续费率低，和其他竞争对手相比有明显的优势，丰富的淘宝产品资源也是其他平台无法比拟的。淘代销的功能使卖家可以非常方便地将淘宝产品一键卖往全球。速卖通还为卖家提供一站式产品翻译、上架、物流、支付等服务。其核心优势就是在全球贸易的新形势下，打造融订单、支付、物流为一体的国际小额批发在线交易平台，让没有外贸经验的人能够轻松实现全球跨境交易。另外，凭借其阿里巴巴国际站的知名度，再加上各大洲相关联盟站点、Google 线上推广等渠道，为速卖通平台引入了源源不断的优质流量。

2) 亚马逊

（1）特点。与其他跨境电商平台相比，亚马逊有以下三大特点。

① 强调产品形象，弱化店铺功能。平台的运营定位是纳入第三方卖家的产品，使平台的产品库更加丰富，同时必须确保亚马逊平台统一的品牌形象。因此，平台没有给卖家店铺过多的自定义的选项，卖家上传的产品也必须符合亚马逊平台统一的形象要求。

② 高门槛、严要求。平台会对申请入驻卖家企业的资质进行严格审查，经过亚马逊筛选的卖家才可以入驻。平台对卖家的运营和销售过程也有严格的要求，所有的卖家必须遵守亚马逊平台对客户的服务承诺，一旦卖家无法达到要求，就会被平台严厉处罚，甚至会被永久封号，这也是所有入驻亚马逊平台的卖家需要注意的一点。

③ 去个性化，看重价格、配送及售后服务。亚马逊平台并不希望卖家上传的产品有太鲜明的特点，引导卖家把精力放在加强售后服务的能力上才是平台的主要目的。

（2）优势。亚马逊平台的优势在于品牌的国际影响力和优质的客户服务体系，以及领先的国际物流仓储服务。亚马逊在北美市场提供 FBA（Fulfillment by Amazon）服务，能实现 2～3 天到货，最快次日到货。在欧洲市场，可以帮助卖家实现欧洲五国（英国、法国、德国、意大利、西班牙）的统一仓储和物流服务，并可配送至欧盟其他国家，方便卖家为亚马逊欧洲网站的客户提供本地化客户服务及快捷的物流服务。亚马逊平台提供免费的站内推广服务和向客户提供精准的产品推荐服务。

3) eBay

（1）特点。eBay 在创立之初是一个拍卖网站，如今在销售方式上也延续了拍卖的模式，这是 eBay 与其他跨境电商平台最大的不同点。

在 eBay 平台上，每天都有数以百万计的家具、电脑、车辆及收藏品等在刊登售卖。可以说，只要不违反法律或不在 eBay 的禁售物品清单内，都可刊登售卖，服务及虚拟物品也在可售卖物品的范围之内。公平地说，eBay 推翻了以往那种规模小的跳蚤市场，将客户与卖家联系在一起，创造了一个永不休息的市场。

eBay 平台有几个不同于其他跨境电商平台的特点。

① 在 eBay 平台开店的门槛比较低，但需要提供的材料较多，手续比较烦琐，比如发票、银行账单等，因此，卖家要想入驻 eBay 平台，需要对其烦琐的规则非常了解。

② 在 eBay 平台开店是免费的，但上架产品是需要收费的。eBay 开店审核周期非常长，店铺开通之初售卖产品不能超过 10 个，而且只能拍卖，需要累积信誉才能越卖越多。因此，店铺出业绩和出单周期会比较长。

（2）优势。eBay 平台的优势包括品牌的国际影响力、全球市场的覆盖率、健全的客户保障体系及与 PayPal 支付紧密合作的关系。在物流方面，eBay 联合第三方合作伙伴——中国邮政速递，为中国卖家提供便捷、快速和经济的国际 E 邮宝货运服务，并逐渐从美国、澳大利亚、德国等发达国家向俄罗斯等新兴市场延伸。eBay 推出卖家保护政策，通过大数据技术及客户质量评估，强化对卖家的支持与保护，助力卖家业务的快速发展。

4) Wish

（1）特点。Wish 是一款基于移动端 App 的交易平台，客户通过移动端进行浏览和购物。专注于移动端购物是 Wish 最大的特点。平台的移动用户端体验与其他跨境电商平台相比，具有自身的独到之处。

① 个性化定制。移动用户端首页有按钮可以设置偏好，平台可以根据个人的设置提供个性化展示。同时，平台会对用户的注册信息和网络浏览行为进行分析，有针对性地主动推送用户可能感兴趣的商品，以促成交易。

② 兴趣引导购买。大部分客户不是因为特定的需要才到 Wish 平台浏览商品的，而是被兴趣引导才浏览商品的。

③ 不受时间和地域的限制。通过移动用户端，可随时随地打开手机浏览感兴趣的商品信息。

④ 界面简洁。移动用户端界面简洁：清晰的商品图片，适应手机屏幕阅读的文字排版方式，几乎没有较复杂的商品介绍。

⑤ 购物决策时间短。由于浏览时间和地点的限制，移动用户端不方便比价，不方便长时间考虑，所以整个购物决策的过程相对短促。

（2）优势。Wish 平台坚持追求简单直接的风格，没有付费推广，不讨好大卖家，也不扶持小卖家。它采取基于搜索引擎的匹配技术，通过技术算法将卖家、客户与想要购买的商品联系起来。可以说 Wish 平台淡化了店铺的概念，更加注重商品本身的区别和用户体验的品质。在商品相同的情况下，以往服务记录良好的卖家会得到更多的推广机会。卖家入驻的门槛低，平台流量大，成单率高，利润率高于传统的电商平台。利用移动平台的特点，移动用户端与 PC 端展开差异化竞争，卖家不必以牺牲商品价格取胜。

5) 敦煌网

（1）特点。敦煌网是国内首个为中小企业提供 B2B 网上交易的网站，致力于帮助中国中小企业通过跨境电商平台走向全球市场。它采取佣金制的盈利模式，注册免费，只在买卖双方交易成功后收取一定比例的费用。

在敦煌网平台，客户可以根据卖家提供的信息生成订单，可以选择直接批量采购，也可以选择先小量购买样品，再大量采购。这种线上小金额批发一般采用快递的物流模式，快递公司一般在一定金额范围内会代理报关。敦煌网与 DHL、联邦快递等国际物流巨头保持密切的合作，以网络庞大的业务量为基础，可以帮助中小企业降低物流成本。

作为第二代 B2B 电子商务的开拓者，敦煌网最大的特点是完善的在线交易环境和配套的供应链服务。敦煌网整合跨境交易涉及的各个环节，并将其纳入自身的服务体系。这种基于专业化分工的整合，将买卖双方从复杂的交易过程中解放出来，使得复杂的跨境贸易变得相对简单。更重要的是，敦煌网提供的各项服务，通过集合效应大大降低了交易双方的成本。

（2）优势。敦煌网平台的优势在于较早推出增值金融服务，根据平台自身交易的数据为敦煌网商户提供无需实物抵押、无需第三方担保的网络融资服务。虽然速卖通也推出了类似的服务，但时间上晚于敦煌网。敦煌网在行业内率先推出 App 应用，不仅解决跨境电商交易中的沟通和时差问题，还打通了交易的整个流程。

任务实训

【实训】 根据所学知识，回答下列问题。

（1）什么是跨境电商？跨境电商的模式有哪些？

（2）目前主要跨境电商平台有哪些？各有什么特点及优势（至少列出五个平台）？

（3）与其他跨境电商平台相比，为什么入驻亚马逊平台要求较高？

任务 1.2　速卖通平台基本操作

任务导入

速卖通平台有什么特点？市场定位又是哪些人群？在速卖通平台上开店的流程是怎样的？新店入驻，有什么规则需要特别注意？速卖通平台后台管理包括哪些内容？只有熟练掌握这些知识，才能为店铺运营打下良好的基础。

任务导图

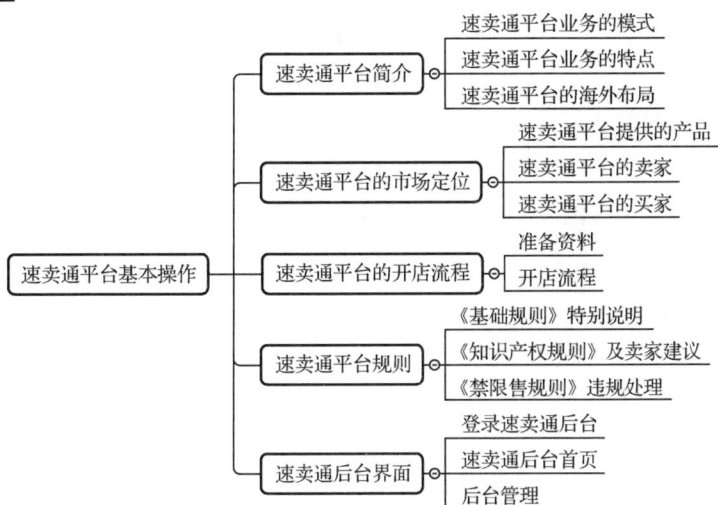

学习目标

知识目标	了解速卖通平台的特点
	熟悉速卖通平台的市场定位
	熟悉速卖通平台规则
能力目标	掌握速卖通的开店流程
	掌握通过速卖通平台规则网查询平台规则的方法
	熟悉速卖通后台界面

任务实施

1.2.1　速卖通平台简介

跨境电商的平台类型中，阿里巴巴集团旗下的速卖通平台，由于具有供货商进入门槛低、全球市场广阔、订单多、交易活跃等特点，加上阿里巴巴集团的大力支持和资金的投入，近几年业务发展特别迅猛。速卖通平台 2013 年 8 月份单日的跨境电商成交额（GMV）已经冲过 1 亿元人民币大关。2018 年速卖通（AliExpress）累计成交用户已突破 1.5 亿，其 App 海外装机量超过 6 亿次，入围全球应用榜单排名前十，支持世界 18 种语言站点且相关交易已经覆盖 230 个国家和地区。2018 年速卖通发展状况如图 1-2 所示。

图 1-2　2018 年速卖通发展状况

下面通过速卖通与传统国际贸易模式的对比，探讨速卖通跨境零售业务模式的发展特点。

1．速卖通平台业务的模式

速卖通平台业务的模式主要是 B2C 模式，是中国供货商面向国外客户交易的一种小额跨境电商业务。速卖通业务 65%的客户是个人，35%的客户是从事小额批发业务的企业。平台成立于 2009 年下半年，经过十多年的迅猛发展，目前已成为中国最大、全球第三大的英文在线购物电商平台。

传统的国际贸易，交易模式由制造、贸易、出口、进口、批发、零售到最后的客户，中间有一根长链条。而跨境电商 B2C 零售模式，从制造商（代理商）直接到国外客户，省掉了中间所有环节，国外客户直接面对中国供货商。因此，它具有商品的价格低、客户选择机会多、买卖程序简便等特点。速卖通业务模式具有传统国际贸易模式所不具备的众多优势，在当前电子商务发展的大潮中，具有很强的生命力。

2．速卖通平台业务的特点

速卖通平台业务作为阿里巴巴集团重点推出的一种业务，借助阿里巴巴集团其他平台的资源优势，发展迅猛。与传统的国际贸易业务的模式相比，速卖通平台业务的模式具有以下优点和不足。

1）速卖通平台业务的优点

速卖通平台业务是借助网络和阿里巴巴平台诞生的业务，有着传统国际贸易业务模式无法比拟的优点。

（1）进入门槛低，交易活跃，能满足众多小商家迅速从事出口业务的愿望。速卖通平台对卖家没有企业组织形式和资金的限制，进入门槛低，公司和个人都可以在平台上发布商品。注册成功后发布 10 个商品，卖家就可以在平台上建立自己的店铺，可以直接面向全球 200 多个国家和地区的客户或小型商家运营，既可以和客户进行沟通和交流，也可以发布和推广自己的商品。订单交易迅速、活跃，刺激了平台交易的活跃性。

（2）交易流程手续简便。速卖通的一大优点是交易流程非常简便，出口商无需具备企业外贸资质，无需亲自进出口报关，进出口报关由物流方简单操作即可完成。买卖双方交易订单的生成、发货、收货、支付全在线上完成。双方的操作模式，犹如国内的淘宝网平台操作，非常简便。卖家通过第三方物流迅速发货，客户通过银行卡进行交易支付。双方不需要具备TT电汇、信用证、贸易术语等专业的外贸专业知识。

（3）无关税支出。由于速卖通业务的单笔订单成交金额少，因此，送出去的包裹价值普遍较低，一般没有达到进口国海关关税最低起征点的标准，因而无关税支出，这大大降低了客户的购买成本。因此，速卖通平台上的商品具有较强的价格竞争优势。

（4）品种多，价格低廉。由于我国制造业具有聚集优势，因此我国目前成为众多国家销售商品的货源国。国外客户利用网络和速卖通平台，跳过自己国家的零售、批发商，直接向货源的供应基地——中国供货商购买商品。面临的商品选择品种多，价格低廉。因此，速卖通业务跟传统国际贸易业务相比，具有比较强大的市场竞争优势。

（5）短期内无国际贸易摩擦问题。由于速卖通业务订单金额小，因此，该商品往往以礼品或样品方式进入进口国，其对进口国的同类产业影响往往被进口国忽略。因此，短期内小额跨境电商可以避免国际贸易摩擦问题。但从长期来看，若进入该国的商品量较大，也将会对进口国的产业形成冲击，从而产生国际贸易摩擦问题。

2）速卖通平台业务的缺点

速卖通平台业务虽然具有许多优点，但也存在着以下不足。

（1）价格竞争激烈。由于进入门槛低，因此在速卖通上从事相关业务的卖家数量众多，同类商品经营者多，价格竞争激烈，市场的价格空间更窄。

（2）性价比不高。每单成交量和成交金额太少，卖家得到的回报与投入精力的性价比不高。因此，有些传统国际贸易公司不屑做这种跨境零售业务。

（3）受国际物流问题制约明显。在速卖通平台业务中，其所采取的主要国际物流形式是中国邮政小包、速卖通合作物流及商业快递。因价格便宜，速卖通平台上的客户主要选择中国邮政系统的中国邮政小包业务（航空邮件，包裹重量<2kg），而大部分卖家也会选择中国邮政小包作为首选发货方式。2014年8月份速卖通业务的火爆，导致中国邮政小包业务几近爆仓，一些地方邮政局提前完成了全年的业务指标。虽然随着速卖通业务的发展，中国邮政小包业务量激增，但系统的业务运载和服务能力却没有多大改善，仍旧具有办事效率低、邮件包裹运输慢、查件困难、丢包率高等缺点。卖家若选择商业快递，则运费高昂，大大降低了商品的国际竞争力。对速卖通平台的卖家而言，当前的国际物流状况是一个严重制约业务发展的瓶颈问题，若无法改善，则会严重影响这种业务模式的发展。

（4）卖家对平台的依赖性过强。由于卖家是在速卖通平台上运营店铺、发布商品的，因此，最终成交订单数量的多少，完全依赖平台对商品、店铺的曝光量。曝光量高，成交的概率就大，而商品、店铺的曝光量受速卖通平台的交易规则及后台数据系统的影响，有时卖家会因平台数据不稳定，商品、店铺的曝光量数据变化异常，直接影响其订单数量。对平台的依赖性过强，不利于这种业务模式的发展。

3. 速卖通平台的海外布局

（1）打通供应链。全球化是阿里巴巴新业务核心引擎之一，目的是帮助全球的中小企业实现"全球买、全球卖、全球物流、全球支付"。在这背后，速卖通平台正整合菜鸟、支付宝、1688 供应链等阿里巴巴全集团资源，通过不断改善海外市场的物流、支付基础设施，进一步提升全球客户的购物体验。

（2）物流服务。速卖通平台加速布局海外仓，卖家可以针对具有海外仓的国家和地区提供本地化的物流及服务。通过海外仓提供本地化服务，对比传统跨境电商的物流模式具有下列明显优势。

① 提升曝光转化，扩大销量。海外本地发货的商品可获得更高的曝光量及流量，增强客户的购买信心，带来更高的转化率及销量。

② 缩短运输时长，降低物流成本。备货到海外仓可以缩短交易运输时长，降低因物流问题而引起的纠纷，缩短回款周期，降低物流成本。

③ 拓展销售品类。如电子产品、大件物品都可以销售。

④ 升级售后服务。本地化的服务更加灵活、方便。

速卖通在未来的发展计划中，为海外客户打造电商+社交的全新生活方式。阿里巴巴会通过产品化、智能化、数据化的技术手段，提升卖家的经营水平，优化用户的购买体验和提升购买效率。速卖通优化用户购买体验的措施，主要体现在以下三个方面：

● 丰富用户渠道矩阵，比如 Google、Facebook、VK 等大型渠道，手机厂商、运营商、重要媒体等中心渠道，以及 Network、导购站、比价站、返利站等长尾渠道；

● 通过产品和技术驱动提高转化率，实现个性化、国际化及场景化；

● 社会化赋能。

作为一个覆盖"一带一路"沿线国家和地区的跨境出口 B2C 的外贸零售平台，速卖通还做了关于"'一带一路'上的电商经济"的大数据解读，数据分别对消费者年龄层、消费喜好及消费特点进行了统计和分析。"一带一路"沿线国家和地区的消费者特征分析如图 1-3 所示。

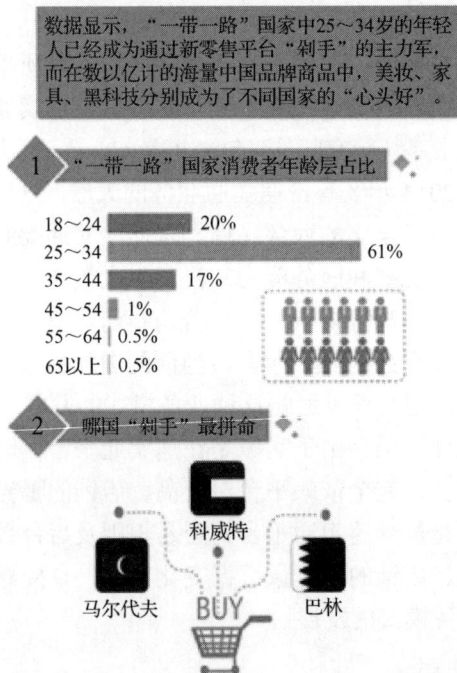

图 1-3 "一带一路"沿线国家和地区的消费者特征分析

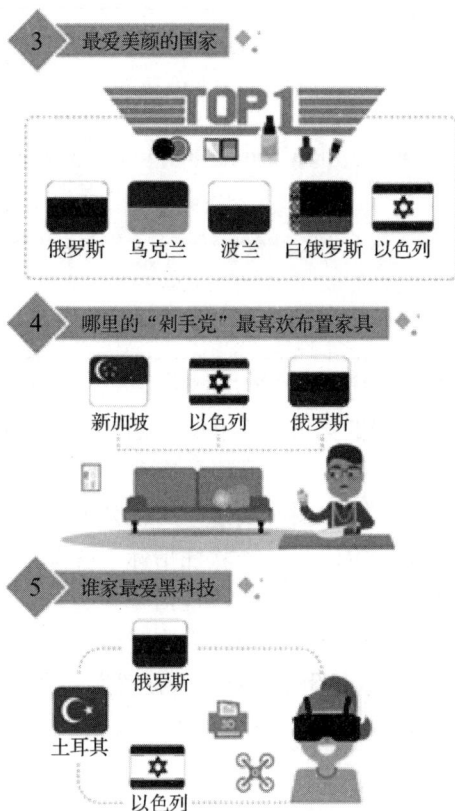

图 1-3　"一带一路"沿线国家和地区的消费者特征分析（续）

1.2.2　速卖通平台的市场定位

速卖通平台是阿里巴巴旗下唯一面向全球市场打造的在线交易平台，被广大卖家称为国际版淘宝。速卖通是面向海外客户打造的订单、支付、物流一体化的线上交易平台。它是采用支付宝国际账户进行担保和交易、国际快递发货的方式，帮助国内中小企业接触终端批发和零售商，以小批量、多批次的快速销售模式来扩展利润空间。

1. 速卖通平台提供的产品

速卖通平台主要是为中国的商家和国际采购商提供在线交易的互联网交易平台。即中国的商家能够把产品放在平台上进行销售，而国际采购商能绕过中间商直接从中国的商家采购到较低价格的产品，享受"Made In China"的便捷服务和安全的贸易过程。速卖通平台覆盖3C、服装、家居、饰品等三十多个经营大类，其中优势行业有服装服

知识拓展：速卖通平台类目详细分类

饰、手机通信、鞋包、美容健康、珠宝手表、消费电子、电脑网络、家居、汽车及摩托车配件、灯具等。速卖通平台一级目录分类（部分）如图 1-4 所示。

2. 速卖通平台的卖家

速卖通平台的卖家主要是传统生产型企业、国际外贸公司、代理商、个人等。这类卖家不仅在速卖通平台上运营，还有可能在 Wish、亚马逊、eBay、淘宝网、Lazada 等各种 C2C、B2B、B2C 模式的平台上运营。

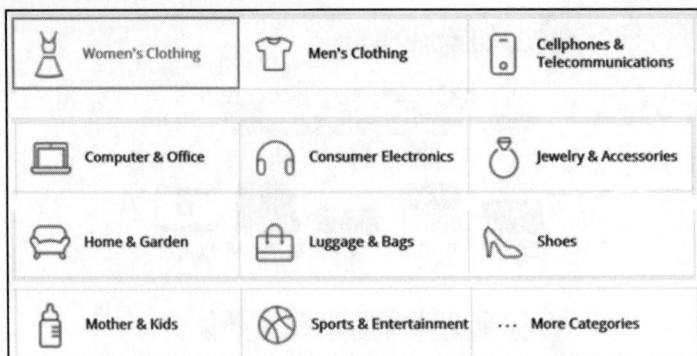

图 1-4 速卖通平台一级目录分类（部分）

2019 年是"中国好卖家"发展的第五个年头。随着"中国好卖家"服务的发展和完善，其内容和要求也在平台政策出台过程中不断升级和完善。"中国好卖家"也越来越成为速卖通卖家账号考核的一个终极目标。"中国好卖家"店铺分为金牌店铺和银牌店铺，金银牌店铺的筛选标准有五个，即两个硬性指标和三个软性指标。两个硬数据指标是指服务指标和交易指标；三个软性指标考核店铺背后的软实力，包括公司实力、运营能力和店铺专业性，例如公司注册资本有没有达到标准和要求、公司的供应链能力怎么样、公司有没有工厂作为业务支撑、运营能力怎么样、有没有运营团队、有没有设置海外仓、有没有 ERP 进销存软件等。硬性指标和软性指标如图 1-5 所示。

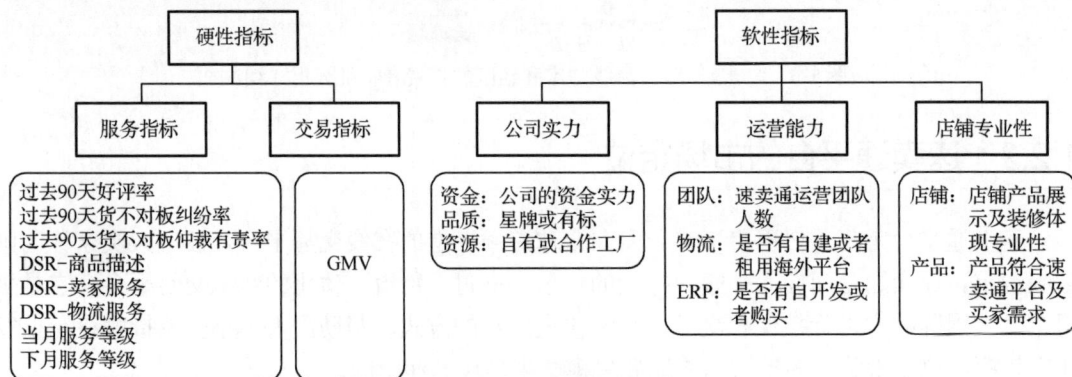

图 1-5 硬性指标和软性指标

3. 速卖通平台的买家

有关数据显示，阿里巴巴速卖通平台 2013 年 8 月份单日的跨境电商成交额（GMV）已经冲过 1 亿元人民币大关。继 2017 年 4 月份买家数量突破 1 亿人后，速卖通在 2018 年新增用户 5 000 万，全球范围内每月访问速卖通的消费者超过 2 亿人次。海外成交买家数量突破 1.5 亿人，其 App 海外装机量超过 6 亿次。

近年来，受惠于国家"一带一路"倡议，速卖通在中东、东欧等"一带一路"沿线国家和地区的发展势头良好。在 2018 年"8·28"大促活动中，沙特阿拉伯、阿联酋、西班牙等"一带一路"沿线国家和地区的市场呈爆发式增长，其中，中东地区的交易规模涨幅高达 252%。

速卖通将快速拓展"一带一路"新市场，继续深耕俄罗斯、西班牙的跨境电商市场，发力法国、荷兰、波兰等发达国家的跨境电商市场，突破土耳其、沙特阿拉伯等中东地区国家的跨境电商市场，帮助中国品牌"出海"，助力中小企业开拓"网上丝绸之路"。

1.2.3　速卖通平台的开店流程

1．准备资料

开通速卖通店铺需要提供以下资料。

（1）营业执照。凭个体工商户或企业的营业执照都可以入驻速卖通平台。一个营业执照可以在速卖通平台上开通六家店铺。

（2）对公银行账户。对公银行账户即单位银行结算账户，是指以公司名义在银行开设的账户。携带营业执照、组织机构代码证、税务登记证、法人身份证、开户许可证、经办人身份证、公章、法人章、财务章等相关资料去银行办理即可。以上列举的资料可能不全，实际办理时以银行要求为准，建议在办理之前电话咨询银行。

（3）品牌商标。品牌商标的办理方法有两种：一是自己到国家商标局办理商标注册事宜；二是委托一家经验丰富的商标代理组织机构办理，这样会节省大量的时间和精力，当然，对方会收取相应的代理费。

另外，无论拿到的商标是 TM 商标还是 R 商标，都可以入驻速卖通。建议商标的名称采用纯英文或中英文结合，且要简单好记。

（4）法人身份证明。即能提供有效的法人身份证件。

2．开店流程

1）速卖通账号注册

速卖通账号注册流程包括注册邮箱（如已经有能正常使用的邮箱，此步骤可省略）、设置用户名、填写账户信息和注册成功等步骤，具体操作方法如下。

步骤 1：设置用户信息时需要提供能正常使用的邮箱地址，如果没有，请先至相关服务平台注册。

步骤 2：在百度上搜索速卖通或在浏览器地址栏输入"https://seller.aliexpress.com/"，打开速卖通网站首页，如图 1-6 所示，单击"立即入驻"按钮，打开"创建速卖通账号"页面。

图 1-6　速卖通网站首页

步骤 3：在打开的"创建速卖通账号"页面中，填写电子邮箱信息，按住鼠标拖动滑块，拖动至最右边通过验证，选中"创建网站账号的同时，我同意……"复选框，如图 1-7 所示，单击"下一步"按钮。

步骤 4：在打开的"填写账号信息"页面中，按要求填写登录名等相关信息，如图 1-8 所示。填写完成后，单击"确认"按钮。

图 1-7 "设置用户名"页面

图 1-8 "填写账号信息"页面

步骤 5：系统弹出"恭喜您注册成功！"页面，如图 1-9 表示，速卖通账号注册成功。

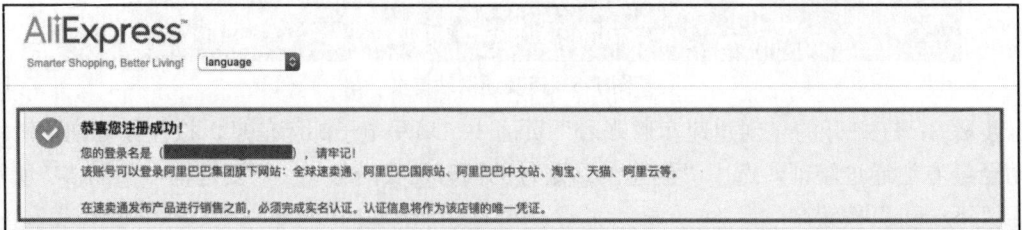

图 1-9 "恭喜您注册成功！"页面

2）速卖通平台入驻

速卖通平台入驻流程包括认证、资质审核、缴费及入驻成功等步骤，具体操作方法如下。

步骤 1：认证。认证流程很简单，只须按照提示一步一步进行，同时上传需要提交的资料。认证步骤其实就是对你的企业支付宝账号进行授权认证和绑定。

（1）企业认证方式包括企业支付宝授权认证和企业法人支付宝授权认证，认证方式如图 1-10 所示。个体户认证方式与企业认证方式类似。

（2）单击"去认证"按钮，登录对应的支付宝账号（该支付宝账号必须是已经完成企业支付宝认证的账号）。

（3）绑定支付宝账号即认证成功。

图 1-10　企业认证方式

步骤 2：资质审核。在申请资质审核之前，如果是平台上没有的商标，需要先进行添加商标的操作。在"我的速卖通"页面中，执行"账号及认证"→"商标添加（添加平台没有的商标）"命令，如图 1-11 所示。

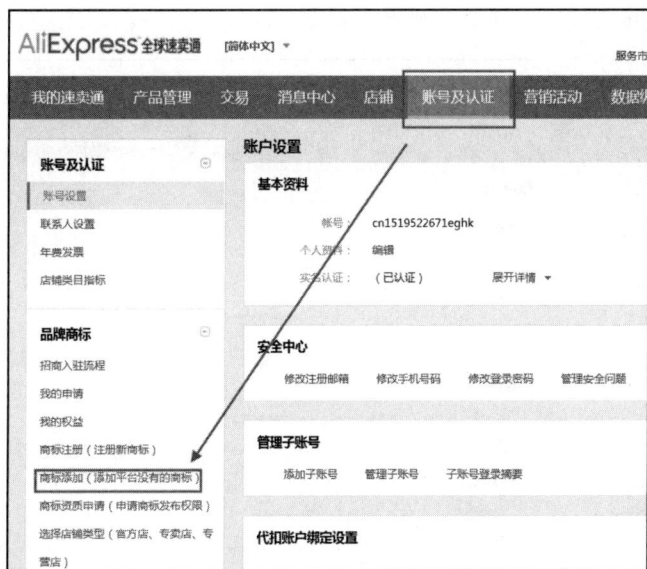

图 1-11　商标添加（添加平台没有的商标）

在打开的"品牌申请"页面中，按要求填写品牌名、商标注册号/申请号等相关信息，如图 1-12 所示。

说明： 如果商标是 R 商标，填写的是注册号；如果商标是 TM 商标，填写的是申请号。如果不是自己的品牌，就需要先拿到该品牌的授权书。

图 1-12 "品牌申请"页面

完成添加商标相关操作以后，在"我的速卖通"页面执行"账号及认证"→"商标资质申请（申请商标发布权限）"命令，如图 1-13 所示。

图 1-13 商标资质申请（申请商标发布权限）

商标资质申请流程包括选择品牌、签约品牌服务协议、提交资料并等待审核结果以及品牌申请成功步骤，如图 1-14 所示。

说明：选择品牌即是选择你所经营的品牌类目，根据自己实际情况选择即可，不同的类目所需要的年费是有所区别的。

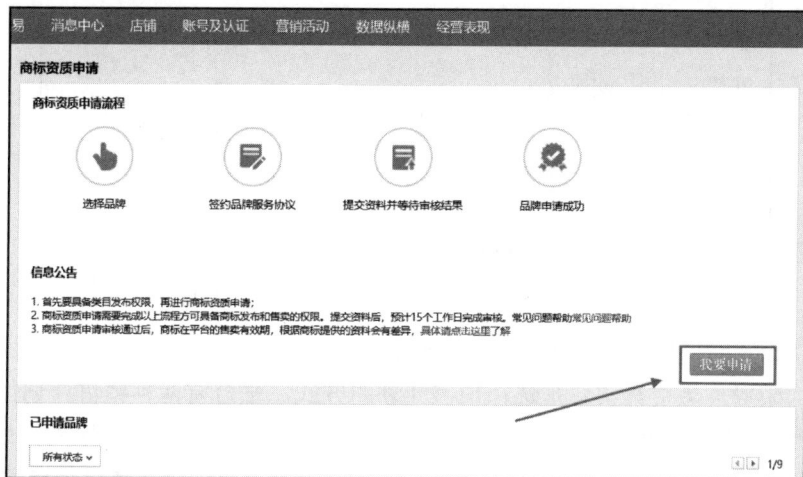

图 1-14　"商标资质申请"页面

单击"我要申请"按钮，打开"申请品牌授权"页面，如图 1-15 所示。

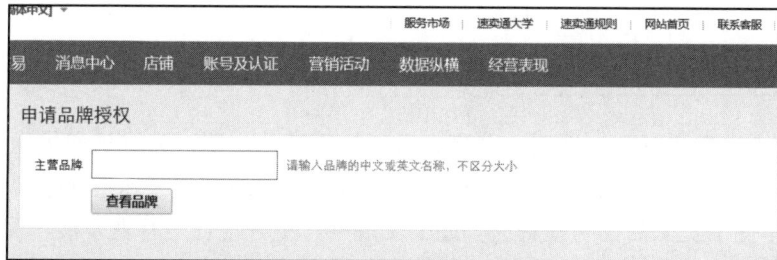

图 1-15　"申请品牌授权"页面

品牌授权申请成功后，系统会显示已经申请成功的类目及品牌，如图 1-16 所示。

图 1-16　申请成功的类目及品牌

商标资质申请成功以后，就要选择店铺类型了。在"我的速卖通"页面执行"账号及认证"→"选择店铺类型（官方店、专卖店、专营店）"命令，在如图 1-17 所示。

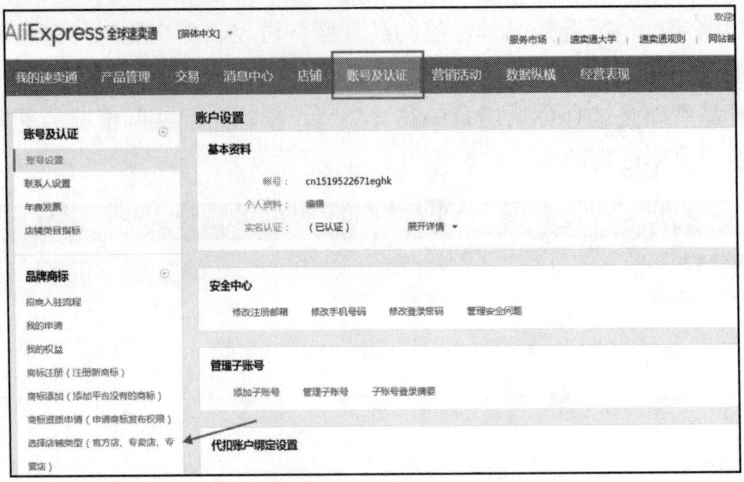

图 1-17　选择店铺类型（官方店、专卖店、专营店）

店铺类型设置完成以后，资质审核流程到这里就结束了。

步骤 3：缴费。缴费其实就是选择销售计划的方式。平台有两种销售计划供用户选择，即"标准销售计划"和"基础销售计划"。不同的销售计划，年费结算奖励的方式不一样（关于"标准销售计划"和"基础销售计划"的区别，后面的章节中会具体进行讲解）。

步骤 4：入驻成功。缴费方式设置完成以后，单击"下一步"按钮，系统提示"平台入驻成功"。

1.2.4　速卖通平台规则

速卖通致力于促进开放、透明、分享、责任的新商业文明，为维护和优化速卖通平台的经营秩序，更好地保障速卖通广大用户的合法权益，速卖通制定了速卖通平台规则（中国卖家规则）。为了便于卖家阅读和理解速卖通卖家规则，更好地促进行业发展，保障用户利益，速卖通会对平台规则不定期进行更新。速卖通平台规则由《基础规则》《行业规则》《营销规则》《知识产权规则》《禁限售规则》《招商规则》《卖家保护政策》组成，其中《基础规则》含卖家基本义务、交易、违规及处罚规则。以上规则相互独立，均对平台用户有约束力。如果《基础规则》与《招商规则》有冲突的，以《基础规则》为准；如果《基础规则》与《行业规则》《营销规则》《知识产权规则》《禁限售规则》有冲突的，以后者为准。全球速卖通平台规则（卖家规则）如图 1-18 所示。

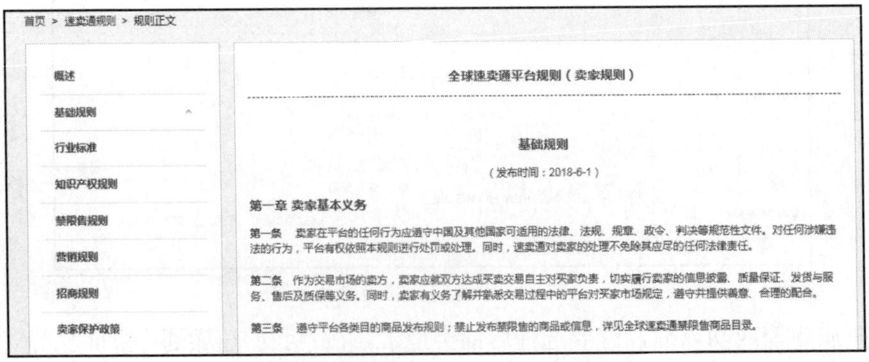

图 1-18　全球速卖通平台规则（卖家规则）

由于篇幅的限制，在此对具体规则不再一一赘述，只对重点规则及注意事项进行说明。最新规则可以登录全球速卖通平台规则网（https://sell.aliexpress.com/zh/__pc/rules/index.htm）查看。全球速卖通平台规则首页如图 1-19 所示。

图 1-19　全球速卖通平台规则首页

1.《基础规则》特别说明

1）账号店铺权限的申请

（1）可按照招商流程进行卖家账户的类目权限申请，一次可申请开通一个店铺，一个注册主体下最多可申请开通 6 个速卖通店铺账户。

（2）平台根据实地考察及综合经营能力评估，会自主邀请企业入驻开通速卖通店铺。速卖通邀请入驻的企业应按规则完成账号申请、入驻并开展经营。

2）店铺销售计划、经营范围、经营大类

（1）销售计划。速卖通有两种销售计划类型供商家选择，即"标准销售计划"和"基础销售计划"，一个店铺只能选择一种销售计划。"销售计划"对比如表 1-1 所示。

表 1-1　"销售计划"对比

	标准销售计划（Standard）	基础销售计划（Basic）
店铺的注册主体	企业	个体工商户/企业均可
开店数量	不管个体工商户或企业主体，同一注册主体下最多可开 6 个店铺，每个店铺仅可选择一种销售计划	
年费	年费按经营大类收取，两种销售计划收费标准相同	
商标资质	√	（同标准销售计划）
类目服务指标考核	√	（同标准销售计划）
年费结算奖励	中途退出按自然月返还未使用年费；经营到年底返还未使用的年费，使用的年费根据年底销售额完成情况进行奖励	中途退出全额返还；经营到年底全额返还
销售计划是否可转换	一个自然年内不可切换至"基础销售计划"	当"基础销售计划"不能满足经营需求时，满足以下条件可申请"标准销售计划"（无需更换注册主体）： （1）最近 30 天 GMV≥2 000 美元 （2）当月服务等级为非不及格（不考核+及格及以上）

	标准销售计划（Standard）	基础销售计划（Basic）
功能区别	可发布在线商品数量≤3 000 件	（1）可发布在线商品数≤500 件 （2）部分类目暂不开放基础销售计划 （3）每月享受 3 000 美元的经营额度（即买家成功支付金额），当月支付金额≥3 000 美元时，无搜索曝光机会，但店铺内商品展示不受影响，下个自然月初恢复搜索曝光

说明：注册主体为个体工商户的卖家店铺，初期仅可申请 "基础销售计划"。当"基础销售计划"不能满足经营需求时，满足一定条件可申请并转换为"标准销售计划"。无论哪种销售计划，若因违规违约关闭账号，年费将不予返还。

（2）经营范围。速卖通平台将行业划分为若干个经营范围，每个经营范围分设不同经营大类（具体划分详见全球速卖通平台规则网《速卖通 2019 年度各类目技术服务费年费一览表》）。

（3）经营类目。除特殊规定外，每个速卖通账号（店铺）只允许选择一种经营范围，并可在该经营范围下经营一个或多个经营大类。特殊类目不单独开放招商，而是采取随时准入的制度，即只要卖家获准加入特殊类目所在经营范围的任一经营大类，即可获得特殊类的商品经营权限。

3）店铺类型

可根据自身经营计划、商标及品牌授权情况为店铺选择品牌官方店、品牌专卖店、品牌专营店中的一种类型。申请不同店铺类型，对品牌的资质要求也不同。

4）店铺准入

（1）按照平台规则提交申请材料后，可以通过登录卖家后台，执行"账号及认证"→"我的申请"命令查看审核进展。资料审核通过的卖家，在签署在线协议、缴纳年费后视为完成准入流程。

（2）若实际控制人、关联方或关联方的实际控制人在使用平台其他服务，或者阿里巴巴旗下其他服务，曾因恶意售假、炒信、资质造假、长期售卖劣质商品而严重影响客户体验的，或者被处以特定严重违规行为处罚、发生过严重危及交易安全情形的，速卖通平台有权禁止该账号准入。

交易、商品信息质量违规处罚如表 1-2 所示。

表 1-2　交易、商品信息质量违规处罚

违规类型	违规节点	处罚措施
交易违规及其他	12 分	冻结账号 7 天
	24 分	冻结账号 14 天
	36 分	冻结账号 30 天
	48 分	关闭账号
商品信息质量违规	12 分及 12 分的倍数	冻结账号 7 天

2. 《知识产权规则》及卖家建议

若发布、销售涉嫌侵犯第三方知识产权的商品，则有可能被知识产权所有人或客户投诉。

速卖通平台也会随机对商品（包含下架商品）信息、产品进行抽查，如果涉嫌侵权（包括商标侵权、著作权侵权和专利侵权），则商品信息会被退回或删除，且平台将根据侵权类型进行处罚。速卖通平台侵权类型及处罚规则如表1-3所示。

表1-3　速卖通平台规则侵权类型及处罚规则

侵权类型	定　　义	处罚规则
商标侵权	严重违规：未经注册商标权权人许可，在同一种商品上使用与其注册商标相同或相似的商标	3次违规者关闭账号
	一般违规：其他未经权利人许可使用他人商标的情况	首次违规扣0分，其后每次重复违规扣6分，累计达到48分者关闭账号
著作权侵权	严重违规：未经著作权人许可复制其作品并进行发布或销售，包括图书、电子书、音像作品或软件等	3次违规者关闭账号
	一般违规：其他未经权利人许可使用他人著作权的情况	首次违规扣0分，其后每次重复违规扣6分，累计达到48分者关闭账号
专利侵权	外观专利、实用新型专利、发明专利的侵权情况（一般违规或严重违规的判定视个案而定）	首次违规扣0分，其后每次重复违规扣6分，累计达到48分者关闭账号（严重违规情况，3次违规者关闭账号）

卖家在经营过程中请注意以下几点。

（1）尊重知识产权。运营过程中注意检查在线及下架商品，若存在侵权行为，请立即将侵权商品删除。同时，严格把控进货来源，杜绝来源不明的商品。建议实拍图片，提高图片质量，让客户更直观地了解商品，从而获得更多订单。

（2）发展有品质的自营品牌。如果你的商品有品质，请注册自有品牌，跟平台一起扩大自营品牌的影响力，让自己的品牌商品"出海"，不断增加附加值。

（3）先完成品牌准入流程。先完成品牌准入流程，再发布品牌商品。不要发布未获得发布权限的品牌商品。

3.《禁限售规则》违规处理

平台禁止发布任何含有或指向性描述禁限售信息。任何违反《禁限售规则》的行为，阿里巴巴有权依据阿里巴巴速卖通的《禁限售规则》进行处罚。全球速卖通禁限售违禁信息列表及处罚措施详见全球速卖通平台规则网。

对违反速卖通《禁限售规则》的行为，平台有权根据发布信息本身的违规情况及会员行为做加重处罚或减轻处罚的处理。

《禁限售规则》中的恶意行为包括但不限于：采用对商品信息隐藏、遮挡、模糊处理等隐匿的手段；采用暗示性描述或故意通过模糊描述、错放类目等方式规避监控规则；同时发布大量违禁商品，重复上传违规信息，恶意测试规则等行为。对于恶意违规行为将视情节的严重性做加重处罚处理，如一般违规处罚翻倍，或者达到严重违规程度进行关闭账号处理。

（1）一般违规加重处罚。对于被认定为恶意行为的一般违规将做加重处罚处理，如发现同类重复违规行为，二次处罚分数加倍。一般违规加重处罚措施如图1-20所示。

（2）知识产权禁限售违规处罚。对有知识产权禁限售违规的一般行为，平台实行积分累计处罚规则。当积分累计到一定分值时，将执行关闭账号处罚。知识产权禁限售违规扣分节点及处罚规则如图1-21所示。

处罚依据	行为类型	违规行为情节/频次	其他处罚
《禁限售规则》	发布禁限售商品	严重违规：48 分/次（关闭账户）	（1）退回/删除违规信息；（2）若核查到订单中涉及禁限售商品，速卖通将关闭订单交易，如果客户已付款，无论物流状况如何均全额退款给买家，卖家承担全部责任
		一般违规：0.5～6 分/次（1天内累计不超过 12 分）	

图 1-20　一般违规加重处罚措施

积分类型	扣分节点	处罚
知识产权禁限售违规	2 分	严重警告
	6 分	限制商品操作 3 天
	12 分	冻结账号 7 天
	24 分	冻结账号 14 天
	36 分	冻结账号 30 天
	48 分	关闭

图 1-21　知识产权禁限售违规扣分节点及处罚规则

1.2.5　速卖通后台页面

1. 登录速卖通后台

登录速卖通官方网站首页 https://seller.aliexpress.com，输入登录名和登录密码。登录名可以是邮箱、会员 ID 或淘宝账号，请牢记登录名和登录密码。速卖通登录页面如图 1-22 所示。

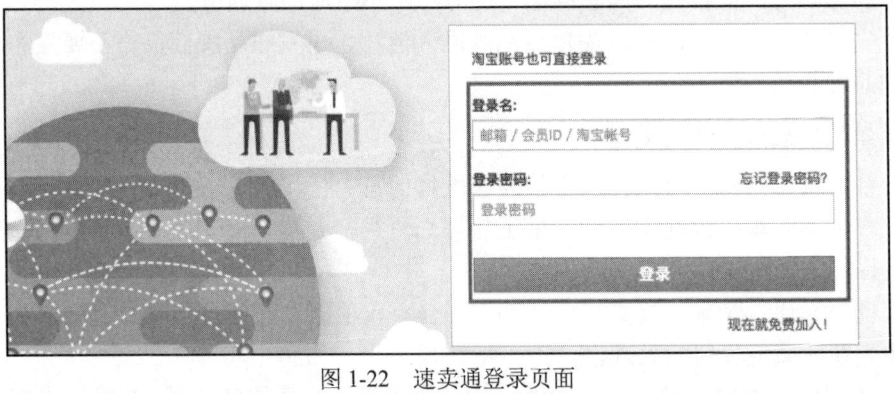

图 1-22　速卖通登录页面

2. 速卖通后台首页

速卖通后台首页包括导航栏、店铺动态中心（我的工作台）、快捷入口、订购的服务和最新公告等模块，如图 1-23 所示。导航栏可以快速打开后台各个功能管理页面；店铺动态中心（我的工作台）包括店铺消息、订单信息、物流信息、售后信息、商品信息及违规信息等；快捷入口包括发布产品、管理产品、所有订单、退款＆纠纷及管理交易评论等，可以根据自己的喜好编辑快捷入口模块；最新公告包括平台规则、平台活动、平台政策等最新的信息公告。

图 1-23　速卖通后台首页

3．后台管理

（1）产品管理。产品管理模块包括产品信息、模板管理、诊断中心、人工翻译平台以及管理订单通知，如图 1-24 所示。

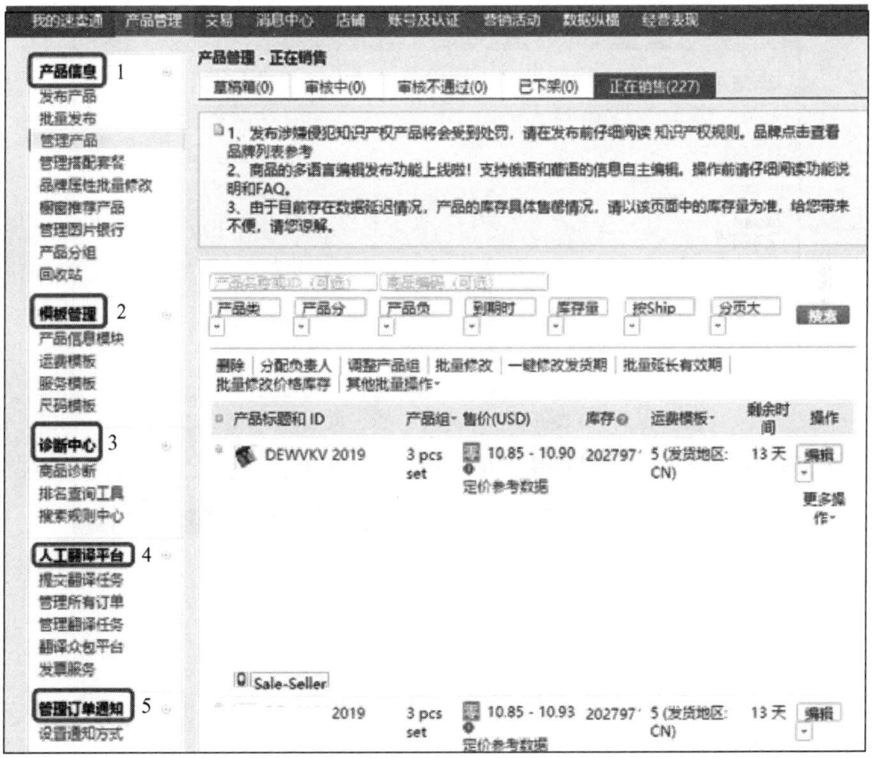

图 1-24　"产品管理"页面

（2）交易。速卖通卖家后台交易模块包括管理订单、物流服务以及资金账户管理。其中，我的订单区域为核心区，集中了所有的订单信息，如图 1-25 所示。

图 1-25 "交易"页面

（3）消息中心。速卖通卖家后台消息中心模块包括买家消息、业务通知、平台通知以及设置，如图 1-26 所示。

图 1-26 "消息中心"页面

（4）店铺。速卖通卖家后台店铺模块包括商铺管理、店铺表现以及卖家协作，如图 1-27 所示。

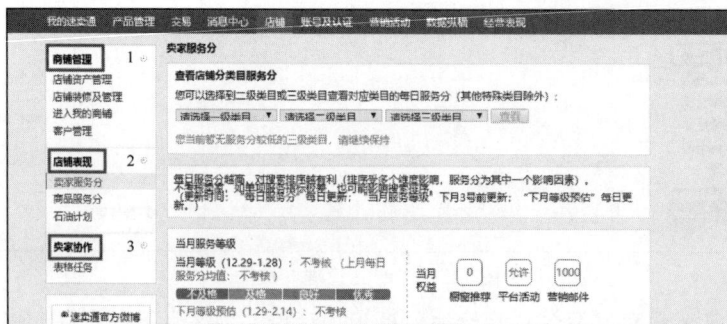

图 1-27 "店铺"页面

（5）账号及认证。在此页面除进行账号及认证以外，还可以管理品牌商标，如图 1-28 所示。

图 1-28　"账号及认证"页面

（6）营销活动。速卖通卖家后台营销活动模块除管理营销活动以外，还包括客户管理、A+计划、代币账户、联盟营销以及速卖通直通车，如图 1-29 所示。

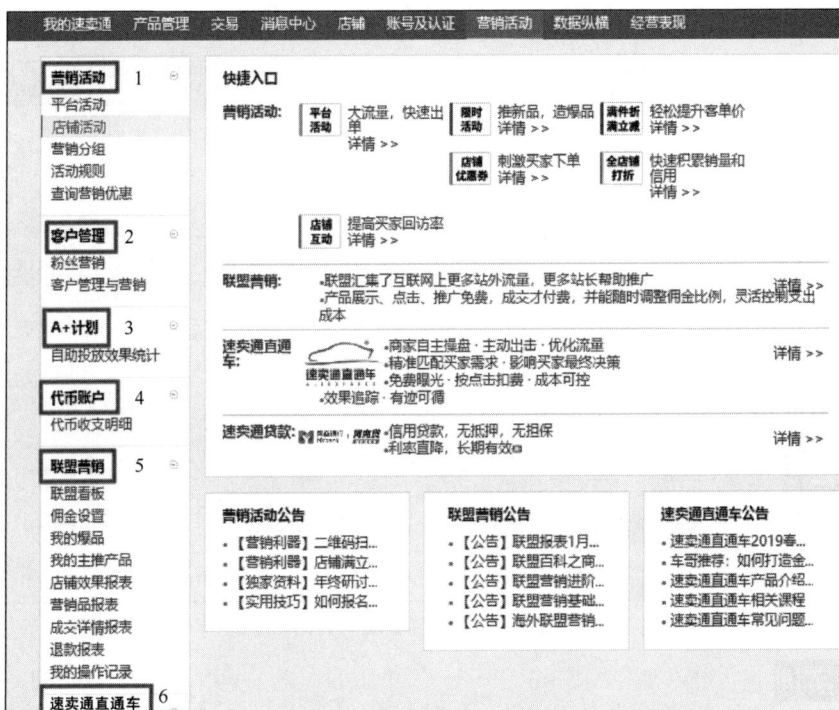

图 1-29　"营销活动"页面

（7）数据纵横。速卖通卖家后台数据纵横模块包括实时风暴、流量分析、经营分析、商品分析、能力诊断以及商机发现，如图 1-30 所示。

图 1-30 "数据纵横"页面

（8）经营表现。速卖通卖家后台经营表现模块，主要显示对店铺的处罚、案件及发起的举报等情况，也可以在这里对其他店铺违规情况进行举报，如图 1-31 所示。

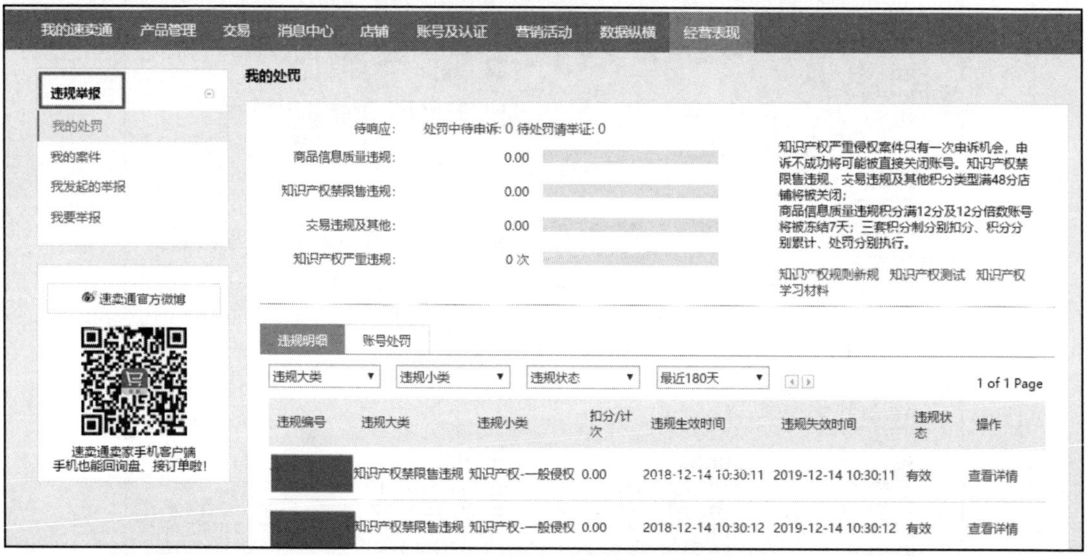

图 1-31 "经营表现"页面

任务实训

【实训】 根据本任务所学知识，回答以下问题。

（1）速卖通对海外的布局主要体现在哪几个方面？

（2）速卖通平台业务的特点有哪些？

选品与店铺装修

产品都是有目标人群的，选品其实是选产品背后的目标人群。高效率的选品可以从产品目标定位、数据化选品两个维度进行。

一个好的视觉设计能够准确指向潜在客户的需求，不仅可以起到锦上添花的作用，还可以对促成交易成功、达成活动效果起到决定性作用。

本项目先介绍如何对产品进行定位，如何为自己的店铺选择产品，然后讲解如何通过视觉设计来提升页面的转化率。

任务 2.1　跨境电商选品

任务导入

通过项目 1 的学习，我们了解了速卖通平台的基础知识。接下来看看如何对产品进行目标定位，如何高效地进行选品，如何快速地打造出属于自己店铺的流量款、利润款，甚至是爆款。

任务导图

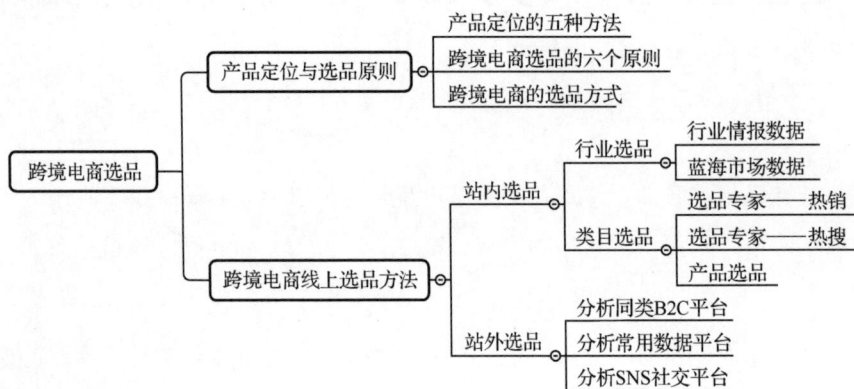

学习目标

知识目标	熟悉选品原则
	熟悉各种选品方法
能力目标	能够通过选品原则判断目标产品是否适合店铺
	能够利用平台的数据选出适合目标市场的产品
	能够利用平台的数据了解行业发展趋势

任务实施

2.1.1　产品定位与选品原则

世界上各个国家和地区的人们都有自己的传统和文化，也有自己的生活和消费习惯，对产品也有不同的喜好。因此，对产品进行定位和分析，挑选出符合顾客需要的产品，是速卖通选品最根本的目的。

随着互联网和数据技术的发展，在大数据运营的范畴内，选品也被赋予了更多的意义。例如，我们可以通过相关的工具，对热销产品词从行业、国家和地区、时间等维度对数据进行排序和分析。虽然在速卖通店铺的运营环节里，选品无处不在，但并不是人人都能够精准地把握和运用。

1．产品定位的五种方法

怎样才能对产品进行定位呢？一般而言，产品定位方法包括目标市场定位法、产品需求定位法、产品测试定位法、产品差异化价值点定位法和营销组合定位法。

（1）目标市场定位法。目标市场定位是一个市场细分与目标市场选择的过程，即明白为谁服务。在市场分化的今天，任何一家公司和任何一种产品的目标顾客都不可能是所有人。运用产品定位法选择目标顾客，首先需要明确细分市场的标准，然后对整体市场进行细分，再对细分后的市场进行评估，最终确定所选择的目标市场。

（2）产品需求定位法。产品需求定位是了解需求的过程，即满足顾客的什么需求。对产品需求的定位，不是根据产品的类别进行的，也不是根据顾客的表面特性进行的，而是根据顾客的需求价值来确定的。顾客在购买产品时，总是为了获取某种产品的价值。产品价值组合是由产品的功能组合实现的，不同的顾客对产品有着不同的价值诉求，这就要求提供与诉求点相同的产品。运用该方法需要调研顾客的需求，这些需求的获得可以指导新产品开发或改进产品。

（3）产品测试定位法。产品测试定位法是对企业进行产品创意或产品测试的方法，即确定企业提供何种产品或提供的产品是否满足顾客的需求。该方法主要是进行企业自身产品的设计或改进，通过使用图片或实体形式来展示产品（未开发和已开发）的特性，考察顾客对产品概念的理解、偏好、接受程度。运用该方法需要从心理层面到行为层面进行深入探究，以获得顾客对某一产品概念的整体接受情况。

（4）产品差异化价值点定位法。产品差异化价值点定位即需要解决目标需要与企业提供的产品及竞争各方特点的结合问题，同时，要考虑提炼的这些特点如何与其他营销属性相结合。一般产品差异化价值点定位法包括产品独特价值特色定位、产品解决问题特色定位、产品使用场合定位、顾客类型定位、竞争品牌对比定位、产品类别的游离者定位、综合定位等。

（5）营销组合定位法。营销组合定位法即如何满足顾客需要，它是进行营销组合定位的方法。在确定满足目标顾客的需求之后，需要设计一个营销组合方案并实施这个方案，使定位落到实处。营销组合定位不仅是品牌推广的过程，还是产品价格、渠道策略和沟通策略有机组合的过程。在有些情况下，落实到位的过程也是一个再定位的过程。因为在产品差异化很难实现时，必须通过营销差异化来定位。今天，你推出一种新产品畅销不过一个月，就马上会有模仿品出现在市场上，而营销差异化要比产品模仿难得多。因此，仅有产品定位已经远远不够，企业必须从产品定位扩展至整个营销组合定位。

2．跨境电商选品的六个原则

在具体进行跨境电商选品工作的时候，是基于六个原则来进行的。跨境电商选品的六个原则如图 2-1 所示。

图 2-1 跨境电商选品的六个原则

（1）人无我有。找到平台竞争力比较小的蓝海产品线，或者红海行业中的蓝海类目。

（2）目标用户需求和流行趋势。在选品之前，要先研究目标市场的顾客需求，了解他们的消费习惯和流行趋势。

（3）适应跨境电商的物流方式。在选品时要考虑产品的保质期、耐挤压程度等因素，还有相应重量和体积所产生的物流费用，这些因素都会对产品的销量产生影响。

（4）判断货源优势。在满足了以上条件的情况下，还要考虑自身是否具有货源优势。

（5）人有我优。优化产品信息，严把质量关，做好产品的口碑。

（6）人优我特。特种产品，小需求也有大市场。

3．跨境电商的选品方式

跨境电商的选品根据渠道可以采用线下选品和线上选品两种方式，如图 2-2 所示。

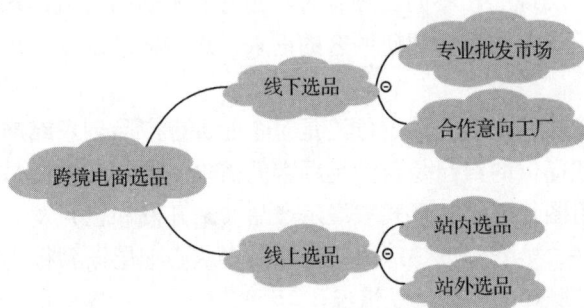

图 2-2　跨境电商的选品方式

1）线下选品

线下选品的途径包括专业批发市场和合作意向工厂两种方式。线下选品需要注意以下几点：

（1）对于初级卖家，如果其所处的地区有成规模的产业带，或者有体量较大的专业批发市场，则可以考虑直接从产业带或专业批发市场寻找现成的货源。在没有线下货源优势的情况下，再考虑从网上寻找货源。

（2）对于有一定销量基础并且积累了销售经验的卖家，能够初步判断哪些产品的市场接受程度较高时，可以考虑寻找合作意向工厂，针对比较有把握的产品，进行少量下单试款。

（3）对于经验丰富并且具有经济实力的卖家，可以尝试先预售的方式，确认市场接受程度后再下单生产，这样可以减少库存和资金的压力。

2）线上选品

线上选品又分为站内选品和站外选品。线上选品的方式和方法如图 2-3 所示。

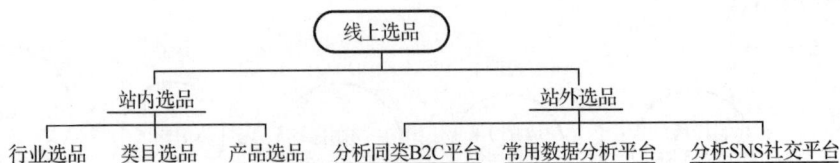

图 2-3　线上选品的方式和方法

2.1.2 跨境电商线上选品方法

选品必然要了解市场状况，因此，选品的步骤也可以理解为了解市场的步骤。无论是刚进入跨境电商还不知道要卖什么产品的新手，还是有自己的公司或工厂的商家，或者是已经确定了要销售的产品的卖家，都应该对选品这个环节有所了解。下面以速卖通平台操作为例，详细介绍线上选品的方法。

1. 站内选品

通常要确定店铺最终卖什么产品，一般按行业选品→类目选品→产品选品三个步骤进行。

1）行业选品

选择行业一般通过分析后台数据中的行业情报来进行。

（1）通过查看行业情报数据来选择行业。

如图 2-4 所示，登录速卖通后台，执行"数据纵横"→"商机发现"→"行业情报"命令，可以打开"行业情报"页面。

图 2-4 速卖通后台操作页面

步骤 1：在打开的"行业情报"页面中，可以选择不同的行业和时间段（最近 7 天，最近 30 天，最近 90 天），查看该行业在指定时间段的行业数据，包括流量分析、成交转化分析及市场规模分析，如图 2-5 所示。

行业数据	流量分析		成交转化分析		市场规模分析
	访客数占比	浏览量占比	支付金额占比	支付订单数占比	供需指数
最近30天均值	46.59%	43.82%	38.2%	42.76%	119.97%
环比周涨幅	↑ 1.59%	↑ 1.46%	↑ 0.08%	↓ -0.51%	↓ -2.8%

图 2-5 "行业情报"页面

数据指标说明如下。

访客数占比：在统计时间段内，行业访客数占上级行业访客数的比例，一级行业占比为该行业占全网行业的比例。访客数占比越高，说明该行业的产品受欢迎的程度越高；环比周涨幅呈上升趋势，说明该产品受欢迎的趋势在持续上升。

浏览量占比：在统计时间段内，行业浏览量占上级行业浏览量的比例。一级行业占比为该行业占全网行业的比例。同样，浏览量占比越高，说明点击该行业产品的访客越多；环比周涨幅呈上升趋势，说明该产品的点击率在持续上升。

支付金额占比：在统计时间段内，行业支付成功金额占上级行业支付成功金额的比例。一级行业占比为该行业占全网行业的比例。支付金额占比越高，说明该行业产品成交金额越大。

支付订单数占比：在统计时间段内，行业支付成功订单数占上级行业支付成功订单数的比例。一级行业占比为该行业占全网行业的比例。同样，支付订单数量占比越大，说明该行业产品的成交数量越大。

供需指数：在统计时间段内，行业中产品指数/流量指数。供需指数越小，竞争优势越小。

步骤 2：可以选择自己感兴趣的三个行业，查看这三个行业最近的发展趋势。"行业趋势-趋势图"页面如图 2-6 所示。

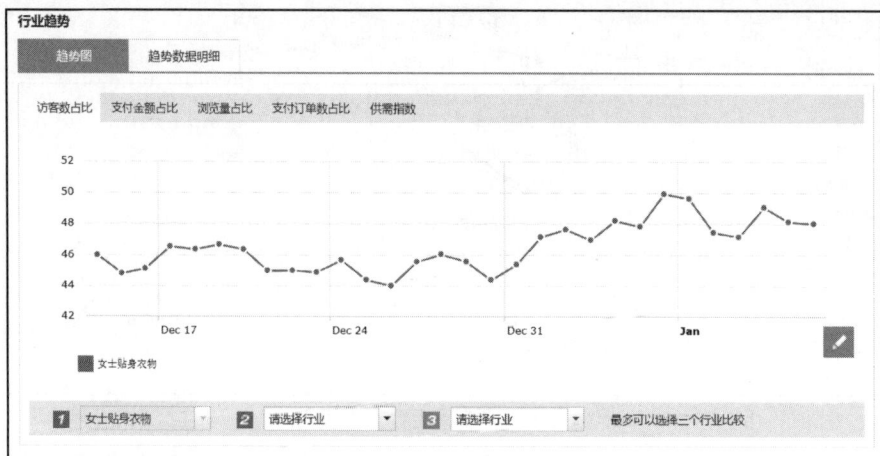

图 2-6 "行业趋势-趋势图"页面

步骤 3：可以查看趋势数据明细，包括该行业访客数占比、浏览量点比、支付金额占比、支付订单占比及供需指数等详细数据。可以单击页面右上角的"下载"按钮（因部分截图不完整，"下载"按钮样式见图 3-4，特此说明），下载最近的原始数据（Excel 格式），这样更加方便用户进行数据分析。"趋势数据明细"页面如图 2-7 所示。

步骤 4：如果我们的产品比较适合某个国家，或者想主要开拓某个国家的市场，可以参考行业国家分布的数据。"行业国家分布"页面如图 2-8 所示（针对图片中有用色彩描述问题的情况，书中特别配有二维码，读者可以扫描浏览，下文不再做特别说明）。

（2）通过查看蓝海市场数据选择行业。

步骤 1：在打开的"行业情报"页面中，单击"蓝海行业"标签，平台会推荐一些蓝海行业信息，如图 2-9 所示。点击行业所在的圆圈可以查看该行业详情。从图中可以看出，一级行业蓝海程度中，"接发与发套"行业竞争最不激烈，"玩具"行业竞争最激烈。

	流量分析		成交转化分析		市场规模分析
	访客数占比	浏览量占比	支付金额占比	支付订单占比	供需指数
2018-12-14	46%	43.43%	38.34%	43.4%	126.27%
2018-12-15	44.79%	42.08%	40.74%	46.25%	132.73%
2018-12-16	45.11%	42.61%	36.63%	43.17%	130.22%
2018-12-17	46.51%	43.83%	37.53%	42.43%	123.43%
2018-12-18	46.32%	43.7%	38.51%	43.35%	123.65%
2018-12-19	46.67%	43.83%	37.68%	42.84%	123.69%
2018-12-20	46.34%	44.04%	36.38%	42.19%	122.82%
2018-12-21	45.01%	42.87%	37.55%	42.55%	126.45%
2018-12-22	45%	42.7%	38.5%	42.93%	125.51%
2018-12-23	44.85%	42.54%	37.32%	42.01%	126.25%

图 2-7 "趋势数据明细"页面

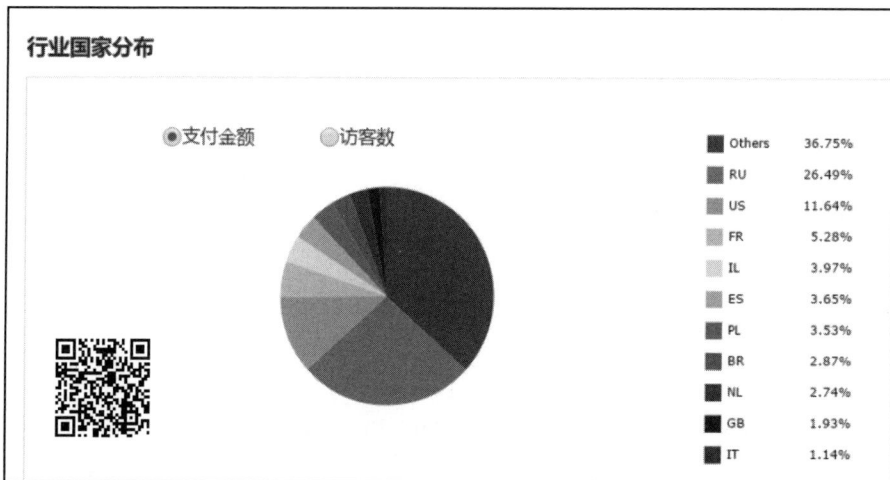

图 2-8 "行业国家分布"页面

图 2-9 "蓝海行业"页面

步骤 2：查看"蓝海行业细分"数据列表中的"供需指数"（该指数为统计时间段内该行业下的产品指数/流量指数），供需指数越小，竞争优势越小。"蓝海行业细分"页面如图 2-10 所示。

图 2-10 "蓝海行业细分"页面

2）类目选品

所谓类目选品就是在某个行业下选择售卖类目产品的类型。在了解了行业选品，确定了自己要从事的行业后，就要确定卖这个行业下的哪些类目的产品。可以借助"商机发现"里"选品专家"的功能进行分析。"选品专家"页面打开方式：登录速卖通后台，单击导航栏的"数据纵横"选项，在"商机发现"列表中单击"选品专家"选项。

"选品专家"提供热销和热搜两种查询方式：热销是站在卖家的角度而言的，适合寻找爆款产品；热搜是站在买家的角度而言的，适合开发新产品。

（1）选品专家——热销。

热销查询方式可以通过选择不同行业、国家和时间统计 TOP 热销产品词，进而可以分析全球或某个国家最近市场热销的品类、产品，以及这些品类热销的特征。通过多维度关联销售的数据，能快速帮你看清市场，方便选品。

① TOP 热销产品词。如图 2-11 所示为全球最近 7 天男女内衣及家居服行业 TOP 热销产品词，圆圈越大，表示该产品销量越高。颜色代表竞争情况，颜色越红（红色越深），表示该产品竞争越大（蓝色越深）；颜色越蓝，表示竞争越小。

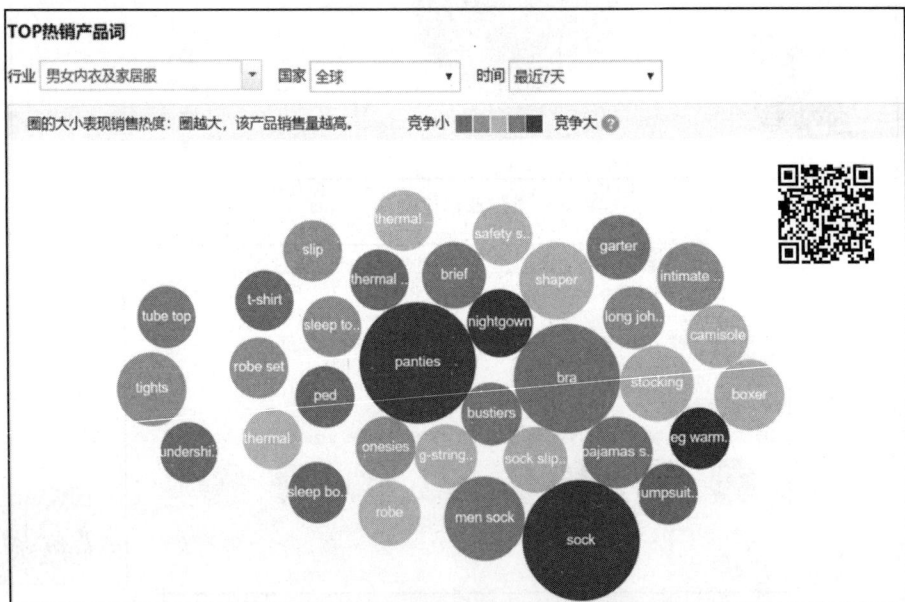

图 2-11 全球最近 7 天男女内衣及家居服行业 TOP 热销产品词

② TOP 关联产品。单击某一品类，可以查看买家同时关注、浏览、点击的与该品类相关联的其他产品情况。连线越粗，买家的同时关注度越高，产品之间的关联性越强，即买家同

时浏览、点击、购买的人越多。颜色代表竞争情况，颜色越红（红色越深），表示竞争越激烈；颜色越蓝（蓝色越深），表示竞争越小。女士内裤（panties）的 TOP 关联产品如图 2-12 所示。

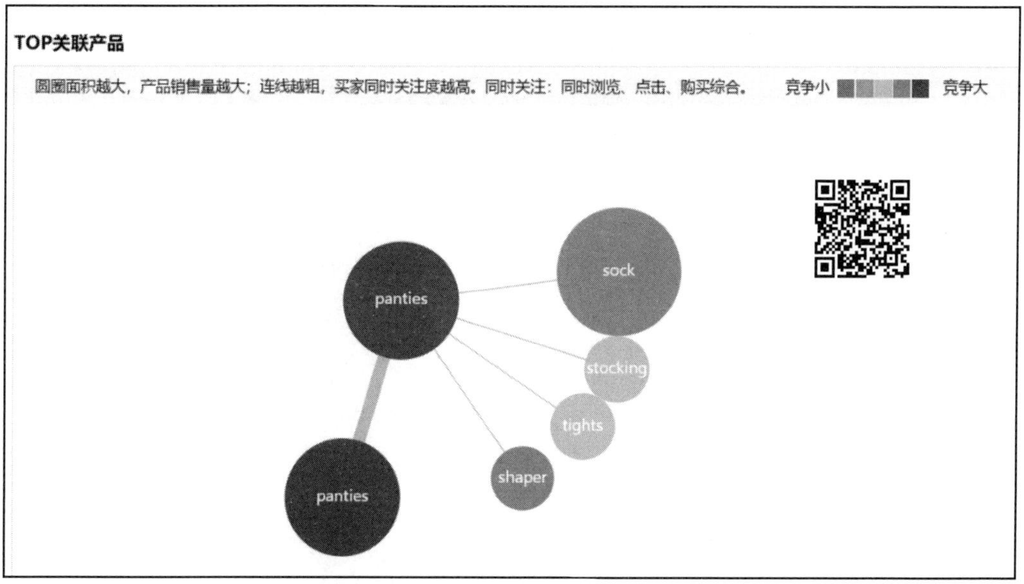

图 2-12 女士内裤（panties）的 TOP 关联产品

③ TOP 热销属性。该功能可以查看某个品类下热销产品的属性。单击"+"可以展开 TOP 热销属性值；单击"-"可以收起 TOP 热销属性值。单击展开产品的热销属性后，属性值的圆越大表示销量越高。同一种颜色在这里只作为属性分类用。女士内裤（panties）的 TOP 热销属性如图 2-13 所示。

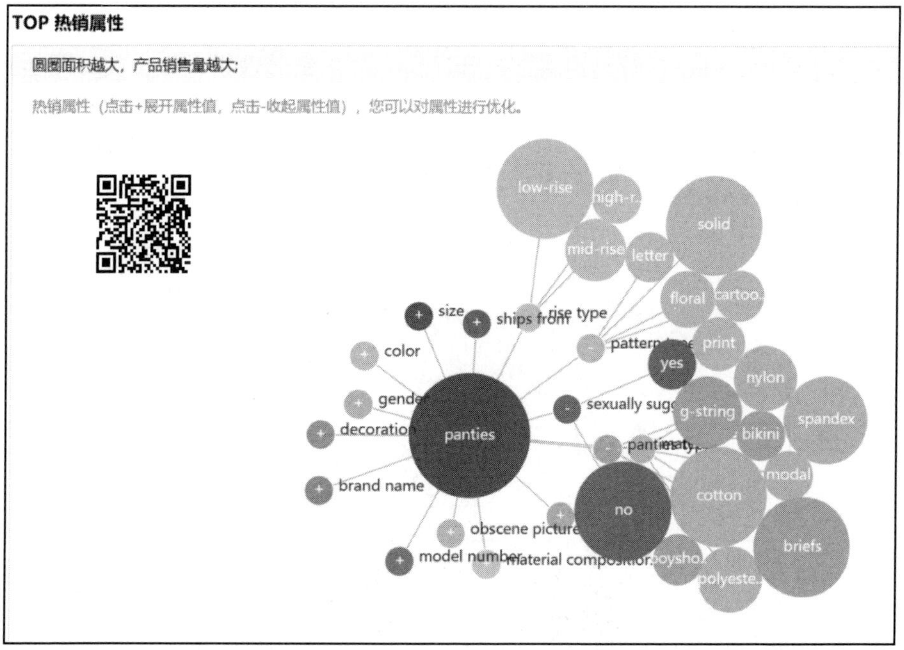

图 2-13 女士内裤（panties）的 TOP 热销属性

技巧：通过 TOP 热销属性关联，卖家可以结合自己的产品特征，优化产品属性，提高买家找到产品的机会。同时，卖家也可以了解目前热销产品的属性，方便选品。

④ 热销属性组合。卖家可以根据属性组合结合供应情况进行选品，相同颜色代表一类属性组合，颜色占比越大表示销量越多，圆越大表示销量越大。"热销属性组合"页面如图 2-14 所示。

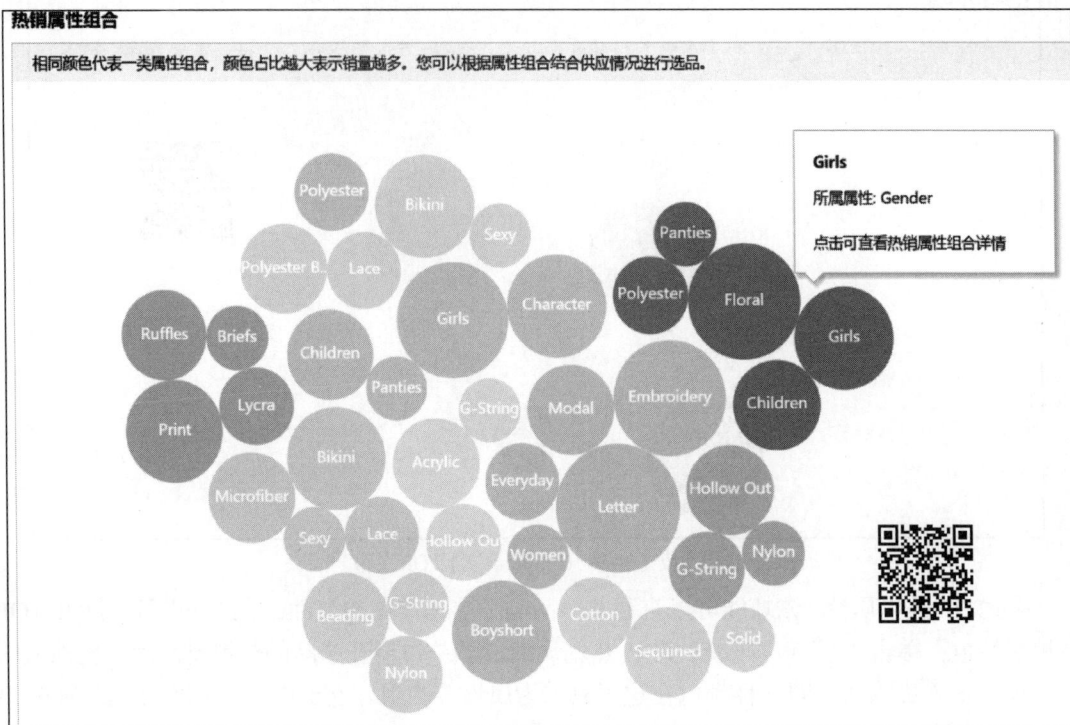

图 2-14 "热销属性组合"页面

技巧：如图 2-14 所示，单击"Girls"属性按钮，打开"热销属性组合"页面，选择 2～3 个属性组合进行搜索，可以查看热销属性组合详情。"热销属性组合"页面如图 2-15 所示。在这里既可以在速卖通平台上查看此类产品的特征，也可以在其他网站上查看此类产品的特征。

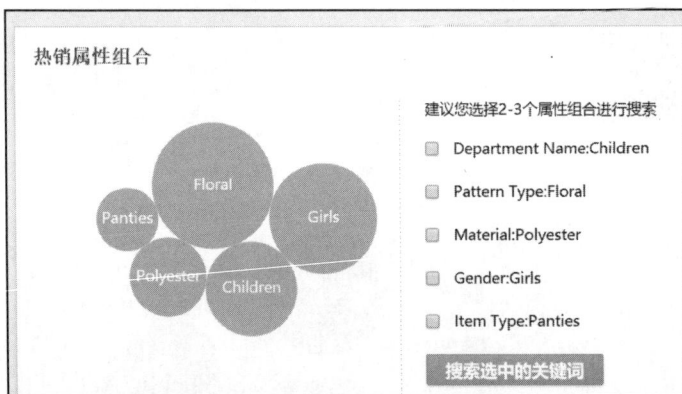

图 2-15 "热销属性组合"页面

（2）选品专家——热搜。

热搜与热销的功能一样，同样可以选择不同行业、国家和时间来统计市场的热搜产品词、关联产品、热搜属性及热搜属性组合，从而能够帮助我们了解买家在搜索哪些产品。热搜维度的选品思路和热销维度的选品思路基本一样，因此热搜维度的选品就不做详细介绍了。

技巧：如果圆圈代表数据不是很清晰、精准，可以单击页面右上角的 ↓下载 按钮，导出 Excel 表格数据进行详细的分析。

3）产品选品

前面我们学习了如何在行业中选品和如何在类目中选品，接下来介绍如何在产品中选品。这里用到的工具比较多，下面将做简单的介绍。

（1）属性选品。

步骤 1：登录速卖通后台，执行"数据纵横"→"选品专家"命令，打开"TOP 热销产品词"页面。设置热销产品词查询条件，行业选择"男女内衣及家居服>女士贴身衣物>女士内裤"，国家选择"全球"，时间选择"最近 30 天"，如图 2-16 所示。

图 2-16　"TOP 热销产品词"页面

步骤 2：双击"panties"图标，打开"TOP 热销属性"页面，如图 2-17 所示。

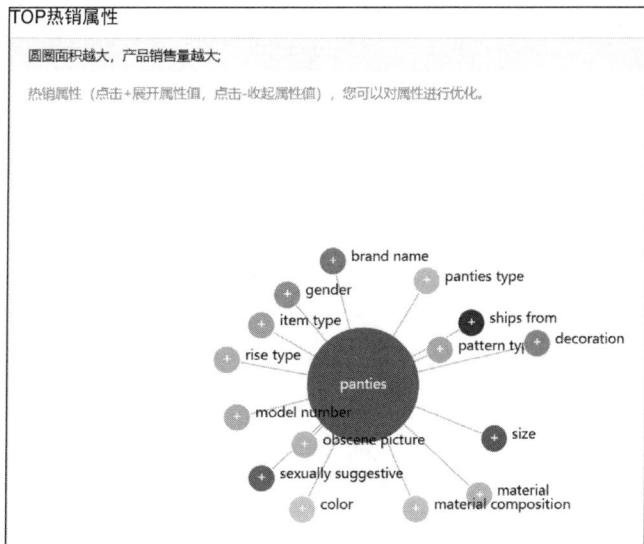

图 2-17　"TOP 热销属性"页面

步骤 3：单击右上角的 ↓下载 按钮，导出女士内裤热销属性的 Excel 表格数据，包括属性名、属性值及成交指数等，如图 2-18 所示。

1	行业	国家	商品关键词	属性名	属性值	成交指数
2	男女内衣及家居服>女士贴身衣物>女士内裤	全球	panties	material	cotton	270667
3	男女内衣及家居服>女士贴身衣物>女士内裤	全球	panties	material	spandex	213791
4	男女内衣及家居服>女士贴身衣物>女士内裤	全球	panties	material	polyester	106485
5	男女内衣及家居服>女士贴身衣物>女士内裤	全球	panties	material	nylon	99659
6	男女内衣及家居服>女士贴身衣物>女士内裤	全球	panties	material	acrylic	25738
7	男女内衣及家居服>女士贴身衣物>女士内裤	全球	panties	pattern type	solid	284520
8	男女内衣及家居服>女士贴身衣物>女士内裤	全球	panties	pattern type	floral	45633
9	男女内衣及家居服>女士贴身衣物>女士内裤	全球	panties	pattern type	print	31174
10	男女内衣及家居服>女士贴身衣物>女士内裤	全球	panties	pattern type	cartoon	14233
11	男女内衣及家居服>女士贴身衣物>女士内裤	全球	panties	pattern type	letter	9736
12	男女内衣及家居服>女士贴身衣物>女士内裤	全球	panties	panties type	briefs	275500
13	男女内衣及家居服>女士贴身衣物>女士内裤	全球	panties	panties type	g-string	123192
14	男女内衣及家居服>女士贴身衣物>女士内裤	全球	panties	panties type	boyshort	11432
15	男女内衣及家居服>女士贴身衣物>女士内裤	全球	panties	panties type	bikini	6713
16	男女内衣及家居服>女士贴身衣物>女士内裤	全球	panties	gender	women	416831
17	男女内衣及家居服>女士贴身衣物>女士内裤	全球	panties	item type	panties	416827
18	男女内衣及家居服>女士贴身衣物>女士内裤	全球	panties	decoration	lace	171035
19	男女内衣及家居服>女士贴身衣物>女士内裤	全球	panties	decoration	none	150273
20	男女内衣及家居服>女士贴身衣物>女士内裤	全球	panties	decoration	bow	47846
21	男女内衣及家居服>女士贴身衣物>女士内裤	全球	panties	decoration	appliques	14298
22	男女内衣及家居服>女士贴身衣物>女士内裤	全球	panties	decoration	hollow out	13883
23	男女内衣及家居服>女士贴身衣物>女士内裤	全球	panties	brand name	none	53390
24	男女内衣及家居服>女士贴身衣物>女士内裤	全球	panties	brand name	rumila	26406
25	男女内衣及家居服>女士贴身衣物>女士内裤	全球	panties	brand name	ecmln	19902
26	男女内衣及家居服>女士贴身衣物>女士内裤	全球	panties	brand name	noenname_null	13007
27	男女内衣及家居服>女士贴身衣物>女士内裤	全球	panties	brand name	gootrades	12497
28	男女内衣及家居服>女士贴身衣物>女士内裤	全球	panties	rise type	low-rise	279457
29	男女内衣及家居服>女士贴身衣物>女士内裤	全球	panties	rise type	mid-rise	92529
30	男女内衣及家居服>女士贴身衣物>女士内裤	全球	panties	rise type	high-rise	40733
31	男女内衣及家居服>女士贴身衣物>女士内裤	全球	panties	sexually suggestive	no	406228

图 2-18 女士内裤热销属性的 Excel 表格数据

说明：成交指数越大，说明对应属性值的产品销量越高；可利用 VLOOKUP 函数在数据透视表中筛选出我们需要的数据进行分析，从而判断哪些产品的属性值是热销属性值。

（2）关键词选品。

步骤 1：执行"数据纵横"→"搜索词分析"→"热搜词"命令，打开"热搜词"页面，设置行业、国家及时间参数（"飙升词"与"零少词"的选品思路同理），如图 2-19 所示，单击"搜索"按钮。

搜索词		是否品牌原词 ⇕	搜索人气 ⇕	搜索指数 ⇕	点击率 ⇕	浏览-支付转化率 ⇕	竞争指数 ⇕	TOP3热搜国家
трусы женские	查看商品	N	405,219	4,083,228	47.07%	0.92%	12	RU,UA,BY
pantie	查看商品	N	236,440	1,210,501	31.72%	0.33%	13	PL,TR,NL
нижнее белье	查看商品	N	146,708	1,178,860	38.81%	0.37%	11	RU,UA,KZ
panties	查看商品	N	131,025	862,363	41.30%	1.17%	39	US,PL,CZ
стринги	查看商品	N	109,523	800,063	48.95%	0.72%	15	RU,UA,BY
underwear women	查看商品	N	105,419	633,340	35.30%	1.01%	36	US,PL,LT
трусики	查看商品	N	77,549	587,758	46.79%	0.83%	20	RU,UA,KZ
трусы	查看商品	N	96,614	569,363	44.21%	0.75%	14	RU,UA,BY

说明：【是否品牌原词】仅供参考。

图 2-19 "热搜词"页面

步骤 2：单击右上角的 ⬇下载 按钮，下载女士内裤热搜词的 Excel 表格数据，如图 2-20 所示。

	A	B	C	D	E	F	G	H
1	NO.	搜索词	是否品牌原词	搜索人气	点击率	浏览-支付转化率	竞争指数	TOP3热搜国家
2	1	трусы женские	N	405,219	47.07%	0.92%	12	RU,UA,BY
3	2	pantie	N	236,440	31.72%	0.33%	13	PL,TR,NL
4	12	lingerie	N	149,143	21.88%	0.24%	2	US,NL,FR
5	3	нижнее бельё	N	146,708	38.81%	0.37%	11	RU,UA,KZ
6	4	panties	N	131,025	41.30%	1.17%	39	US,PL,CZ
7	5	стринги	N	109,523	48.95%	0.72%	15	RU,UA,BY
8	6	underwear women	N	105,419	35.30%	1.01%	36	US,PL,LT
9	8	трусы	N	96,614	44.21%	0.75%	14	RU,UA,BY
10	22	modis	N	87,582	17.37%	0.03%	0	RU,UA,KZ
11	7	трусики	N	77,549	46.79%	0.83%	20	RU,UA,KZ
12	13	tanga	N	77,245	47.22%	0.56%	19	TR,ES,MX
13	9	string	N	73,623	45.57%	1.17%	25	NL,FR,PL
14	10	ropa interior femenina	N	71,622	33.90%	0.34%	23	ES,CL,MX
15	27	calvin klein underwear	Y	56,457	21.99%	0.26%	13	PL,ES,NL
16	14	thong	N	56,359	49.15%	0.99%	39	US,NL,GB
17	15	бельё женское	N	49,069	36.62%	0.31%	14	RU,UA,BY
18	17	женское бельё	N	43,729	38.58%	0.37%	13	RU,UA,BY
19	11	женские трусы	N	43,209	47.99%	1.03%	31	RU,UA,BY
20	24	underwear	N	39,261	36.89%	1.07%	35	US,PL,NL
21	19	бельё	N	38,295	39.88%	0.30%	17	RU,UA,BY
22	25	calcinha	N	36,358	38.21%	0.19%	16	BR,JP,PT
23	16	женское нижнее бельё	N	35,509	39.75%	0.39%	20	RU,UA,BY
24	23	sexy panties	N	35,076	42.00%	1.19%	54	US,PL,CZ
25	18	трусики женские	N	31,194	47.80%	0.88%	34	RU,UA,BY
26	26	g string	N	30,366	48.49%	0.88%	45	TR,US,NL
27	21	нижнее бельё женское	N	28,928	36.01%	0.38%	19	RU,UA,KZ
28	39	panty	N	26,077	33.10%	0.57%	32	NL,IN,LK
29	30	кружевное бельё	N	25,872	39.58%	0.27%	15	RU,UA,BY
30	20	трусы женские хлопок	N	25,721	49.40%	1.22%	27	RU,UA,BY
31	35	sous vetement femme sexy	N	23,645	30.30%	0.85%	22	FR,BE,CA
32	28	plus size women	N	22,766	24.62%	0.17%	25	US,NL,PL

图 2-20　女士内裤热搜词的 Excel 表格数据

技巧 1：利用关键字排序选品。先将数据表的 D 列至 G 列的格式转化为数字格式，再按主要关键字"搜索人气"、次要关键字"浏览-支付转化率"和"竞争指数"进行降序排序。

例如，可以将如图 2-20 所示的数据按上述方法进行排序。从图中可以看出，"panties""underwear women"等是浏览-支付转化率高、竞争小的产品。但像"calvin klein underwear"这个搜索词包含了品牌原词，如果没有获得授权，销售这样的产品会被投诉。

技巧 2：参考同行卖家款式选品。都说"同行是冤家"，不过也有利用"冤家"的地方，比如选品的时候，可以参考同行卖家的产品款式。

例如，在买家首页输入想要了解的产品"running shoes"（跑鞋），按订单降序排列，可查看目前在平台上卖家什么款式的跑鞋卖得比较好。"running shoes"搜索结果页面如图 2-21 所示。

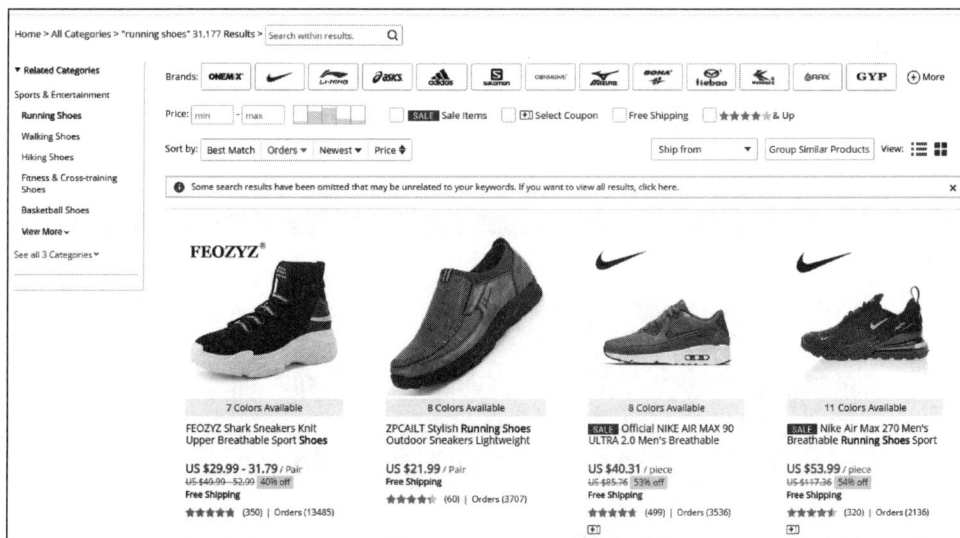

图 2-21　"running shoes"搜索结果页面

另外，买家首页"Hot Categories"下的热卖产品列表也是卖家选品不错的参考依据，"Hot Categories"下的热卖产品列表如图 2-22 所示。

图 2-22 "Hot Categories"下的热卖产品列表

2. 站外选品

可以通过分析同类 B2C 平台、常用数据平台、SNS 平台等方法了解流行趋势，分析站外不同平台的数据来帮助我们选品。站外选品常用的方法如图 2-23 所示。

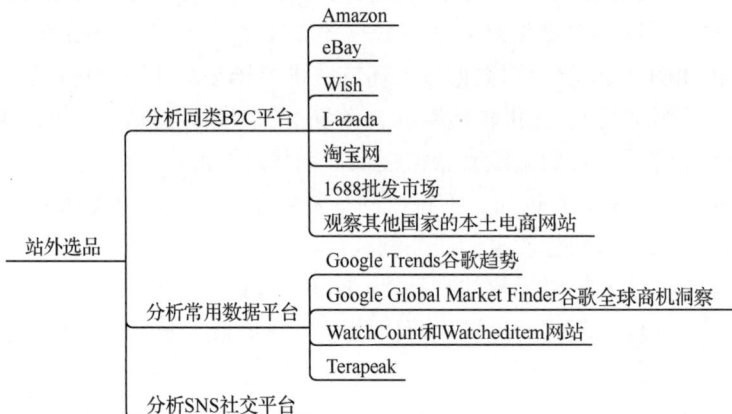

图 2-23 站外选品常用的方法

（1）分析同类 B2C 平台。常见的 B2C 平台有 Amazon、eBay、Wish、Lazada、淘宝网、1688 批发市场及观察其他国家的本土电商网站。Amazon 首页如图 2-24 所示，eBay 首页如图 2-25 所示，其他国家的本土电商网站如图 2-26 所示。

图 2-24 Amazon 首页

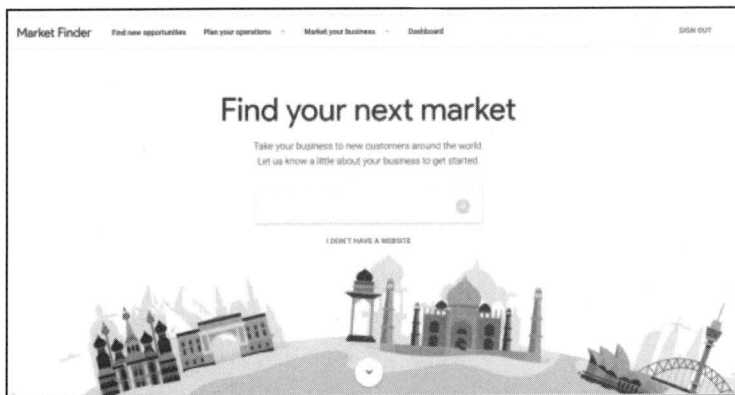

图 2-25 "eBay"首页

图 2-26 其他国家的本土电商网站

（2）分析常用数据平台。常用的数据平台有谷歌趋势（Google Trends）、谷歌全球商机洞察（Google Global Market Finder）、WatchCount、Watcheditem 和 Terapeak 等。

下面以谷歌全球商机洞察平台为例，介绍如何通过数据分析平台来分析你的产品是否适合新市场。

在浏览器地址栏输入网址 https://translate.google.com/globalmarketfinder/g/index.html?locale=en，打开谷歌全球商机洞察首页，如图 2-27 所示。

Google Global Market Finder 工具使用指南

图 2-27 谷歌全球商机洞察首页

输入能够描述你的产品或服务的关键字，然后选择一个区域（可以在多个市场中进行选择，包括 G20、欧盟、新兴市场、亚洲或整个世界等）。

谷歌全球商机洞察使用来自全球互联网搜索的数据，显示人们用阿拉伯语、中文、英语等 56 种语言中的任意一种搜索关键词的次数。与 Adwords 结合后，谷歌全球商机洞察还会显示估算出来的建议出价，以及在目标市场中所使用关键字（由 Google 翻译提供翻译）的竞争情况。

谷歌全球商机洞察列出的 4 个关键参考指标：

① Monthly Search Volume Across Categories（该类别产品月搜索量）；

② Recommended Adwords Bid（推荐关键词广告竞价——竞争情况）；

③ Ease of Doing Business（经商便利度）；

④ Household Net Disposable Income（家庭可支配净收入——购买能力）。

通过这些指标，可以将获取新客户的成本与产品的利润进行比较，帮助确定产品能否吸引新市场中的客户，是否有利于业务的发展。

图 2-28　SNS 平台了解流行趋势和常用的 SNS 平台

（3）分析 SNS 社交平台。通过 SNS 社交平台需要了解的信息包括电影流行趋势、时尚博主流行趋势和大型文体活动流行趋势。常用的 SNS 平台包括 Facebook、Twitter 等。SNS 社交平台需要了解的信息和常用的 SNS 平台如图 2-28 所示。

SNS 社交平台通常是信息的发源地，各领域的最新信息和流行趋势都会最先在 SNS 平台的网站上开始传播，卖家可以在国外流行的 SNS 平台网站上关注行业相关意见领袖的意见和热门话题，通过观察发掘潜在的商机。

总之，选品的步骤分为三步：数据获取、数据分析和竞争力分析。获取的数据越多，数据的质量越高，选品的精确度也就越高。数据加工分析的方法越巧妙，分析的角度越多，涉及的数据量越大，分析出来的结论也就越准确，从而为选品工作提供更加准确的理论依据。在数据获取和数据分析的基础上，如果对市场已经有了一定的了解，就需要对产品的市场竞争进行分析。但是，也不能盲目跟从数据，有时还需要结合实际运营情况，多次实践，反复练习，这样才能选择到合适的产品。

任务实训

【实训】　假如你是一位运动鞋生产厂的老板，想开拓美国市场，结合本任务所学知识回答以下问题：

（1）美国市场前景如何？

（2）什么类型的运动鞋适合美国市场？

（3）什么价位适合美国市场？

任务 2.2　店铺装修与设计

任务导入

随着人们对于视觉享受的要求越来越高，一张平庸的图片已经越来越难以吸引人们的眼球，尤其是在电子商务活动中，通过一幅图片可以打动需求本产品的客户，并吸引客户点击图片链接，带着期待去查看宝贝详情页，从而达到活动推广的目的，促进产品销售。

任务导图

```
                                              视觉规划要符合买家的阅读习惯
                        视觉规划的方法与作用
                                              视觉规划的目的是有助于促进销售

                                              店铺装修的准备工作
店铺装修与设计          店铺装修及管理          店铺装修实训
                                              店铺装修的页面管理

                                              提高主图的转化率
                        装修设计技巧
                                              提高产品详情页的转化率
```

学习目标

知识 目标	熟悉视觉设计规划的方法与作用
	熟悉店铺装修模块的功能
	熟悉主图的优化技巧
能力 目标	能够独立制作店招和广告图
	能够按照商品详情页的逻辑排布，提高转化率
	掌握提高商品详情页转化率的方法

任务实施

2.2.1　视觉规划的方法与作用

一般来说，视觉规划指的是平面设计师结合人们的视觉习惯，对现有的图形元素进行合理组织和安排，达到吸引受众注意、传递作品信息的目的。

1. 视觉规划要符合买家的阅读习惯

视觉是有一定选择性的，尤其是在接收信息的过程中，视觉的注意点具有强烈的指向性和转移性。

指向性主要是指视觉注意点的单一性，通俗讲就是视觉不会同时选择两个注意点。在平面设计中，为了传递准确有效的信息，必须保证图形元素有明确的指向性。因此，对传递的信息要进行一定的强化，突出目标，降低信息传递过程中的模糊性，从而将视觉注意点引导到主要信息上，突出主题。

转移性指的是视觉不会停留在同一个点上很长时间。一般来说，视觉会很快从一个刺激点转向另一个刺激点。为了迎合视觉注意点的转移，就必须保证平面设计作品有主次之分，保证作品上的每一个细节都按照一定的顺序排布，通过对视觉注意点的强化和弱化进行规划，这也是视觉规划的基本方法。

研究表明，人的阅读习惯遵循"F 形"浏览规律。研究人员这样诠释"F 形"浏览：

第一步，水平移动，浏览者首先在网页最上端形成一个水平浏览轨迹。

第二步，目光下移，小范围内水平移动，浏览者会将目光向下移，扫描比上一步更短的区域。

第三步，垂直浏览，浏览者完成上述两步后，会将目光沿网页左侧垂直扫描，这一步的浏览速度较慢，也较有系统性、条理性。

"F 形"浏览方式如图 2-29 所示。

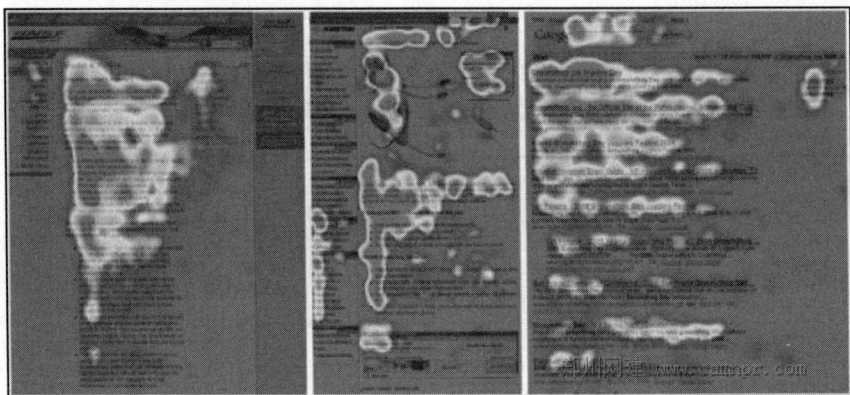

图 2-29　"F 形"浏览方式

了解"F 形"浏览规律后，进行视觉设计时就要注意：买家不会逐字阅读，一定要把重要的内容放在左上侧。

2．视觉规划的目的是有助于促进销售

视觉规划除了要符合买家的阅读习惯以外，更重要的目的是有助于促进销售。因此，视觉设计应该达到以下要求：

● 传递准确的信息；

● 要包含足够的信息量；

● 要符合买家的审美习惯；

● 要能引导买家产生购买行动；

● 符合当前跨境电商平台潮流的设计特点。

观察国外的电商网站，可以发现商品详情页和商品列表页的设计都非常简洁，仅包含商品展示图片和必要的信息文字，如价格和商品名称。

要符合海外买家"少即是多"的审美标准，只需用必要的元素表达最核心的信息。

除"少即是多"的标准以外，对齐的设计方式也是很重要的。同样的设计内容，是否达到"对齐标准"，将会影响最终的视觉效果。

以下是两种产品展示视觉示例，如图 2-30 所示的产品展示视觉设计示例（1）中，页面整洁，产品突出。

图 2-30　产品展示视觉设计示例（1）

如图 2-31 所示的产品展示视觉设计示例（2）中，模特的站姿、场景都不相同，视觉效果整体就会显得杂乱无章。

图 2-31　产品展示视觉设计示例（2）

2.2.2　店铺装修及管理

店铺装修的基础设计内容包括店招设计、Banner 广告图设计及页面图文设计，在开始设计这三部分内容之前，先来看看需要做哪些准备工作。

1. 店铺装修的准备工作

（1）思考设计的目的。当接到一个设计任务时，不要急于动手制作，应先思考设计的内容该发挥什么样的作用。例如，一个产品页面所起到的作用应该有：

- 最大限度地展示产品的美观性和功能性；
- 将客户所需了解的所有信息尽可能清晰地传达出来；
- 让客户更积极、方便地下单购买。

常用的产品页面设计的配色关键词有清晰、舒适、引导等。常用的推广页面设计的配色关键词有吸引力、氛围、快速传递等。

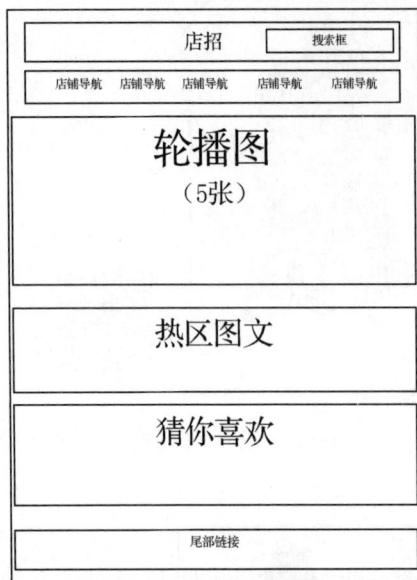

图 2-32 简单的页面框架设计

（2）策划页面结构。策划页面结构时可以采用画框架图的形式，这样既可以表达设计者的思路，也方便与设计师之间进行交流。设计框架图可以用纸和笔、Word 文字处理软件等各种方式来实现。简单的页面框架设计如图 2-32 所示。

（3）准备设计素材。设计素材主要包括产品照片、文案、品牌 Logo 和装饰性素材。产品照片尽量选择高像素、拍摄角度满足设计需求的图片。比如，服装类产品需要产品细节图，3C 类产品需要产品功能图等。文案包括营销文案、活动文案和产品文案。不管是哪种文案，突出主题是最基本的要求。设计品牌 Logo 时，应当准备多种格式的高像素图片当作素材使用；装饰性素材应与活动主题、目的相适应。另外，素材还应该符合客户当地的风俗习惯。

（4）多观察平台优质店铺和相关设计网站的设计风格，这样有助于开阔眼界。作为一名网页设计师，只有跟随当前的设计潮流，才能不断创新。常用的设计网站名称和网址如表 2-1 所示。

表 2-1　常用的设计网站名称和网址

网 站 名 称	网　　址
CND 设计网	www.cndesign.com
大作	www.bigbigwork.com
站酷（ZCOOL）	https://www.zcool.com.cn/
Dribbble	www.dribbble.com
Howdesign	www.howdesign.com

2．店铺装修实训

当准备工作做好以后，接下来就可以通过速卖通平台提供的装修工具进行装修了。下面以无线端首页装修为例，了解店铺装修的流程。

（1）新增页面。

步骤 1：登录速卖通后台，执行"店铺"→"店铺装修及管理"→"进入装修"命令，如图 2-33 所示。

步骤 2：在打开的"我的页面"页面中，执行"页面"→"无线端"（ ▣ ）→"首页"命令，打开"无线端/首页"页面，如图 2-34 所示。单击"新增页面"按钮，打开"新增页面"窗口。

说明：在左边的功能切换板块中，可以实现页面与模板、无线端与 PC 端、首页与自定义页之间的切换。可以对无线端或 PC 端的页面单独进行装修。如果只设置了 PC 端的页面，无线端的客户看到的画面就会不清晰，从而影响购物体验。

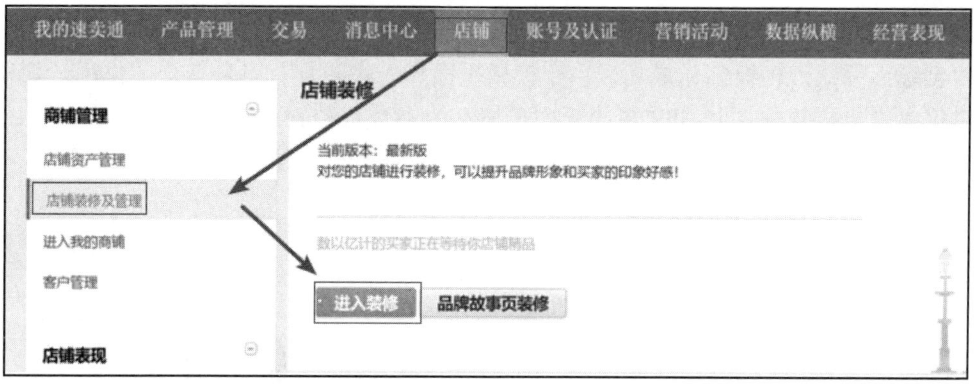

图 2-33　"店铺装修"页面

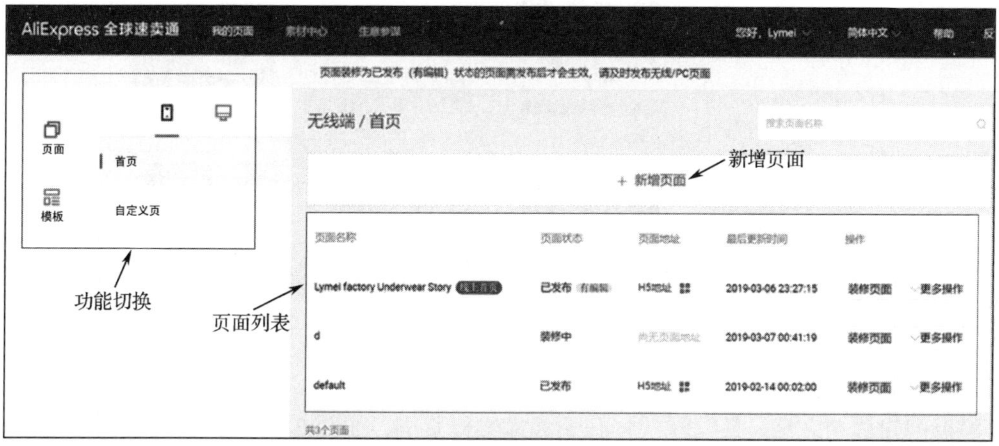

图 2-34　"无线端/首页"页面

步骤 3：在弹出的"新增页面"中，设置新增页面信息，如图 2-35 所示。单击"下一步"按钮，打开"选择页面模板"页面。

图 2-35　设置新增页面信息

步骤4：在打开的"选择页面模板"页面中，选中适合自己店铺的模板，如图2-36所示，单击"创建"按钮，模板创建成功。由于模板里面每一张图具有引导客户的作用，如果是新手，建议参考模板里面图片和文案的版面风格；如果是有经验的设计师，则可以自由发挥。

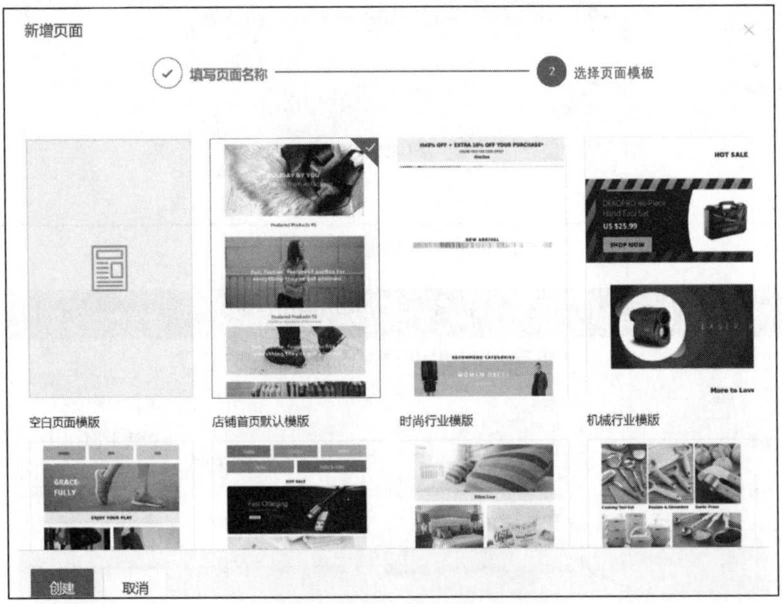

图 2-36 "选择页面模板"页面

（2）编辑页面元素。

模板创建成功之后，系统默认打开无线端装修页面，如图2-37所示。单击"装修"按钮，打开装修功能模块，包括图文类、营销类和产品类三个子模块。下面以无线端为例，看看如何进行页面装修。

图 2-37 无线端装修页面

① 设计店招。单击店招所在模块的任意位置，可以设置店招的背景，包括"默认背景"和"自定义背景图"两种设置模式（这里以"自定义背景图"为例），如图2-38所示。

图 2-38　无线店招设置页面

步骤 1：选中"自定义背景图"单选钮，如图 2-39 所示，单击"在线制作"按钮，打开"新建智能图文"页面。

图 2-39　设置自定义背景图

步骤 2：在打开的"新建智能图文"页面中，根据要求填写智能图文名称，选择"空模板"单选钮，设置尺寸为 750×240px，选择语言，如图 2-40 所示。最后单击"创建"按钮，打开"智能图文"编辑页面，如图 2-41 所示。

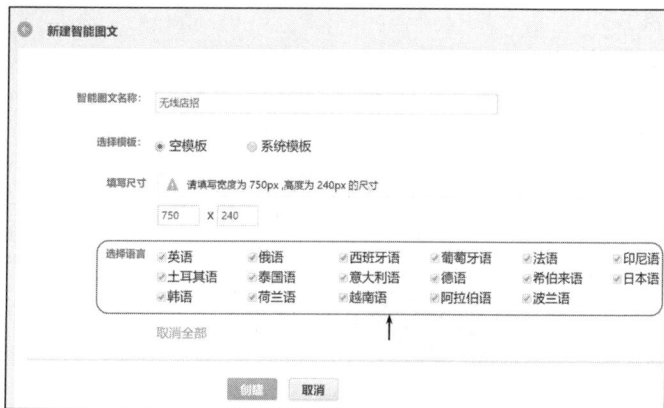

图 2-40　"新建智能图文"页面

说明：由于智能图文模板为固定尺寸，系统模板不符合店招设置的要求，所以只能选择"空模板"。

图 2-41 "智能图文"编辑页面

步骤 3：上传底图（需要先在 Photoshop 软件中编辑好想要的底图并保存）。单击"上传"按钮，选择底图，单击"确定"按钮，上传底图后的页面效果如图 2-42 所示。

说明：底图的图片应该为产品图片，这里仅作为示例，与实际产品不符。

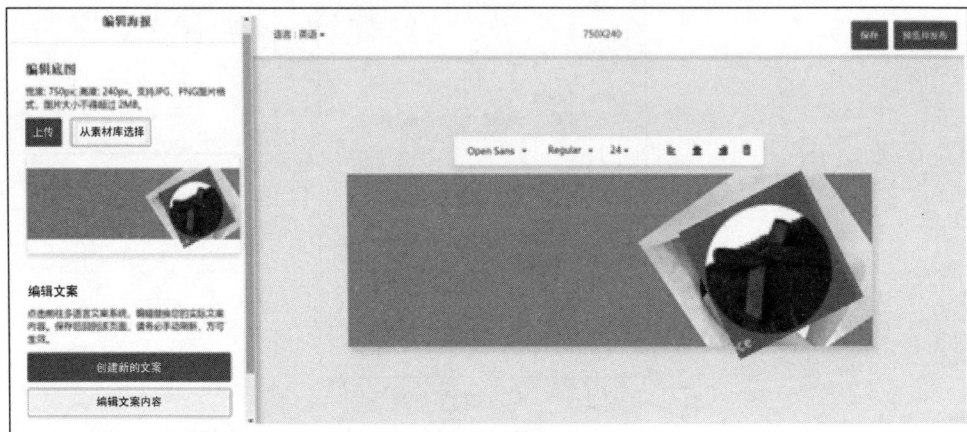

图 2-42 上传底图后的页面效果

步骤 4：单击"创建新的文案"按钮，进行文案编辑。根据店铺的需要，在底图上创建文案。为了保证用户体验，不建议创建的文案过多（过多的文案，很可能导致在某些语言下文案出现重叠的现象）。

文案创建好以后，单击"编辑文案内容"按钮，打开"编辑文案内容"页面。编辑文案时，只需填入英文文案，单击"翻译"按钮，如图 2-43 所示。最后单击"保存"按钮。

图 2-43 "编辑文案内容"页面

步骤 5：填写好文案后，重新回到"智能图文"编辑页面并刷新，就可以看到编辑好的文案内容了。可以调整文案文本的样式、文本框的大小，设置好后单击"保存"按钮，如图 2-44 所示。

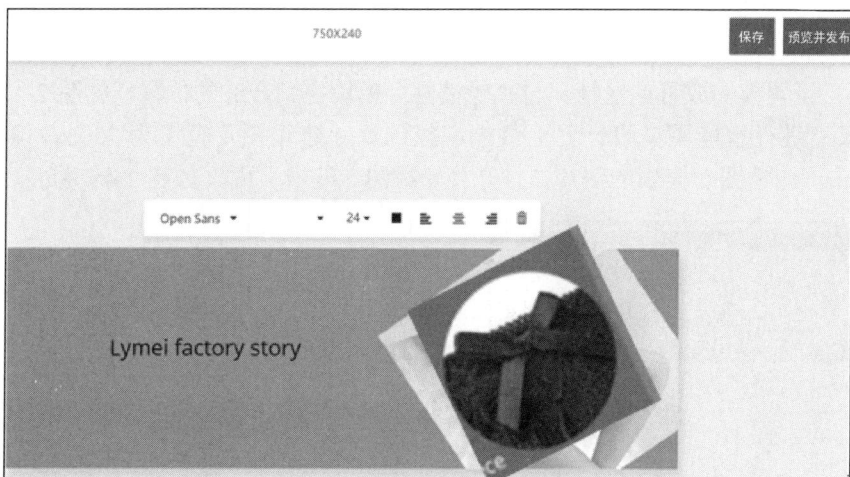

图 2-44　调整文案样式并保存

提示：部分语言文案比较长，请预留足够的位置以显示不同语种的文案。

步骤 6：执行"预览并发布"→"发布"命令，自定义背景图的店招就这样设置好了，效果如图 2-45 所示。

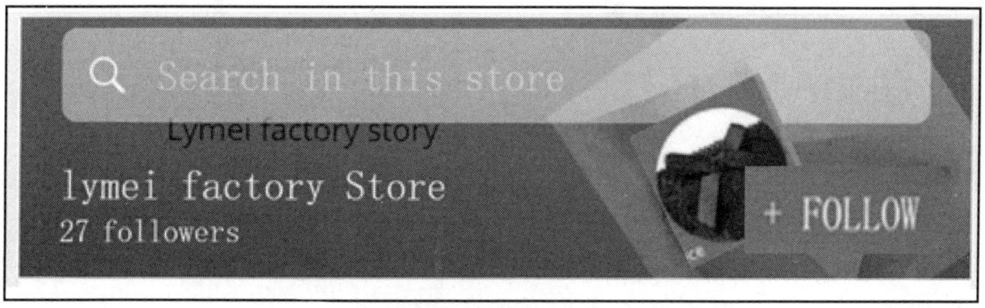

图 2-45　"无线端店招"设置效果图

PC 端的店招与无线端店招的智能图文设置方法是一样的，主要差别如下：

- PC 端的店招除了可以设置店铺招牌以外，还可以设置店铺导航。店铺导航打开方式跟店招一样，这里不再重复。系统默认导航是不可编辑的，其他栏目可以自由编辑。单击导航名称可以进行编辑，也可以添加自定义导航。编辑完成之后，单击"保存"按钮即可。"店铺导航"设置页面如图 2-46 所示。
- PC 端店铺招牌设置要素包括店铺名称、店铺 Logo 和自定义背景图。店铺名称在店铺开通的时候就已经设置好了，一般不可修改。PC 端店铺 Logo 尺寸要求：高度 72px，宽度 72～640px；自

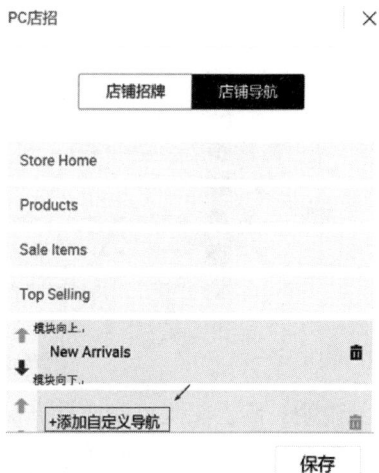

图 2-46　"店铺导航"设置页面

定义背景图片尺寸为 1920×90px。支持 jpg、png 图片格式,大小不得超过 2MB。店铺 Logo 和自定义背景图跟无线端设置方法一样,不再赘述。

② 广告图(Banner)设计。广告图设置内容包括轮播图、热区图文、单列图文和双列图文四项。图片处理推荐卖家一律使用智能图文编辑,这样有助于小语种语言的页面转化。下面以轮播图为例,简单说明广告图的设计步骤。

步骤 1:设置模块放置的区域。将"轮播图"模块拖到合适的位置,如图 2-47 所示。根据图片的尺寸进行智能图文设计。无线端海报的尺寸建议图片宽度为 750px,高度不超过 960px。单击"轮播图"模块的图片,打开"轮播图"编辑页面,如图 2-48 所示。

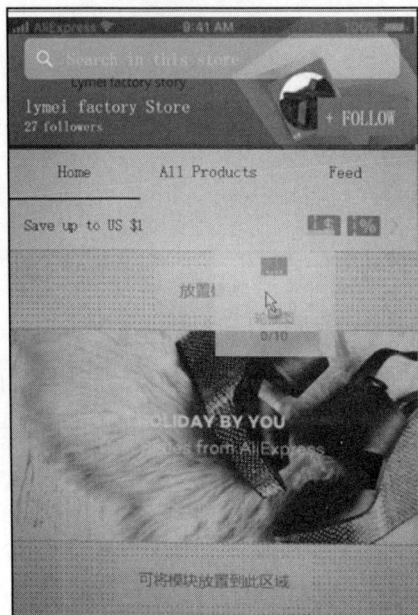

图 2-47 设置"轮播图"模块放置的区域

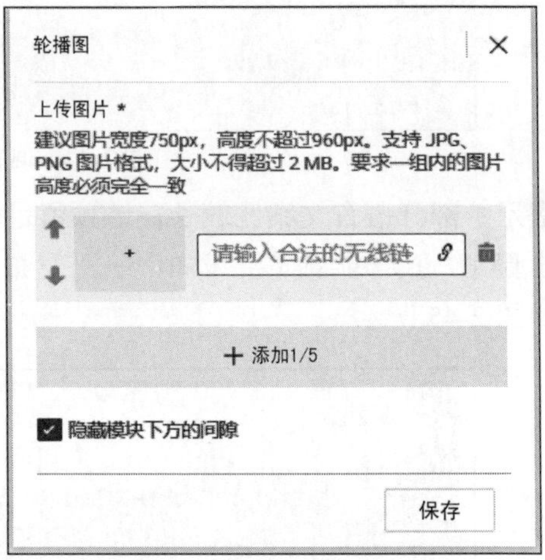

图 2-48 "轮播图"编辑页面

步骤 2:上传轮播图片。单击链接标志🔗,打开"链接选择工具"页面,选择合法的产品链接即可,如图 2-49 所示,最后单击"保存"按钮即可。

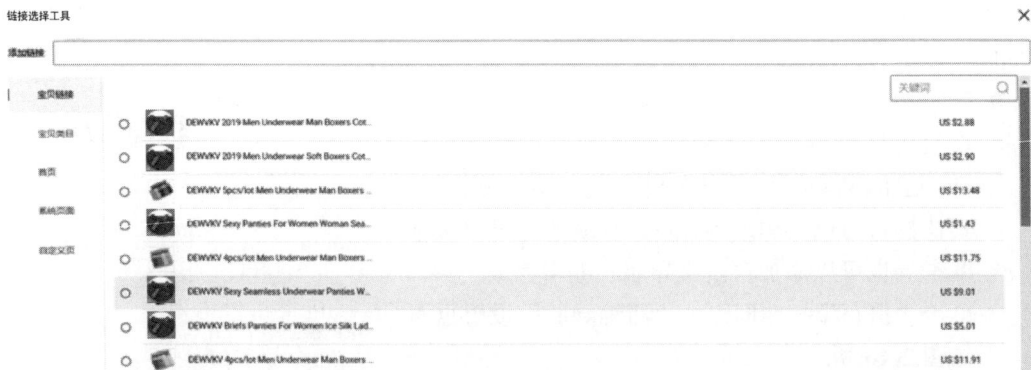

图 2-49 "链接选择工具"页面

说明:广告图除可以链接产品以外,还可以链接宝贝类目、首页、系统页面、自定义页面,可以根据不同的需要链接到不同的模块。

步骤 3:用同样的方法继续添加轮播图片。在"轮播图"设置页面中,单击"添加 1/5"

按钮，最多可以添加 5 张轮播图。完成所有的轮播图片添加工作以后，可以预览播放效果，最后单击"保存"按钮即可。单张轮播图海报效果如图 2-50 所示。

图 2-50　单张轮播图海报效果

③ 图文类页面装修说明。

● 页面模块自由增减——在编辑页面时可以根据展示需求，增减对应的功能模块，不再局限于模板内的模块构成。

● PC 端、无线端独立展示——PC 端、无线端页面独立编辑、展示，根据不同端的展示需求，设置独立的页面布局。

● 定时发布功能——具备页面编辑后一周内定时发布的功能。

● 首页、自定义页升级至新装修后台（自定义页无法设置为首页），品牌闪购活动页仍使用老版本装修后台。

● 所有图文类模块图片支持 jpg、png 图片格式，大小不得超过 2MB。在同一组的图片要求图片高度必须完全一致，可以通过系统自带的在线制作功能进行制作。图文类模块图片尺寸（长×宽）说明如表 2-2 所示。

表 2-2　图文类模块图片尺寸（长×宽）说明

类　　别	店招（px）	轮播图（px）	单列图文（px）	双列图文（px）	热区图文（px）
无线端	750×240	750×(0～960)	750×(0～960)	351×(0～960)	750×960
PC 端	Logo：72×(72～640) 自定义背景图：1920×90	1920×(640～750)	1200×(0～1080)	588×(0～080)	1200×(0～1080)

④ 营销类、产品类页面装修。下面以产品列表页面设计为例进行介绍。

步骤 1：拖动"产品列表"模块放置到合适的位置并打开，根据要求填写主、副标题，单击"翻译"按钮，然后设置选择产品方式为"自动选品"、选择产品分组为"All"、选择排序方式为"热卖产品在前"、选择产品数量为"12"，如图 2-51 所示。最后单击"保存"按钮。

说明：

● PC 端产品列表模块设计同无线端一样，选品方式中可以设置"手动选品"方式，这样就可以随意选择店铺想要展示的产品。在"产品列表"模块设计中，选中"手动选品"单选钮，如图 2-52 所示，再单击"添加产品 0/24"按钮，打开"商品选择器"页面，如图 2-53 所示。最多可以添加 24 个产品，产品添加成功后单击"保存"按钮。

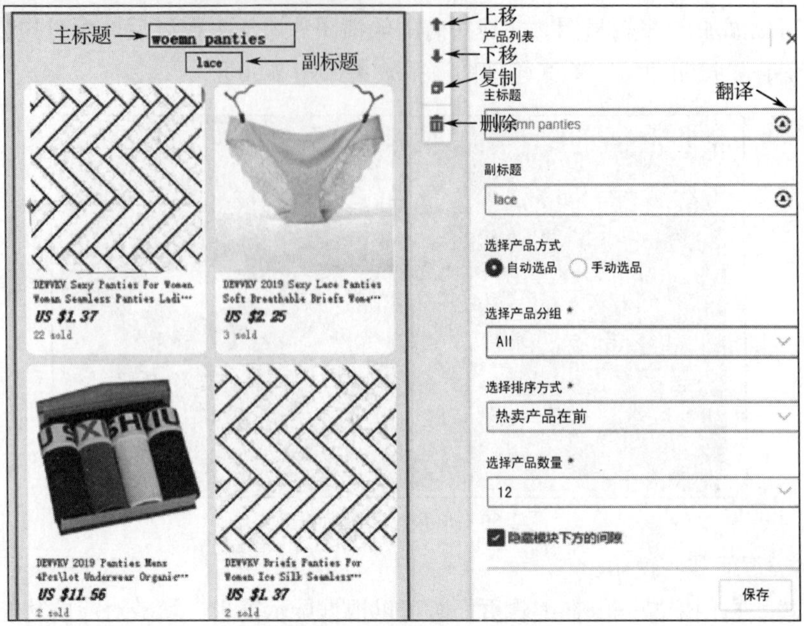

图 2-51 "产品列表"模块设计

图 2-52 "手动选品"模式

图 2-53 "商品选择器"页面

- 排序方式：系统默认有四种排序方式，分别为热卖产品在前、新发产品在前、最高售价在前和最低售价在前。
- 产品数量：一个产品列表页面最多可以设置 24 个产品，最少 2 个产品。

⑤ 发布页面。把店铺所有需要设计的元素设计完成之后，可以先单击"预览"按钮，查看设计效果。确认无误后单击"立即发布"或"定时发布"按钮，等待 5～10 分钟，页面即可发布成功。

3．店铺装修的页面管理

速卖通平台为卖家提供了强大的页面管理功能。执行"店铺"→"店铺装修及管理"→"进入装修"命令，可以打开"装修管理"页面，如图 2-54 所示。在这里也可以对页面进行装修。

图 2-54　"装修管理"页面

在"装修管理"页面中，单击"更多操作"命令，可以对页面进行设为首页（如果已经有激活的首页则不可用）、预览、重命名、复制页面、复制链接等操作，如图 2-55 所示。

图 2-55　"装修管理"页面更多操作功能

2.2.3　装修设计技巧

1．提高主图的转化率

产品主图是买家在输入关键词或类目搜索产品后第一眼看到的信息。主图的质量往往直接影响产品的浏览量，在设计主图时应该准确地反映品牌形象和产品的性能。

速卖通产品主图尺寸要求是不小于 800×800px 的正方形图片，可以展示 6 张图片。产品图片比例占主图比例的 70%以上，Logo 统一放在图片的左上角，避免出现中文和水印，要能突出产品的重要卖点。

主图的背景色使用白色或纯色（白底主图优势明显）；风格简洁、清晰；产品主体突出；没有其他干扰买家注意力的背景装饰，在店铺产品页面展示时整体视觉效果更整洁、干净。

主图和细节图的作用：通过主图提升曝光点击率；通过6张产品细节图提升浏览转化率。

1）主图的优化技巧

（1）网店美工制作主图的时候，可以引入热销词和热搜词，如材质、颜色、风格等，作为产品的卖点。

（2）时尚类目可以引入模特主图，功能性产品可以引入使用场景图等。

（3）制作一些与众不同、有创意的图片，用以引发买家的好奇心，如主图上植入视频、添加播放按钮标志等。

（4）使用多图、细节图。建议卖家充分利用主图展示产品的特征，通过多图、细节图尽量让买家了解产品的基本情况，除了给出产品的正面、背面、两个侧面的图片以外，再增加一些细节图能获得很好的展示效果。

（5）文字大小的设置以信息清晰为准，图文分离表达。主图排版风格示例如图2-56所示。

图2-56　主图排版风格示例

（6）图片比例饱满，图片占屏宽的三分之二。图片比例示例如图2-57所示。

2）主图设计误区

主图设计误区如下：

● 产品主次不分；

● 画面杂乱，主体不突出；

● 主图背景跟产品颜色一样，无法突出产品；

● 产品角度摆放选择不当；

● 产品文案过多，盖住了主体。

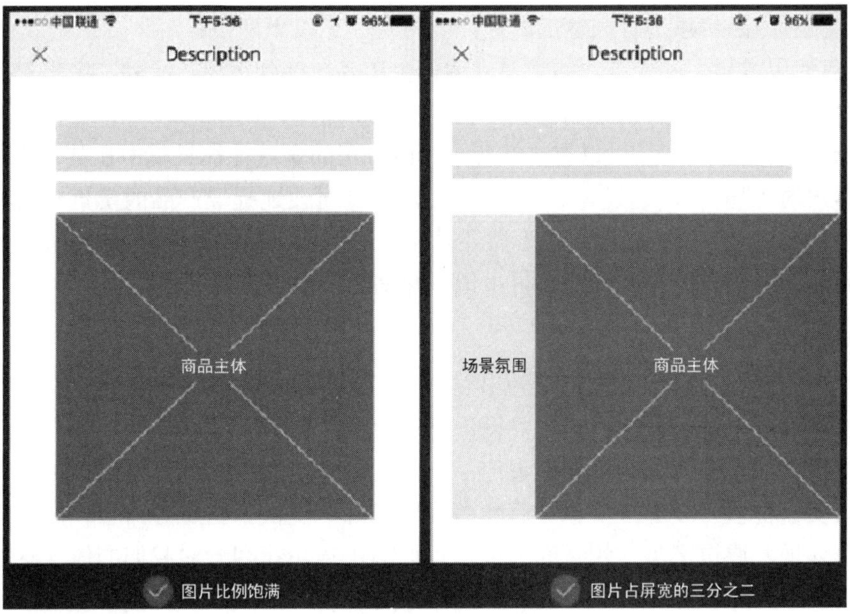

图 2-57 图片比例示例

2．提高产品详情页的转化率

产品详情页如何实现高转化率，一直以来都是困扰跨境电商运营人员的难题。网上展示的产品只能看见图片信息，摸不着实物。要想让客户了解产品，甚至认同产品，如何呈现产品详情页内容就显得非常关键。

如今的外贸市场，受原材料价格上涨、经济市场波动等诸多因素的影响，已经不能简单地凭借超低价格来赢得市场，这也就意味着我们要在产品、推广等方面下功夫。

在速卖通旺铺里，产品主图的作用是将客户吸引进来，而产品详情页则承担着将客户留下并促成交易的重要任务。那么，如何才能做好产品详情页设计，实现旺铺的高转化率呢？

1）精准定位

精准定位主要是指风格定位和人群定位。

（1）产品详情页风格定位。风格定位对产品详情页来说至关重要，产品详情页的风格要以产品的主要特征为基调进行设计。例如，旺铺卖的是芭比娃娃，详情页色调最好以粉色为主，走轻快、浪漫风格的路线，不应该采用灰色、黑色等暗色调，因为灰色、黑色等暗色调无法使产品详情页与产品风格很好地融合。准确的产品详情页风格定位，能将客户迅速融入产品氛围，从而更容易使客户对产品产生认同感。

（2）产品详情页人群定位。这里的人群定位主要分为两点：一是目标市场定位；二是客户定位。目标市场是指产品销售的方向，如是销往欧洲还是非洲，是销往发达国家还是发展中国家等；人群定位主要指产品销售的对象，是老年人还是青年人等。

2）准确的产品信息

产品详情页的作用在于让客户了解产品、信任产品，甚至购买产品。它不同于文学创作，而是追求能在一定时间内，快速准确地传达产品信息。简单来说，就是在短时间内，让客户看完产品详情页信息后，能清楚地获取以下信息：这个卖家提供的是什么产品或服务；这个产品或服务如何使用户受益；如果用户对这个产品或服务感兴趣，接下来应该做什么。

当然，在对产品信息进行表达的时候，要特别注意以下两点：

① 避免使用术语。过于专业的术语表达，会让客户感到迷惑。所以，除非95%以上的客户都能清楚了解术语所包含的准确含义，否则应尽量避免使用术语。

② 卖点清晰。一个产品可以有多个优点，但真正的卖点往往只集中在某一点上。我们要准确抓住客户的"痛点"，通过客户的"痛点"，有针对性地提取产品的卖点，然后在产品介绍中不断强化此卖点。无论是图片的形式还是文字的形式，编辑页面时都需要进行多次强调，以确保产品的主要卖点能在客户的心目中留下深刻的印象。

3）赢得客户信任

产品详情页主要是以产品的特点为出发点，配合标题、主图等设计元素，真实表达产品的基本属性。一般来说，详情页的主要设计思想为"产品价值+卖家价值=客户信任"。

产品详情页的前半部分，主要诉说产品自身的价值，而后半部分则应该尽可能地展示卖家的价值。卖家价值可以通过卖家具有哪些优质资源、提供哪些服务内容、能够解决哪些问题等方面来体现。通过产品详情页充分展示我们的优势，让客户对我们的信任感从产品延续到公司的实力上，这样有利于后续的询盘及订单的转化。

4）适当的产品关联

产品关联在产品详情页中的作用也不容忽视。适当的关联营销，不仅能有效降低店铺内其他产品的推广成本，而且增加了客户的访问深度，帮助店铺用最少的成本，实现一个甚至多个询盘转化。但在进行产品的关联营销时，也要特别注意产品之间是否存在共同点，而不能只是为了关联而关联。不恰当的关联不仅无法造成有效的产品推广，而且还有可能给客户造成强制营销的感觉，影响订单的转化率。在数量上，关联产品的数量最好控制在3～12个。当然，关联营销产品的摆放位置、产品的选择也有讲究。

① 放在产品详情页的上方。产品详情页的上方适合放置转化率较高的产品，增加成单量，获取更多的流量。

② 放在产品详情页的中部。产品详情页的中间适合放置配套产品，形成配套关系。比如衣服搭配鞋子，羽毛球拍搭配羽毛球等。

③ 放在产品详情页的尾部。客户看到详情页的尾部，基本上已经决定了要不要购买该产品。为了避免客户因价格不满意或产品不符合期望值等原因关闭页面，可以在产品详情页的尾部对同类产品、热销产品进行关联，争取把客户留下来。

上面介绍了如何提高产品转化率的思路与方法，下面来具体看一下 PC 端和无线端产品详情页的优化方法。

（1）按平台清晰度、尺寸的要求规范使用图片。

（2）不要加水印、文字及边框。水印影响图片的美观；文字在无线端可能看不清楚具体内容是什么，放在上面意义不大，反而影响美观；边框也建议不放，在无线端的搜索结果展示页，加了边框产品会看起来特别别扭，从而对流量的导入造成负面影响。至于店铺和品牌的 Logo，可以放在产品详情页的边缘，以不挡住产品为基本要求。同时，建议一个店铺内的 Logo 都放在统一的位置，比如统一放在左上角，这样有利于提升图片质感，加强客户的辨识度。

（3）文字内容。

字体：使用阅读清晰的字体，避免变形、潦草的字体，iOS 系统建议使用 Open Sans 字体，Android 系统建议使用 Roboto 字体。

字号大小：最小字号不得小于 26px。

文字颜色：文字颜色与背景对比要明显，如白底黑字、黑底白字等。

字数：精简卖点，一段文字的内容不要超过 3 行。一般用户阅读大量信息的时候都是跳跃式阅读，如果一段文字行数过多，一般不会仔细阅读。

文字排版示例如图 2-58 所示。

图 2-58　文字排版示例

任务实训

【实训 1】　选择自己喜欢的产品，分别制作无线端和 PC 端的一张海报图。

【实训 2】　主图的优化技巧有哪些？

项目 **3**

店铺运营与客户管理

一个好的店铺，离不开新产品发布时设置精准的信息。数据显示，产品本身的基本信息才是曝光流量的最大来源。所以，发布精准的产品信息是非常有必要的。

跨境电商客服需要具备良好的解决客服纠纷的能力，需要了解和熟悉速卖通的询盘技巧，以及完成交易后让客户对产品进行好评等工作。

做好客户管理，将会提高整个店铺的权重，店铺的流量自然而然也会得到提高。

任务 3.1 跨境电商店铺运营

任务导入

如何发布一个具有吸引力、信息精准、高转化率的产品？如何对店铺进行交易管理？可以用哪些工具与客户进行沟通？如何设置多个子账号？通过本任务的学习，你将了解速卖通店铺的运营工作。

任务导图

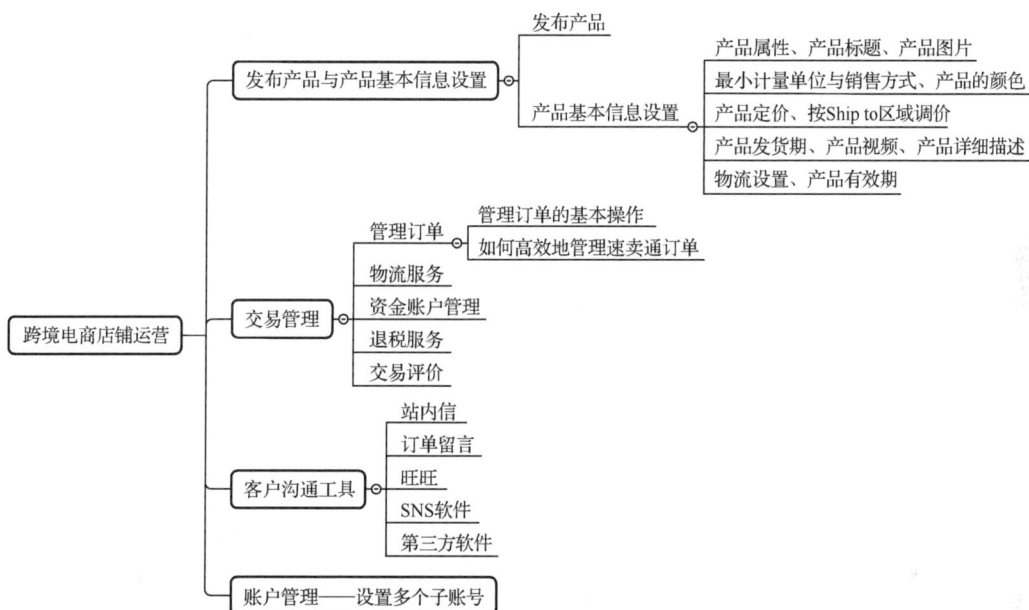

学习目标

知识 目标	熟悉产品发布的基础操作
	了解与客户沟通的工具
	了解订单处理、物流服务工作
能力 目标	掌握产品标题关键词的选取
	掌握常用沟通工具的使用方法
	掌握多个子账号的设置方法

任务实施

3.1.1 发布产品与产品基本信息设置

1. 发布产品

发布产品时，首先要选择正确的产品类目。如果选错产品类目，就会降低整个店铺的权重。登录速卖通后台，执行"产品管理"→"发布产品"命令，打开"发布产品"页面，如图 3-1 所示。在打开的窗口中选择与产品对应的类目，然后单击"我已阅读以下规则，现在发布产品"按钮，就可以进行产品基本信息设置了。

图 3-1 "发布产品"页面

2. 产品基本信息设置

产品的基本信息是消费者最终决定是否购买的决定性因素。在速卖通的平台上，如何通过标题、产品属性、产品详情页及产品的分类管理来体现产品的特性，把产品的优势最大限度地体现出来，并获得消费者的青睐，这些需要卖家在发布产品及管理环节上下功夫，从而获得源源不断的流量。

产品基本信息一般由产品属性、产品标题、产品图片、最小计量单位与销售方式、产品的颜色、产品定价、按 Ship to 区域调价、产品发货期、产品视频、产品详细描述、物流设置、产品有效期等构成。下面以"跑鞋"为例，介绍主要的产品基本信息设置方法。

1) 产品属性

产品属性是指产品本身所固有的性质，是产品在不同领域差异性（不同于其他产品的性质）的集合。也就是说，产品属性是产品性质的集合，是产品差异性的集合。

速卖通后台产品属性包括系统推荐属性和自定义属性两种，如图 3-2 所示。产品属性是顾客选择产品的重要依据，带有"*"标记的为必须填写的属性，带有"!"标记的为关键属性。只有详细、准确地填写系统推荐属性和自定义属性，才有可能为产品带来更高的曝光量。

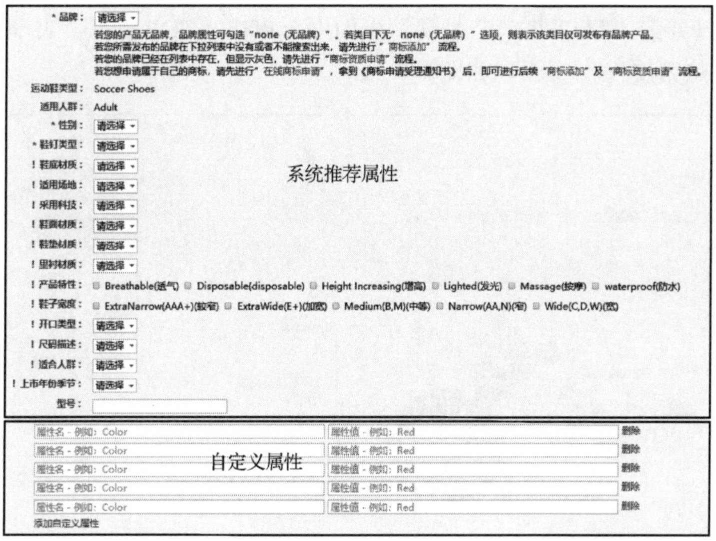

图 3-2　产品属性

那么，如何填写产品属性才能获取更高的曝光量呢？

（1）通过选品专家来设置系统推荐属性，步骤如下。

步骤 1：登录速卖通后台，执行"数据纵横"→"商家发现"→"选品专家"命令，打开"选品专家"页面。

说明：热销是从行业、国家、时间的维度来看市场的热门销售品类，通过这些品类的 TOP 热销属性、热销属性组合、关联产品的特征，可以快速看清市场，方便选品，该功能适合寻找爆款产品；热搜是从行业、国家、时间的维度来看市场的热门搜索品类，通过这些品类的 TOP 热搜属性、关联产品的特征，可以快速选品，该功能适合开发新产品，发现新的商机。

步骤 2：在打开的"选品专家"页面中，单击"热销"选项，在 TOP 热销产品词中分别选择行业为"运动及娱乐>运动鞋>跑鞋"、选择国家为"全球"、选择时间为"最近 30 天"，如图 3-3 所示，单击"running"按钮，打开"TOP 热销产品词"页面。

图 3-3　设置 TOP 热销产品词的查询条件

步骤 3：在打开的"TOP 热销产品词"页面中，单击"TOP 热销产品词"所在的圆圈，即可打开"TOP 热销属性"页面，如图 3-4 所示。

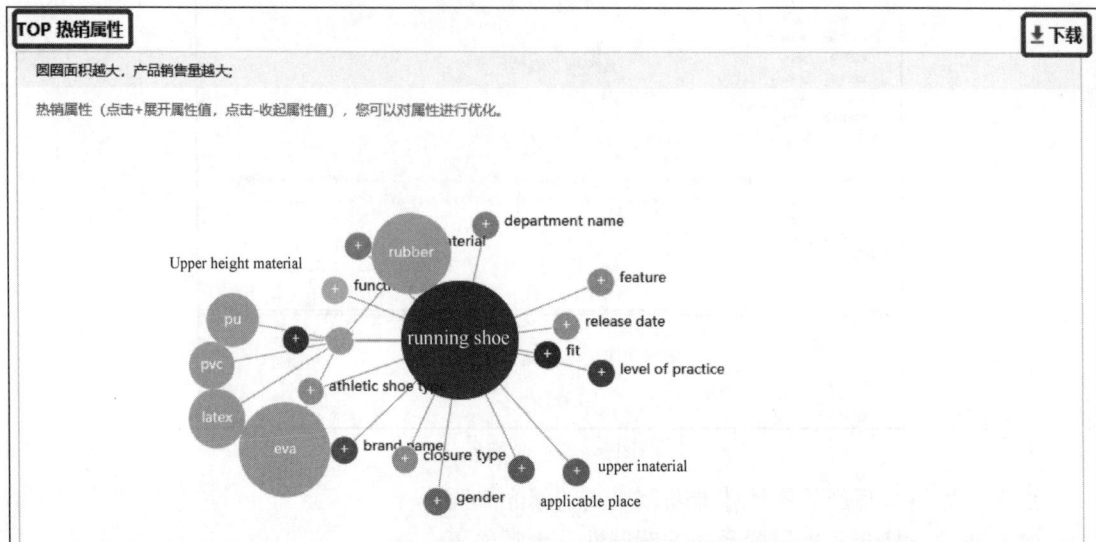

图 3-4 "TOP 热销属性"页面

步骤 4：在打开的"TOP 热销属性"页面中，单击右上角下载按钮，导出热销属性的 Excel 表格数据。热销属性一览表如图 3-5 所示。当下载原始数据后，首先需要把表格数据中"成交指数"所在列的格式转换为数字格式（去掉左上角的小三角图标，小三角图标表示系统默认为出错的标志）。

	A	B	C	D	E	F	G	H
1	行业	国家	商品关键词	属性名	属性值	成交指数		
2	运动及娱乐>运动鞋>跑鞋	全球	running shoe	feature	breathabl	3720		
3	运动及娱乐>运动鞋>跑鞋	全球	running shoe	feature	height increa	以文本形式存储的数字		
4	运动及娱乐>运动鞋>跑鞋	全球	running shoe	feature	massage	转换为数字(C)		
5	运动及娱乐>运动鞋>跑鞋	全球	running shoe	feature	waterproo	关于此错误的帮助(H)		
6	运动及娱乐>运动鞋>跑鞋	全球	running shoe	feature	reflective	忽略错误(I)		
7	运动及娱乐>运动鞋>跑鞋	全球	running shoe	athletic shoe type	running sho	在编辑栏中编辑(F)		
8	运动及娱乐>运动鞋>跑鞋	全球	running shoe	outsole material	rubber	错误检查选项(O)...		
9	运动及娱乐>运动鞋>跑鞋	全球	running shoe	outsole material	eva			
10	运动及娱乐>运动鞋>跑鞋	全球	running shoe	outsole material	pvc	177		
11	运动及娱乐>运动鞋>跑鞋	全球	running shoe	outsole material	tpr	115		
12	运动及娱乐>运动鞋>跑鞋	全球	running shoe	outsole material	tpu	45		
13	运动及娱乐>运动鞋>跑鞋	全球	running shoe	gender	men	2459		
14	运动及娱乐>运动鞋>跑鞋	全球	running shoe	gender	women	752		
15	运动及娱乐>运动鞋>跑鞋	全球	running shoe	gender	unisex	736		
16	运动及娱乐>运动鞋>跑鞋	全球	running shoe	department name	adult	3947		
17	运动及娱乐>运动鞋>跑鞋	全球	running shoe	upper material	mesh (air mesh)	1651		
18	运动及娱乐>运动鞋>跑鞋	全球	running shoe	upper material	pu+fabric	499		
19	运动及娱乐>运动鞋>跑鞋	全球	running shoe	upper material	mesh	345		
20	运动及娱乐>运动鞋>跑鞋	全球	running shoe	upper material	pu	310		
21	运动及娱乐>运动鞋>跑鞋	全球	running shoe	upper material	canvas	248		
22	运动及娱乐>运动鞋>跑鞋	全球	running shoe	brand name	nike	1413		
23	运动及娱乐>运动鞋>跑鞋	全球	running shoe	brand name	salomon	207		
24	运动及娱乐>运动鞋>跑鞋	全球	running shoe	brand name	zpcailt/赋特纳	142		
25	运动及娱乐>运动鞋>跑鞋	全球	running shoe	brand name	joomra	121		
26	运动及娱乐>运动鞋>跑鞋	全球	running shoe	brand name	weweva	93		

热销属性一览表

图 3-5 热销属性一览表

步骤 5：利用 Excel 软件中的数据透视表功能对数据进行筛选，筛选后的结果如图 3-6 所示。选用较大数值的属性值作为产品属性。例如，如图 3-6 所示的筛选结果中，"hard court""nike""lace-up""breathable"等属性值可以作为跑鞋的产品属性词。

求和项:成交指数		
属性名	属性值	汇总
applicable place	clay	87
	concrete floor	421
	hard court	2409
	outdoor lawn	915
	pvc floor	74
applicable place 汇总		3906
athletic shoe type	running shoes	3947
athletic shoe type 汇总		3947
brand name	joomra	121
	nike	1413
	salomon	207
	weweya	93
	zpcailt/赋特纳	142
brand name 汇总		1976
closure type	elastic band	143
	hook & loop	17
	lace-up	3496
	slip-on	266
	zip	3
closure type 汇总		3925
department name	adult	3947
department name 汇总		3947
feature	breathable	3720
	height increasing	1233
	massage	1214
	reflective	32
	waterproof	281
feature 汇总		6480
function	cushioning	1223
	motion control	135

图 3-6　筛选后的结果

◆知识拓展：

用数据透视表筛选数据的方法

数据透视表看似"高大上"，实际上却是一个很实用的工具。下面看看如何利用数据透视表筛选出如图 3-6 所示的数据。

步骤 1：打开下载的原始 Excel 表格数据，执行"插入"→"数据透视表"命令，在下拉列表中选择"数据透视表（T）"选项，如图 3-7 所示。系统弹出"创建数据透视表"窗口。

步骤 2：在弹出的"创建数据透视表"窗口中，选中"选择一个表或区域（S）"单选钮，在"表/区域（T）"中选择表格的名称及单元格区域。同时，在"选择放置数据透视表的位置"区域，选中"新工作表"单选钮，即将数据透视表放置在新工作表中。在"位置（L）"中选择表格存放的位置，如图 3-8 所示。单击"确定"按钮，打开"数据透视表字段"窗口。

步骤 3：在打开的"数据透视表字段"窗口中，把"属性名""属性值"拖动到"行"区域，把"成交指数"拖动到"Σ值"区域（对成交指数进行求和），如图 3-9 所示。最后单击"确定"按钮，即可得到如图 3-6 所示的数据。

图 3-7 插入"数据透视表"

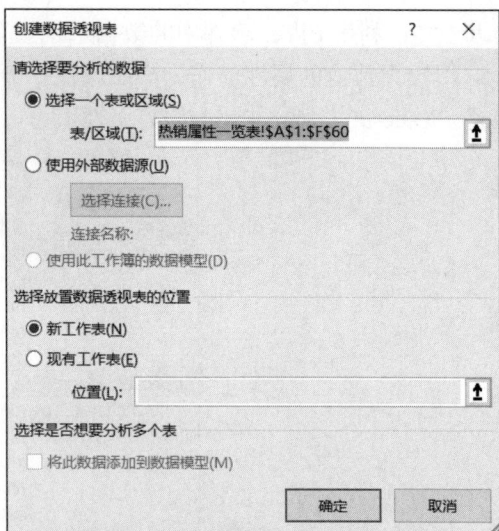

图 3-8 "创建数据透视表"窗口

这样获得的数据就会有规律、有顺序，可以帮助我们对数据进行分类、汇总和整理，不用自己在烦琐的数据表格中寻找需要的数据。

图 3-9 "数据透视表字段"窗口

说明： 数据透视表是计算、汇总和分析数据的强大工具，可帮助我们了解表格中数据的对比情况。

（2）自定义属性。在设置完成系统推荐属性后，接下来看看如何添加自定义属性。关于自定义属性，这里没有要求必须填写。但是，一件好的产品，往往需要有其他更多的特性来补充产品的其他属性。因此，建议大家可以根据自己产品的情况来适当补充自定义属性。在自然搜索中，自定义属性可以给你带来除"系统推荐属性"与"产品标题"以外的曝光量，增加产品被更多客户搜索到的机会。

那么自定义属性添加什么内容好呢？

可以添加一些独特的关键词；可以添加一些吸引流量的关键词；可以添加一些标题上还

没有使用的关键词；可以添加自己产品的特征词；等等。自定义属性最多可以添加 10 条，如图 3-10 所示。

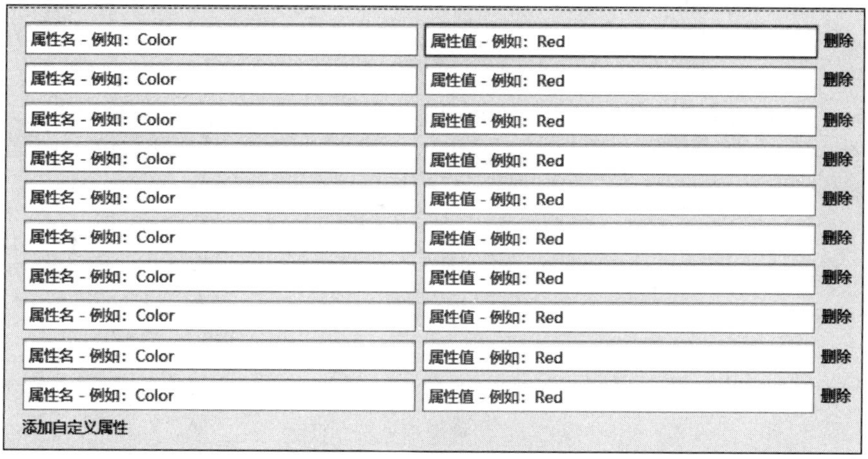

图 3-10　添加自定义属性

2）产品标题

产品标题是顾客在"Listing"（一个产品页面）中直接搜索到产品的关键信息，顾客搜索到的词就是设置的产品标题词。因此，产品标题在"Listing"中具有举足轻重的作用。一个好的产品标题，顾客读完之后不需要再看产品的详细描述即可产生想要购买的想法。一个优秀有条理的标题，可以实现产品引入流量的最大化，激发顾客的购买欲望。同时，也能提高产品的曝光量和订单量。

产品标题优化主要是指关键词的优化，关键词的类型包括核心词、属性词、流量词、修饰词、单品名和店铺名等。通常所说的标题制作"三段法"，即主要用"核心词+属性词+流量词"来制作一个标题。

核心词：行业热门词（影响排行和点击率）。核心词并不是决定流量的词，虽然带来的流量较少，但系统对这些词进行判定时，会提高产品相关性的得分，也会有助于吸引顾客。

属性词：产品特性词（影响排行和点击率）。例如，长度、颜色等。标题中含有属性词，系统会判定这个标题比较正规、信息丰富、品质比较优秀，在搜索类目中，当买家通过属性词去筛选时，是有助于提高产品曝光量的。

流量词：流量词主要用于搜索引擎，是用来给店铺带来流量的，并不是给顾客看的。因此，可以把流量词放在标题的后面。

通常来说，真实、准确地描述产品，符合海外顾客的语法习惯，没有错别字和不添加符号，具有这些特点的标题能给产品带来较高的曝光量。那么，优质标题的关键词和搜索词去哪里找？

速卖通平台为方便卖家优化自己的产品信息，在后台系统提供了"数据纵横"工具，使用该工具可以非常方便地找到优质关键词和搜索词。下面仍以"跑鞋"为例，看看如何使用"数据纵横"工具，找到该产品标题的优质关键词和搜索词，步骤如下。

步骤 1：登录速卖通后台，执行"数据纵横"→"商家发现"→"搜索词分析"命令，打开"搜索词分析"页面，如图 3-11 所示，可以看到有"热搜词""飙升词""零少词"三种搜索方式。

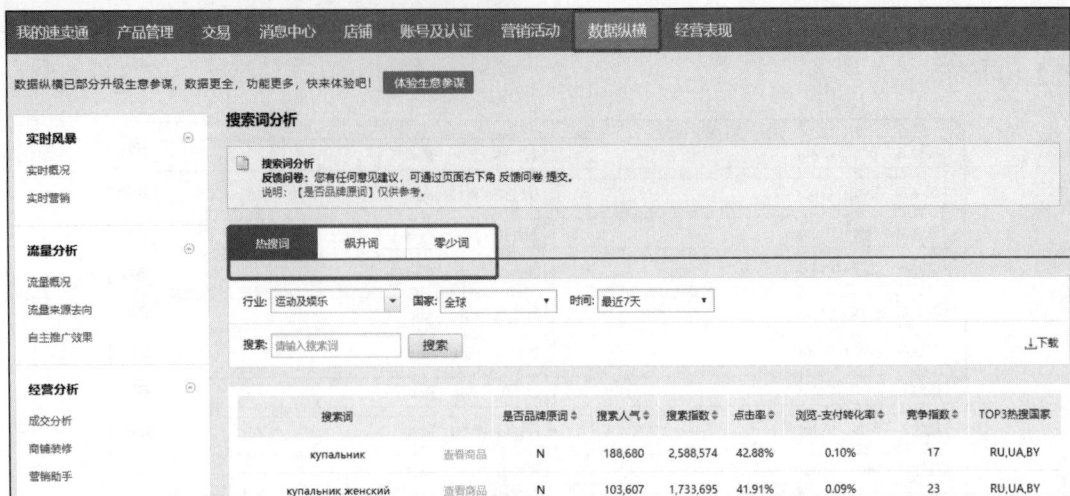

图 3-11 "搜索词分析"页面

步骤 2：设置"热搜词"查询条件。选择行业为"运动及娱乐>运动鞋>跑鞋"、选择国家为"全球"、选择时间为"最近 30 天"，单击"搜索"按钮，如图 3-12 所示。这里列表里显示的并不是可以直接使用的关键词，单击 ↓下载 按钮导出原始数据。

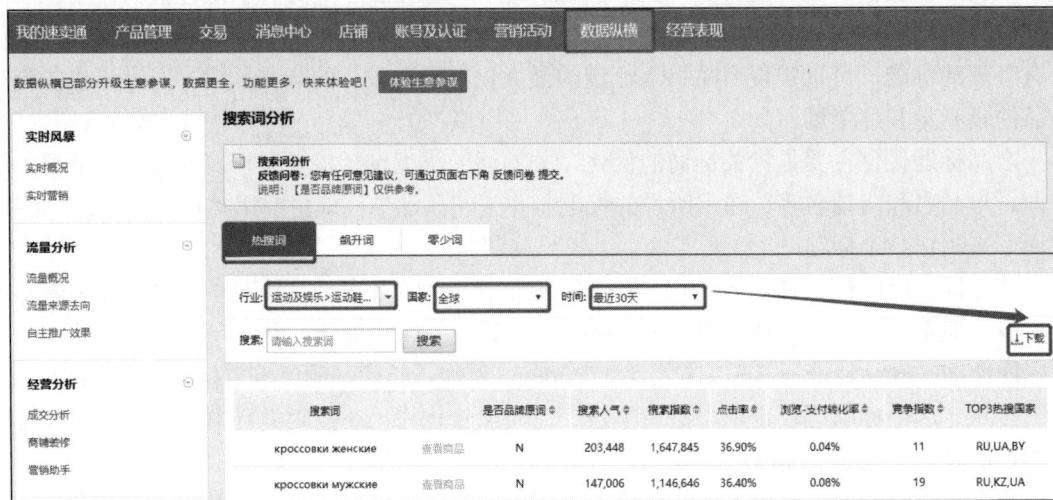

图 3-12 设置"热搜词"查询条件

步骤 3：对原始数据进行排序和筛选。打开下载的数据表格，由于下载的原始数据格式不兼容，需要将格式统一转换为数字格式。运用 Excel 软件的"排序和筛选"工具，对表格内所有内容进行筛选，然后将"搜索人气"和"搜索指数"按降序排列，如图 3-13 所示。

步骤 4：剔除品牌原词。在没有授权的情况下，品牌原词是不能被添加到标题的，这里需要运用 Excel 软件的筛选功能把品牌原词剔除（单击"是否品牌原词"所在单元格右边 ▼ 按钮，在弹出的列表中取消勾选的"Y"复选框），如图 3-14 所示。

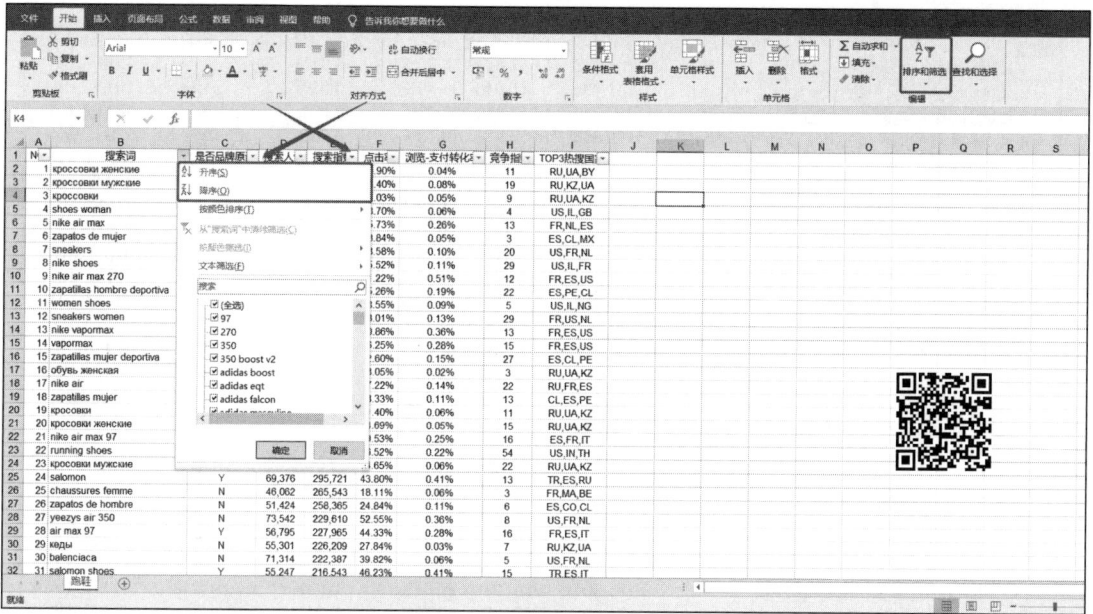

图 3-13 数据排序和筛选

图 3-14 剔除品牌原词

另外，标题中还需要注意不能存在小语种词语及与产品不相关的词语，其他的词语可以根据自己产品的特色来选取。小语种词示例如图 3-15 所示，其中，带有条纹阴影的词为小语种词。

N	搜索词	是否品牌原	搜索人	搜索指数	点击率	浏览-支付转化率	竞争指	TOP3热搜国
1	кроссовки женские	N	203,448	1,647,845	36.90%	0.04%	11	RU,UA,BY
2	кроссовки мужские	N	147,006	1,146,646	36.40%	0.08%	19	RU,KZ,UA
3	кроссовки	N	197,349	1,042,078	32.03%	0.05%	9	RU,UA,KZ
4	shoes woman	N	189,866	1,036,916	18.70%	0.06%	4	US,IL,GB
6	zapatos de mujer	N	125,517	794,216	18.84%	0.05%	3	ES,CL,MX
7	sneakers	N	100,472	626,565	28.58%	0.10%	20	US,FR,NL
9	nike air max 270	N	141,304	509,991	41.22%	0.51%	12	FR,ES,US
10	zapatillas hombre deportiva	N	73,538	503,542	35.26%	0.19%	22	ES,PE,CL
11	women shoes	N	91,393	487,163	18.55%	0.09%	5	US,IL,NG
12	sneakers women	N	57,297	483,892	28.01%	0.13%	29	FR,US,NL
14	vapormax	N	101,884	450,235	46.25%	0.28%	15	FR,ES,US
15	zapatillas mujer deportiva	N	60,956	439,608	32.60%	0.15%	27	ES,CL,PE
16	обувь женская	N	71,143	374,518	18.05%	0.02%	3	RU,UA,KZ
18	zapatillas mujer	N	47,647	340,796	28.33%	0.11%	13	CL,ES,PE
19	кроссовки	N	62,214	328,630	31.40%	0.06%	11	RU,UA,KZ
20	кроссовки женские	N	39,005	307,550	34.69%	0.05%	15	RU,UA,KZ
21	nike air max 97	N	80,618	306,355	39.53%	0.25%	16	ES,FR,IT
22	running shoes	N	51,269	302,082	36.52%	0.22%	54	US,IN,TH
23	кроссовки мужские	N	35,928	299,317	34.65%	0.06%	22	RU,UA,KZ
25	chaussures femme	N	46,062	265,543	18.11%	0.06%	3	FR,MA,BE
26	zapatos de hombre	N	51,424	258,365	24.84%	0.11%	6	ES,CO,CL
27	yeezys air 350	N	73,542	229,610	52.55%	0.36%	8	US,FR,NL
29	кеды	N	55,301	226,209	27.84%	0.03%	7	RU,KZ,UA
30	balenciaca	N	71,314	222,387	39.82%	0.06%	5	US,FR,NL
32	sport shoes men	N	29,079	206,526	33.46%	0.21%	67	IN,NL,IL
33	nike air max 90	N	50,413	205,714	37.92%	0.46%	25	FR,BR,NL
34	женские кроссовки	N	26,019	203,086	36.33%	0.08%	37	RU,UA,BY
38	красовки женские	N	24,208	183,649	28.88%	0.04%	23	RU,UA,KZ
39	женская обувь	N	31,414	178,071	16.39%	0.02%	4	RU,UA,KZ
40	balanciaga	N	42,433	177,355	39.21%	0.10%	11	FR,RU,TR
41	красовки	N	33,392	170,096	30.08%	0.05%	17	RU,UA,KZ

跑鞋

图 3-15 小语种词示例（带有条纹阴影的词）

步骤 5：确定关键词。最后，根据产品目标市场定位（主要卖至哪个国家）、搜索人气、搜索指数、点击率、浏览-支付转化率及竞争指数等各项指标来确定需要的关键词。

搜索词分析包括"热搜词""热销词""零少词"三种搜索方式，使用这三种搜索方式统计的关键词各有什么特点呢？

● 热搜词：顾名思义，热搜词一般都是平台中最热门的关键词，可以作为选择主要关键词的参考依据。

● 飙升词：飙升词是近期平台上升幅度较大或搜索量较高的词，新产品品种的增加或卖家数量的增加都会影响飙升词的搜索量。飙升词不仅体现买家搜索量的提高，还体现卖家新增店铺数量和产品的一种趋势。当然，这种搜索量的提高也可能是由于受外在因素的影响，如节日、季节性的活动等。

● 零少词：零少词是指目前竞争较少的词，即有少量买家去搜索的关键词。使用零少词作为标题的关键词，对刚发布的新产品会有较好的效果。

产品标题的编写对于运营人员来说非常重要，一个好的标题一定是能够吸引买家眼球、满足买家诉求的，对于提升产品的点击率和转化率都起着重要的作用。产品标题的关键词可以使用"搜索词分析"功能统计的词语，也可以根据自己产品的其他属性来编写。

3）产品图片

产品图片有两种上传途径，即"从我的电脑选择"和"从图片银行选择"，如图 3-16 所示。

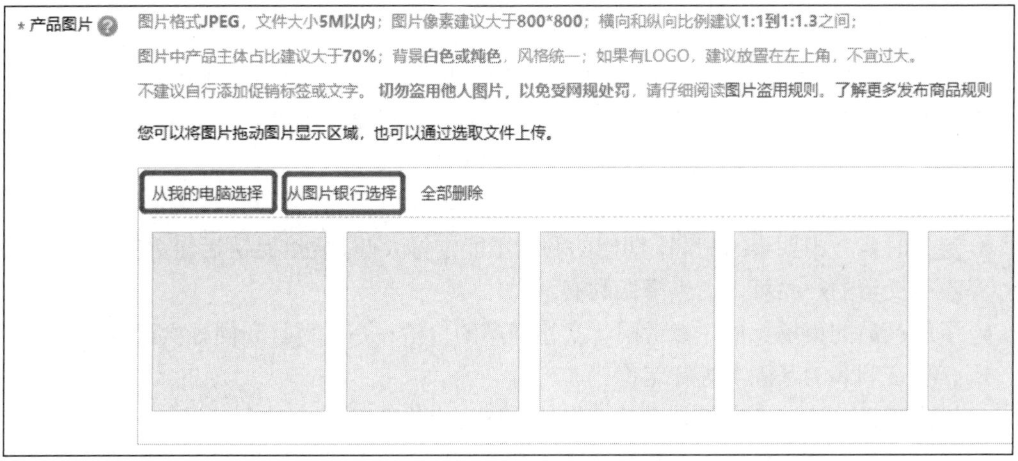

图 3-16　产品图片的上传途径

速卖通平台将图片的质量作为产品质量的一项评判标准。在店铺首页中，好的主图能突出店铺产品的辨识度，可以利用主图吸引顾客去点击你的产品，从而增加产品的流量。

4）最小计量单位与销售方式

最小计量单位与销售方式前面带有"*"标记，说明此信息为必填项目，如图 3-17 所示。最小计量单位：根据产品情况，可以单击 ▼ 按钮选择。如图 3-17 所示中最小计量单位选择的"双（pair）"。销售方式：有"按双出售"和"打包出售（价格按照包计算）"两种销售方式。

阅读材料：服装鞋包行业图片优化规范要求

图 3-17　最小计量单位与销售方式

5）产品的颜色

如果上传产品的颜色与模板中的颜色相对应，则可以直接勾选颜色模板中的对应色标，不对应时则可以自定义颜色。自定义颜色时，在"自定义名称"下面的方框中直接输入颜色的英文名称，再单击"添加文件"按钮，上传产品对应颜色的图片即可，如图 3-18 所示。

图 3-18　上传颜色图片文件

6）产品定价

产品的定价既会影响产品的排序，也会影响产品的点击率，还会影响产品的成交率。

进行产品定价时需考虑的因素有产品成本、期望的利润、运费、折扣率、利润率、促销活动的价格空间、同行卖家产品的定价、销售策略等。

产品定价注意事项：

● 定价时要考虑期望的利润，期望的利润不能定得太低，要给促销活动留出价格的空间，吸引流量的产品可以适当降低利润。

● 了解产品的市场行情，参考同行卖家产品的价格。不要盲目和同行卖家打价格战，要在保证利润的基础上进行定价。

● 注意货币单位，速卖通是以美元为单位进行定价的。

● 注意销售方式的选择，是按双出售还是打包出售。产品的销售方式不相同，价格也不一样。

7）按 Ship to 区域调价

速卖通平台"按 Ship to 区域调价"有三种方式：直接报价、调整比例和调整金额，这三种调价方式可以自由选择，也可以不采用。单击"调价方式"右侧的 ▼ 按钮，可以设置不同的调价方式，如图 3-19 所示。

图 3-19 "调价方式"页面

提示：按 Ship to 区域调价，如果选择"调整比例"，则调整后的价格比例必须大于或小于零售价的 30%。例如，如果某个产品到达 A 国家的运费比较高，则可以调高 30%以上的零售价；如果到达 B 国家的运费比较低，则可以调低 30%以上的零售价。

8）产品发货期

产品发货期也是速卖通平台作为评价产品质量好坏的因素。发货周期短，速卖通平台会认为店铺的服务能力强。不过也需要注意，超过发货期不发货就会被认为成交不卖，订单会被认为是不良体验订单，对店铺的影响会非常大。

9）产品视频

是否上传产品视频可以根据店铺的情况选择。上传产品视频的好处：可以更加直观地展示产品；可以把产品细节展示得更加立体；可以全方位地展示产品的功能；可以使产品展示通俗易懂等。产品视频的展示位置一般在产品详情描述页的顶部。

上传视频的操作方法比较简单，可以在上传视频页面中，单击"上传视频"按钮，如图 3-20 所示，然后选择需要上传的视频即可。

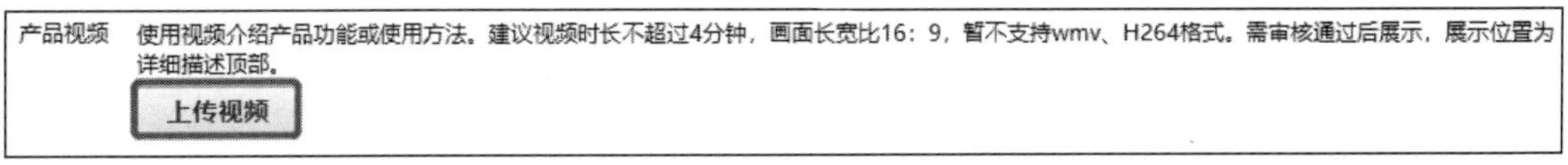

图 3-20 "上传视频"页面

产品视频上传注意事项：

建议视频时长不要超过 4 分钟，画面长宽比为 16∶9，暂不支持 WMV、H.264 格式的文件，上传的视频需要审核通过后才能展示。

10）产品详细描述

产品详细描述是要将顾客关注的产品特色、功能、服务、包装及运输等信息通过页面的形式展示出来，主要作用是让顾客全方面了解产品，也是影响买家决定购买的重要因素。精准的产品详细描述能增强顾客的购买欲望，加快顾客下单的速度。

"产品详细描述"页面如图 3-21 所示。页面上方有调整文字风格及排版方式等工具，下方为输入产品详细描述文字信息的窗口。

图 3-21 "产品详细描述"页面

产品详细描述是顾客了解产品详细信息的重要地方，这里可以补充或再次强调产品的特色信息，如颜色、发货期、尺码、产品面料、材质、产品细节图等。

产品详细描述建议放置以下内容：

- 产品标题（一般置于页面顶端的第一行）；
- 文案（突出产品特点，描述产品优势，建议采用图文结合的方式）；
- 产品风格图；
- 产品主图、模特图和细节图；
- 买家秀图片；
- 物流说明信息图；
- 好评截图；
- 授权证书图、工厂车间图片等。

制作产品详细描述页面时，要合理布局页面中的各个模块，合理展示产品的链接信息。例如，在页面上放置物流说明信息图时，应将物流说明信息图放到产品图片的下方，如果放到产品描述页的最后面，容易让顾客以为是进错了页面。

11）物流设置

影响运费的因素有产品重量、产品体积、产品类型、时效性、收货地址等，卖家可以根据自己选择的物流公司来设置。在"物流设置"页面中，单击"产品运费模板"右边的▼按钮，可以自由选择已经设置的运费模板，如图 3-22 所示。在速卖通后台页面中，执行"产品管理"→"运费模块"→"管理运费模块"命令,可以在"管理运费模板"页面中进行"新增运费模板"或"编辑"运费模板操作,如图 3-23 所示。

图 3-22 "物流设置"页面

图 3-23 "管理运费模板"页面

12) 产品有效期

速卖通平台的产品有效期可以设置为 14 天和 30 天。一般老卖家都会选择 14 天,因为按照速卖通平台的运营规则,产品快到下架结束期时,曝光量也会增加。也就是说,速卖通平台会给临近下架的产品增加一部分权重,设置 14 天有效期有利于增加产品的曝光量。

3.1.2 交易管理

交易管理是速卖通平台运营的一个重要环节。速卖通交易功能模块的主要组成部分有管理订单、物流服务、资金账户管理、退税服务和交易评价,如图 3-24 所示。如果说产品发布、促销推广是为了订单的到来,那么订单来了,还需要对订单进行有效的管理。

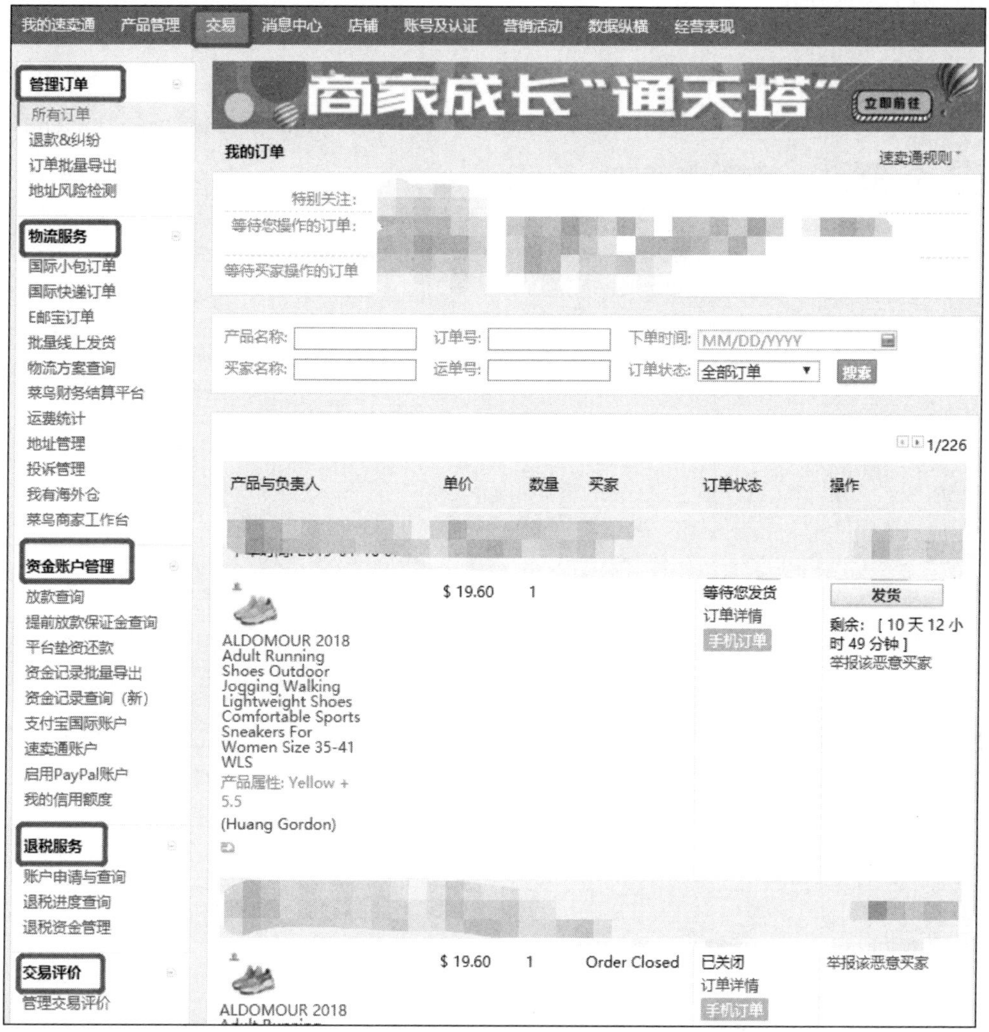

图 3-24　"交易"页面

1. 管理订单

1）管理订单的基本操作

管理订单包括所有订单、退款&纠纷、订单批量导出和地址风险检测 4 个功能模块。

所有订单：可以查看自开店以来的所有订单信息。

退款&纠纷：可以查看所有的退款&纠纷订单（未发货产生的退款订单除外）。

订单批量导出：既可以设置需要导出订单的条件（订单状态、下单时间等），还可以设置需要导出的订单字段（交易订单信息、物流信息），如图 3-25 所示。导出后的文件以 Excel 数据表格的形式保存。

地址风险检测：地址风险检测是速卖通平台提供的针对交易过程中买家有明确要求修改发货地址，或者要求发货到新地址的情况进行风险检测的工具，如图 3-26 所示。

对于安全检测结果为有风险的订单，平台会在 24 小时之内关闭订单交易。如果是有风险的订单请停止发货，无须对订单进行任何操作。对于通过安全检测的订单，系统显示如图 3-27 所示的提示信息，看到该提示信息后便可以按照新地址进行发货。

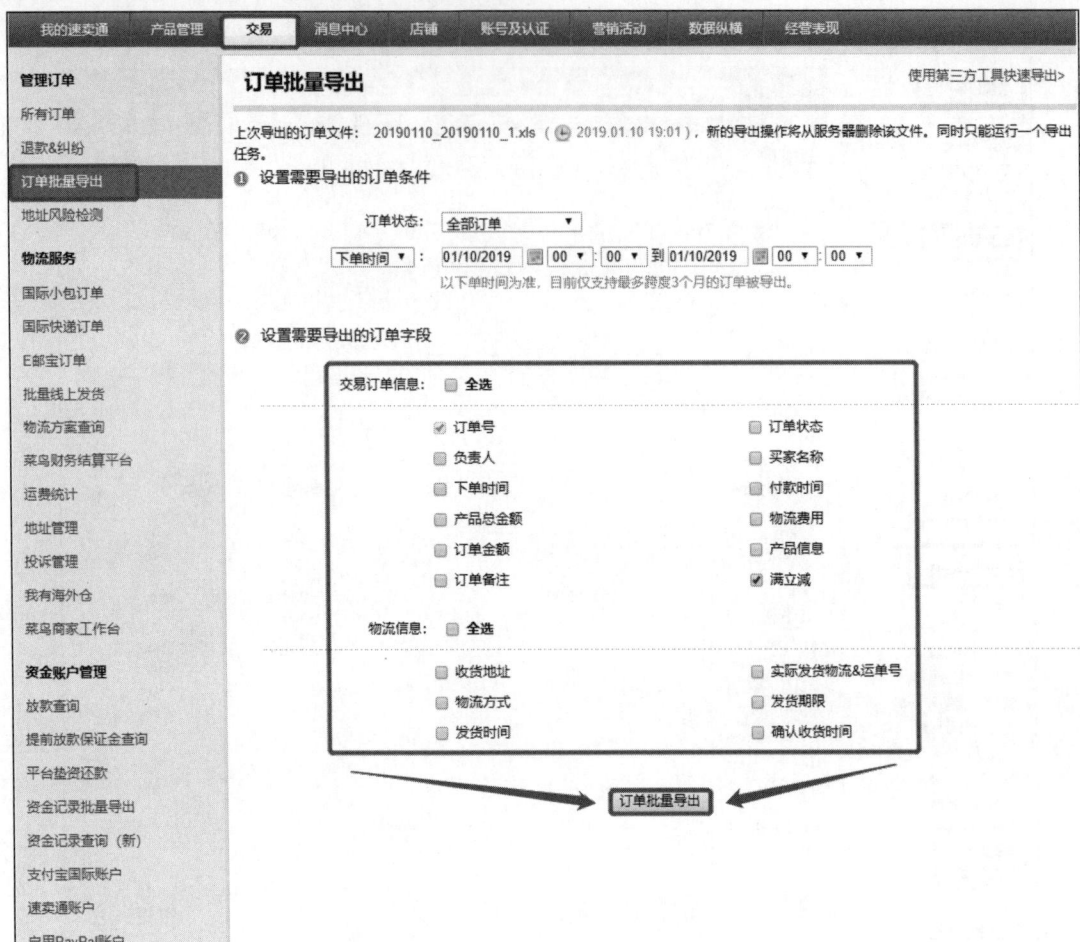

图 3-25 "订单批量导出"页面

图 3-26 "地址风险检测"页面

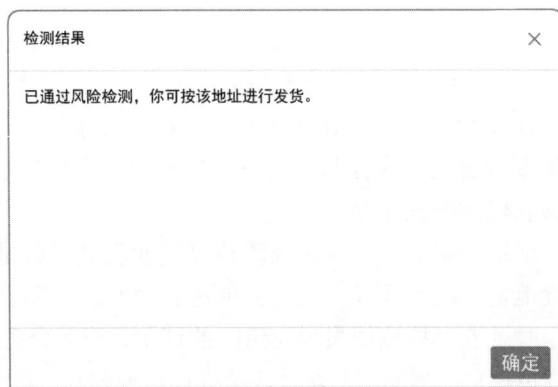

图 3-27 "检测结果"页面

2）如何高效地管理速卖通订单

如何高效地管理速卖通订单也是卖家比较关心的问题，因为在平常的管理订单工作中，总会碰到各种各样的问题。

（1）如何修改运单号。如果发货时间小于 5 天，可以在"订单列表"页面修改运单号。"订单列表"页面如图 3-28 所示。单击"订单详情"按钮，在打开的"订单详情"页面中，单击"更新物流单号"按钮，填写正确的单号即可。如果发货时间超过 5 天，无法直接更改运单号，但可以在备注栏中点击"编辑"按钮，如图 3-29 所示。将正确的运单号填写在备注栏中，并与买家进行沟通，告知正确的运单号在备注栏中查看。

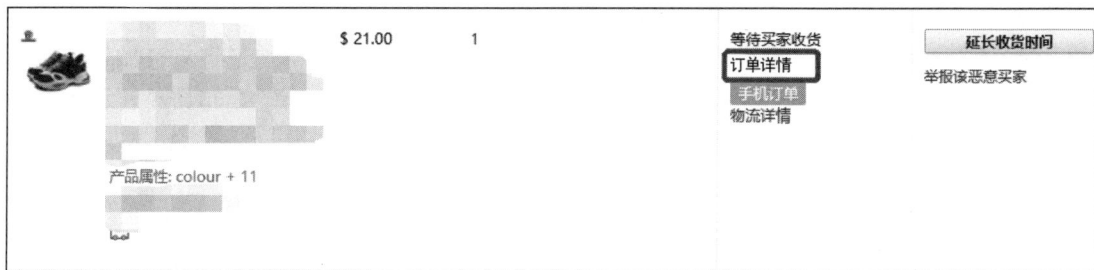

图 3-28　"订单列表"页面

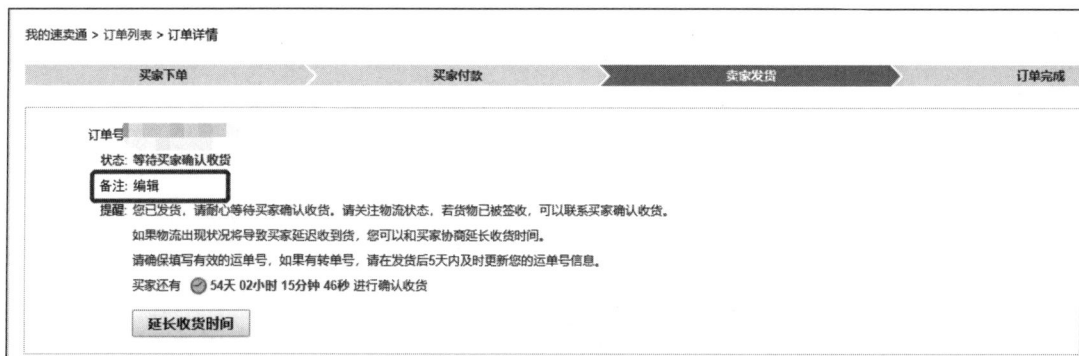

图 3-29　"订单详情"页面

提示：每个订单发货后的 5 天内，只有两次修改运单号的机会。

（2）等待放款的订单怎么处理。等待放款的订单是指交易已经完成，等待平台放款的订单。执行"交易"→"放款查询"→"请款"命令，上传买家的收货凭证。平台管理部门会及时核实凭证，如果符合条件就执行放款操作。

（3）如何取消订单。如果买家已经付款成功，订单处于等待卖家发货的状态，取消订单需要买家单击"cancel order"（取消订单）按钮，卖家同意取消后系统会关闭订单，将款项退回买家。

提示：如果订单是在资金审核阶段，付款成功 24 小时后才会看到"cancel order"按钮。系统关闭订单后，到账时间根据买家开户银行的情况会有所不同，一般为 7 个工作日。

（4）怎样查看资金是否到账。买家付款的信息可以在订单详情的"资金信息"中查看。如果订单详情页面上显示"资金尚未到账，请在 24 小时资金到账后再发货"，说明目前资金还未到账，平台正在审核资金的安全情况。如果是这种情况，就不要发货。

如果订单详情页面显示"发货通知"按钮，并且可以填写发货信息，同时提示剩余的发货时间，说明资金已经到达平台的第三方担保账户，这种情况可以正常发货，请在发货期内及时发货。

（5）如何解决纠纷。速卖通平台交易过程中会经常遇到与买家发生纠纷的情况，如何解决纠纷呢？当纠纷发生时，第一时间联系买家，查找发生纠纷的原因并尽快解决。在买家反馈交易问题时，及时回应买家并了解买家反馈的具体问题。若与买家无法协商解决，纠纷问题会反馈到平台，平台也会介入处理。

买家提起纠纷时，卖家需要根据系统的提示进行操作，接受或拒绝买家的退款申请。如果在 5 天内没有响应，平台则会根据买家提起的退款金额退款。

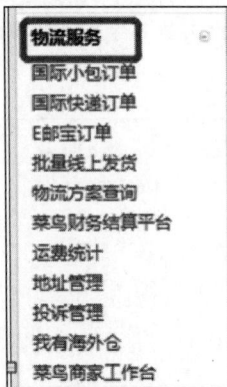

图 3-30　物流服务功能模块

2．物流服务

物流服务功能模块包括国际小包订单、国际快递订单、E 邮宝订单、批量线上发货、物流方案查询、菜鸟财务结算平台、运费统计、地址管理、投诉管理、我有海外仓及菜鸟商家工作台，如图 3-30 所示。可以使用该模块的功能进行物流服务相关的操作。

（1）创建物流订单。买家订单支付成功后，卖家选择要发货的订单，单击"发货"按钮，打开"订单详情"页面，如图 3-31 所示。单击"线上发货"按钮，可以在线创建物流订单；单击"填写发货通知"按钮，可以填写发货通知信息。

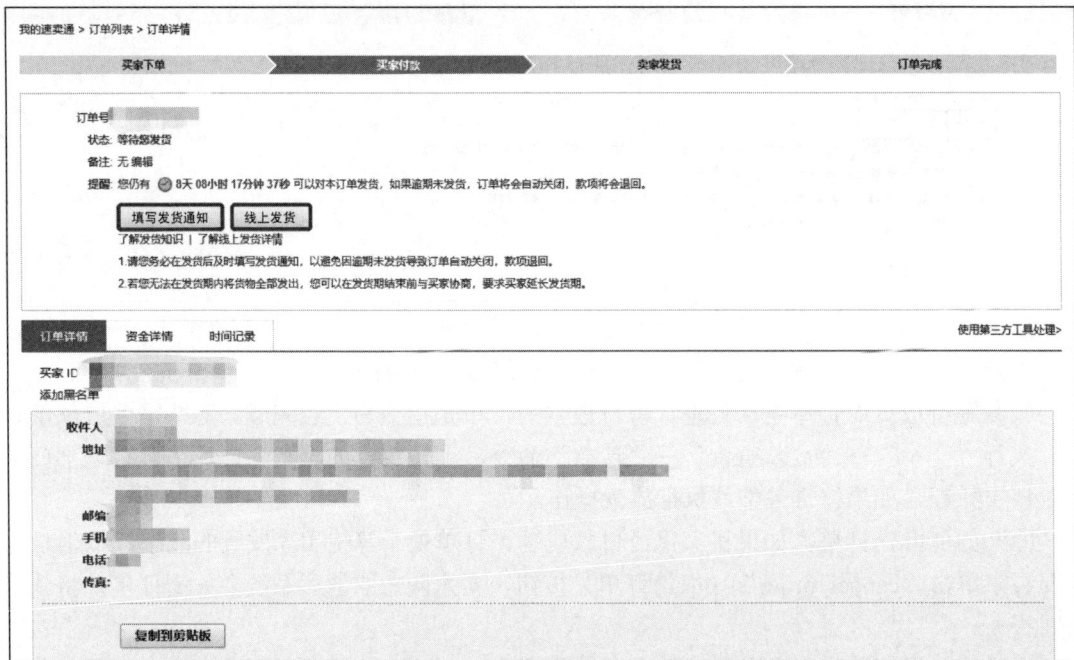

图 3-31　"订单详情"页面

（2）线上发货。单击"线上发货"按钮，在弹出的页面中选择物流方案，如图 3-32 所示。物流方案列表中既有速卖通平台认可的优质物流服务商名称，还有参考运输时效及试算运费信息。由于速卖通平台与物流服务商已经完成信息的对接，卖家可以在订单详情页面里直接跟踪物流信息。在"物流方案"页面中，先选中对应的物流方式，再单击"下一步，创建物流订单"按钮，即可完成物流订单的创建工作。

服务名称	参考运输时效	试算运费 ❓
⚪ AliExpress 无忧物流-标准	15-45天	CN￥42.05
⚪ AliExpress 无忧物流-优先	8-15天	CN￥642.00
⚫ 中国邮政挂号小包	15-40天	CN￥31.85
⚪ 新加坡邮政挂号小包	15-60天	CN￥40.31
⚪ EMS	7-15天	CN￥76.00
⚪ FedEx IE	4-9天	CN￥192.89
⚪ HK DHL	3-6天	CN￥213.34
⚪ FedEx IP	3-6天	CN￥217.10
⚪ UPS Expedited	4-9天	CN￥255.47
⚪ ARAMEX	6-10天	CN￥295.50
⚪ UPS Saver	3-6天	CN￥314.18

⚠ 当订单交易金额超过金额限制时不可使用经济类物流，您可以使用其它物流 查看详情
物流服务Aliexpress无忧物流-简易，中外运-西邮标准小包，中俄航空 Ruston，菜鸟超级经济，无忧集运，菜鸟特货专线 - 超级经济，顺丰国际经济小包，燕文航空挂号小包，芬兰邮政挂号小包，燕文航空经济小包，菜鸟特货专线 - 简易，中邮e邮宝，中外运-西邮经济小包，e邮宝，4PX新邮经济小包，中国邮政平常小包+，顺友航空经济小包不能送达Indonesia.
若选择了Aliexpress无忧物流，您需要自物流订单创建起的5个工作日内，通过揽收或自寄的方式将包裹交接给物流商且确保成功展示揽收或签收成功信息(注：对于仓库揽收需预留2个工作日/自寄方式需要预留1个工作日,给仓库进行货物处理及信息上网展示时间)；若发货延迟，您将无法获得限时达赔付补偿，查看详情

下一步，创建物流订单

图 3-32　"物流方案"页面

（3）填写发货通知。完成线上发货信息的设置以及完成发货到仓库的操作之后，订单管理页面会返回国际运单号，需要将国际运单号填写至订单发货通知的"货运跟踪号"中（线下发货也需要填写），如图 3-33 所示，最后单击"提交"按钮，这样才算完成发货的操作流程。

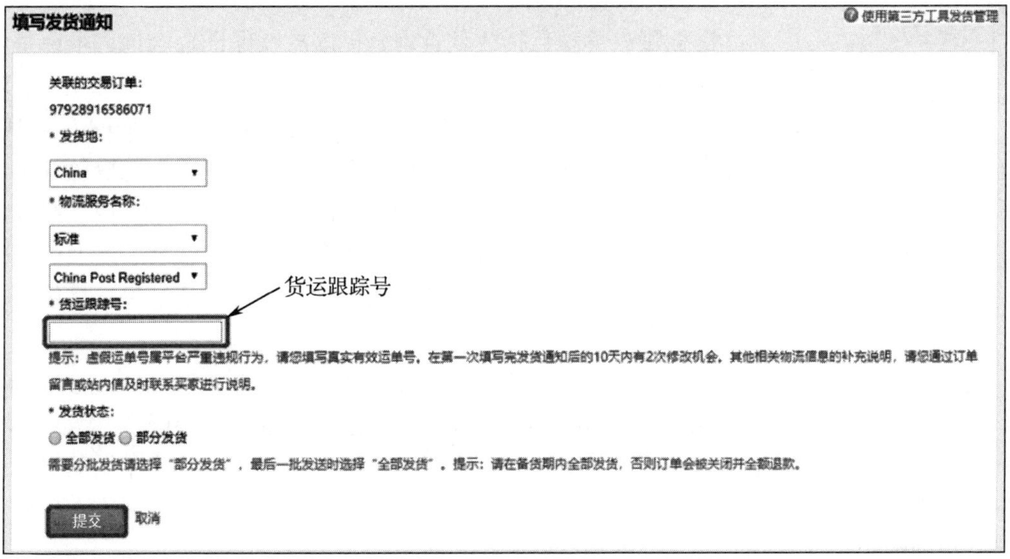

填写发货通知　　　　　　　　　　　　　　　　　　❓ 使用第三方工具发货管理

关联的交易订单：
97928916586071
* 发货地：
[China ▼]
* 物流服务名称：
[标准 ▼]
[China Post Registered ▼]　　← 货运跟踪号
* 货运跟踪号：
[　　　　　　　　　　]
提示：虚假运单号属平台严重违规行为，请您填写真实有效运单号，在第一次填写完发货通知后的10天内有2次修改机会。其他相关物流信息的补充说明，请您通过订单留言或站内信及时联系买家进行说明。
* 发货状态：
⚪ 全部发货 ⚪ 部分发货
需要分批发货请选择"部分发货"，最后一批发送时选择"全部发货"。提示：请在备货期内全部发货，否则订单会被关闭并全额退款。

提交　取消

图 3-33　"填写发货通知"页面

在"订单详情"页面中,可以查看订单的物流信息,如图 3-34 所示。

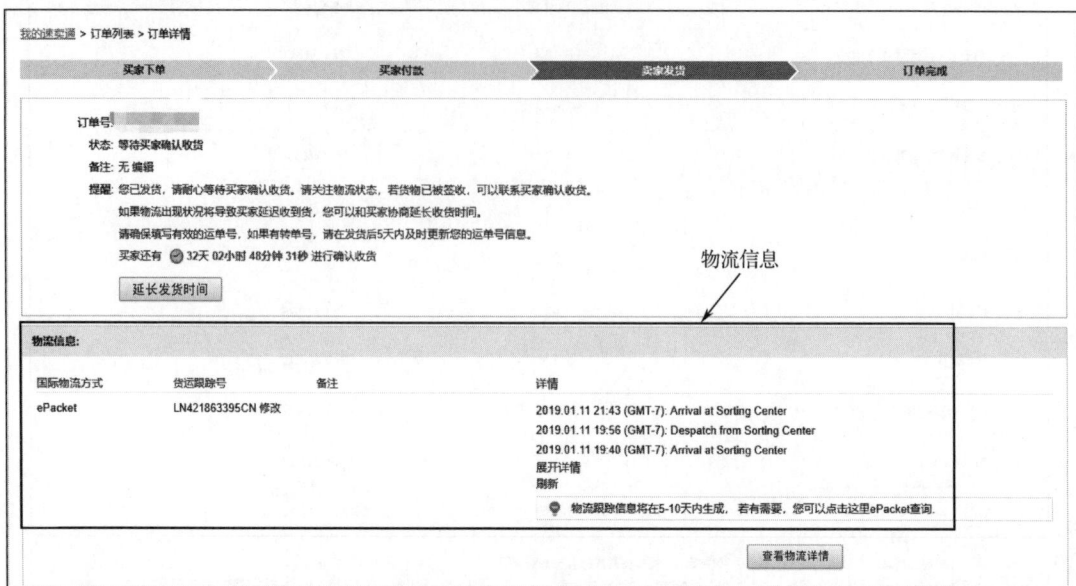

图 3-34 "订单详情"页面

(4)延长收货时间。据有关数据统计的结果,80%的交易纠纷产生的原因是由于买家没有收到货。为了避免这种不必要的纠纷产生,减少资金的损失,快到收货期而未签收的订单有时候是有必要延长收货时间的。

在"交易"页面中找到"等待买家收货"的订单,在"订单详情"页面,单击"延长收货时间"按钮,填写具体延长的天数即可。

提示:延长的时间天数是从买家发货开始时计算的;延长收货次数不限,但累计延长的时间最长为 120 天;延长收货时间是按自然日计算的。

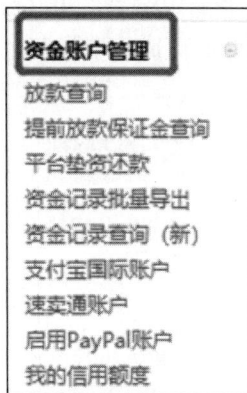

图 3-35 资金账户管理功能模块

3. 资金账户管理

资金账户管理包括放款查询、提前放款保证金查询、平台垫资还款、资金记录批量导出、资金记录查询(新)、支付宝国际账户、速卖通账户、启用 PayPal 账户和我的信用额度功能模块,如图 3-35 所示。在资金账户管理功能模块中,可以查询待放款订单、已放款订单及订单金额等信息。"资金账户管理"页面如图 3-36 所示。由于待放款的订单里包含了买家已支付的订单、卖家已发货的订单、买家已经确认收货的订单等多个节点的订单,因此,目前无法从这里直接统计哪些订单是买家已经确认收货的。

速卖通平台目前支持的主要支付方式有 WESTERN UNION(西联汇款)、Moneybookers、QIWI WALLET、Yandex Money、WebMoney、VISA 卡、MasterCard(信用卡)、Maestro(借记卡)、Wire Transfer(电汇)等。不同的支付平台具有不同的特点和优势。不同的买家会使用不同的支付方式,建议卖家根据具体的订单信息设置支付方式。与速卖通平台合作的主要支付平台如图 3-37 所示。

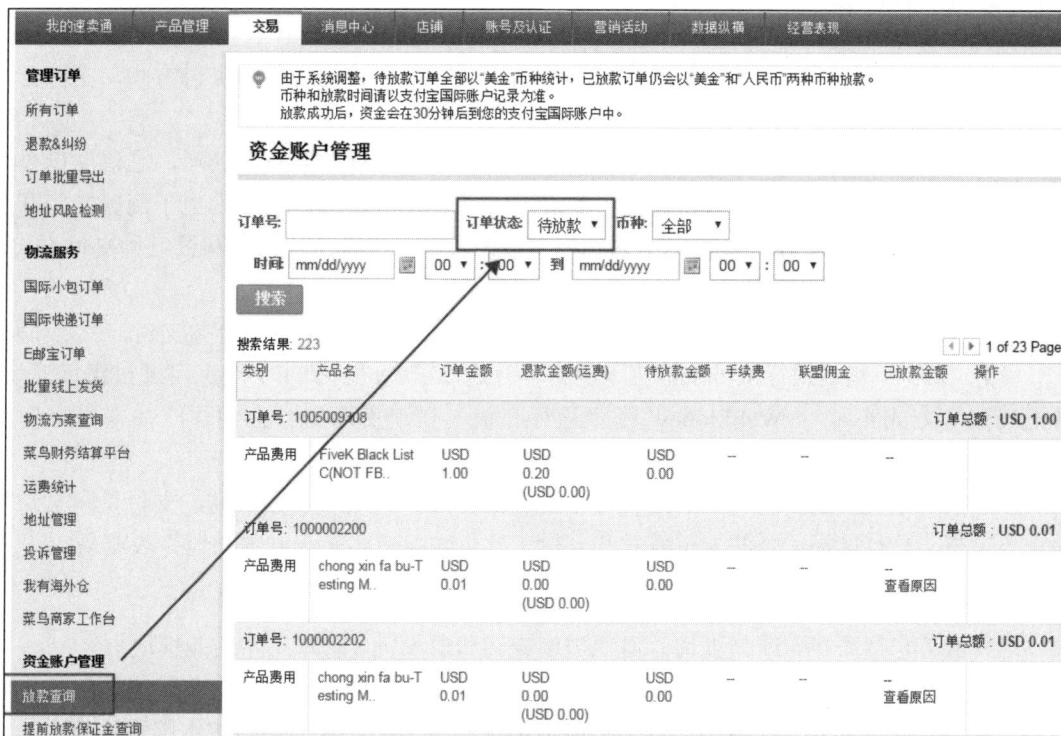

| | 我的速卖通 | 产品管理 | 交易 | 消息中心 | 店铺 | 账号及认证 | 营销活动 | 数据纵横 | 经营表现 |

管理订单
所有订单
退款&纠纷
订单批量导出
地址风险检测

物流服务
国际小包订单
国际快递订单
E邮宝订单
批量线上发货
物流方案查询
菜鸟财务结算平台
运费统计
地址管理
投诉管理
我有海外仓
菜鸟商家工作台

资金账户管理
放款查询
提前放款保证金查询

由于系统调整，待放款订单全部以"美金"币种统计，已放款订单仍会以"美金"和"人民币"两种币种放款。
币种和放款时间请以支付宝国际账户记录为准。
放款成功后，资金会在30分钟后到您的支付宝国际账户中。

资金账户管理

订单号： _____ 订单状态： 待放款 ▼ 币种： 全部 ▼

时间 mm/dd/yyyy 00 ▼ : 00 ▼ 到 mm/dd/yyyy 00 ▼ : 00 ▼

搜索

搜索结果：223   ◀ ▶ 1 of 23 Page

类别	产品名	订单金额	退款金额(运费)	待放款金额	手续费	联盟佣金	已放款金额	操作
订单号：1005009308							订单总额：USD 1.00	
产品费用	FiveK Black List C(NOT FB..	USD 1.00	USD 0.20 (USD 0.00)	USD 0.00	--	--	--	
订单号：1000002200							订单总额：USD 0.01	
产品费用	chong xin fa bu-T esting M..	USD 0.01	USD 0.00 (USD 0.00)	USD 0.00	--	--	查看原因	
订单号：1000002202							订单总额：USD 0.01	
产品费用	chong xin fa bu-T esting M..	USD 0.01	USD 0.00 (USD 0.00)	USD 0.00	--	--	查看原因	

图 3-36 "资金账户管理"页面

图 3-37 与速卖通平台合作的支付平台

（1）WESTERN UNION（西联汇款）支付。使用西联汇款进行支付，一般两个工作日即可到账，可以选择合并支付。

优势：WESTERN UNION（西联汇款）支付是一种非常安全的支付方式，不存在银行拒付、买家盗卡等风险。在确认汇款成功后，西联汇款会通知速卖通平台卖家。收取的手续费由买家承担，与银行汇款相比，西联汇款支付能保证卖家获得更多的利润。

（2）Moneybookers 支付。Moneybookers 既是一家国际领先、集成多种支付方式、支持在线支付的服务商，也是欧洲国家的主流支付服务商。Moneybookers 支付是速卖通平台的主要支付方式之一。买家在使用它进行支付时，不需要支付额外的手续费。

（3）QIWI WALLET 支付。QIWI WALLET 是俄罗斯领先的支付服务商，它运营着俄罗斯最大规模的自助购物终端设备，同时提供在线支付和手机支付两种支付方式。使用 QIWI WALLET 支付，最高额度不超过 5 000 美元，即时到账，可以合并支付。

优势：QIWI WALLET 是俄罗斯买家使用较多的支付工具，俄罗斯买家可以很方便地对 QIWI WALLET 的账号进行充值，再到速卖通平台购买产品；它拥有较完善的风险保障机制，不会产生买家撤款的风险；买家使用 QIWI WALLET 付款的订单，没有 24 小时审核期限制，支付成功后卖家可以立刻发货。

（4）Yandex Money 支付。Yandex Money 支付是俄罗斯较为普及的支付方式，支持合并支付，退款的币种是卢布。

优势：Yandex Money 是俄罗斯最大搜索引擎公司 Yandex 的全资子公司，它借助母公司强势搜索引擎的用户量，在俄语市场上占到 30%以上的用户份额。它还为电子商务专门开发新的支付技术。Yandex Money 为网络购物用户提供银行卡、电子钱包及网银三种支付方式，深受俄罗斯网络购物用户的青睐。

（5）WebMoney 支付。WebMoney 支付需要风险控制审核，不支持合并支付。

优势：买家不需要银行账号或信用卡就可以开通 WebMoney 账户；买家可通过银行汇款、网上转账等方式实时对 WebMoney 账户进行充值，在速卖通平台上购买产品非常方便；WebMoney 支付方式能给俄罗斯买家提供更好的购物支付体验。

上面仅对速卖通主要支付工具进行简单的介绍。对于速卖通卖家来说，支付是网上交易的重要环节。只有选择适合的支付方式和支付工具，才能使买卖双方顺利地完成交易。

4．退税服务

退税服务包括账户申请与查询、退税进度查询和退税资金管理三个功能模块。

（1）什么是出口退（免）税。出口退（免）税是指在国际贸易中，货物输出国对输出境外的货物退还（免征）其在本国境内消费时应缴纳的税金，或者退还其按本国税法规定的已经缴纳的增值税和消费税。

除了免税货物、禁止出口货物和明文规定不予退税的货物以外，其他货物可享受退（免）税政策。

（2）退税服务模式。卖家提供发票和外汇汇入的一达通账户信息给阿里巴巴的一达通服务平台，由一达通服务平台进行出口退（免）税操作。

有海外仓的商家退（免）税操作流程：货物通过一达通服务平台申报出口到自有海外仓后，再由一达通服务平台进行出口退（免）税操作。没有海外仓的商家，速卖通平台提供菜鸟海外仓，货物通过一达通服务平台申报出口到菜鸟海外仓后，再由一达通服务平台进行出口退（免）税操作。

5．交易评价

交易评价模块主要提供管理交易评价、查看评价档案等相关功能。

（1）管理交易评价。打开速卖通后台，执行"交易"→"交易评价"→"管理交易评价"命令，既可以查看当前店铺订单的评价信息、评价状态，还可以对评价进行相关的操作（回复评价），如图 3-38 所示。

交易评价反映了已经完成交易的产品数量，以及买家对产品质量的评定，是买家下单时参考的重要信息。只有获得更多买家给予的好评，卖家店铺的转化率才能提高，产品的排名才能越靠前，反之会影响产品的排名及曝光度。交易评价等级在产品页面的展示效果如图 3-39 所示。

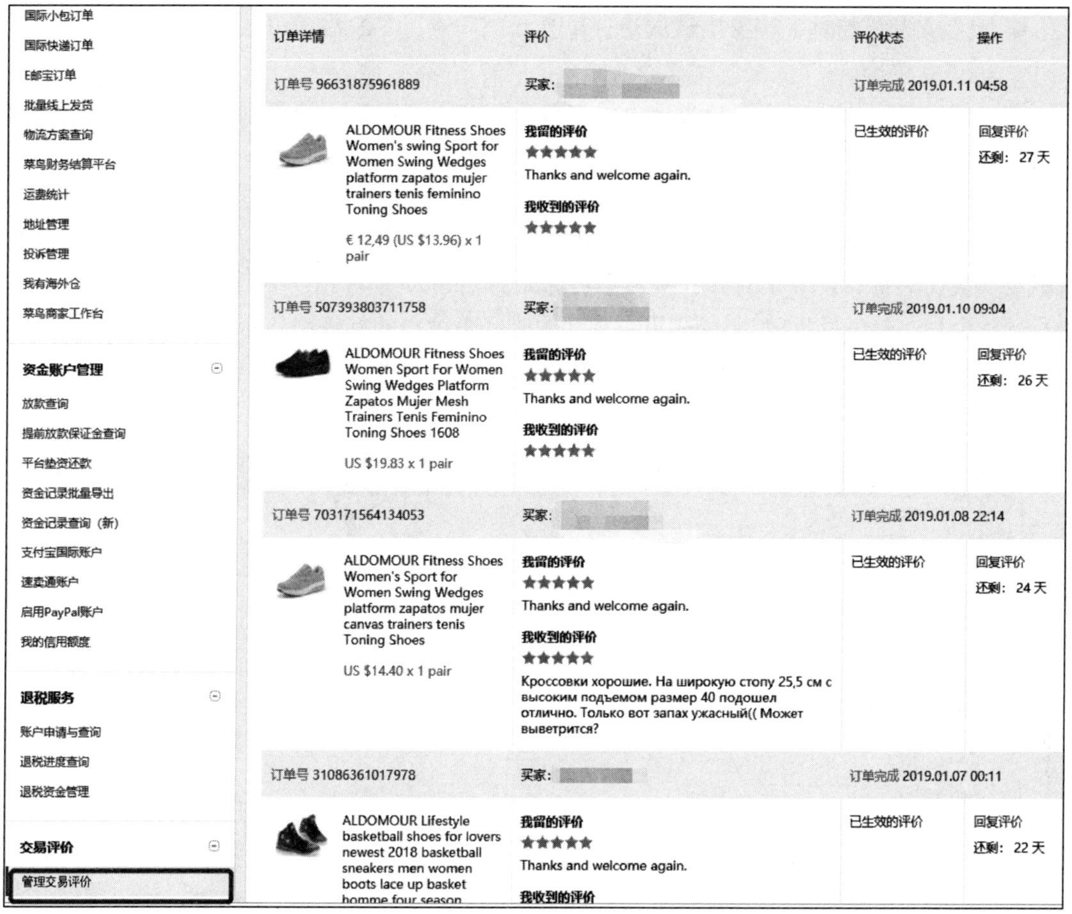

图 3-38　"管理交易评价"页面

图 3-39　交易评价等级在产品页面的展示效果

在订单交易完成后的 30 天内，买卖双方需要做出交易评价，超过 30 天则无法进行评价。除了以下情况不能评价以外，其他只要支付成功的订单都可以评价。

● 买家选择电汇（TT）付款，但最终未获得卖家确认的订单无法进行评价。

● 资金审核时期，系统自动关闭或人工关闭的订单无法进行评价。

● 因卖家发货超时、买家申请取消订单且卖家同意、买家申请退款并结案等退款订单不
能进行评价。

需要补充说明的是，"等待我评价的订单"列表中显示的评价的剩余天数，是指卖家在
这个时间段内可以进行评价。

（2）评价档案。单击"评价管理"页面右上角的"查看我的评价信息"按钮，如图 3-40
所示，可以打开"Seller Feedback"（评价档案）页面，如图 3-41 所示。评价档案包括近期评
价概要（会员名称、近 6 个月好评率和会员起始日期等）、卖家服务评级、评价历史（过去 1
个月、3 个月、6 个月、12 个月及历史累计的时间跨度内的好评率、中评率、差评率、评价
数量、平均星级等指标）和评价记录（会员得到的所有评价信息、给出的所有评价信息及在
指定时间段内的评价信息）。

图 3-40 "评价管理"页面

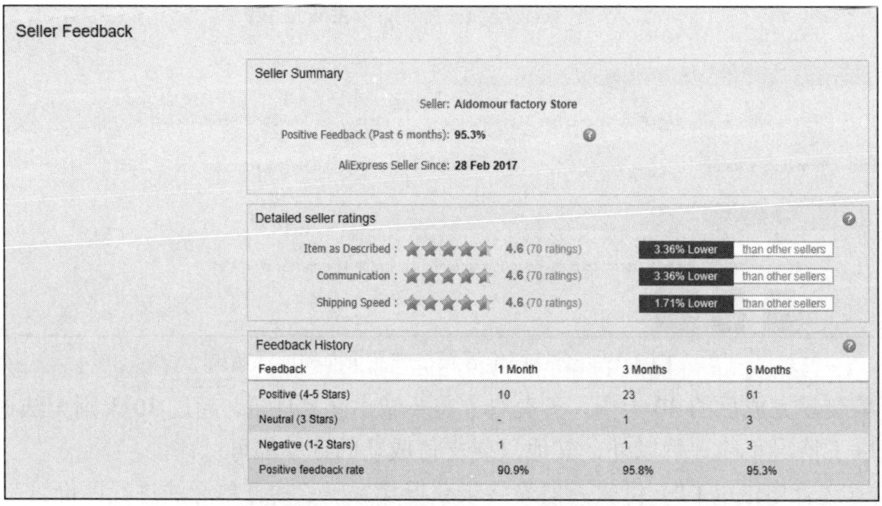

图 3-41 "Seller Feedback"（评价档案）页面

提示：主要评价系数计算公式如下（评价周期以 6 个月为例）。

好评率=6 个月内好评数量/（6 个月内好评数量+6 个月内差评数量）

差评率=6 个月内差评数量/（6 个月内好评数量+6 个月内差评数量）

平均星级=所有评价的星级总分/评价数量

各单项平均评分＝买家对该分项评分总和/评价次数

3.1.3　客户沟通工具

一般来说，客户沟通是通过站内信、订单留言、旺旺、SNS 软件及第三方软件等工具与客户进行沟通的。如果说售前服务能使产品成交量增加、提高产品的转化率，那么售后服务则有利于建立良好的品牌形象。

1．站内信

买家一般习惯通过站内信和订单留言和卖家进行沟通。卖家最好能够准备非常完善的站内信回复模板，以便快速面对买家咨询产品的各种问题，包括物流、价格、尺码等。回复站内信需要注意以下几点：

（1）回复站内信要及时，一般情况下 8 小时之内需要完成回复；

（2）回复站内信，结束的一方最好是卖方，这样有助于提高回复率（回复率为速卖通平台对卖家考核的指标之一）；

（3）语言措辞要尽量礼貌，回答客户问题的同时，可以善意地引导客户下单；

（4）尽量让买家了解产品的变动信息；

（5）卖家无线端的使用可以提升回复的工作效率，特别是非工作时间不在计算机旁边的时候。

站内信回复示例如图 3-42 所示，图中所示内容为买家刚下单时，客服通过站内信对买家的回复。

图 3-42　站内信回复示例

2．订单留言

订单留言也是买家使用频率较高的沟通方式之一。当然，订单留言同样需要准备完善的回复模板来及时、准确地和买家进行沟通。由于每一个订单都有其特殊性，因此，进行订单留言时要"见招拆招"，不能死板教条，礼貌的同时灵活多变，让买家满意才是订单留言的最终目的。

买卖双方使用订单留言的方式进行沟通，一方面，可以使沟通更直接、简单和高效，沟通的内容一目了然，而其他的沟通方式有可能错失重要信息；另一方面，订单留言的沟通方式可以保存完整的信息，当发生订单纠纷时，它是明确责任的重要参考证据。

3．旺旺

国外买家很少通过旺旺与卖家进行沟通，主要原因有以下三点。

（1）对旺旺不熟悉。国外买家对旺旺这个及时聊天工具比较陌生，既不知道旺旺的作用，也不知道如何使用旺旺。

（2）网页版旺旺运行不稳定，而且信息不能保留。目前买家点击旺旺联系卖家时，弹出的是网页版旺旺。网页版旺旺运行不是很稳定，再加上国际网络的不稳定性、买卖双方的聊天信息无法保存等，这些都是导致国外买家不愿意使用旺旺来与卖家进行沟通的原因。

（3）旺旺需要下载。对需要下载的内容，买家一般不会轻易下载使用，究其原因是担心各种网络安全的问题，这也是旺旺下载率很低的一个重要原因。

4．SNS 软件

SNS，全称 Social Networking Services，即社交网络服务。国外买家习惯使用 SNS 软件与卖家进行沟通。部分卖家还会通过海外社交网站找到买家，与买家沟通订单事宜或进行营销推广工作。常见的 SNS 软件有 Facebook、VK、Twitter、Interest 等。

5．第三方软件

当站内信或订单留言不能及时联系买家的时候，需要借助第三方软件来完成。常用的第三方软件有 Skype、WhatsApp 和 Messenger 等，如图 3-43 所示。当发生订单纠纷时，第三方软件的聊天记录仅供参考，不会作为平台判定责任的合法依据。

图 3-43　常用的第三方软件

3.1.4　账户管理——设置多个子账号

对于大型速卖通店铺的卖家而言，如果仅仅只有一个主账号，就根本应付不了庞大的客户咨询量。对于大部分客户而言，如果咨询的问题长时间得不到回复，就很可能会离开，从而导致订单的流失，长此以往，会给店铺带来严重的负面影响。因此，设置多个子账号就显得非常有必要了。速卖通主账号和子账号之间区别有以下几点。

（1）子账号协助主账号管理产品和交易，子账号和主账号关联的店铺只有一个，子账号是没有独立店铺的。

（2）速卖通店铺只能通过主账号开通，开通以后的店铺可以设置子账号。

（3）子账号可以分配给不同岗位（特别是客服岗位）的员工进行管理，可以根据岗位设置子账号的不同权限。

（4）就账号具备的功能而言，主账号与子账号是有区别的。一般而言，信息发布和交易管理的功能，主账号和子账号的功能是一样的。

（5）供应商只有通过主账号才能申请速卖通平台的交易资格，子账号是不具备申请资格的。子账号可以上传产品、管理产品订单，不具备收款账户的功能和相关的权限设置功能。

当一个店铺需要多人管理时，可为其他管理人员设置子账号和操作权限。一个店铺最多可以设置 50 个子账号，职位分为制作员、业务员和业务经理。制作员、业务员和业务经理的管理权限如图 3-44 所示。

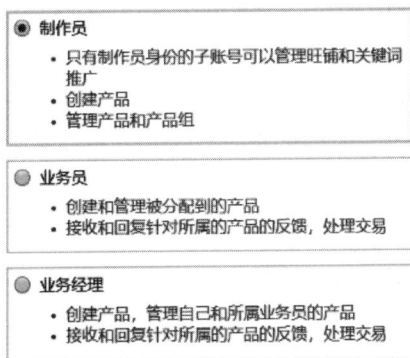

图 3-44　制作员、业务员和业务经理的管理权限

子账号有自己独立的账号 ID 和密码，既可以用来登录速卖通平台和管理自己权限的产品及订单，也可以使用子账号登录旺旺。创建子账号的步骤如下。

步骤 1：登录速卖通后台，执行"账号及认证"→"账号设置"→"管理子账号"→"添加子账号"命令，如图 3-45 所示，打开"子账号设置"页面。

图 3-45　"管理子账号"页面

步骤 2：在打开的"子账号设置"页面中，根据要求填写子账号的相关信息（带"*"标志为必填信息），如图 3-46 所示。

步骤 3：信息填写完成后，单击"添加"按钮，子账号添加成功。单击"管理子账号"按钮，可以看到系统自动生成的子账号的代码。

提示：只有管理员账号才有添加子账号的权限。

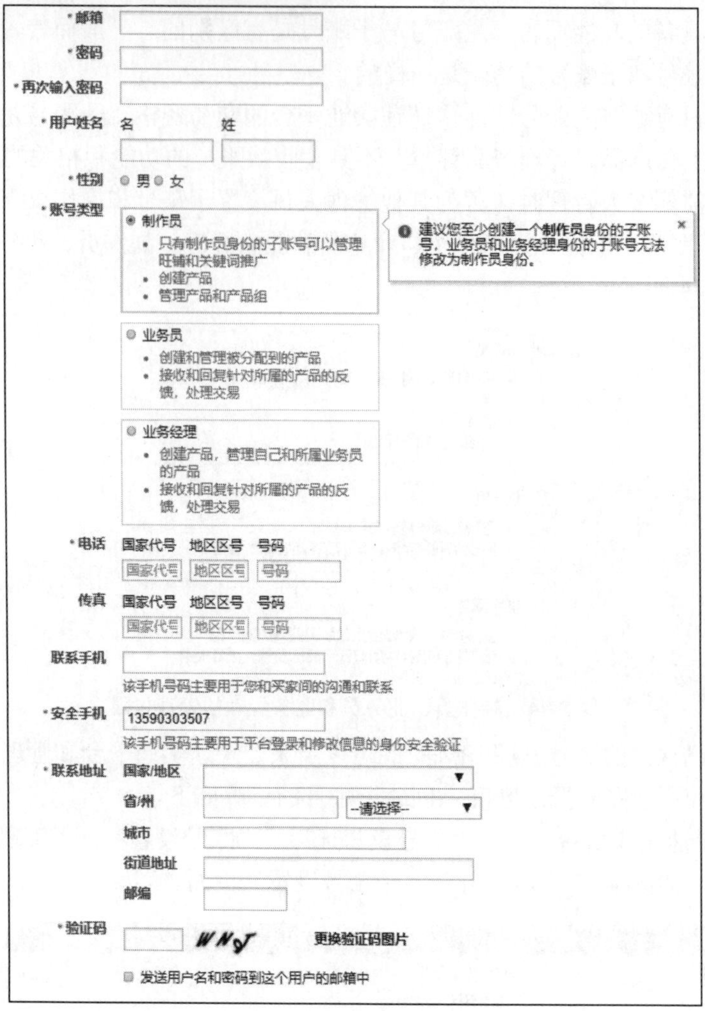

图 3-46 "子账号设置"页面

任务实训

【实训 1】 产品信息设置与发布。

（1）拿到一个新产品时，怎样才能使其成为精品？需要提前了解产品的哪些信息？

（2）产品发布完成后，如何完善及优化其信息？可以从哪些方面着手？

【实训 2】 交易管理。

（1）如何对未发货的产品进行发货操作？

（2）如果因为第三方物流的原因，导致客户收货时间超出后台的收货时间，这种情况该如何妥善处理？

【实训 3】与客户进行沟通时，一般是通过哪些工具来进行的？如果买卖双方发生交易纠纷，哪些客服沟通工具的记录可以作为判定的参考证据？

【实训 4】速卖通主账号和子账号之间区别有哪些？如何设置子账号？

任务导入

如何使客户对交易过程感到愉悦？如何给客户留下一个好的印象，让每一个买过商品的人都有可能再次下单？如果遇到了不可抗拒的因素（非卖家原因），该如何去最大限度地避免交易纠纷？本任务试图解决交易过程中碰到的客户管理问题。

任务导图

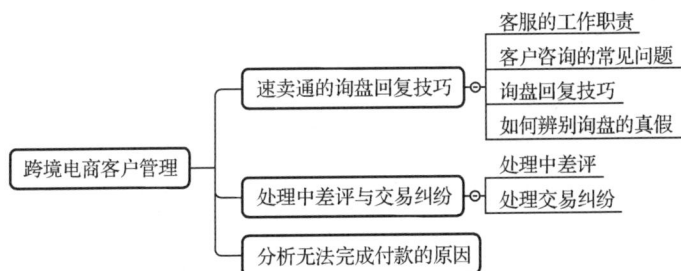

学习目标

知识 目标	了解客服的工作职责
	熟悉客户咨询的常见问题
	能够判断询盘的真假
能力 目标	掌握询盘回复技巧
	掌握处理中差评与交易纠纷的技巧
	能够分析无法完成付款的原因并能协助买家完成付款

任务实施

3.2.1　速卖通的询盘回复技巧

1．客服的工作职责

客服解决售前问题能够促进销售，解决售后问题能够降低纠纷率。因此，客服在沟通环节中发挥着重要的作用。

简单来说，速卖通店铺客服的工作职责包括以下几点。

（1）负责速卖通店铺的订单处理工作，包括发货、物流跟踪、库存及销售统计等；

（2）负责速卖通订单留言及站内信的回复工作，并处理客户的投诉；

（3）协助销售人员处理店铺的其他相关工作。

2．客户咨询的常见问题

速卖通平台的特点决定了客服在服务过程中需要具备很强的能力。例如，平台面对的对象是不同国家的客户，不同国家使用的语言不一样，消费习惯、支付方式也不一样。因此，客服不仅要具备解决基本问题的能力，还要通过不断学习来提升自己的客服技巧。客服与客户沟通的过程中需要注意以下问题。

（1）及时回复客户的问题。经常检查邮箱、站内信、客户留言及其他沟通工具是否有客户的询盘消息，在客户询盘的 24 小时之内回复效果最好。

（2）回复内容要有较强的专业性和完整性，具备"3C 原则"，即清楚、简洁、礼貌。

（3）回复格式要规范，不要忽略了问候语、结束语等小细节。

客服与客户沟通的过程中出现的常见问题有以下两点。

（1）无法完成下单。客户打开购买产品的页面，无法点击"Acquista ora"和"Aggiungi al carrello"按钮。部分客户是在无线端选购产品的，有些提示信息可能看不见。作为客服，这个时候应该想到是否因为没有选择产品规格才导致无法完成下单的。例如，图 3-47 所示的用户购物页面中，如果没有选择鞋子的尺码，就无法完成下单。这时，可以向客户提示"Please choose the size you want, Sir"。

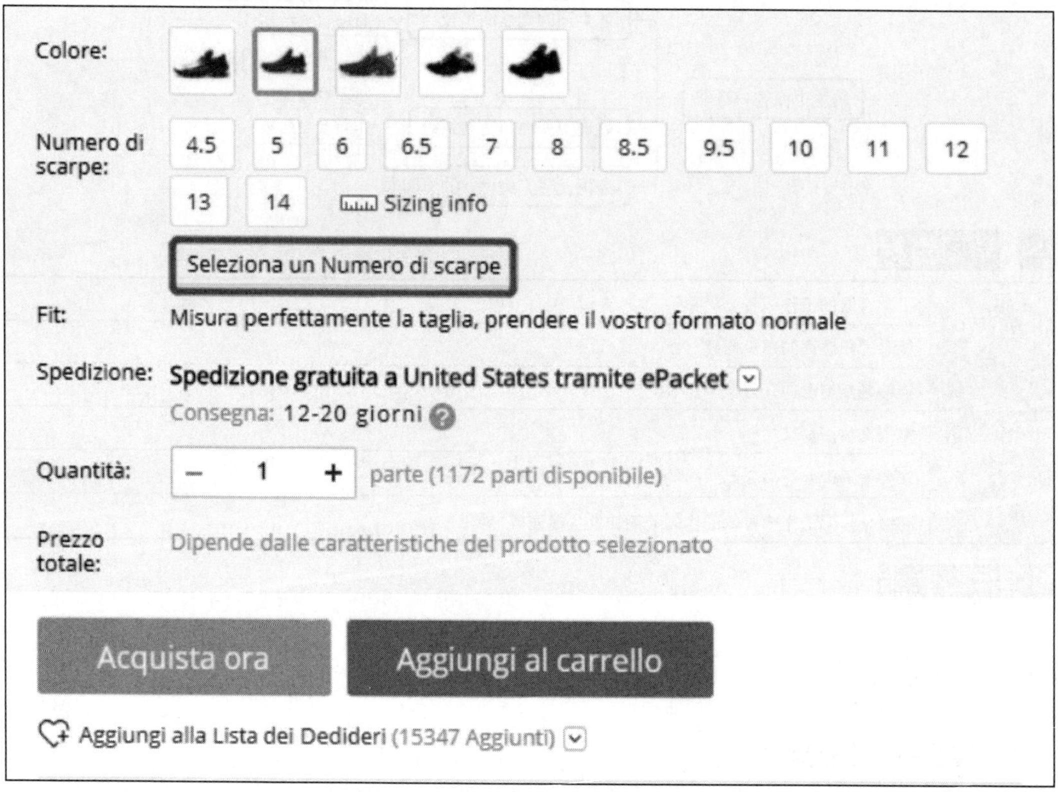

图 3-47　用户购物页面

（2）客户选错尺码或颜色。交易过程中有时会碰到客户选错了尺码、颜色等情况，这时可以让客户在"订单留言"页面留言，注明特殊要求。例如，客户碰到产品颜色问题时，一般会问："I want light color, but there is no option there, what should I do?"

碰到这种情况，可以提醒客户："Message box to seller."即在选择产品之后的页面里注明特殊需求。客户在"Message box to seller"留言后，卖家会看到"订单留言"页面里的信息。"订单留言"页面如图 3-48 所示。

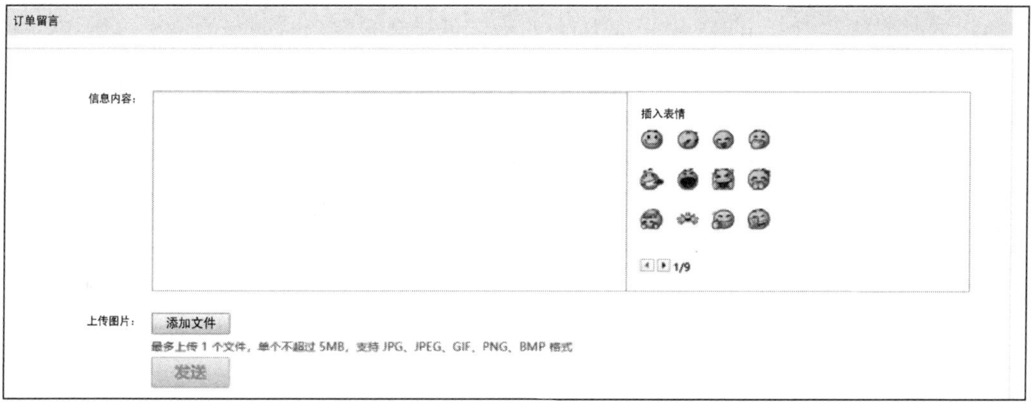

图 3-48　"订单留言"页面

3．询盘回复技巧

店铺虽然来了很多询盘的客户，但却不知道怎样才能将他们变成真正的客户。是英语水平不够好，还是不了解客户的心理，或者是不知道询盘的回复技巧？下面这些询盘回复技巧能实实在在地帮助卖家提升业务能力，不过只有在客户发送询盘信息的 24 小时内回复，才有较大的概率把询盘信息变成实实在在的订单。

（1）询问产品信息。当新客户光临店铺时，客服要亲切、自然地流露出对他的热情，提升他的购物体验，例如：

Hello, my dear friend. Thank you for your visiting to my store, you can find the products you need from my store . If there are not what you need, you can tell us, and we can help you to find the source. Please feel free to buy anything! Thanks again.

（2）询问产品是否有更多的颜色、款式、图片。如果有可以直接回复"There are pictures of other styles. Could you tell me which one you like best？"，即直接给客户提供产品图片，然后询问他喜欢哪一款产品。

如果没有客户需要的，可以建议他看看店铺里的其他产品，或者基于客户的具体咨询，推荐最适合他需要的产品。例如：

Dear friend, sorry that we have not other color/style/picture for it. Please do feel free to check other products in our store. We'd like to offer you our latest discount. Looking forward to your further contact.

（3）询问产品是否有货。

如果有可以回复"We still have it in stock"，然后询问客户的需求数量。例如：

Dear friend, thanks for your inquiry. Yes, we have a large stock of this item. Can you tell me how much you want?

如果没有，可以告诉客户补货时间，或者推荐类似的产品给他。推荐的产品最好附有链接地址。例如：

Sorry, the item you mentioned is just out of stock and it will be available in two week. Could you please check whether the following similar ones are also suitable for you?

X X X X X X X X X 　（产品链接地址）

Looking forward to your prompt reply.

（4）询问物流问题。回复客户咨询的物流问题主要是告诉他货物一般需要多长时间到达目的地，同时提醒客户若出现一些不可抗力的因素可能会导致延迟到货的情况。例如：

Dear friend, thanks for your inquiry. Generally, we would arrange your product within 2-3 business days upon receipt of your payment. Normally international shipping would be slower be slower than domestic. It usually takes 7-21 business days by china post and 3-15 business days by EMS/Fedex to your country. And sometimes if some uncontrollable situations occur, such as bad weather, holiday, etc, it would be slower than that. Thank you for understanding. Welcome your order. Thank you.

（5）询问如何修改地址。有的客户在购买产品时填错地址或临时想要修改地址，可以这样回复：

Dear friend, thank you for your order.

Contact Name：

Address：

Zip code：

Mobile：

Tel no：

If all details are correct, please kindly let us know. Your packet will be sent out after your confirmation. Waiting for your reply.

Best Regards!

（Your name）

（6）未收到货的原因。由于运输过程存在许多不确定的因素，不排除丢包或产品受损等意外情况的发生，致使客户未收到货。可以回复如下：

Dear friend, thank you for your order. I am happy to contact you.

We would like to confirm that we sent the package on 16 Jan, 2019. However, we were informed package did not arrive due to shipping problems with the delivery company. We have re-sent your order by EMS, the new tracking number is: XXX. It usually takes 7 days to arrive to your destination. We are very sorry for the inconvenience. Thank you for your patience.

If you have any further questions, please feel free to contact me.

（7）询问退、换货等问题。客户收到货后不满意，想要申请退、换货，可以这样回复：

Dear friend, I'm sorry for the inconvenience. If you are not satisfied with the products, you can return the goods back to us.

When we receive the goods, we will give you a replacement or give you a full refund. We hope to do business with you for a long time.

We will give you a big discount in your next order.

Best regards.

（8）如何让客户尽快对订单做出评价。产品订单交易完成了，客户也收到了产品，但没有对订单进行评价，这时候可以主动发邮件咨询客户收到的货物是否符合他的需要，也可以主动催促客户对订单做出评价。例如：

Dear friend, we are glad you have received the goods.

Being a seller on Aliexpress, feedback from customers is of vital importance to us. 5-star appraisal and positive feedback will help us improve our products and services.

If you have any other concern or are not so satisfied in any regard, please have no hesitation to contact us firstly. We will try our best to solve your problem.

Many thanks for your time on this.

（9）收到客户的评价后，如果发送一份感谢信，就能大大加深客户对店铺的印象。例如：

Dear friend, thanks for your positive appraisal.

We will strive for providing better services and products for you in the future. Welcome your next coming.

4．如何辨别询盘的真假

当店铺收到客户的询盘信息时，一般都会认为这是要成交的前奏。但有时候询盘信息可能是假信息，甚至有可能是诈骗信息。如何辨别询盘信息的真假？一般而言，如果有下列情况，就必须仔细辨别后再进行相应的操作。

（1）客户在未详细了解店铺产品的情况下，确定要下巨大金额的订单。

（2）客户的要求或邮件内容明显超出常规，例如，行业内按"个"卖的产品，客户却询问多少钱一斤；对产品的描述漏洞百出，可以用电子邮件发送的产品，客人一定要用快递；一开始就希望你提供各种样品等。

（3）客户要求卖方去他们公司面谈，有时还特别强调情况如何紧急，签单在即，延误了一分钟就有上百万元订单损失的可能。

（4）对于一些自称为大公司的客户，在搜索引擎上却难以搜索到公司的信息，或者即使搜索到了，也都是一些负面信息。

（5）交流格式过于规范，以显示其是一个正规的公司。实际交易中咨询的问题，大部分人都不会像书籍中所描述的那样正规，或多或少有些随意。

3.2.2 处理中差评与交易纠纷

"鲜花和荆棘总是相伴相生的"，好评与中差评也一样，常常结伴而行。管理交易评价，在追求大量好评的同时，也要掌握处理中差评与交易纠纷的技巧。一般而言，顾客给产品中差评的原因有以下几点。

（1）顾客对产品的期望值过高，产品没有达到他们的期望值；

（2）物流速度是造成顾客对产品进行中差评的元凶；

（3）沟通不够，致使顾客对产品的不满演变成纠纷或中差评；

（4）产品质量不过关，包装破损。

如果学会了处理中差评与交易纠纷的技巧，这些问题也就迎刃而解。

1．处理中差评

1）处理中差评技巧

（1）产品没有达到顾客的期望值，图片与实物的差异引起的中差评。有时候为了让产品看起来更能吸引眼球，卖家会在图片处理上或多或少地添加一些产品本身没有的效果，这样给顾客一个美好的心理预期。但也不能一味地美化产品图片，如果产品有瑕疵或不足，要在照片中展示出来。产品描述要清晰、简洁、详尽。如果顾客认为图片与产品不符，可以先通过站内信或邮件与他进行沟通，解释产生差异的原因并请求修改评价。一部分顾客会直接将中差评改为好评，也有一部分顾客会没有任何回应。对于没有任何回应的顾客，一周之后再给他发邮件说明详细情况，如果还是没回应就通过站内信留言，说明中差评给店铺造成的负面影响，用诚心感动他们。

（2）物流问题引起的中差评。速卖通物流一般是由第三方物流公司承担的，其运输过程卖家是不可控制的，再加上其他诸多客观因素，经常会有产品不能按时到货的情况。但是顾客着急了，还是习惯找卖家，这就像在淘宝网购买产品一样，快递的问题最终还会转移到卖家身上。对于顾客对物流不满的问题，虽然卖家也清楚自己无能为力，但是，以下两点可以减少物流问题引起的中差评。

① 在产品发布的时候，以表格的形式注明各个国家的不同运输方式及大致到达的时间，让顾客对物流需要的时间有清楚的认识；

② 发货后要及时告知顾客跟踪物流信息的方法以及预计到达的时间。

做到了以上两点，当物流偶尔有短期延迟的时候，顾客也会表示理解。

（3）沟通问题引起的中差评。交易过程中，若未能及时与顾客进行沟通，也有可能产生中差评的情况。及时沟通包括主动沟通和被动沟通。主动沟通，即发货后的第一时间提醒顾客已经发货；被动沟通，即对顾客在站内信或订单留言的回复要及时。另外，还可以在每个周末抽出几个小时的时间去跟进发出货物的物流情况，如果有异常状况及时告知顾客，这样也能避免中差评的产生。

（4）产品质量问题引起的中差评。产品质量问题，既有可能是顾客认为质量差引起的，也可能是物流运输过程中损坏引起的。对于后者，建议卖家多买些包装辅助材料，如塑料袋、泡泡袋、泡泡膜、质量较好的封箱胶、硬度较好的纸箱等。这些包装辅助材料会保护产品完好无损，值得投入。对于易碎产品，一般会提供备用品随货附送。但有时候碎的比备用的更多，怎么办？对于这种问题，首先，要承认是卖家的过失，希望顾客能够理解；其次，征求顾客意见，让顾客提出解决办法，尽量满足其合理的要求；最后，根据顾客的要求随机应变，例如，给客户一个真诚的道歉，对给他带来的不便深表歉意，同时表示会加强质量管控，会重新审视与供应商的合作等。这样做的主要目的是让顾客感受卖家积极主动地寻求解决方案的态度。态度非常关键，用情去感动顾客，并说明中差评对自己店铺会有比较坏的影响，希望顾客能够体谅。

综上所述，真诚的道歉+主动提出的解决方案+积极解决问题的态度=让顾客更改中差评的保障。让顾客修改中差评的示例如下：

Thank you for your comments when you received the parcel, Thank you for your shopping. Please kind note, from the checking we see you give us a 3 stars feedback. Please kind note we are a new seller, the 3 stars feedback is not good for our sales, we are sincerely you hope we can get your kind understanding and change the 3 stars to the 5 start feedback. We will give you the VIP discount 20% off for your next shopping. Thank you.

If you have any question, welcome here, we are always at your service , we will reply you within 10 hours.

My best Regards Sincerely yours.

XXX

Please go to the "Transations" – "manage Feedback" help us revise the feedback. Thank you.

2）如何修改评价

通常情况下，前期工作做好了，很多买家也同意帮忙修改中差评。那么，如何修改评价呢？

（1）买家评价生效后的 30 天内，可以在后台修改一次对卖家的评价，只能将中差评修改为好评，具体修改方法如下：

● 登录速卖通，选择"管理交易评价"选项；

● 在"生效的评价"中选择需要修改的商品评价；

● 单击"修改评价"按钮，打开修改页面；

● 选择修改的原因并修改评分，单击"提交"按钮，修改完成。

（2）卖家评价生效后 30 天内，可在"生效的评价"页面，修改对买家的评价。同样，卖家也只能修改一次评价，也只能将中差评修改为好评。修改方法与买家修改方法类似。

2．处理交易纠纷

"纠纷"这个词，大家一听到可能就觉得头痛。由于交易纠纷直接影响店铺的综合服务指标，如果服务分值低，会造成产品的搜索排名靠后、曝光量下降、订单量减少等，从而形成恶性循环。因此，处理交易纠纷非常重要。速卖通平台交易纠纷主要包括物流纠纷、质量纠纷和恶意纠纷三种。

1）衡量卖家处理纠纷能力的指标

速卖通平台看重卖家在交易中主动避免纠纷发生的能力，并鼓励卖家积极主动与买家协商解决纠纷。为此，之前速卖通推出纠纷率、裁决提起率、卖家责任裁决率三个指标来衡量卖家处理纠纷的能力。但是，经过一段时间的分析与研究，发现很多服务能力相对较强的卖家可以自行解决纠纷、解决客户的问题，却依然受到了纠纷率的影响。因此，速卖通平台于 2014 年取消了卖家纠纷率的统计，这意味着纠纷率将不再影响卖家的考核与评级。

（1）裁决提起率。裁决提起率是指一定周期（30 天）内，提交至平台进行纠纷裁决的订单数量与发货订单数量之比。计算公式如下：

裁决提起率=提交至平台进行纠纷裁决的订单数量÷（买家确认收货的订单数量+确认收货超时的订单数量+买家提起退款并解决的订单数量+提交到速卖通进行裁决的订单数量）

（2）卖家责任裁决率。卖家责任裁决率指一定周期（30 天）内，提交至平台进行纠纷裁决且最终被判为卖家责任的订单数量与发货订单数量之比。计算公式如下：

卖家责任裁决率=提交至平台进行纠纷裁决且最终被判为卖家责任的订单数量÷（买家确认收货的订单数量+确认收货超时的订单数量+买家提起退款并解决的订单数量+提交到速卖通进行裁决并裁决结束的订单数量）

2）常见交易纠纷及处理办法

（1）买家未收到货。买家未收到货的原因主要有以下两点。

① 运单号无效。造成运单号无效的原因可能是产品未通过安检或单号填写错误。

② 发错地址。发错地址的原因可能是收货地址信息不正确。由于买家的原因导致信息不正确的情况有：

● 地址信息不全。如只有城市名称，没有具体的门牌号。针对这种情况，卖家要积极联系买家，确认填写的地址是否能收到货，如果联系不上买家，就可以拒绝发货。这种情况导致成交不卖的订单，可以通过平台客服进行申述。

● 买家地址填写错误。针对这种情况，需要及时联系买家，并且保留发货凭证，在确认货物无法妥投会被退回的情况下，应尽快重新发货。

● 俄罗斯买家要写全名，姓名一般为三个单词。如果收货人姓名不全，同样需要联系买家核实。

③ 卖家私自变更物流方式。由于卖家运费设置错误或备货期耽误了发货时间，卖家私自变更了物流方式，很有可能导致丢包、延迟交货的情况。因此，建议卖家在买家同意的情况下再变更物流方式。同时，保留买家同意变更方式的记录，以便后期产生纠纷时作为证据。

（2）运输途中产生的纠纷。如果在运输途中发生意外，需要卖家重新发货。卖家需要提供证据证明买家同意重新发货并且愿意等待，系统平台会重新计算送达时间。运输途中若发生意外应积极主动与买家协商解决，并争取获得买家的谅解。

（3）海关扣留。由于交易的货物未达到海关的要求，货物会被进口国海关扣留，导致买家未收到货物。货物未达到海关的要求被扣留的原因包括但不限于以下几点。

① 进口国限制进口的货物。

② 被海关查扣的侵权产品或申报价值与实际价值不符的产品。

③ 不能以买家个人名义进口的产品。

④ 关税过高，买家不愿意清关的产品。

⑤ 订单货物属于假货、仿货或违禁品，直接被进口国海关销毁。

⑥ 货物申报价值与实际价值不符，导致买家须在进口国支付处罚金的商品。

⑦ 卖家无法出具进口国需要的卖家应提供的相关文件。

⑧ 买家无法出具进口国需要的买家应提供的相关文件。

速卖通平台在接到海关纠纷裁决之日起的两个工作日内，会提醒买家或卖家在 7 天之内提供相关证据，据此确认责任并进行裁决。卖家在货物发出之后应及时关注物流情况，出现异常时与买家和物流公司保持联系，及时了解扣留的原因，并尽可能提供相关信息及证据。

（4）实际货物与订单约定的货物不符（货不对板）。货不对板主要表现为与产品描述不符、产品存在质量问题、货物存在破损情况、货物数量缺少、销售的是假货等。

若买家发现货不对板并通过举证已经立案，卖家 5 天内必须做出响应。在此期间，卖家应该积极与买家协商。在货不对板的情况下，卖家一般都可以与买家约定好退款金额，从而减少双方的损失。在双方协商一致的情况下，平台会关闭案件；若协商不一致，则平台会核实所有的举证信息，进行下一步裁决。

如果是产品存在质量问题，可以与买家协商是选择退货退款，还是保留货物退还部分货款。只要买家接受解决方案，就可以协商解决因产品质量引起的纠纷。

（5）恶意纠纷。卖家经过核查产品及订单信息后，确认不存在买家所说的问题时，就很有可能是买家故意造成的恶意纠纷。针对这种情况，卖家要做的工作就是上传证据，正大光明地拒绝纠纷，等待平台裁判。针对恶意纠纷问题，建议分三步走：拒绝纠纷，上传证据；举报该恶意买家；"拉黑"。如果核查确实是由于卖家的原因造成的，再次沟通时语气一定要平和，并积极响应买家提出的补偿条件。

3.2.3　分析无法完成付款的原因

速卖通店铺运营过程中，针对买家提出的付款问题，卖家一定要做好引导工作。有些买家选好产品并生成订单后，不知道如何完成付款，导致产品被拍下而未付款的订单产生。针对这种情况，卖家设计宝贝详情页的时候，可以在页面底部设计好支付模板，引导买家通过 PayPal（国际贸易支付工具）完成支付。速卖通平台上可以采用多种付款方式，买家一般都可以顺利完成付款。

由于不同的国家都有自己的在线支付方式（如同中国的支付宝），有时会碰到平台的支付方式无法满足店铺买家的付款需求。碰到这种问题可以通过 PAYSSION 网站提供的收款方案来解决。PAYSSION 网站首页如图 3-49 所示。

图 3-49　PAYSSION 网站首页

具体操作方法如下。

（1）打开 PAYSSION 官网，单击右上角"注册"按钮，在打开的注册页面中填写真实姓名、邮箱、手机号码等信息。

（2）设置账户信息。执行"设置"→"账户信息"命令，填写手机号、身份证号码等信息。

（3）执行"应用"→"添加应用"命令，在打开的页面中选中"收款单页"选项，生成单页链接地址。

（4）获得单页链接地址后，复制链接地址并发送至买家的邮箱。

（5）买家单击单页链接后，可以选择国家，再跳转到本国的支付列表页面，这样就可以选择本国的在线支付方式完成付款。

买家不能使用信用卡支付或支付失败，主要由以下原因导致。

（1）买家使用了借记卡、Business card（商务卡）、虚拟卡等支付方式，建议买家使用信用卡进行支付。

（2）账户余额不足。

（3）买家的信用卡未开通 3D 密码授权，建议买家联系发卡银行询问 3D 密码。

（4）买家支付未通过风险审核。让买家登入相关网站核实是否有待申诉的事项，如果有，请提交申诉，申诉通过后再次尝试支付即可。

（5）银行正常拒绝，建议客户联系银行核实原因后重试。

（6）其他原因造成的支付不成功。支付页面上会有相应的提示信息，建议买家根据提示信息进行操作。

速卖通上的支付方式无法满足买家的付款需求怎么办？

任务实训

【实训1】 速卖通的询盘回复技巧。

（1）客户咨询的常见问题有哪些？

（2）如何辨别询盘的真假？

【实训2】 处理中差评与交易纠纷。

（1）如何避免客户纠纷，应注意哪些方面的问题？

（2）如果是第三方物流导致的纠纷问题，该如何妥善处理？

【实训3】 分析无法完成付款的原因。

买家不能使用信用卡支付或支付失败，通常是由什么原因引起的？

项目 4

跨境电商物流与支付

　　跨境电商物流是指把供应商的产品通过海运、空运或陆运到另外一个国家或地区客户手中的运输方式。

　　随着社会的发展和进步，跨境电商的支付方式也在发生变化。跨境支付是跨境电商中非常重要的环节。在速卖通平台，卖家需要设置两种收款账户，即人民币收款账户和美元收款账户。

任务 4.1　跨境电商物流

任务导入

本任务主要介绍国际物流的分类、速卖通发货的几种常用物流方式、直邮和海外仓的优劣势分析等内容。同时学会选择合适的跨境物流，设置物流模板，计算线上物流运费报价的流程和方法。

任务导图

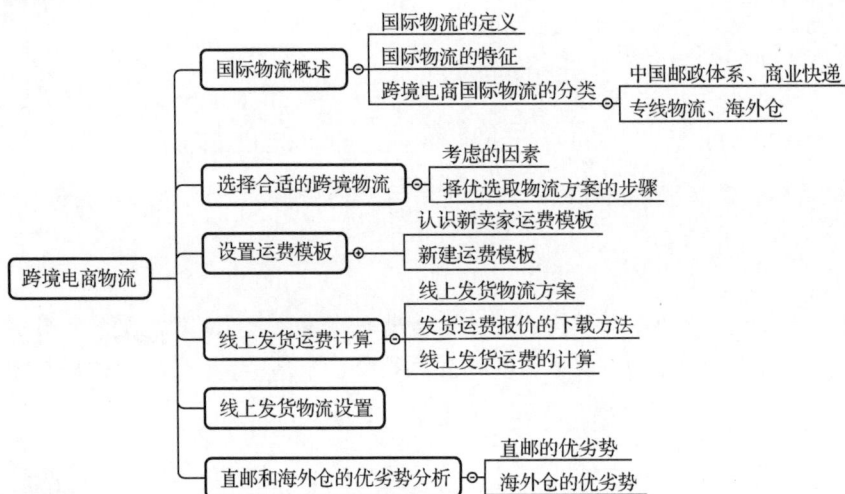

学习目标

知识目标	了解跨境电商国际物流的分类
	了解直邮和海外仓的优劣势
能力目标	掌握选择合适的跨境物流的方法
	掌握物流的模板设置方法
	掌握线上发货运费的计算方法

任务实施

4.1.1　国际物流概述

1. 国际物流的定义

国际物流是指物品从一个国家（地区）的供应地向另一个国家（地区）的接收地的实体流动过程。国际物流的定义有广义和狭义之分。

广义的国际物流研究的范围包括国际贸易物流、非贸易物流、国际物流投资、国际物流合作、国际物流交流等领域。其中，国际贸易物流主要是指组织货物在国际间合理流动的方式；

非贸易物流是指国际展览与展品物流、国际邮政物流等；国际物流合作是指不同国别的企业完成重大的国际经济技术项目的国际物流；国际物流投资是指不同国家物流企业共同投资建设国际物流企业；国际物流交流则主要是指物流科学、技术、教育、培训和管理等方面的国际交流。

狭义的国际物流主要是指当生产和消费分别在两个或两个以上的国家（地区）独立进行时，为了解决生产和消费之间的空间间隔和时间、距离问题，对货物（商品）进行物理性移动的一项国际商品或交流活动，从而达到完成国际商品交易的最终目的。

2．国际物流的特征

国际物流与国内物流相比，在物流环境、物流系统、信息系统及标准化要求这四个方面存在着不同。国际物流的一个非常重要的特征就是物流环境，这里的物流环境主要是指物流的软环境。不同的国家有不同的与物流相适应的法律，使国际物流的复杂性增强；不同国家不同的科技发展水平，使国际物流在不同科技条件的支撑下出现不平衡，甚至会因为有些地区根本无法应用某些技术而导致国际物流全系统运作水平下降。不同国家的不同标准使国际物流系统难以建立一个统一的标准。不同国家的国情特征，必然使国际物流的发展受到很大的限制。

跨境电商国际物流具有如下特征：

（1）大多数按重量（克）来收费；

（2）运费价格普遍较高；

（3）物流时间较长；

（4）风险较大；

（5）必须有国际化信息系统的支持。

3．跨境电商国际物流的分类

跨境电商国际物流可以分为四种类型：中国邮政体系、商业快递、专线物流和海外仓。

1）中国邮政体系

中国邮政体系包括中国邮政航空小包（挂号、平邮）、EMS 国际快递、E 邮宝（ePacket）、其他邮政小包，如图 4-1 所示。

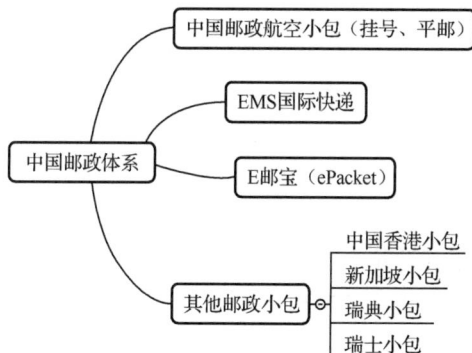

图 4-1 跨境电商国际物流的中国邮政体系

（1）中国邮政航空小包（挂号、平邮）。中国邮政航空小包（China Post Air Mail）又称中国邮政小包、邮政小包、航空小包。它包括挂号和平邮两种方式，可寄达全球各个邮政网点。中国邮政航空小包出关不会产生关税或清关费用，但在目的地国家进口时有可能产生进口关税，具体情况需要根据各个国家海关税法的规定而定（相对其他商业快递来说，航空小包能最大限度地避免关税）。

① 规格要求。中国邮政航空小包要求商品重量在 2 千克以内，外包装长宽高之和小于 90 厘米（最长边小于 60 厘米）。

② 分类。中国邮政航空小包包括挂号小包和平邮小包。挂号小包比平邮小包多 8 元的挂号费，可查询和追踪物流信息。大部分国家可全程跟踪挂号小包的物流信息，部分国家只能查询签收信息。全球物流查询平台网址为 http://17track.net。平邮小包不提供查询和追踪信息的服务。

③ 中国邮政航空小包的赔偿政策。

● 中国邮政对延误邮件、平邮小包不赔偿；

● 由于地址出错或海关扣留不能正常投递的邮件不赔偿；

● 由于寄递不合格商品的邮件不赔偿；

● 由于中国邮政的原因对卖家造成损失时，卖家需要举证。根据《中华人民共和国邮政法》，最多可获得 3 倍邮资的赔偿（挂号费不在赔偿范围内），具体赔偿金额以邮局确认赔偿金额为准。

中国邮政航空
小包资费标准

（2）EMS 国际快递。EMS 国际快递是各国邮政开办的一项特殊邮政业务。该业务在各国邮政、海关、航空等部门均享有优先处理权。它高速度、高质量地为用户传递国际紧急信函、文件资料、金融票据、商品货样等各类文件资料和物品，同时提供多种形式的邮件跟踪和查询服务。EMS 还提供代客包装、代客报关、代办保险等一系列综合延伸服务项目。

① 收费方式：分地区收费，不同的地区折扣不一样，具体标准可以通过邮局查询。

② 商品类型：文件或物品，每 500 克为一个计量单位，分首重和续重。

③ 寄送地区：部分国家不通，如荷兰、智利、巴巴多斯、厄瓜多尔、危地马拉。

④ 关税和附加费：不同国家不同商品，关税的收费标准不一；没有附加费。

⑤ 时效：3～8 天（不包括清关时间）。

⑥ 查询网站：http://www.ems.com.cn。

⑦ 赔偿政策：

● 已申报价值的物品类邮件丢失、损毁，按申报的实际价值赔偿；内件部分丢失、损坏的物品，按实际损失价值赔偿，具体赔偿金额以官方确认的赔偿金额为准；

● 如果部分邮件丢失或破损，只按丢失和破损的程度来赔偿，运费不在赔偿范围内。

（3）E 邮宝（ePacket）。E 邮宝（ePacket）是中国邮政为适应跨境电商轻小件物品寄递市场的需要推出的经济型国际速递业务。单件限重 2 千克，7～10 个工作日可妥投，价格实惠。

E 邮宝资费
及相关规定

① 尺寸规定。

● 单件最大尺寸：长宽高之和不超过 90 厘米，最长边不超过 60 厘米。
圆柱形邮件直径的两倍和长度之和不超过 104 厘米，长度不超过 90 厘米。

● 单件最小尺寸：长度不小于 14 厘米，宽度不小于 11 厘米。圆柱形邮件直径的两倍和长度之和不小于 17 厘米，长度不小于 11 厘米。

② 查询服务。提供收寄、出口封发、进口接收等实时信息的查询服务，不提供签收信息，只提供投递确认信息。客户可以通过 EMS 网站或拨打客服专线、寄达国邮政网站查看邮件的跟踪信息。

③ 赔偿情况。暂不提供邮件的丢失、延误、损毁等赔偿服务。对于无法投递或收件人拒收的邮件，提供集中退回服务。

④ 其他情况。

● 发运系统支持的语言包括简体中文、繁体中文、日语、意大利语、西班牙语、俄语和英语等。

● 发运系统不支持的语言包括韩语、阿拉伯语、葡萄牙语、德语、法语和挪威语等。

● 资费价格涉及小数点后 3 位的，计算结果四舍五入，保留两位小数。

（4）其他邮政小包。其他邮政小包主要包括中国香港小包和新加坡邮政小包。

① 中国香港小包的优劣势。

● 优势：国际网络覆盖全；老牌的国际小包服务商；信誉较好。

● 劣势：收货量大；价格较贵，尤其是挂号小包；只能通过货代收货，头程易出问题；重量受到限制。

② 新加坡邮政小包的优劣势。

● 优势：可寄递电池；安全性高、掉包率低、速度快；大部分国家和地区都可到达。

● 劣势：价格较高；由于新加坡独特的地理位置，发部分国家中转时间过长；目的地国家进口可能会产生关税。

2）商业快递

商业快递是指两个国家（地区）之间的从点到点的快速物流业务，具有送达时效快、配送范围广、点到点服务、清关能力强、服务质量高、专业高效等特点，但相对其他快递方式价格比较高，适用于货值高、客户对物流服务要求高的商品。

速卖通常用的商业快递包括 TNT、UPS、FedEx、DHL、Toll、SF Express 等。TNT、UPS、FedEx、DHL 四种商业快递的优缺点如图 4-2 至图 4-5 所示。

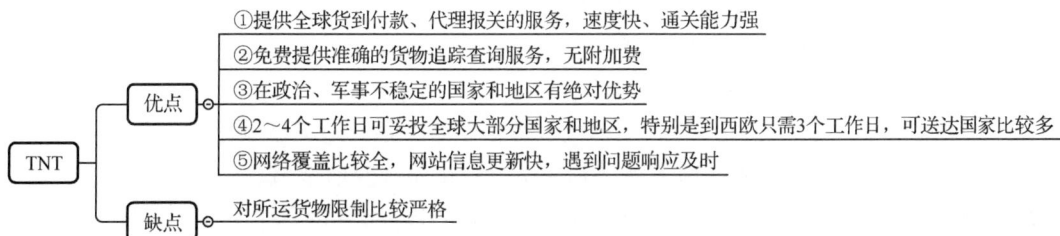

图 4-2　TNT 商业快递的优缺点

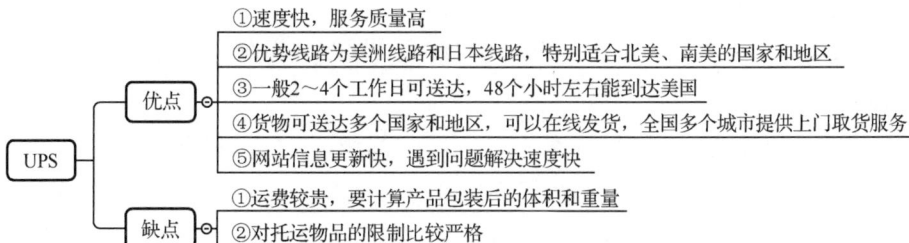

图 4-3　UPS 商业快递的优缺点

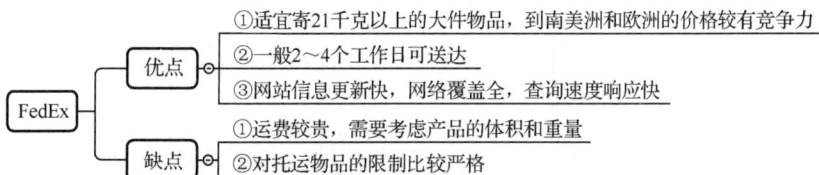

图 4-4　FedEx 商业快递的优缺点

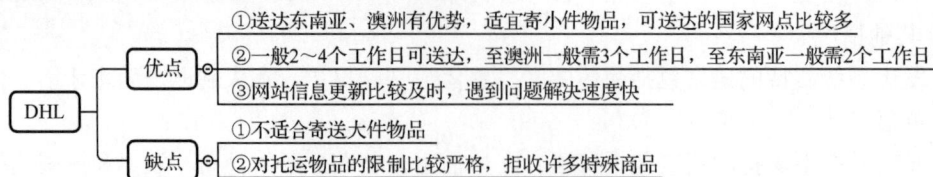

图 4-5　DHL 商业快递的优缺点

3）专线物流

专线物流是物流服务商独立开发的专线专发（从起始地以海陆空等综合方式运送到目的地国家）的物流服务方式，具有向指定国家可发带电产品、时效快、资费性价比高和清关顺利等特点。常用的专线物流有以下两种。

（1）航空专线-燕文（Special Line-YW）。航空专线-燕文专线物流具有如下特点。

① 时效快：正常情况 16～35 天能到达目的地，有多条服务专线，如拉美专线、俄罗斯专线、印尼专线等。

② 交寄便利：深圳、广州、义乌、上海、北京等城市提供免费上门揽收服务，不提供上门揽收服务的城市可以自行发货到指定集货仓。

③ 赔付保障：提供邮件丢失或损毁赔偿服务，可在线发起投诉，投诉成立后最快 5 个工作日完成赔付。

④ 运送范围及价格：航空专线-燕文支持发往拉美地区的 20 个国家、俄罗斯和印尼；运费根据包裹重量按克计费，1 克起重，每单件包裹限重在 2 千克以内。

⑤ 时效承诺：物流商承诺货物 60 天内必达，因物流商的原因（不可抗力及海关验关除外）在承诺时间内未妥投而引起的限时达纠纷赔款，由物流商承担（按订单在速卖通的实际成交价赔偿，具体赔偿金额以物流商核定的金额为准）。

（2）俄速通（Russian Air）。俄速通专线物流有如下特点。

① 经济实惠：俄速通的航空小包以克为单位计费，无首重费，为卖家将运费降至最低。

② 可邮寄范围广泛：俄速通的航空小包专线物流服务是联合俄罗斯邮政局推出的服务产品，境外递送服务由俄罗斯邮政局承接，其递送范围覆盖俄罗斯全境。

③ 运送时效快：俄速通专线物流开通了"哈尔滨—叶卡捷琳堡"中俄航空专线货运包机，大大提高了配送时效，使中俄跨境电子物流平均时间从过去的近两个月缩短至 13 天，80%以上的包裹 25 天内可以到达。

④ 全程可追踪：可通过网络实现物流信息的全程可视化追踪。

4）海外仓

海外仓是指卖家提前将商品运抵海外的仓库进行储存，待客户下单后，商品将直接从海外的仓库进行发货的方式。它大幅缩短了物流时间，保障了交易的时效性。仓库是现代物流中连接买卖双方的关键节点，海外仓是针对广大中国电子商务卖家的需求，为卖家在海外提供仓储、分拣、包装、派送等一站式服务的仓库。

（1）海外仓仓储操作流程。

① 卖家自己将货物运至海外仓储中心，或者委托承运商将货物发至承运商的海外仓库（这段路程可采取海运、空运或快递等方式）。

② 卖家在线远程管理海外仓储（卖家使用物流商提供的物流信息管理系统，远程操作海外仓储的货物，并且保持系统信息实时更新）。

③ 当交易订单形成后，根据卖家指令进行货物操作（根据海外仓储中心自动化操作设备，严格按照卖家指令对货物进行存储、分拣、包装、配送等操作）。

④ 系统信息实时更新（发货完成后系统会及时更新信息，包括显示库存状况等）。

（2）海外仓储费用。海外仓储费用计算公式：

$$海外仓储费=头程运费+仓储及处理费+本地配送费$$

头程运费：货物从中国到海外仓库产生的运费。

仓储及处理费：货物存储在海外仓库产生的仓储费及仓库配送商品前产生的处理费。

本地配送费：本地配送费是指在配送地的国家和地区对商品进行配送时产生的本地快递费。

4.1.2　选择合适的跨境物流

1．考虑的因素

选择合适的跨境物流，需要考虑下列因素。

① 商品类型（普货、敏感货物、抛货）；

② 商品重量（轻货、重货）；

③ 商品价格（是否低于 5 美元）；

④ 物流速度（追求价格便宜还是追求时效性）；

⑤ 发货方式（线上发货还是线下发货）；

⑥ 突发状况（渠道折扣调整、部分地区战乱等）。

2．择优选取物流方案的步骤

步骤 1：登录速卖通后台，执行 "交易"→"物流方案查询"命令，打开"物流方案查询"页面。

步骤 2：在打开的"物流方案查询"页面中，选择收货地、发货地，勾选"全选"复选框，选择货物类型，输入货物价值（折扣前的价格）和包裹信息，如图 4-6 所示。例如，收货地为俄罗斯，货物类型为普通货物，货物价值为 7 美元，包装信息中重 0.6kg、长 10cm、宽 8cm、高 3cm。

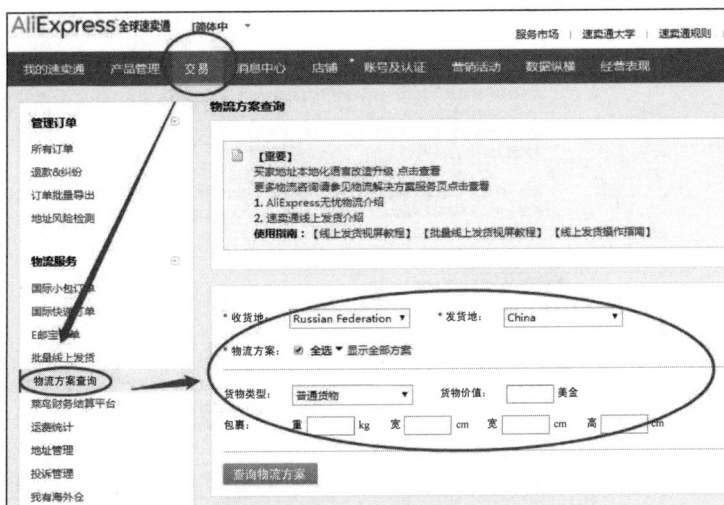

图 4-6　"物流方案查询"页面

步骤 3：单击"查询物流方案"命令，打开"方案查询结果"页面，如图 4-7 所示。从图中可以看出，后台择优推荐的物流方案为"Aliexpress 无忧物流-标准"。卖家可以参照买家的要求，根据"时效""未收到货物纠纷率""DSR 物流""试算运费""更多信息"指标来选择适合你的物流方案。

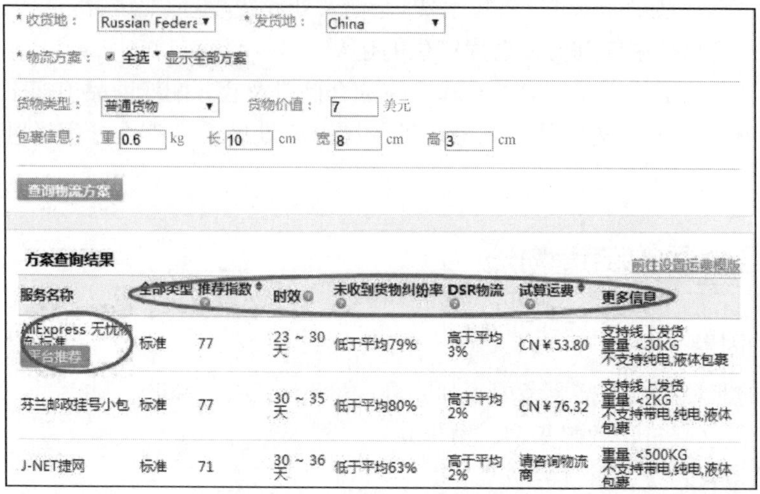

图 4-7 "方案查询结果"页面

4.1.3 设置运费模板

1. 认识新卖家运费模板

卖家在发布产品之前需要先设置好产品的自定义运费模板，如果未进行自定义运费模板的设置，则只能通过新卖家运费模板进行设置。下面来了解一下新卖家运费模板的设置步骤。

步骤 1：登录速卖通后台，执行"产品管理"→"模板管理"→"运费模板"命令，打开"管理运费模板"页面，页面显示"模板名称：Shipping Cost Template for New Sellers"（新卖家运费模板），如图 4-8 所示。

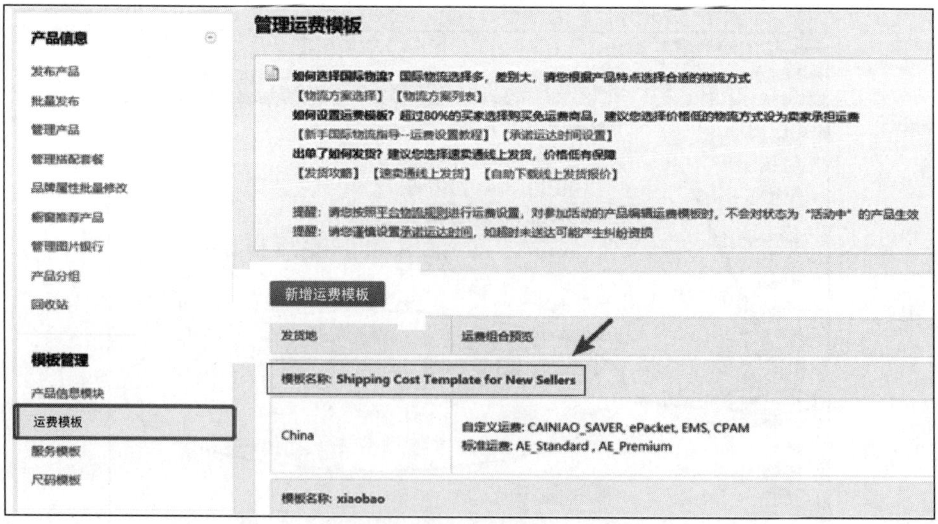

图 4-8 "管理运费模板"页面

步骤 2：单击"模板名称：Shipping Cost Template for New Sellers"按钮，打开"运费组合"页面，如图 4-9 所示，该页面既可以选择"运费组合"方式，还可以选择"运达时间组合"方式。

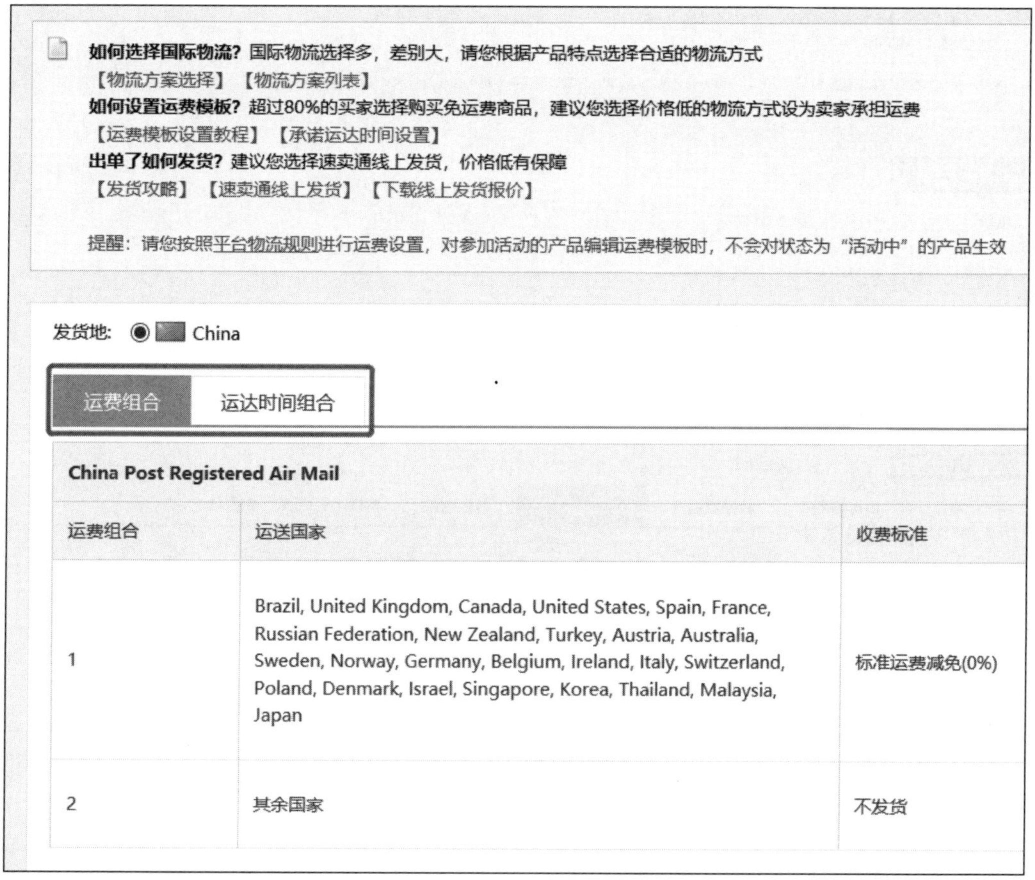

图 4-9　"运费组合"页面

如果选择"运费组合"方式，则平台默认的新卖家运费模板包括"China Post Registered Air Mail""Russian Air""EMS""ePacket"4 种，系统提供的运费标准价格为物流公司公布的价格，对应的标准运费减免率则是根据目前速卖通平台与物流公司协商的优惠参考折扣率。页面显示的"其余国家"不发货包含两层意思：一是部分国家不通邮或邮路不够理想；二是部分国家有更优的物流方式可选，如收件人所属国家在中邮小包不发货的国家之中，卖家可通过 EMS 进行发货。

"运达时间组合"方式中，"承诺运达时间"为平台判断包裹寄达收件人所需的时间。

2. 新建运费模板

对于大部分卖家而言，新手卖家运费模板的功能并不能满足需求，需要进行运费模板的自定义设置。在"管理运费模板"页面中，设置运费模板的入口有两个：一是直接单击"新增运费模板"按钮；二是单击"编辑"按钮，如图 4-10 所示。

在打开的"新增运费模板"中，分别选择发货地区、选择物流方式、设置标准运费减免率、设置承诺运达时间、选择寄达国家/地区即可，如图 4-11 所示。

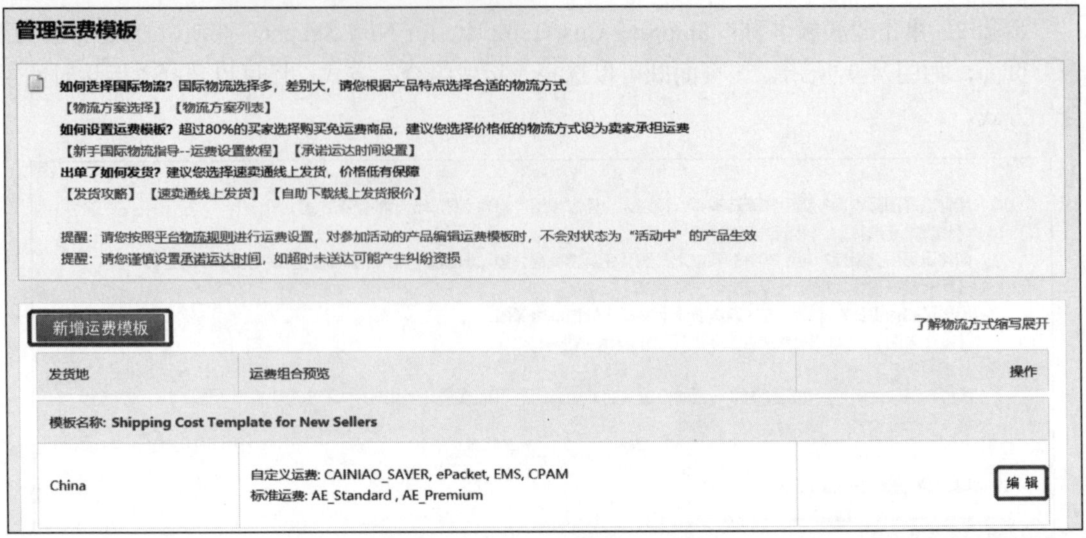

管理运费模板

如何选择国际物流? 国际物流选择多, 差别大, 请您根据产品特点选择合适的物流方式
【物流方案选择】 【物流方案列表】
如何设置运费模板? 超过80%的买家选择购买免运费商品, 建议您将价格低的物流方式设为卖家承担运费
【新手国际物流指导--运费设置教程】 【承诺运达时间设置】
出单了如何发货? 建议您选择速卖通线上发货, 价格低有保障
【发货攻略】 【速卖通线上发货】 【自助下载线上发货报价】

提醒: 请您按照平台物流规则进行运费设置, 对参加活动的产品编辑运费模板时, 不会对状态为"活动中"的产品生效
提醒: 请您谨慎设置承诺运达时间, 如超时未送达可能产生纠纷资损

发货地	运费组合预览	操作

新增运费模板   了解物流方式缩写展开

模板名称: Shipping Cost Template for New Sellers

| China | 自定义运费: CAINIAO_SAVER, ePacket, EMS, CPAM
标准运费: AE_Standard , AE_Premium | 编辑 |

图 4-10 "管理运费模板"页面

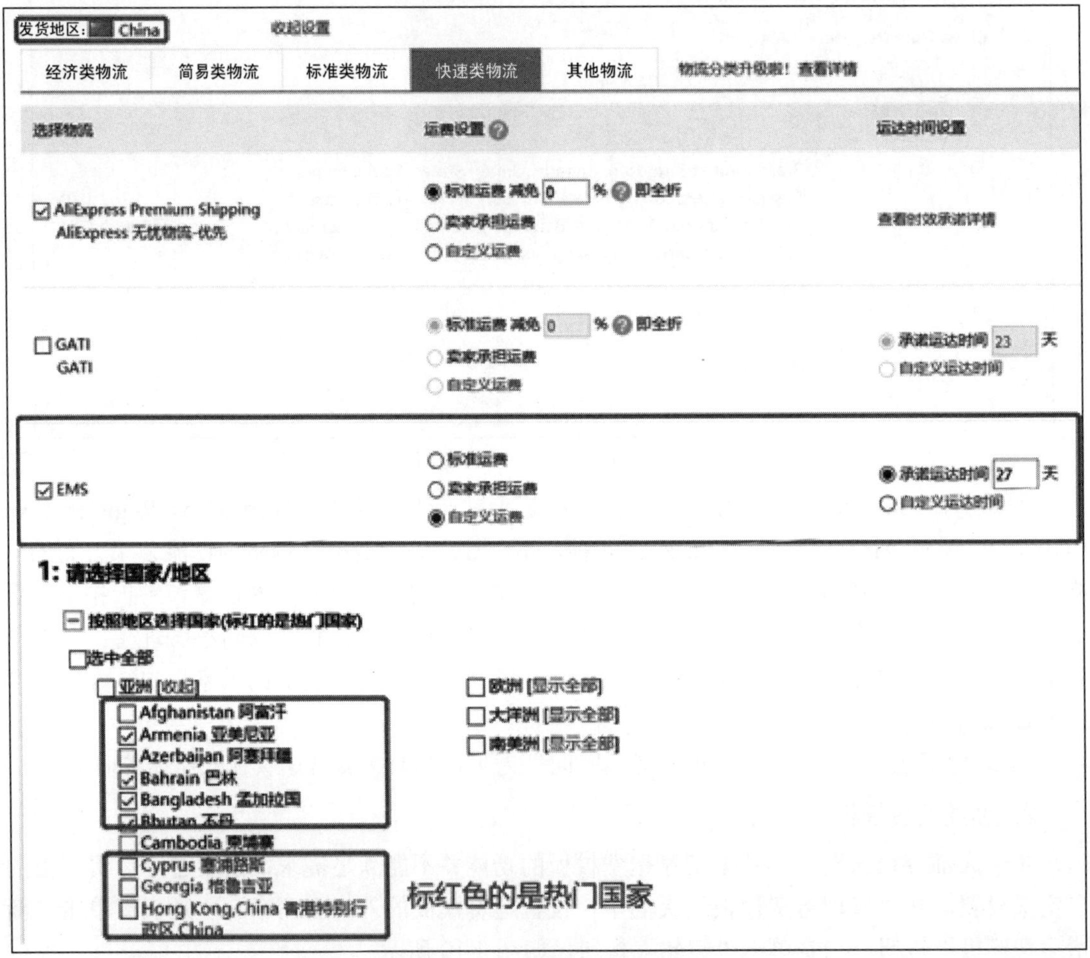

发货地区: China   收起设置

经济类物流	简易类物流	标准类物流	快速类物流	其他物流	物流分类升级啦! 查看详情

选择物流   **运费设置** ②   **运达时间设置**

☑ AliExpress Premium Shipping
AliExpress 无忧物流-优免
　　● 标准运费 减免 0 % ② 即全折
　　○ 卖家承担运费
　　○ 自定义运费
　　查看时效承诺详情

☐ GATI
GATI
　　● 标准运费 减免 0 % ② 即全折
　　○ 卖家承担运费
　　○ 自定义运费
　　● 承诺运达时间 23 天
　　○ 自定义运达时间

☑ EMS
　　○ 标准运费
　　○ 卖家承担运费
　　● 自定义运费
　　● 承诺运达时间 27 天
　　○ 自定义运达时间

1: 请选择国家/地区

⊟ 按照地区选择国家(标红的是热门国家)

☐ 选中全部

☐ 亚洲 [收起]
　　☐ Afghanistan 阿富汗
　　☑ Armenia 亚美尼亚
　　☐ Azerbaijan 阿塞拜疆
　　☑ Bahrain 巴林
　　☑ Bangladesh 孟加拉国
　　☑ Bhutan 不丹
　　☐ Cambodia 柬埔寨
　　☐ Cyprus 塞浦路斯
　　☐ Georgia 格鲁吉亚
　　☐ Hong Kong,China 香港特别行政区 China

☐ 欧洲 [显示全部]
☐ 大洋洲 [显示全部]
☐ 南美洲 [显示全部]

标红色的是热门国家

图 4-11 设置新增运费模板

4.1.4　线上发货运费计算

1. 线上发货物流方案

线上发货是由阿里巴巴速卖通、菜鸟网络联合多家优质第三方物流商打造的物流服务体系。卖家可直接在速卖通后台使用"线上发货"在线选择物流方案，物流商上门揽收（或卖家自寄至物流商仓库）并发货到国外。卖家可在线支付运费或在线发起物流维权。阿里巴巴作为第三方全程监督物流商的服务质量，保障卖家的权益。线上发货物流服务方案如表 4-1 所示（数据仅供参考）。

表 4-1　线上发货物流服务方案

物流方案名称	运送范围	揽收范围	时效承诺
中外运-西邮标准小包 Correos Paq 72	西班牙	深圳、广州、义乌、金华、上海、苏州、北京	30 天
中外运-西邮经济小包 Correos Economy	西班牙	深圳、广州、义乌、金华、上海、苏州、北京	/
中俄快递-SPSR Russia Express-SPSR （可发带电货物）	俄罗斯	深圳、广州、义乌、金华、上海、苏州、北京	核心城市 15 天
航空专线-燕文 Special Line-YW	俄罗斯、巴西、印尼等多个国家	深圳、广州、义乌、上海、北京	60 天 （巴西 90 天）
中国邮政挂号小包 China Post Registered Air Mail	全球	深圳、广州、义乌、金华、杭州、上海、北京、宁波、东莞、南京、福州	60 天 （巴西 90 天）
中国邮政平邮小包+ China Post Ordinary Small Packet Plus	俄罗斯、巴西、美国等多个国家	北京、上海、深圳、广州、杭州、义乌、南京、宁波、金华、东莞、福州、苏州、温州、厦门	/
Aliexpress 无忧物流-标准 AliExpress Standard Shipping	全球两百多个国家及地区	北京、深圳、广州、东莞、佛山、汕头、厦门、上海、中山、珠海、江门、义乌、金华、杭州、宁波等多个地市	60 天 （巴西 90 天）
中俄航空 Ruston Russian Air	俄罗斯	北京、深圳、广州（含番禺）、东莞、佛山、杭州、金华、义乌、宁波、温州（含乐清）、上海等多个地市	60 天
新加坡小包（递四方） Singapore Post（4PX） （可发带电货物）	全球	深圳、广州、义乌、上海、厦门	60 天 （巴西 90 天）
速优宝芬兰邮政 Post Finland	俄罗斯、白俄罗斯	深圳、广州、义乌、金华、上海、苏州、北京、广东省内	35 天
芬兰邮政经济小包 Post Finland Economy	俄罗斯、白俄罗斯	深圳、广州、义乌、金华、上海、苏州、北京	/

线上发货物流商均承诺运达时效。由于物流商的原因，在承诺时效内未妥投而引起的纠纷赔款，由物流商承担。卖家可针对丢包、货物破损、运费争议等问题在线进行投诉，从而获得赔偿。

2．线上物流运费报价的下载方法

线上物流运费报价对于跨境电商卖家来说是至关重要的，因为它涉及每个产品的定价问题。当我们了解了不同国家的运费后，可以根据不同国家来设置不同的产品价格。

下面以"自助下载线上物流运费报价"为例，说明线上发货运费报价的下载方法。

（1）登录速卖通后台，执行"交易"→ "国际小包订单"命令，打开"国际小包订单"页面，在该页面上可以看"自助下载线上物流运费报价"文本链接，如图 4-12 所示。

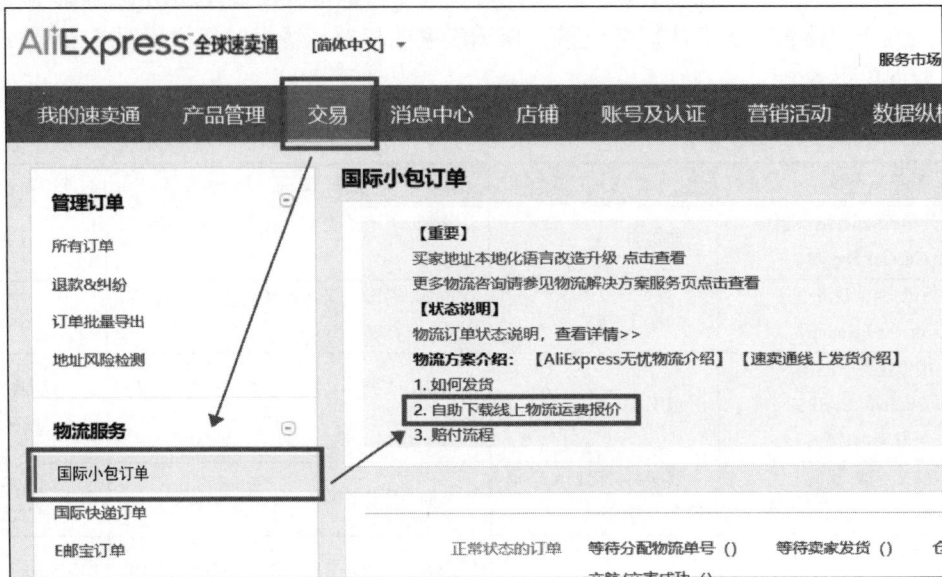

图 4-12 "国际小包订单"页面

（2）单击"自助下载线上物流运费报价"文本链接，打开"速卖通物流资讯"页面，在"自助下载"列表中单击"线上发货及无忧物流报价"文本链接，如图 4-13 所示，可以下载线上发货及无忧物流报价。在链接的后面可以看到更新日期，说明报价表是每隔一段时间进行更新的。

图 4-13 "速卖通物流资讯"页面

3．线上发货运费的计算

下面以"线上发货及无忧物流报价"为例，介绍线上发货运费的计算方法及流程。下载的线上发货及无忧物流报价表如图 4-14 所示。

（1）选择合适的物流方案。如图 4-14 所示的表格中，列出了十几种不同物流公司的报价方案，卖家需要根据自己产品的特点来选取合适的物流方案。这里以"中国邮政挂号小包"（以下简称邮政小包）和"AliExpress 无忧物流-标准"（以下简称无忧物流）两种物流方案为例（邮政小包为主要计算方式，无忧物流作为对比的物流方式）。

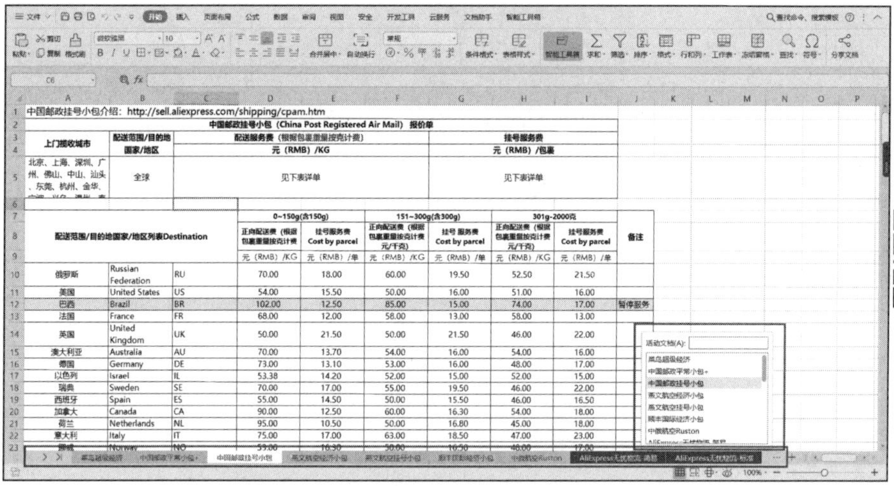

图 4-14　线上发货及无忧物流报价表（1）

（2）剔除不必要的信息。保留邮政小包和无忧物流两个物流方案的报价表，删除其他物流方案报价表，如图 4-15 所示。备注栏里"暂停服务"表示近段时间邮政小包暂停服务的国家和地区。如图 4-15 所示的报价表中，"①"区域显示的是上门揽收的城市、配送范围、该物流方案的详细解释网址等与计算无关的信息，可以删除；"②"区域显示的是国家的英文名称及简写，该信息也与计算无关，同样可以删除；假设产品的重量在 301～2 000g 之间，故这里只需要保留 301～2 000g 的快递费和挂号服务费，"③"区域显示的是其他重量的价格，因此该区域信息同样可以删除。

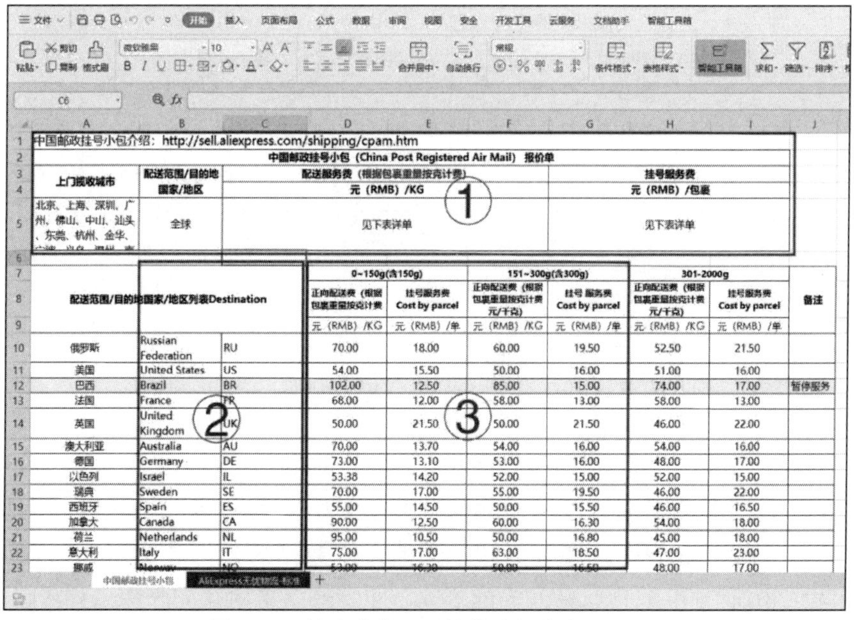

图 4-15　线上发货及无忧物流报价表（2）

（3）计算邮政小包运费。在数据表中增加"邮政小包运费"列，利用 Excel 表格的求和

公式将"正向配送费……"和"挂号服务费……"所在列的数据相加，得到不同国家的邮政
小包运费，如图 4-16 所示。

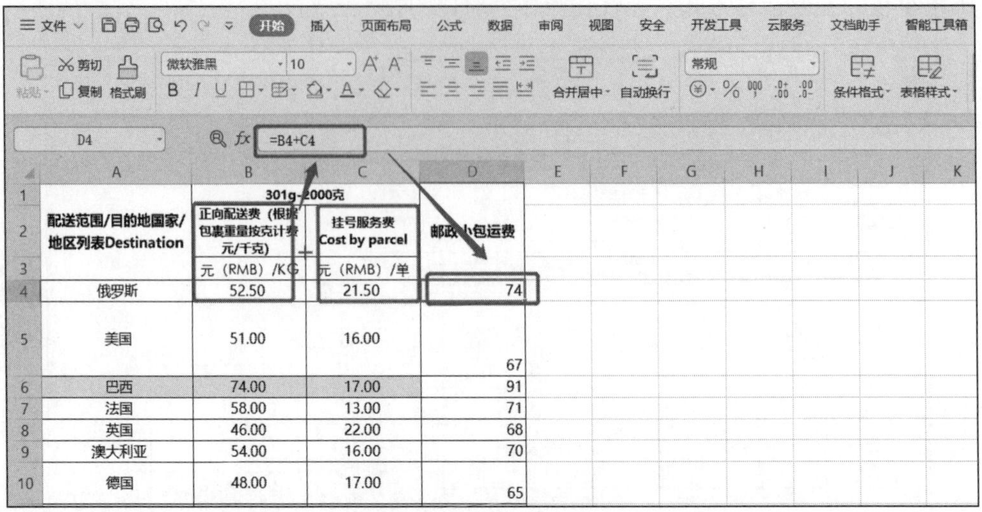

图 4-16　邮政小包运费表

（4）导入无忧物流标准运费。在数据表格中再增加"无忧物流标准运费"列，利用 Excel
表格的 VLOOKUP 函数导入"AliExpress 无忧物流-标准"表格中对应的国家标准运费，如
图 4-17 所示。

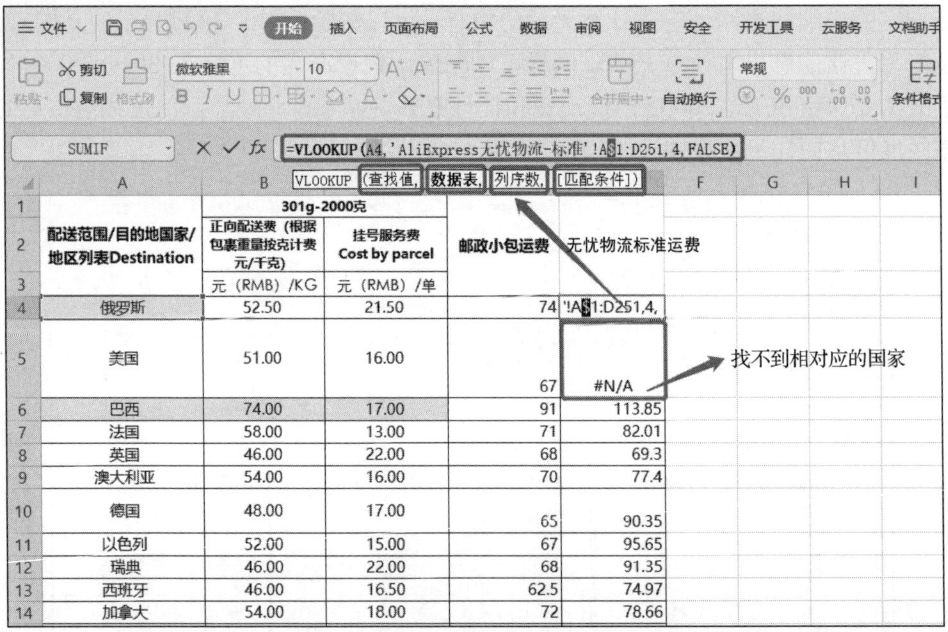

图 4-17　导入无忧物流标准运费

提示：VLOOKUP 函数有四个值，分别为"查找值""数据表""列序数""匹配条件"，
"查找值"就是查找对象的国家名称（如俄罗斯）；"数据表"即作为对比的数据表格（如
AliExpress 无忧物流-标准数据表格）；"列序数"即查找结果所在列序数（如表格 AliExpress
无忧物流-标准的第 4 列）；"匹配条件"即精确匹配或近似匹配（FALSE，精确匹配）。查询
结果显示"#N/A"，表示找不到相对应的国家（有关 VLOOKUP 函数的详细用法可以通过网

络查找相关学习资料）。

（5）对比计算合适的物流方式。在数据表格中再增加"合适物流方式"列，利用 Excel 表格的 IF 函数，比较得出合适的物流方式，如图 4-18 所示。

图 4-18　对比计算合适的物流方式

提示：Excel 表格中 IF 函数有三个值，分别为"测试条件""真值""假值"。"测试条件"即设定的条件（如邮政小包运费大于无忧标准运费）；"真值"即设定的条件成立则结果显示真值（如条件成立结果显示"无忧"）；"假值"即设定的条件不成立则结果显示假值（如条件不成立结果显示"邮政"）。

4.1.5　线上发货物流设置

下面以"China Post Registered Air Mail"（中国邮政挂号小包）的设置为例，看看如何进行线上发货的物流设置。在运费设置模板中勾选该物流方式，选中"China Post Registered Air Mail 中国邮政挂号小包"复选框，如图 4-19 所示。

图 4-19　选择物流方式

（1）设置运费模式。有"标准运费""卖家承担运费""自定义费用"三种运费模式供选择。选择"标准运费"模式，可以同时设置减免折扣，如图 4-20 所示；如果需要对所有的国家均采取卖家承担运费的模式，即设置包邮，则选择"卖家承担运费"模式，如图 4-21 所示。系统新增了大小包支持发货的国家，选择"标准运费"和"卖家承担运费"意味着你将对所有国家设置标准运费或卖家承担运费，如果不对所有国家设置，则需要选择"自定义运费"模式，如图 4-22 所示。

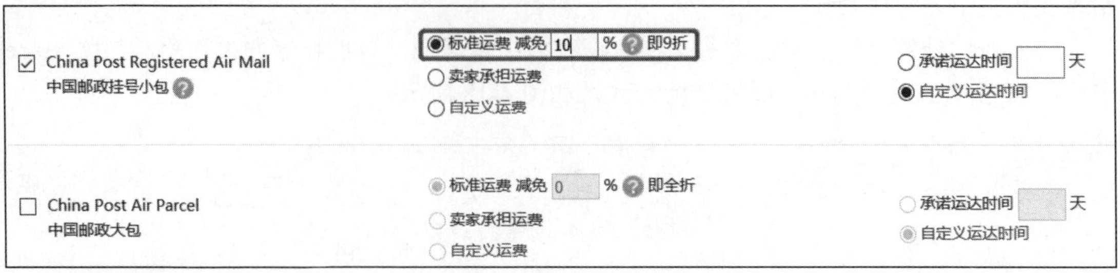

图 4-20 "标准运费"模式

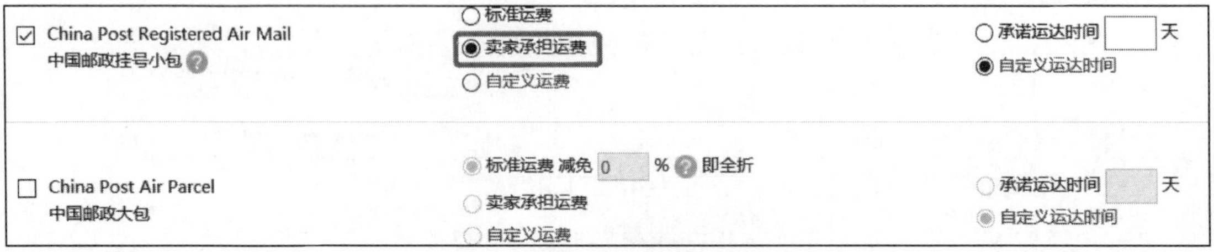

图 4-21 "卖家承担运费"模式

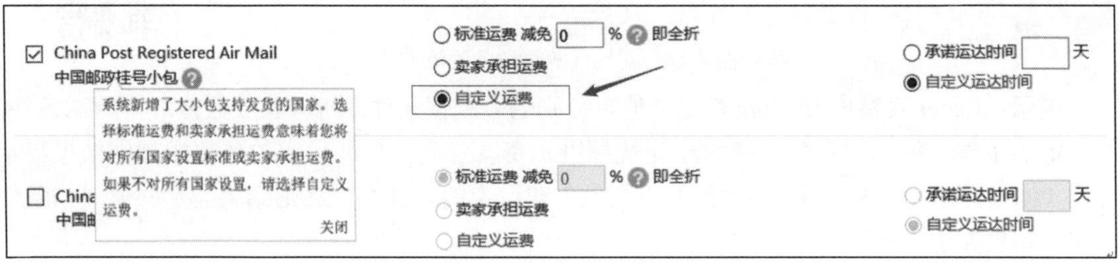

图 4-22 "自定义运费"模式

（2）设置承诺运达时间。如果卖家希望对所有的买家均承诺同样的运达时间，则选择"承诺运达时间"并输入天数，如图 4-23 所示。

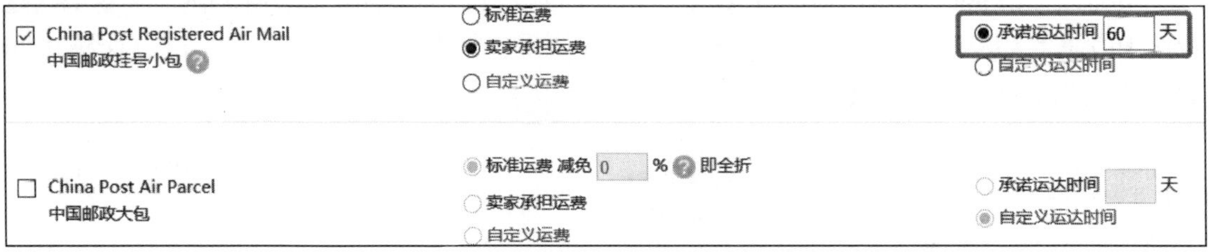

图 4-23 设置"承诺运达时间"

（3）自定义运费设置。事实上，大部分卖家都希望对运费进行更细致的设置，可以通过"自定义运费"和"自定义运达时间"来实现。卖家只需要选择"自定义运费"即可对运费进行个性化的设置。

步骤 1：选择国家/地区。这里有两种选择方法，一是按照地区选择国家；二是按照区域选择国家，如图 4-24 所示。

为便于说明，这里以对克罗地亚和阿根廷两个国家设置"不发货"的方式为例进行说明。

方法 1：按照地区选择国家，单击欧洲旁边的[显示全部]按钮，展开欧洲国家列表选项，如图 4-25 所示。

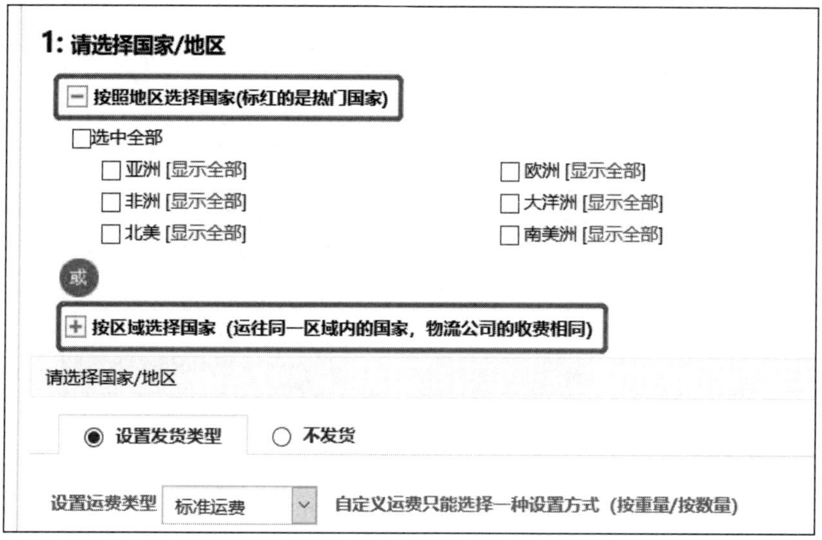

图 4-24   "选择国家/地区"页面（1）

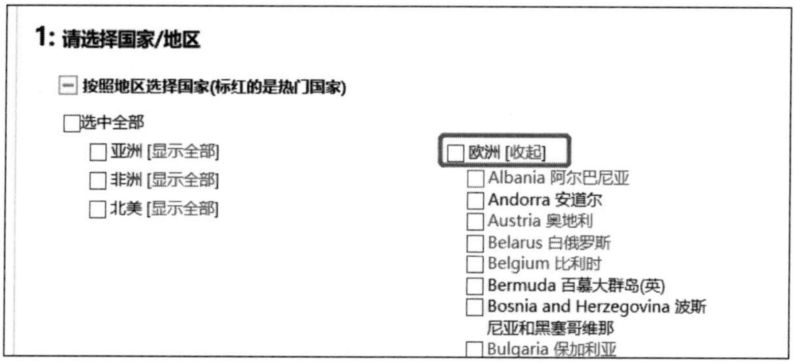

图 4-25   "选择国家/地区"页面（2）

找到"Croatia 克罗地亚"并选中，如图 4-26 所示。

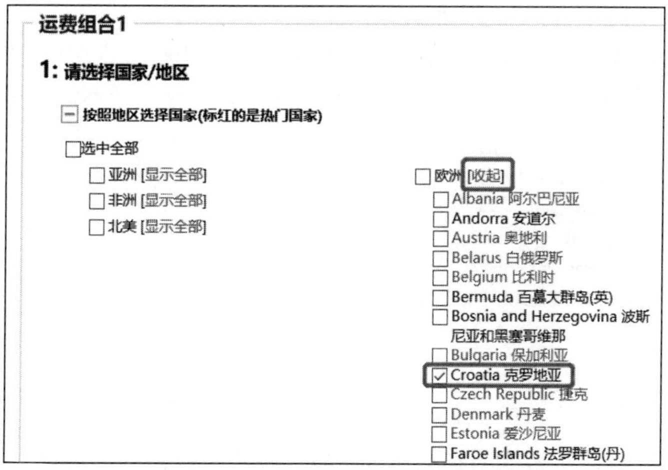

图 4-26   "选择国家/地区"页面（3）

用同样的方法，展开"南美洲"选项，找到"Argentina 阿根廷"并选中，如图 4-27 所示。

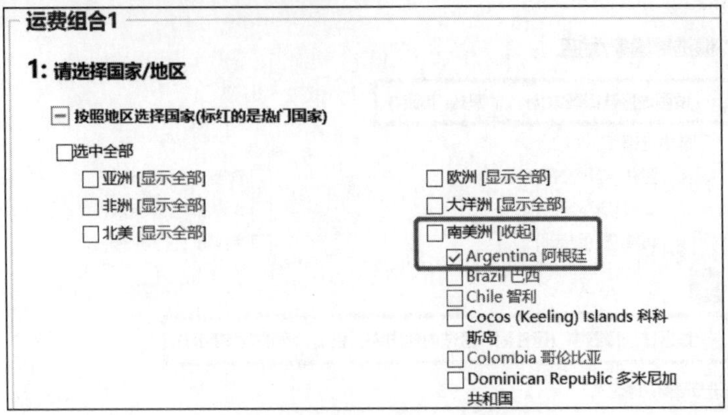

图 4-27 "选择国家/地区"页面（4）

方法 2：按照区域选择国家。仍然以克罗地亚和阿根廷为例，在区域列表中的第 40 区找到"Croatia 克罗地亚"并选中，在第 56 区找到"Argentina 阿根廷"并选中，如图 4-28 所示。

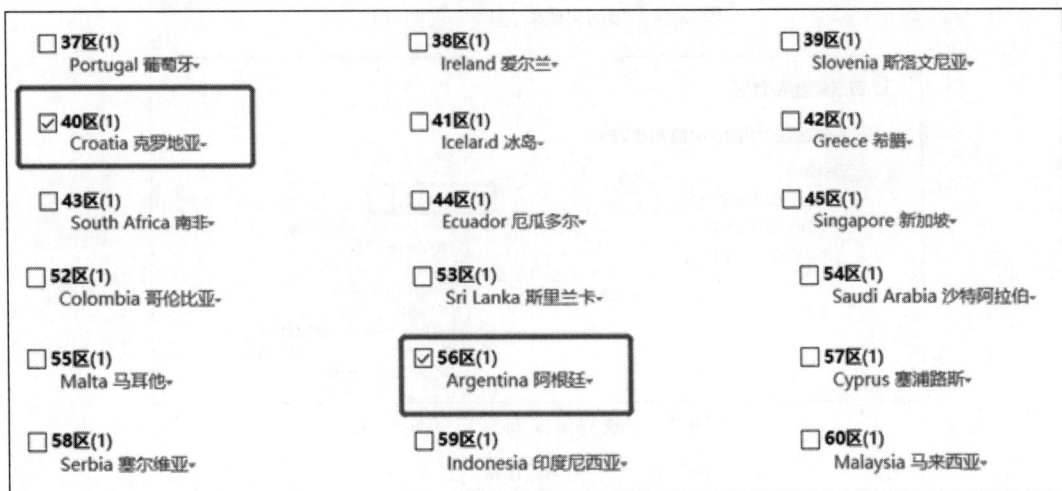

图 4-28 按照区域选择国家

步骤 2：对已选择的国家进行"不发货"操作。选中"不发货"单选钮，单击"确认添加"按钮，如图 4-29 所示，即可完成对已经选择的国家/地区执行不发货操作。

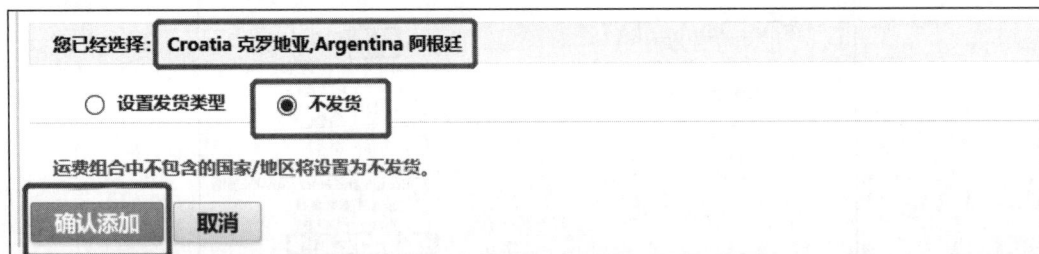

图 4-29 对已经选择的国家/地区执行不发货操作

步骤 3：如果需要对更多的国家和地区进行个性化设置，则单击"添加一个运费组合"按钮，如图 4-30 所示。

图 4-30　"添加一个运费组合"页面

然后选择需要设置的国家和地区，再进行发货类型设置。发货类型除了对所选择的国家采取"不发货"操作以外，还可对标准运费类型设置"运费减免率"，如图 4-31 所示。

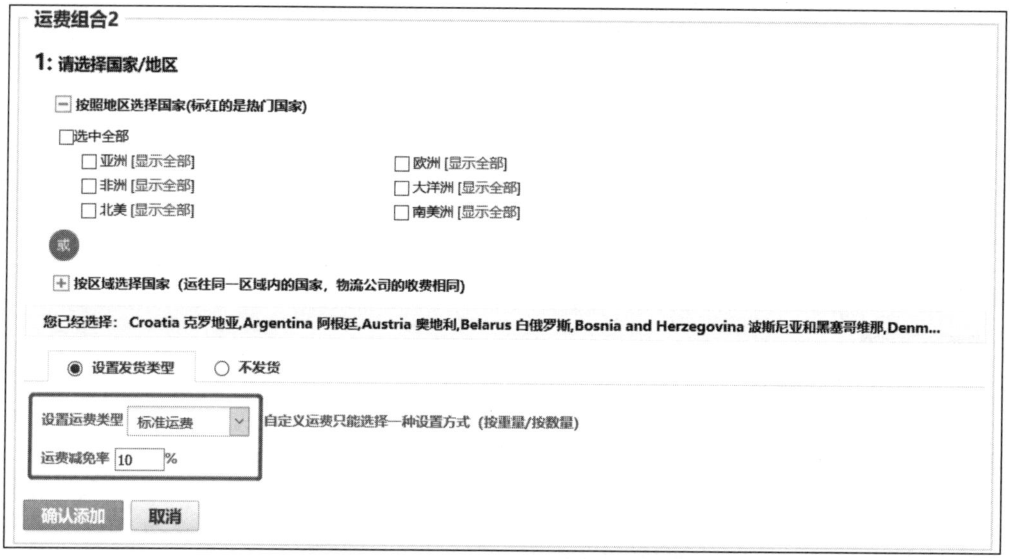

图 4-31　设置运费类型及运费减免率

同样，也可以设置运费类型为"卖家承担费用"，即卖家包邮，如图 4-32 所示。

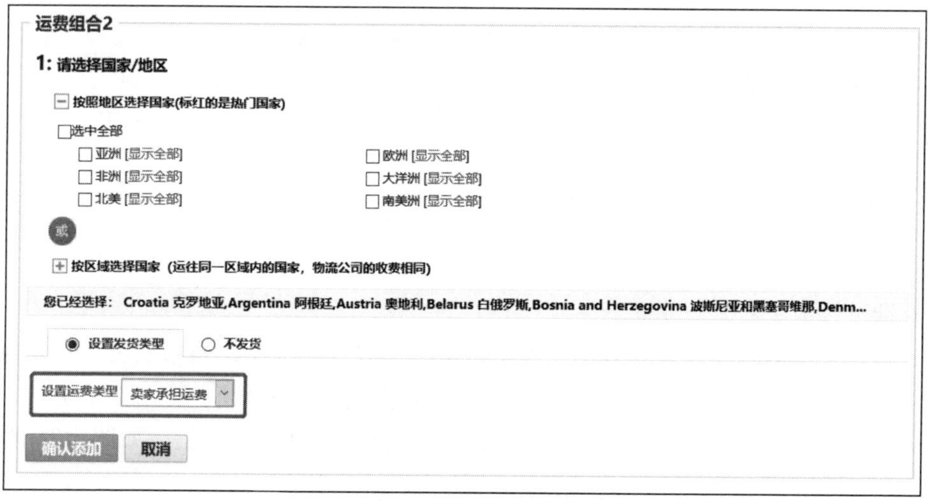

图 4-32　设置运费类型"卖家承担费用"

还可以按重量或数量进行自定义运费设置，如图 4-33 所示。

图 4-33　按重量或数量进行自定义运费设置

根据需求设置好所有项目以后，单击"确认添加"按钮，如图 4-34 所示。即表示成功添加了一种运费组合方式。

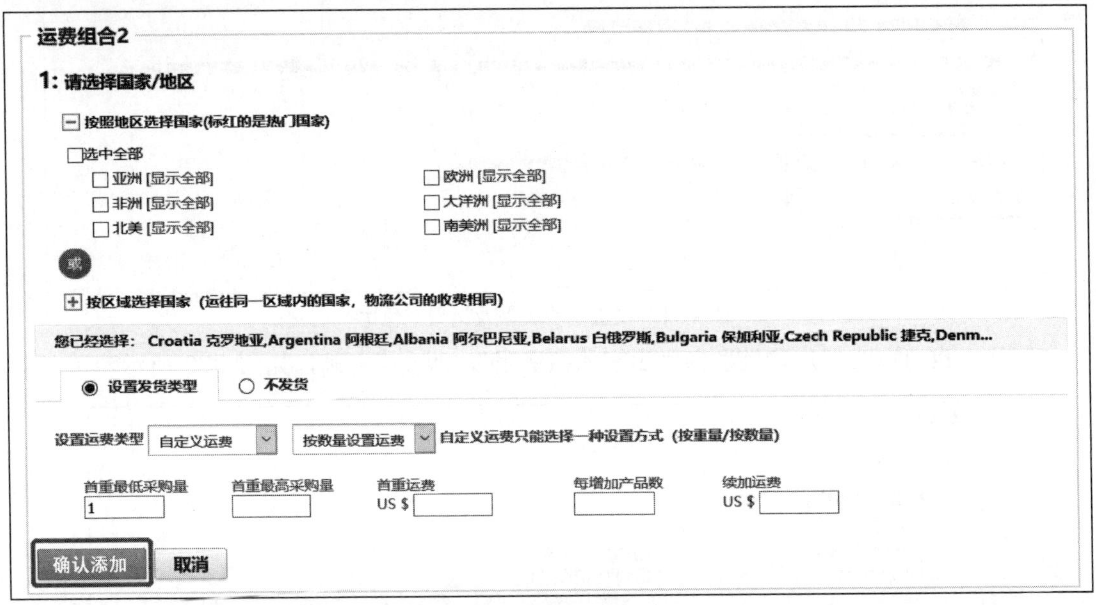

图 4-34　添加运费组合

最后单击"保存"按钮，如图 4-35 所示。借助"添加一个运费组合"功能，可以根据实际情况有针对性地进行运费设置。

（4）自定义运达时间设置。为便于理解，这里仍以"中国邮政挂号小包"物流为例进行说明，假设自定义运达时间巴西 120 天、俄罗斯 90 天、其他国家 60 天，设置方法如下：

步骤 1：勾选所需的物流方案后，选中"自定义运达时间"单选钮，如图 4-36 所示。

图 4-35　保存设置的运费组合模式

图 4-36　选择"自定义运达时间"

步骤 2：对不同国家设置不同的承诺运达时间。选择"自定义运达时间"后，卖家可以看到平台预设的承诺运达时间，如图 4-37 所示。

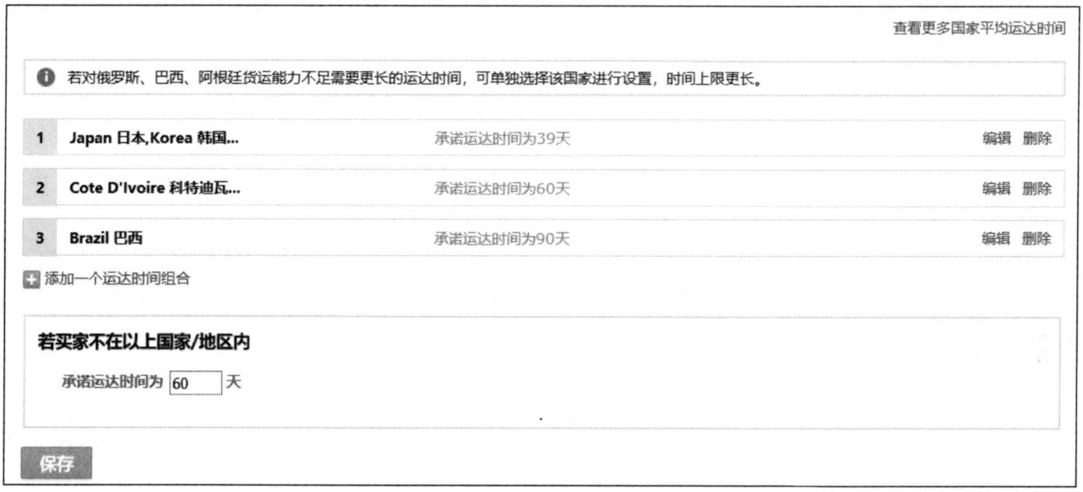

图 4-37　平台预设的承诺运达时间

步骤 3：单击"编辑"按钮，分别将巴西、俄罗斯的承诺运达时间更改为 120 天、90 天，其他国家/地区承诺运达时间为 60 天。最后单击"保存"按钮即可。

需要特别说明的是，承诺运达时间并非是包裹从发出到买家签收的实际时间。为了更好地保障卖家和买家双方的权益，在设置承诺运达时间之前，卖家应该考虑以下 3 个因素：

● 买家的购买感受；

● 邮路的实际情况；

● 防止在承诺运达时间到期前买家提起纠纷。

总之，卖家必须根据自身的实际情况进行自定义运费模板的设置，切忌盲目模仿。因为国际物流受国家政策、物流资费调整、极端天气、政治原因、邮路状况等多种因素的影响，在不同的时期，卖家应设置不同的运费模板。

4.1.6 直邮和海外仓的优劣势分析

1. 直邮的优劣势

优势：全程都有物流信息可查询，能够实时掌握包裹状态；货物源头直接，中间环节少，可信度高，同时没有资金积压的风险。

劣势：直邮模式由供应商直接发货，配送速度较慢；物流耗时长，短则半个月，长则更久；物流费用较高。

2. 海外仓的优劣势

1）优势

（1）降低物流成本。从海外仓发货，特别是在客户当地发货，物流成本低于从中国发货。例如，从中国通过 DHL 发货到美国，1 千克货物需要人民币 120 元左右，在美国发货只需 5.05 美元（约人民币 34 元）左右。

（2）加快物流时效。从海外仓发货，可以节省报关、清关所需的时间。按照卖家平常的发货方式，DHL 物流需要 5～7 天、FedEx 物流需要 7～10 天、UPS 物流需要 10 天。如果是在当地发货，客户 1～3 天就能收到货，缩短了物流时间，加快了物流的时效性。

（3）提高产品的曝光率。如果平台或店铺在海外有自己的仓库，那么当地的客户在购买时，一般会优先选择当地发货，因为这样可以大大缩短收货时间。海外仓的设立，也是店铺特有的优势，这种优势能够提高产品的曝光率，提升店铺的销量。

（4）提升客户的满意度。实践证明，并不是所有客户收到货物都会感到满意，因为交易过程可能会出现货物破损、短装、发错货物等情况，这时客户可能会要求退货、换货、重新发货等，这些情况在海外仓内便可调整，大大节省了物流的时效性，在一定程度上提升客户的满意度，也能为卖家节省运输成本，从而减少损失。

（5）有利于开拓市场。如果卖家注重口碑营销，自己的商品能在当地获得客户的认可，既有利于卖家积累更多的客户资源，也有利于开拓市场。

2）劣势

当然，采用海外仓的物流方式也是一把双刃剑，有优势，也有劣势，其劣势表现在以下几个方面。

（1）必须支付海外仓储费。不同国家收取的海外仓的仓储费用也不相同。卖家在选择海外仓的时候一定要计算好费用，与自己目前的发货方式所需要的费用进行对比，然后进行选择。

（2）海外仓储要求卖家要有一定数量的库存。因此，对于一些定制的商品，不适合选择海外仓储的方式。

（3）仓储成本高。虽然采取错开高峰期、集中发货等措施降低了物流成本，但是自从货物达到海外仓之前就产生了仓储费用，该期间的费用一般是按天来收费的。

（4）库存压力大。一旦对选品或市场的掌控出现偏差，造成货物滞销或销量不好，大批量货物积压在仓库中，不但不能变现，还会增加仓储成本。货物在海外仓处理不方便，从而造成进退两难的局面。

（5）不利于资金周转。批量备货至海外仓，备货资金、物流资金、仓储资金等大量的资金投入，使得资金回流周期变长，不利于卖家资金周转，可能造成资金链的断层。

（6）可控性差。海外仓受当地政策、风土人情、自然环境等不可控因素影响较大。例如，货物进口时被查扣，货物在当地仓库被查扣、没收等情况，对卖家的影响是巨大的。

（7）受海外仓服务商运营能力影响大。海外仓服务商某个环节出了问题就可能造成货物派送延误、仓库被查、货物被没收等情况，无论发生哪一种情况，对卖家造成的损失都是不可挽回的。

（8）对卖家选品要求更严格。使用海外仓发货的商品，一要保证质量，二要适合当地客户的需求。对于商品种类繁多的公司，在海外仓囤积多少库存量的商品就成为难题。选品不当、市场把握不准都会造成不可挽回的损失。

（9）对卖家的仓管数据监控要求高。卖家需要实时监控商品出入仓、上下架的详细数据，否则就容易造成货物丢失或货物数据对不上的情况。

任务实训

【实训】　跨境电商物流。

（1）简述国际物流的分类及优缺点。

（2）选择合适的跨境物流，需要考虑的因素有哪些？

（3）海外仓的优劣势有哪些？

任务 4.2　跨境电商交易支付

任务导入

跨境电商交易支付的内容主要包括速卖通收款账户类型的设置、创建、绑定和修改等操作方法，以及美元账户收款的相关问题和支付宝国际账户的问题详解。

任务导图

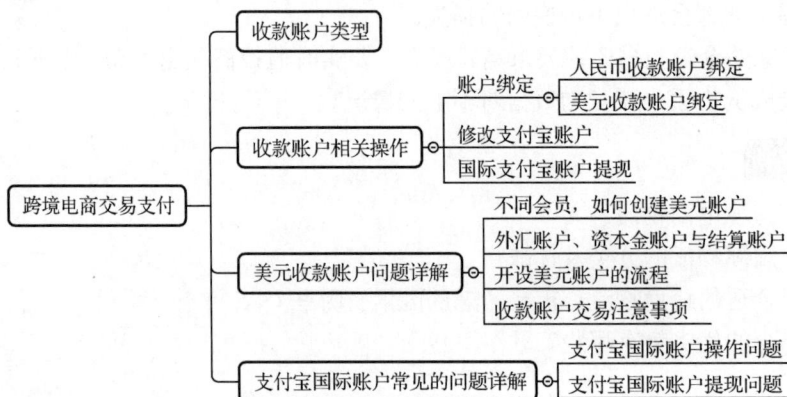

学习目标

知识 目标	熟悉速卖通收款账户的类型	
	了解创建、绑定和修改账户的流程	
	了解支付账户的安全知识	
能力 目标	掌握对收款账户进行相关操作的方法	
	能够解决美元收款账户遇到的问题	
	能够解决支付宝国际账户遇到的问题	

任务实施

4.2.1　收款账户类型

在速卖通交易平台，支付宝支持买家使用美元、英镑、欧元、墨西哥比索、卢布等币种支付，卖家收款的币种则只有美元和人民币两种。买家使用不同的币种、支付方式，卖家也会有不同的收款账户。因此，店铺开通之后，卖家需要设置不同的收款账户来接收交易款项。

在速卖通交易平台，卖家需要设置两种收款账户：人民币收款账户和美元收款账户。当买家使用外币进行支付时，结算日当天将交易金额按该种货币兑换美元的汇率换算成美元，然后通过支付宝将美元转入卖家的美元收款账户（需要注意的是，只有设置了美元收款账户才能直接收取美元）；当买家使用人民币进行支付时，交易完成后通过支付宝将收到的人民币直接转入卖家的人民币账户。也就是说，买家采取不同的支付方式，其货款会转入卖家不同的收款账户。速卖通后台"我的账户"页面如图 4-38 所示。

图 4-38　"我的账户"页面

4.2.2　收款账户相关操作

1. 账户绑定

1）人民币收款账户绑定

人民币收款账户绑定步骤如下。

步骤 1：创建或登录支付宝账户。登录速卖通后台，执行"交易"→"收款账户管理"命令，选择"人民币收款账户"选项。如果还没有支付宝账户，可以单击"创建支付宝账户"按钮，按照提示创建一个新的支付宝账户。也可以使用现有的支付宝账户，单击"登录支付宝账户"按钮。"人民币收款账户"页面如图 4-39 所示。

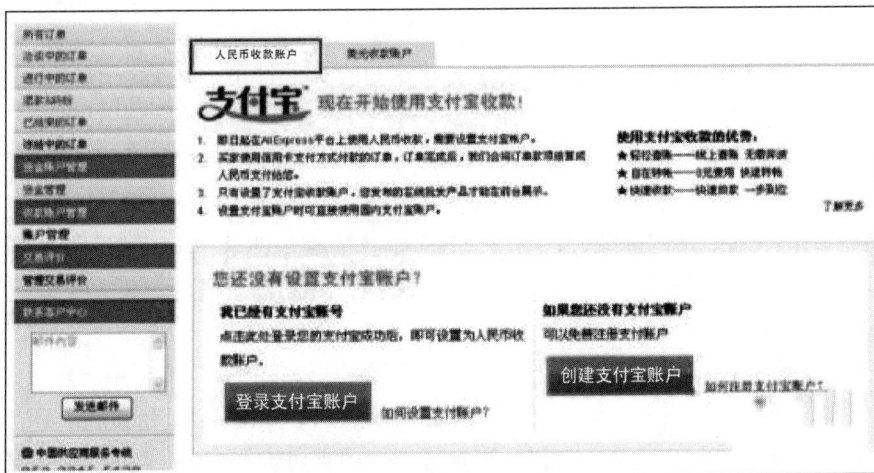

图 4-39　"人民币收款账户"页面

步骤 2：确认为收款账户。创建或者登录支付宝账户后，单击"确认为收款账户"按钮，即完成收款账户的绑定工作，如图 4-40 所示。

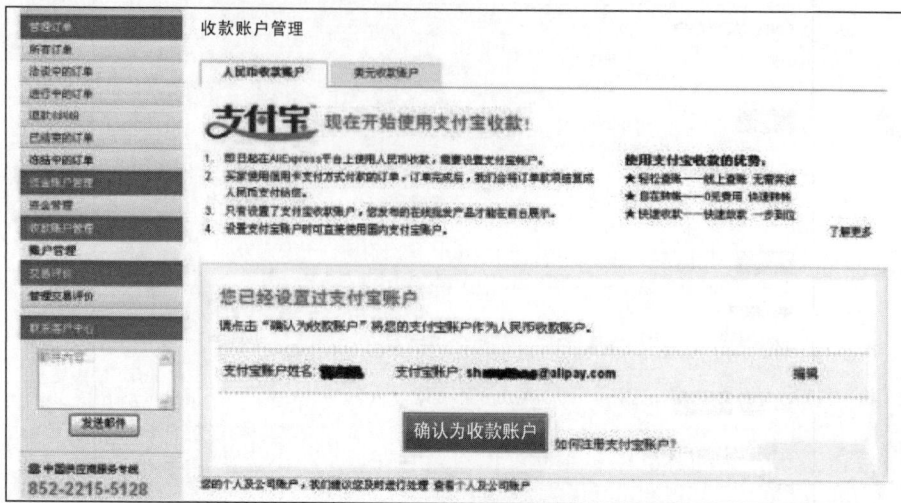

图 4-40 "收款账户管理"页面

2）美元收款账户绑定

步骤 1：登录速卖通后台，执行"交易"→"收款账户管理"命令，选择"美元收款账户"选项，如图 4-41 所示。

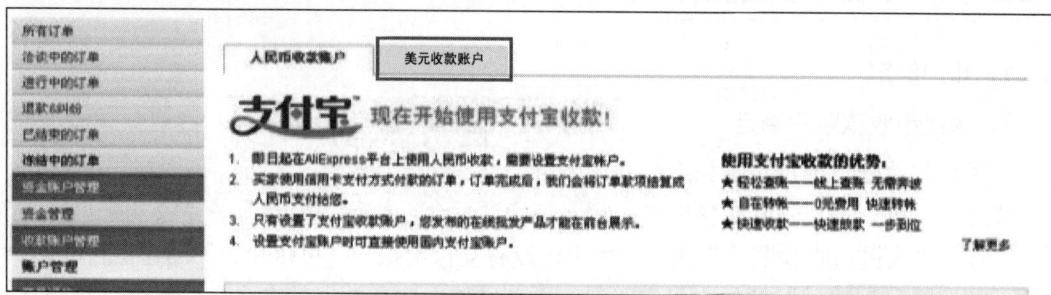

图 4-41 "美元收款账户"页面

步骤 2：在"美元收款账户"页面中，单击"创建美元收款账户"按钮，打开"美元收款账户"设置页面，选择账户类型为"公司账户"或"个人账户"。需要说明的是，开设的公司必须有进出口权才能使用美元结汇；使用公司账户收款的订单，必须办理正式的报关手续才能顺利结汇。

步骤 3：选择账户类型后，依次填写"开户名（中文）""开户名（英文）""开户行""SWIFT Code""银行账号"等信息。填写完成后，单击"保存"按钮即可。

说明：SWIFT Code 是国际编号，相当于各个银行的身份证号，从国外往国内转账必须使用该号码。由于每个国家和地区的不同银行的 SWIFT Code 都不同，需要拨打银行服务电话或登录 SWIFT 国际网站查询。

步骤 4：设置结汇账户。执行"交易"→"资金账户管理"→"支付宝国际账户"命令，打开"支付宝国际账户"页面。该页面可以设置结汇账户，如图 4-42 所示。美元结汇账户推荐使用中国银行开设的账户收款，人民币账户推荐使用支付宝账户收款。

图 4-42　"支付宝国际账户"页面

2．修改支付宝账户

在日常运营过程中，可以根据实际需要对支付宝账户进行修改，修改步骤如下。

步骤 1：执行"交易"→"收款账户管理"命令，打开"收款账户管理"页面，单击"编辑"按钮，页面弹出"使用您新的支付宝账号登录"窗口，如图 4-43 所示。

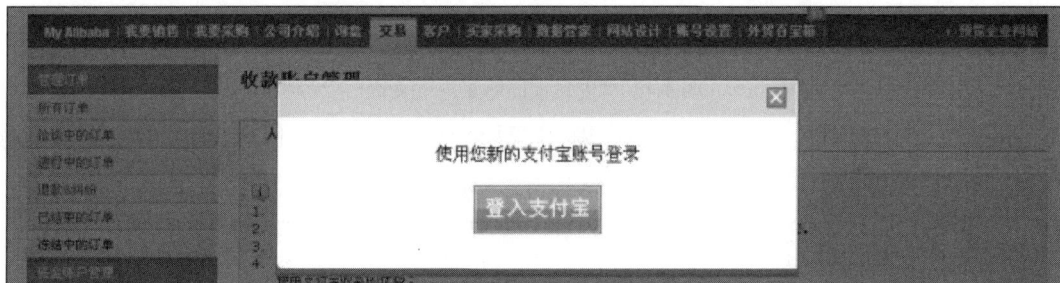

图 4-43　"使用您新的支付宝账号登录"窗口

第二步：单击"登入支付宝"按钮，打开"登入支付宝"页面，依次填写"支付宝账户姓名""登录密码""校验码"等信息，填写完成后单击"登录"按钮。系统显示"修改请求已提交！"，如图 4-44 所示。需要注意的是，只有审核通过后，修改的账户才能正式生效。修改请求提交后，下载并填写账户修改申请表，公司法人签字盖章后按页面提供的地址寄往阿里巴巴交易服务小组。工作人员在收到邮寄资料之后的 2 个工作日之内完成审核工作。

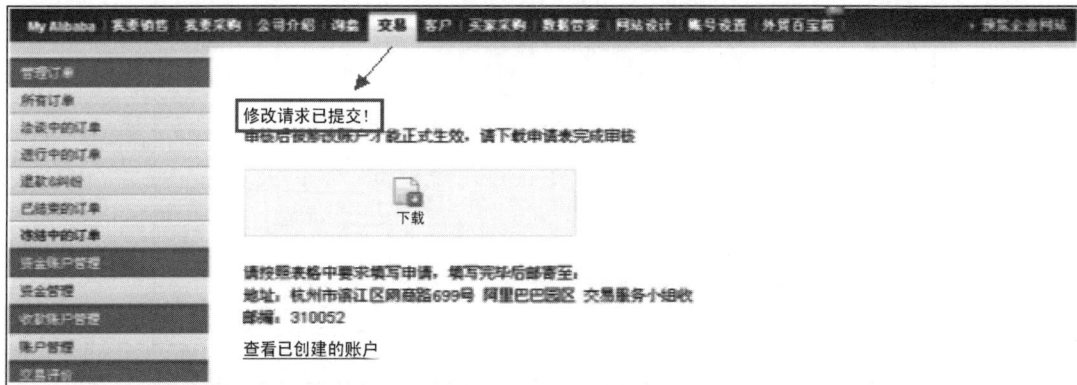

图 4-44　修改支付宝账户

3. 支付宝国际账户提现

当支付宝国际账户有余额时，可以对余额进行提现操作。支付宝国际账户提现分为美元账户提现和人民币账户提现两种。美元账户提现是指将美元转账至卖家的美元账户中，人民币账户提现则是指将人民币转账至支付宝国内账户中。那么，如何操作支付宝国际账户提现呢？

步骤 1：在"支付宝国际账户"页面中，单击美元账户或人民币账户的"提现"按钮，如图 4-45 所示，打开"提现"页面。

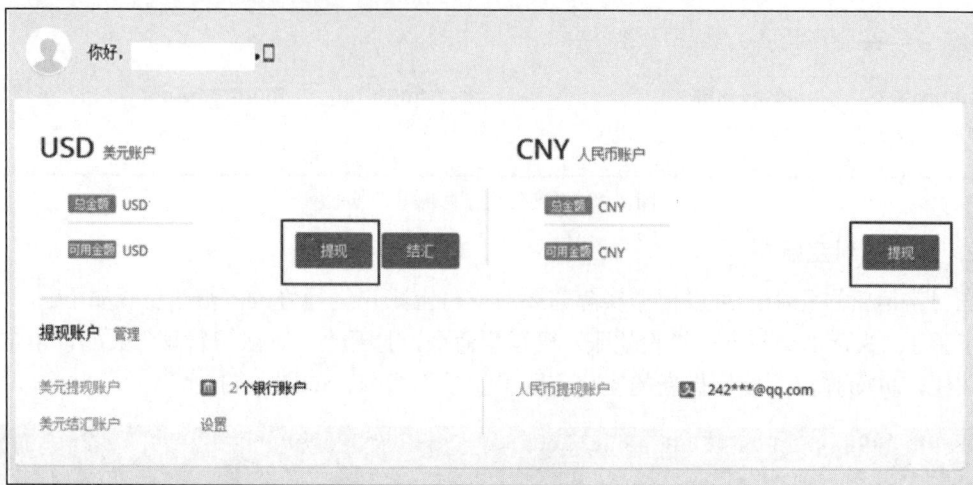

图 4-45 "支付宝国际账户"页面

步骤 2：在打开的"提现"页面中，输入提现金额，如图 4-46 所示。单击"下一步"按钮，打开确认提现信息页面。

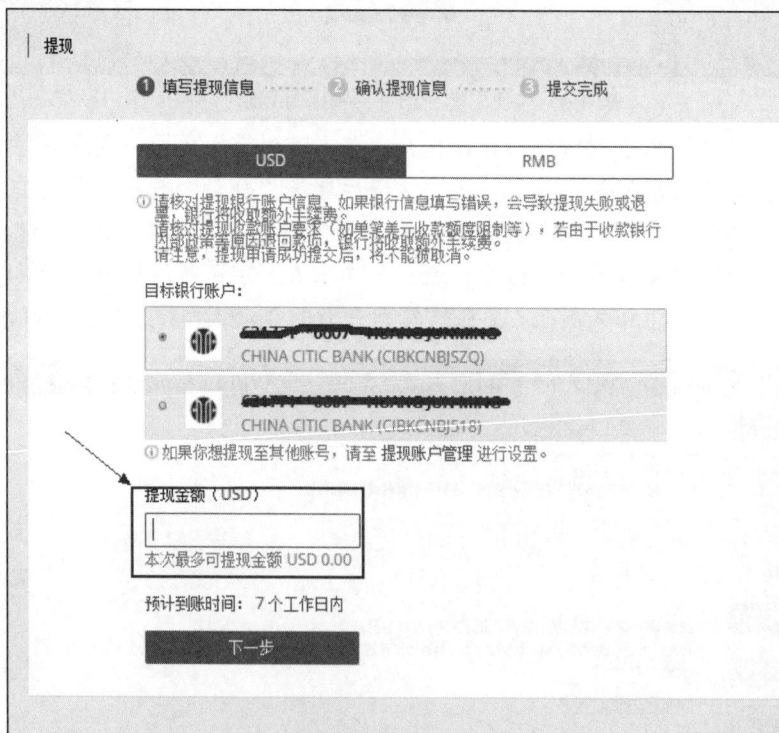

图 4-46 "提现"页面

步骤 3：确认提现信息后，输入交易密码，再单击"确认"按钮，系统会要求通过验证码进行验证。输入正确验证码并确认提交，即可提现成功（手机验证码的有效期为 30 分钟）。需要说明的是：每操作一次美元账户提现，无论提现金额多少，都会扣除 20 美元的手续费。因此，花旗银行要求到账金额必须大于 1 美元，也就是说美元账户提现金额必须大于 21 美元。人民币账户提现不收取手续费。确认提现后，美元到账时间为 7 个工作日，人民币到账时间为 1～3 个工作日。

4.2.3　美元收款账户问题详解

1．不同的会员类型，如何创建美元账户

如果是中国供应商会员，登录速卖通后台，执行"交易"→"银行账户管理"→"收款账户管理"命令，在打开的"收款账户管理"页面中，单击"创建美元收款账户"命令。

速卖通普通会员的美元账户创建方法参考上一节"美元收款账户绑定"相关内容。

2．外汇账户、资本金账户与结算账户

接收国外汇入的外币汇款，最好的方法是开设银行外汇账户。可以在银行申请本外币活期一本通或本外币定期一本通账户。此种账户既可接收人民币，也可接收外币（可接收开户银行受理的所有外汇币种）。

资本金账户是凭国家外汇管理局颁发的外汇登记证，在开户行设立的外汇资本金专用账户，它只有外资企业才能申请，专门供外资投入使用。外汇资本金投入后，只有结汇至基本账户后才能使用。

美元结算账户分为基本账户和一般账户。基本账户每个单位只能开设一个；一般账户则可以开设多个。基本账户既可以结算转账，也可以提取现金；一般账户只能结算转账，不能提取现金。

3．开设美元账户的流程

1）个人开通美元账户的方法及注意事项

个人开通美元账户的方法如下。

（1）持本人身份证至相关银行开通活期本外币一本通账户，即可免费接收汇款。中国银行、工商银行、农业银行、建设银行、交通银行等银行都有接收境外汇款这项业务。

（2）将账户代码、户名、开户银行的英文名称、SWIFT Code 代码等信息告知汇款人，以方便客户通过境外汇款时使用。

（3）汇款办理成功后，一般两个工作日就可到达账户。

个人开通美元账户的注意事项如下。

（1）国家对居民接收境外汇款并没有条件限制，每个居民都可以。

（2）对汇入的金额没有限制，但在兑付外币现钞时却有限制。

（3）如果一次是等值 1 万（含）美元以下，凭本人身份证就可以办理，超过 1 万美元银行则需要相关的合法收入证明。

2）公司开通美元账户需要的材料

（1）营业执照复印件（原件备验）；

（2）组织机构代码证复印件（原件备验）；

（3）国税、地税登记证复印件（原件备验）；

（4）身份证原件（如非法人亲自办理，需同时提供法人及经办人证件）；

（5）授权书（如非法人亲自办理，需同时提供法人及经办人证件）；

（6）法人证明书（必须提供）；

（7）开户许可证（如开通一般账户，必须提供）。

以上资料须提供正本原件及复印件（A4纸复印），复印件上须加盖公司公章，并注明"此复印件与原件相符"字样。同时须将单位公章、财务专用章和企业法人章准备齐全。

4．收款账户交易注意事项

为了规避信用卡支付存在拒付的风险，速卖通平台为卖家提供了外币收款账户功能模块，该模块主要用于收取客户用 TT 银行汇款或其他支付方式支付的美元。

1）创建公司美元收款账户注意事项

（1）所有信息请不要使用中文填写，否则会引起放款失败，从而产生重复的放款手续费；

（2）设置的公司账户必须是美元账户，或者是能接收美元的外币账户；

（3）开设的公司必须有进出口权才能接收美元并结汇；

（4）使用公司账户收款的订单，必须办理完正式的报关手续，才能顺利结汇。

2）创建个人美元收款账户注意事项

（1）与公司美元账户一样，所有的信息请不要使用中文填写；

（2）客户创建的个人账户，必须能接收海外银行（如新加坡花旗银行）的付款，并且是公司对个人的美元付款；

（3）收汇款金额没有限制，个人账户每年提款总额可以超过 5 万美元；

（4）结汇需符合外汇管制条例，每个账户每年有 5 万美元结汇限额；

（5）速卖通卖家只能创建一个公司美元收款账户，或者一个个人美元收款账户，这一点和人民币账户有区别；

（6）创建账户后，客户才可以在付款页面采用银行汇款的方式进行支付。

3）使用美元收款账户进行收款的注意事项

（1）普通银行卡可以收取外币，但是需要本人带上有效身份证明去银行开通个人外币收款功能。如果银行卡本身就是双币卡（人民币和美元），就可以直接接收。例如，使用招商银行的一卡通，就可以直接接收美元。

（2）对于美元收款账户来说，公司账户的收款要求、用途与个人账户有很大的区别。如果客户同时设置了公司账户和个人账户，当公司账户出现问题时，如果付款到个人账户，就会产生报关之后无法退税、结汇等问题。

（3）可以编辑、修改账户信息，但是不能删除。因为删除之后会造成买家使用银行汇款时出现错误。

（4）只设置了美元收款账户，没有设置人民币收款账户是不能进行交易的。

（5）美元提现手续费按提取次数计算，提现时每笔提现手续费固定为 20 美元，已经包含所有中转银行的手续费。建议卖家减少提现次数，当可提资金累积到一定金额时，再进行提现操作。

（6）查询银行的 SWIFT Code。要想查询银行的 SWIFT Code，可以拨打银行客服电话咨询，或者登录 SWIFT 国际网站查询。

银行国际代码的组成

跨境汇出汇款操作指南

4.2.4　支付宝国际账户常见的问题详解

1．支付宝国际账户操作问题

（1）如何查询支付宝国际账户信息。

步骤 1：登录速卖通后台，执行"交易"→"资金账户管理"→"支付宝国际账户"命令，打开"支付宝国际账户"页面。

步骤 2：执行"交易记录"→"资金记录"命令，可以通过设置资金账户类别、查询时间段及业务类型参数进行查询，如图 4-47 所示。执行"查询"命令，可以查询包括人民币账户、美元账户下的资金信息，提现银行账户的信息，以及最近的资金变动记录。

图 4-47　查询支付宝国际账户信息

（2）如何删除支付宝账户。

绑定在支付宝国际账户里的支付宝账户是可以删除的。登录速卖通后台，执行"交易"→"资金账户管理"→"支付宝国际账户"→"我要提现"→"提现银行账户设置"命令，在打开的页面中删除支付宝账户即可，如图 4-48 所示。删除后还可以重新添加一个支付宝账户。

（3）一个支付宝国际账户最多可以同时绑定三个美元提现银行账户。

2．支付宝国际账户提现问题

（1）客户能否直接付款到支付宝国际账户。

目前支付宝国际账户暂不支持互相付款的功能，所以客户不能直接付款到支付宝国际账户。

（2）如何将支付宝国际账户和支付宝国内账户进行绑定。

支付宝国内账户可以绑定到支付宝国际账户，即在支付宝国际账户里设置一个人民币收款账户。但支付宝国际账户无法绑定到支付宝国内账户里。

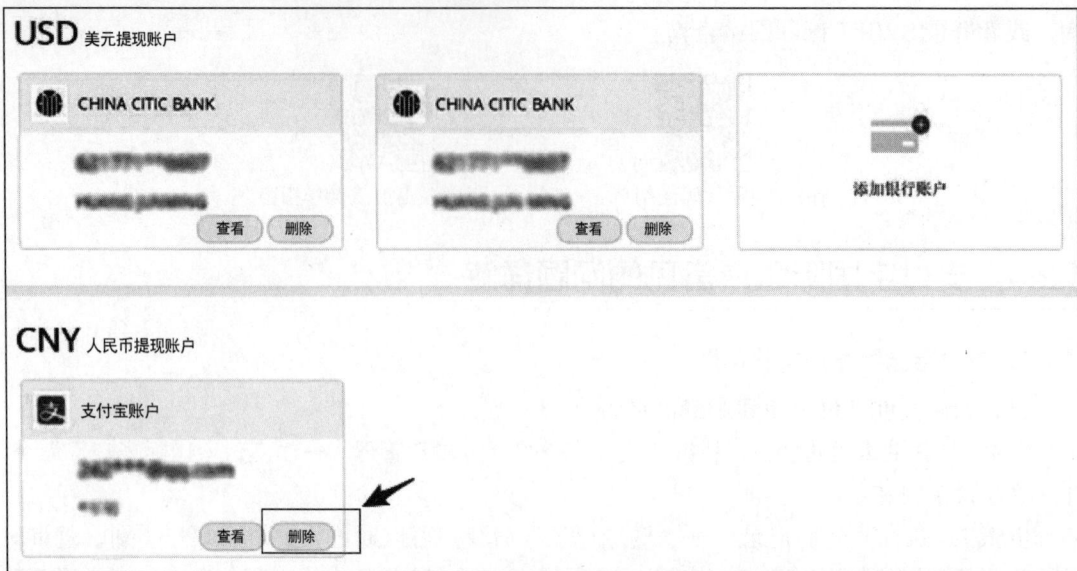

图 4-48　删除支付宝账号

（3）没有开通支付宝国际账户能放款成功吗?

没有开通支付宝国际账户，平台同样会放款到你的账户。虽然所有的订单资金都已转入支付宝国际账户，如果您的账户未开通则无法看到款项信息。因此，跨境交易必须激活支付宝国际账户。

（4）人民币收款账户和美元收款账户有什么区别。

速卖通平台的卖家有人民币收款和美元收款两种账户。人民币收款账户是一个支付宝账户，收到的是人民币；美元收款账户绑定的是一张银行借记卡，收到的是美元，需要到银行结汇成人民币。

任务实训

【实训 1】试述支付宝国际账户提现的方法。

【实训 2】试述美元账户收款注意事项。

跨境电商营销与推广

成功的营销与推广方式，可以引入更多的店铺流量、提高商品的转化率。

在进行营销与推广之前，先要清楚店铺里哪些商品是最适合进行营销与推广的，通过营销与推广想要达到怎样的效果。这些都是制定营销与推广方案需要考虑的问题。

营销与推广活动需要分层次、有重点地进行，如果每个层次的营销与推广活动效果都达到了方案的预期效果，那么营销与推广活动是成功的。反之，则要思考在这个过程中哪些环节出了问题。

任务 5.1　跨境电商营销

任务导入

本任务主要介绍店铺四大营销活动：限时限量折扣、全店铺打折、满件折/满立减、店铺优惠券，并讲解联盟营销的方法，以及介绍平台活动和大促活动的报名资质要求和规则。

任务导图

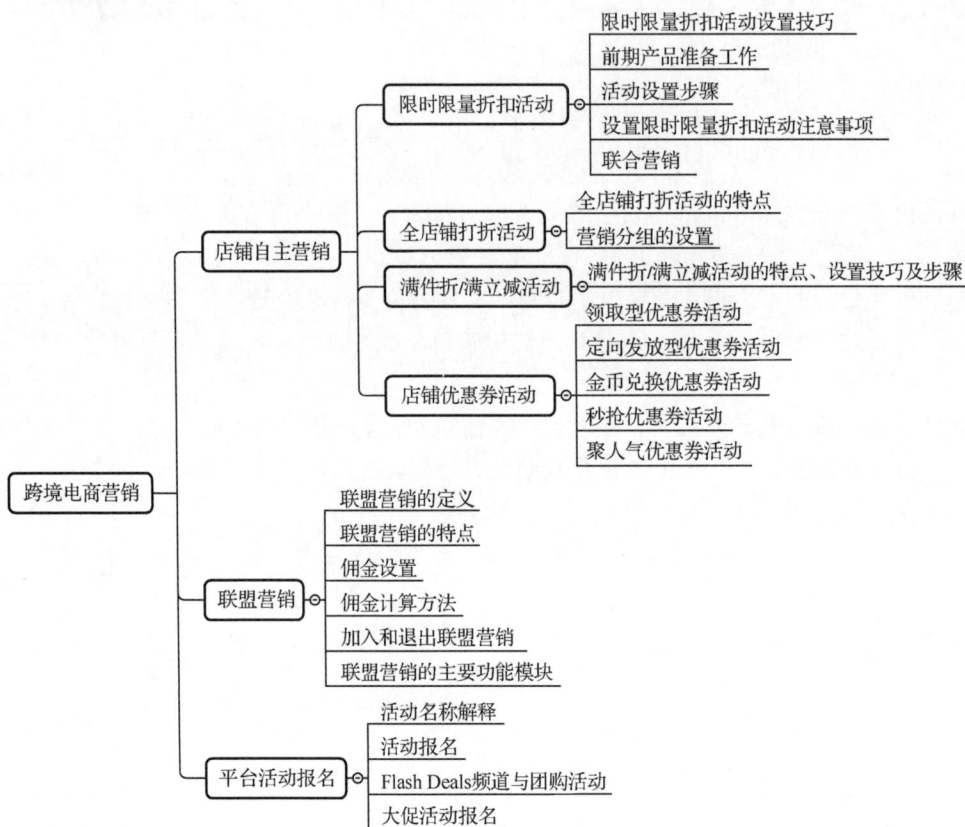

学习目标

知识 目标	了解店铺自主营销
	了解站内四大营销活动和联盟营销
	了解平台活动报名和大促活动报名的资质要求
能力 目标	能够进行店铺自主营销和联盟营销
	能够按照平台活动规则参加平台活动和大促活动

任务实施

5.1.1　店铺自主营销

速卖通平台为卖家提供了四大营销工具，分别是限时限量折扣、全店铺打折、满件折/满立减和店铺优惠券，通常把这四种营销工具统称店铺自主营销。在店铺运营过程中，卖家需要有针对性地使用这些营销工具。店铺自主营销活动基本规则如下。

（1）活动生效时间。限时限量折扣活动设置 12 个小时后生效；全店铺打折、满件折/满立减活动设置 24 个小时后生效；店铺优惠券活动设置 1～2 个小时后生效。

（2）限时限量折扣、全店铺打折、店铺优惠券活动可跨月设置，但会同时扣减两个月的活动数量；满件折/满立减活动开始和结束的日期必须在同一个月内。

（3）限时限量折扣活动在开始前 6 个小时内、全店铺打折和满件折/满立减活动在开始前 12 个小时内处于"等待展示"状态，此时无法修改活动信息。店铺优惠券活动若处于"展示中"状态，也无法修改活动信息或关闭活动。

（4）优惠生效规则。限时限量折扣活动的优先级大于全店铺打折活动，即当两个活动时间重叠时，优先展示限时限量折扣活动信息，限时限量折扣活动结束后，再展示全店铺打折的活动信息。满件折/满立减和店铺优惠券活动可以和其他活动同时进行。折扣产品以折后价（包括运费）计入全店铺满立减金额。

同时设置多种营销活动，能够在某些产品上产生叠加优惠的活动效果，更容易促进买家下单。

1．限时限量折扣活动

限时限量折扣活动可以增加店铺人气、活跃气氛、调动客户购买的积极性。此活动适合推广新产品、打造爆款、清理库存和优化产品排名。

1）限时限量折扣活动设置技巧

（1）限时限量折扣活动有限时和限量两个概念，活动时间不宜过长，活动应当少量多次。同时，参与活动产品的库存量也不宜设置过多。活动时间短、库存数量少，能够营造紧张的促销气氛，促使客户下单（注意时刻关注活动产品的库存数量，库存不足需要及时补充）。

（2）根据店铺的流量规律和主要推广的市场，选择流量高峰的时间段作为活动的时间段。

（3）店铺内销售表现较好的产品，要积极参与限时限量折扣活动，并做好跟踪服务工作。

（4）针对无线端客户，限时限量折扣活动可以单独设置无线专享价，从而提高无线端的转化率和销量占比。

2）前期产品准备工作

在进行限时限量折扣活动前，注意要提前做好产品的准备工作。例如，对于利润较高的产品，可以设置 5 折销售；对于利润较低的产品，可以设置 6 折销售。并对所有准备做活动的产品进行产品管理，即将它们进行分组，以便给后续的营销活动提供参考数据。"产品管理"页面如图 5-1 所示。

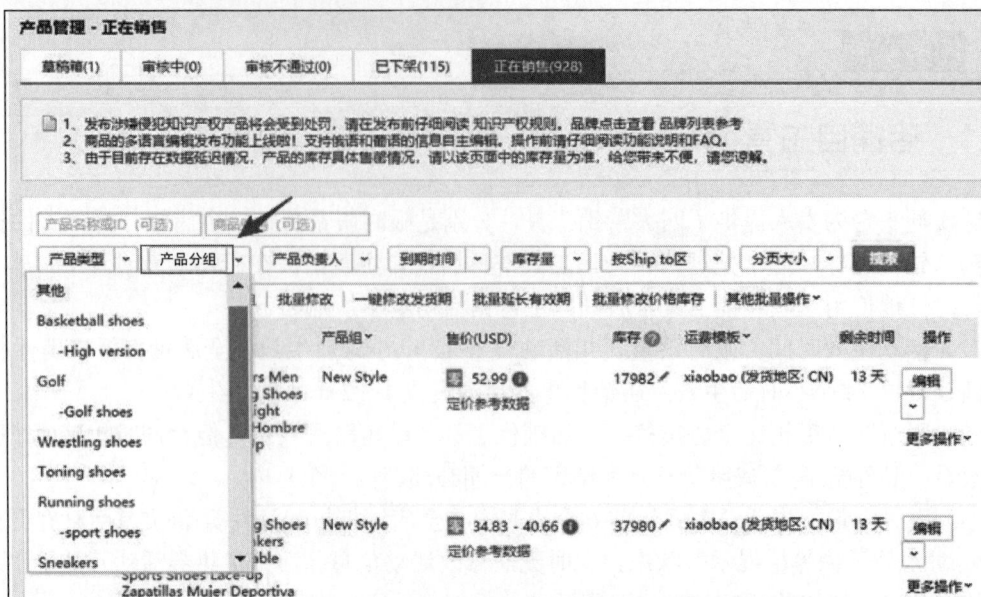

图 5-1 "产品管理"页面

3）活动设置步骤

限时限量折扣活动设置步骤如下。

步骤 1：登录速卖通后台，执行"营销活动"→"店铺活动"→"限时限量折扣"→"创建活动"命令，如图 5-2 所示。

图 5-2 "店铺活动"页面

步骤 2：设置活动基本信息。在打开的"店铺活动-创建活动"页面中，填写活动名称、设置活动开始时间和结束时间，如图 5-3 所示。最后单击"确定"按钮。

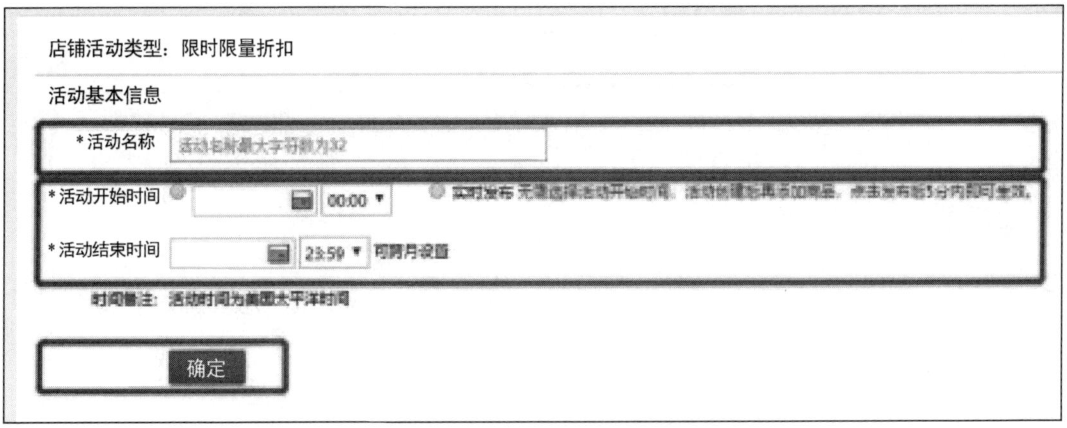

图 5-3　设置活动基本信息

说明：活动名称要简洁明了，如"新款推荐"；活动开始时间和结束时间为美国太平洋时间。

步骤 3：设置参加活动的产品。活动基本信息设置完成后，就可以开始添加产品了。单击"点击报名新增产品"按钮，如图 5-4 所示。在打开的"选择产品"页面中，可以"按发布类目选择产品"，也可以按"产品分组"选择参加活动的产品，如图 5-5 所示。

图 5-4　"点击报名新增产品"入口页面

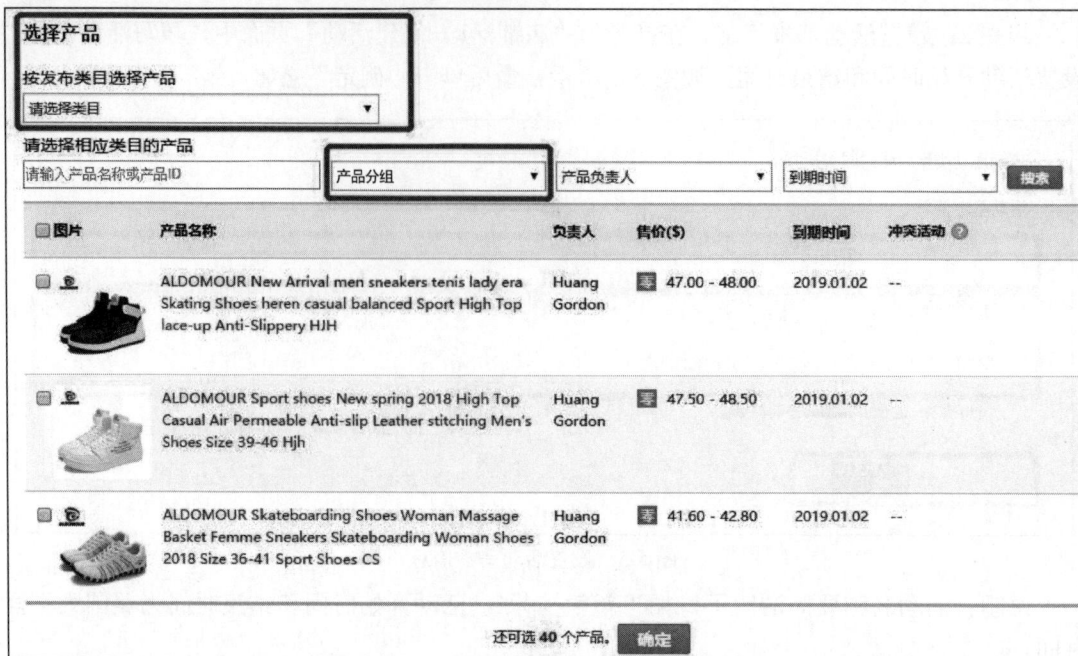

选择产品

按发布类目选择产品

请选择类目 ▼

请选择相应类目的产品

| 请输入产品名称或产品ID | 产品分组 ▼ | 产品负责人 ▼ | 到期时间 ▼ | 搜索 |

□ 图片	产品名称	负责人	售价($)	到期时间	冲突活动 ⑦
□ 🖼	ALDOMOUR New Arrival men sneakers tenis lady era Skating Shoes heren casual balanced Sport High Top lace-up Anti-Slippery HJH	Huang Gordon	🈹 47.00 - 48.00	2019.01.02	--
□ 🖼	ALDOMOUR Sport shoes New spring 2018 High Top Casual Air Permeable Anti-slip Leather stitching Men's Shoes Size 39-46 Hjh	Huang Gordon	🈹 47.50 - 48.50	2019.01.02	--
□ 🖼	ALDOMOUR Skateboarding Shoes Woman Massage Basket Femme Sneakers Skateboarding Woman Shoes 2018 Size 36-41 Sport Shoes CS	Huang Gordon	🈹 41.60 - 42.80	2019.01.02	--

还可选 **40** 个产品。 **确定**

图 5-5 "选择产品"页面

步骤 4：设置活动渠道折扣率、活动库存和限购数量。在打开的商品信息列表中，依次设置"渠道""折扣率""活动库存""限购"等信息，如图 5-6 所示，最后单击"确定"按钮。

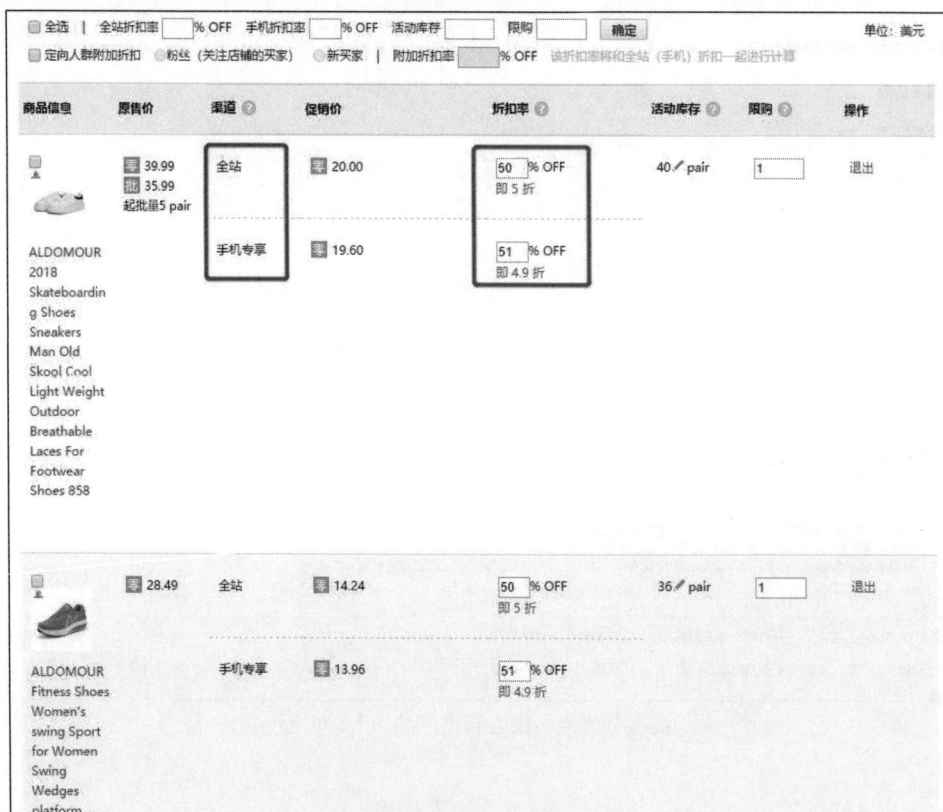

| □ 全选 | 全站折扣率 ___ % OFF | 手机折扣率 ___ % OFF | 活动库存 ___ | 限购 ___ | 确定 | | | 单位：美元 |

□ 定向人群附加折扣 ○粉丝（关注店铺的买家）○新买家 | 附加折扣率 ___ % OFF 该折扣率将和全站（手机）折扣一起进行计算

商品信息	原售价	渠道	促销价	折扣率 ⑦	活动库存 ⑦	限购 ⑦	操作
🖼 ALDOMOUR 2018 Skateboarding Shoes Sneakers Man Old Skool Cool Light Weight Outdoor Breathable Laces For Footwear Shoes 858	🈹 39.99 🈹 35.99 起批量5 pair	全站 手机专享	🈹 20.00 🈹 19.60	50 % OFF 即 5 折 51 % OFF 即 4.9 折	40 ✎ pair	1	退出
🖼 ALDOMOUR Fitness Shoes Women's swing Sport for Women Swing Wedges platform	🈹 28.49	全站 手机专享	🈹 14.24 🈹 13.96	50 % OFF 即 5 折 51 % OFF 即 4.9 折	36 ✎ pair	1	退出

图 5-6 设置商品的活动信息

设置完成后，活动页面中会显示活动的"当前状态"，如图 5-7 所示。活动当前状态包括四种：未开始、等待展示、展示中和已结束。

活动名称	活动开始时间	活动结束时间	当前状态	商品数	操作
04	2019/01/04 00:00	2019/01/04 15:00	未开始	0	编辑 复制
01	2019/01/01 00:00	2019/01/01 15:00	已结束	40	复制
31	2019/01/31 00:00	2019/01/31 15:00	未开始	40	编辑 复制
31	2018/12/31 00:00	2018/12/31 15:00	已结束	40	复制

图 5-7　"当前状态"页面

4）设置限时限量折扣活动注意事项

（1）活动开始时间最早为当前时间的 12 个小时之后。因此，设置活动的时间至少要在活动开始前 12 个小时以上。活动开始前 6 个小时进入等待展示状态，等待展示和展示中的产品都是不可编辑的，只能进行产品下架处理。

（2）以月为单位，每月活动总数量为 60 个，总时长为 2 880 个小时。

（3）如果设置了跨月活动，则会同时扣减两个月的活动数量。

（4）活动需要单独设置产品的库存数量，活动中的产品可以补充库存数量。

（5）参与活动的产品价格会计入 30 天最低价，因此需要注意合理控制产品的折扣率（若产品为了提高销量而设置了亏本折扣，则活动开始后，该产品只能以亏本价格进行销售）。

5）联合营销

很多卖家朋友设置完限时限量折扣活动之后，就觉得已经万事大吉了。其实这种想法是不正确的。速卖通后台每一种营销工具都不是独立的，而是紧密关联的，只有与其他营销工具联合起来，才能把限时限量折扣的活动效果发挥到最好。

① 与全店铺打折活动联合营销。接触过速卖通后台的人知道，全店铺打折的活动效果非常好，尤其是对新店铺，能起到立竿见影的效果。因此，进行限时限量折扣活动时，最好和全店铺打折活动联合在一起。但是，如果限时限量折扣活动不具备较强的竞争力时，可以不用与全店铺打折活动进行联合营销，这样可以把全店铺打折的活动次数留给下一次有竞争力的产品。

② 与直通车推广工具联合营销。直通车推广工具给店铺带来的曝光量是很可观的。因此，一定要利用好与直通车推广工具的联合营销。可以用直通车推广工具单独为限时限量折扣活动的一个产品建立一个重点推广计划。为什么一个直通车重点推广计划只有一个产品，而不是多个产品？因为如果一个重点推广计划里面有多个产品，那么目标产品的曝光量就会被分割，这样对目标产品的推广是非常不利的。

③ 与店招或轮播图联合营销。店铺的店招或轮播图所在的位置也是产品很好的广告位。当对店铺的某个产品进行限时限量折扣活动的时候，可以充分利用好店招或轮播图的宣传作用。实践证明，这两个广告位能让店铺的限时限量折扣活动起到事半功倍的效果。轮播图宣传限时限量折扣活动示例如图 5-8 所示。

④ 与首页推荐位联合营销。除了店招或轮播图以外，店铺的首页推荐位也是一个很好的提升产品曝光量的位置。显眼位置展示的折扣率是非常吸引人眼球的，与首页推荐位联合营

销，能对限时限量折扣活动推广提供非常大的帮助。

图 5-8　轮播图宣传限时限量折扣活动示例

⑤ 设置为联盟营销的主推产品。如果想让某个产品成为联盟营销的主推产品，最好提前一个月进行预热设置。主推产品的佣金要比普通产品的佣金高，这样的效果会更明显。正常情况下，主推产品的佣金设为 5%以上效果会比较明显。当然，这也要根据店铺产品的利润率来设置。将某个限时限量折扣活动的产品设置为联盟营销的主推产品，营销活动的效果将会发生质的飞跃。

⑥ 与粉丝营销联合。粉丝营销需要先对客户进行分类，然后推送限时限量折扣的活动信息。在推送活动信息之前，需要做好客户的人群分析，对于那些不在意折扣活动的客户，或者最近已经购买的客户，最好不要推送活动信息，以免对他们造成骚扰而被投诉。活动信息要发给那些喜欢折扣活动的客户。

⑦ 与 VK 网站联合营销。在进行限时限量折扣活动时，一定要记得分享店铺的活动信息。把活动信息展示在 VK 网站（俄罗斯社交网站）上。由于速卖通上很多客户都是来自俄罗斯的，因此，与 VK 网站联合营销也是必不可少的。"分享店铺及活动"入口页面如图 5-9 所示。

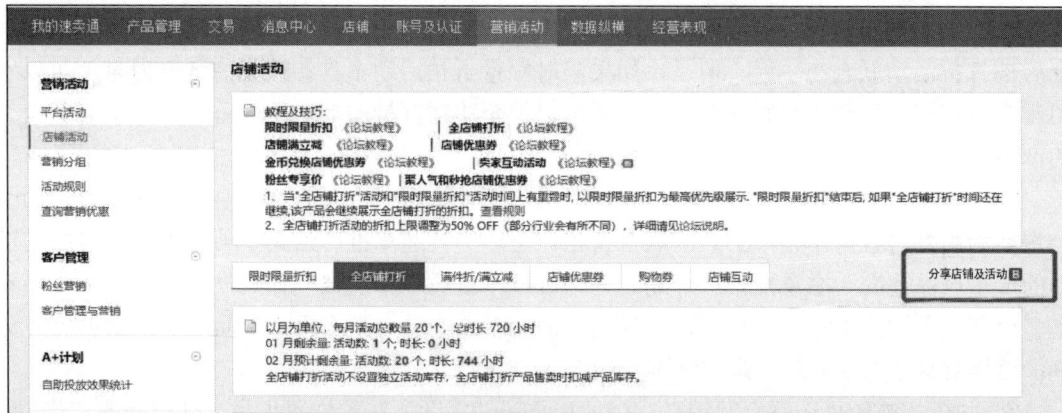

图 5-9　"分享店铺及活动"入口页面

为了增强活动效果，在进行店铺自主营销活动时，都可以根据实际情况与其他活动进行联合营销。

2．全店铺打折活动

全店铺打折活动可以说是店铺自主营销的"四大利器"之首，尤其是对于新店铺，活动效果明显，它能够快速提高店铺销量、信用等级和综合曝光率。

1）全店铺打折活动的特点

全店铺打折活动具有以下特点。

（1）以月为单位，每个月活动总数量 20 个；活动总时长 720 个小时。

（2）不在营销分组的产品会被自动分配到系统自带的其他（other）分组内，其他分组内的产品可以不打折。如果需要修改营销活动的产品，可以将产品分配到其他（other）分组内进行修改。

（3）活动产品的库存数量不可以通过产品编辑页面来修改，但可以通过产品管理页面进行修改。

（4）活动不设置独立活动库存数量，产品售卖时自动扣减产品库存数量。

（5）活动可以覆盖店铺的所有产品，保证店铺的所有产品都可以有折扣。

（6）活动的产品可以被限时限量折扣活动的产品覆盖。

（7）活动时间可跨月设置，但会同时扣减两个月的活动数量。

2）营销分组的设置

营销分组可以帮助卖家有效控制店铺产品的折扣力度。建议卖家设置营销分组时，把可以承受相同折扣率的产品放在同一组，方便以后进行全店铺打折活动时能清楚地设置产品的折扣率。进行营销分组的设置步骤：登录速卖通后台，执行"营销活动"→"营销分组"命令，打开"营销分组-编辑分组"页面，如图 5-10 所示。该页面可以"新建分组"和"编辑分组"，还可以对分组进行排序等操作。

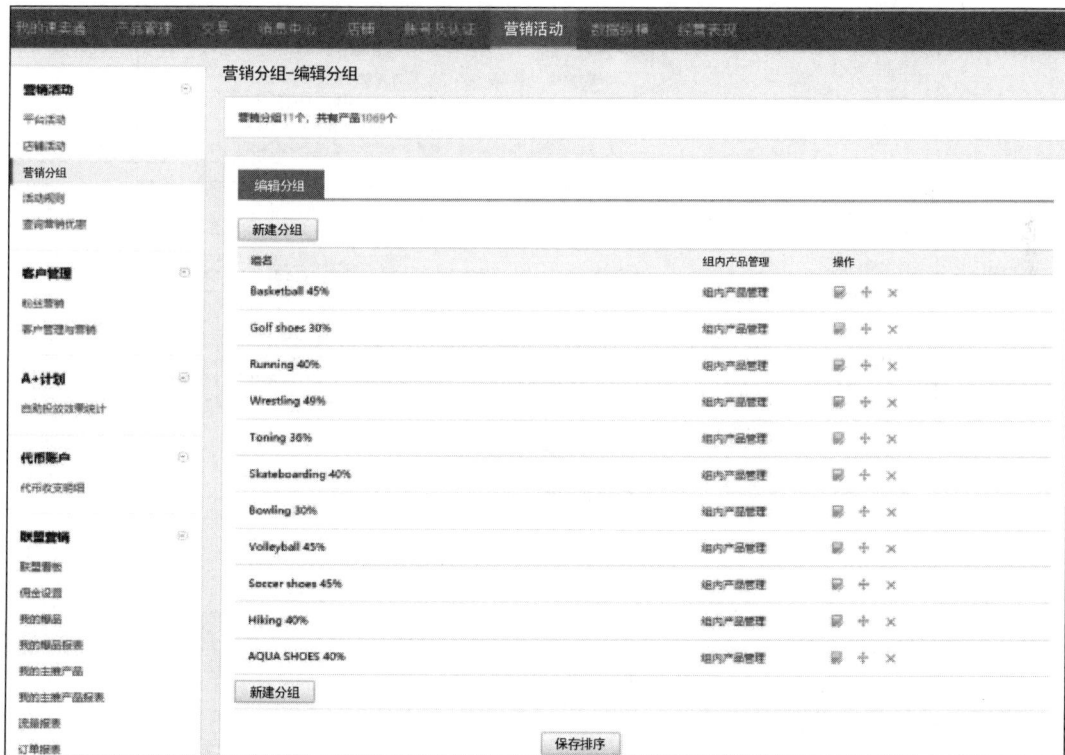

图 5-10　"营销分组-编辑分组"页面

3．满件折/满立减活动

1）满件折/满立减活动的特点

满件折/满立减活动具有如下特点：

（1）每个月活动总数量 10 个，活动总时长 720 个小时；

（2）不可跨月设置活动时间；

（3）满足活动条件的商品会自动减免，与店铺优惠券可叠加使用；

（4）活动至少需要提前 24 个小时设置。

2）满件折/满立减活动的设置技巧

（1）该活动可以对指定商品进行设置，这样便于新商品快速出单，并且活动优惠后的价格不计入最低价；

（2）由于参与该活动的商品仍可以使用店铺优惠券，因此，店铺设置活动时需要考虑可使用优惠券的金额；

（3）较大活动的优惠幅度更容易吸引直接代发货、转运配送和小型 B 类客户。

3）满件折/满立减活动的设置步骤

步骤 1：登录速卖通后台，执行"营销活动"→"店铺活动"→"满件折/满立减"→"创建活动"命令，如图 5-11 所示。

图 5-11 "满件折/满立减"页面

步骤 2：设置活动基本信息。在打开的"活动基本信息"页面中，填写活动名称、设置活动开始时间和结束时间，如图 5-12 所示。

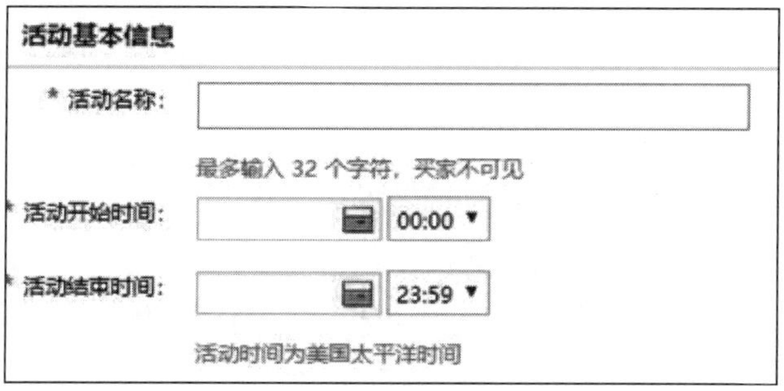

图 5-12　"活动基本信息"页面

步骤 3：设置活动商品及促销规则。在打开的"活动商品及促销规则"页面中，设置"活动类型"和"满减条件"。活动类型包括"全店铺满立减""商品满立减""全店铺满件折""商品满件折"。如果选择"商品满立减"或"商品满件折"，则需要选择参与活动的商品。满减条件包括"多梯度满减"和"单层级满减"。如果选择"多梯度满减"，则需要设置满减梯度。"活动商品及促销规则"页面如图 5-13 所示。

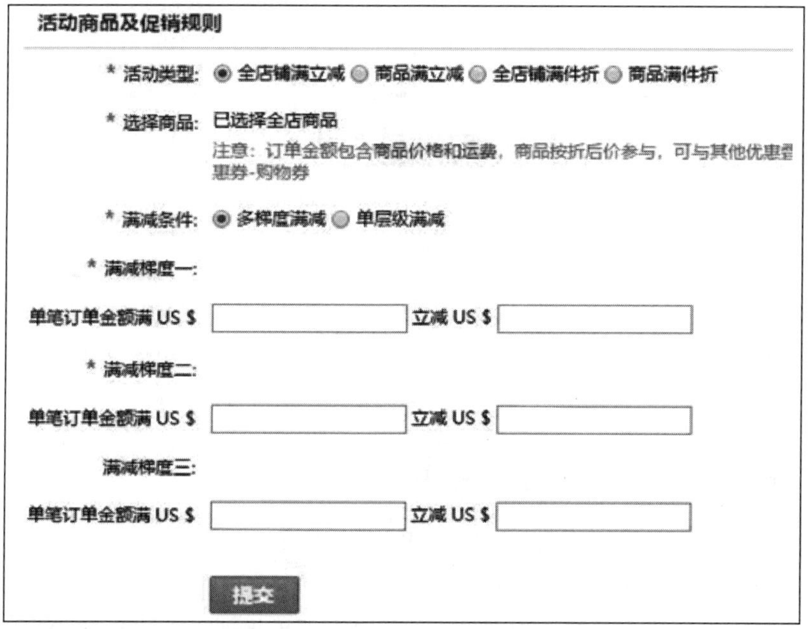

图 5-13　"活动商品及促销规则"页面

4．店铺优惠券活动

店铺优惠券活动可以提高客单价，刺激客户下单，为店铺引入流量。店铺优惠券活动的设置比较灵活，既可以设置小金额的优惠券，也可以设置使用门槛。国外客户对优惠券有很好的使用习惯，领到优惠券的客户有较大比例会把优惠券用掉。

店铺优惠券活动分为领取型优惠券活动、定向发放型优惠券活动、金币兑换优惠券活动、秒抢优惠券活动和聚人气优惠券活动五种。

1）领取型优惠券活动

（1）领取型优惠券活动特点如下。

● 每个月活动总数量为 30 个。

● 活动开始时间为设置完成后的下一个整点。

● 展示位置：店铺的商品销售页面；商品详情页加购物车标志的下方；平台的优惠券页面。

● 如果设置了多个优惠券活动，一个订单只能使用其中满足条件的一个。

● 可以设置限制使用条件或不限制使用条件。

（2）领取型优惠券活动设置步骤如下。

步骤 1：登录速卖通后台，执行 "营销活动"→"店铺活动"→"店铺优惠券"→"领取型优惠券活动"命令，如图 5-14 所示。

图 5-14 "店铺优惠券"页面

步骤 2：单击"添加优惠券"命令，在打开的页面中，根据自己店铺的实际情况依次填写活动基本信息、设置优惠券领取规则、设置优惠券使用规则，如图 5-15 至图 5-17 所示。

图 5-15 "活动基本信息"页面

图 5-16　"优惠券领取规则设置"页面

图 5-17　"优惠券使用规则设置"页面

步骤 3：最后单击"确认创建"按钮，领取型优惠券活动设置完成。

2）定向发放型优惠券活动

（1）定向发放型优惠券活动特点如下。

● 每个月活动总数量为 20 个。

● 活动开始时间为设置完成后的下一个整点。

● 定向发放型优惠券的发放方式有：选择客户线上发放和二维码发放。

● 可以设置限制使用条件或不限制使用条件。

（2）定向发放型优惠券活动设置步骤与领取型优惠券活动设置步骤类似。

3）金币兑换优惠券活动

（1）金币兑换优惠券活动特点如下。

● 每个月活动总数量为 10 个（包括 3 个有限定使用条件的活动）。

● 活动开始时间为设置完成后的下一个整点。

● 流量入口是来自无线端的金币频道"Coins & Coupons"，设置完成后在店铺内呈现方式为每 1 美元需要 50 个金币来兑换。

（2）金币兑换优惠券活动设置步骤与领取型优惠券活动设置步骤类似。

4）秒抢优惠券活动

（1）秒抢优惠券活动特点如下。

- 每个月活动总数量为 30 个。
- 活动开始时间可选择 2:00/8:00/14:00/20:00，结束时间为活动开始后的 2 个小时。
- 只能设置无限制条件的优惠券。
- 秒抢优惠券活动设置后不会在店铺内呈现，只有报名相应的平台活动后，才会出现在对应的场景内。所有单独设置秒抢优惠券活动的商品是没有曝光场景的，需要与报名平台活动一起才有曝光场景。

（2）秒抢优惠券活动设置步骤与领取型优惠券活动设置步骤类似。

5）聚人气优惠券活动

（1）聚人气优惠券活动特点如下。

- 每个月活动总数量为 10 个。
- 活动开始时间为设置完成后的下一个整点。
- 只能设置无限制条件的优惠券。
- 聚人气优惠券活动设置后同样不会在店铺内呈现，只有报名相应的平台活动后，才会出现在对应的场景内。
- 可通过客户口碑营销的方式快速给店铺带来新流量，客户只能通过其他客户帮助领取。

（2）聚人气优惠券活动设置步骤与领取型优惠券活动设置步骤类似。

总之，店铺后台的每种营销方式都不是孤立的，只有把它们紧密地联系起来，才能把店铺自主营销做到最好。在做店铺自主营销的过程中，只有不断地去总结，才能做出最适合店铺的自主营销活动！

5.1.2　联盟营销

1. 联盟营销的定义

联盟营销是由专业的营销机构组织大量网站的广告资源，为卖家提供全网范围的广告推广模式。它也是速卖通官方推出的一种"按效果付费"的推广模式。联盟营销的站长来自全球 100 多个国家，客户群体庞大。

2. 联盟营销的特点

参与联盟营销的卖家，其商品可以得到在大量海外网站曝光的机会，商品信息从更多渠道展示给目标客户，对店铺销量的增长有很大的帮助。采用按销售额付费（CPS，Cost Per Sale）的模式加入联盟营销，无须预先支付费用，曝光量是免费的，只有成交了才支付佣金。

卖家可以自行设置佣金比例，也可以采用店铺默认的佣金比例。不同类目默认的最低佣金比例不同，通常在 3%～8%之间，所有类目可设置的最高佣金比例为 50%。

3. 佣金设置

加入联盟营销时，需要设置店铺的默认佣金比例。店铺内所有商品在未进行特殊设置的情况下，均按照店铺的默认佣金比例计算。

（1）类目佣金。卖家可以针对类目设置佣金比例，该类目下所有商品在未进行特殊设置的情况下，均按照类目的默认佣金比例计算。

（2）主推商品佣金。卖家可以针对主推商品设置佣金比例，在没有对主推商品进行特殊佣金比例设置的情况下，按照类目的佣金比例计算。主推商品的佣金比例优先于类目的佣金比例和店铺的默认佣金比例。

4．佣金计算方法

联盟营销佣金计算方法如下。

（1）买家从联盟网站通过特定格式的推广链接访问卖家的速卖通店铺，在 15 天之内，如果买家在该店铺下单，并且这笔订单最终完成交易，则此订单为有效计算佣金的订单。15 天的计算周期，是从最近一次通过特定格式的推广链接访问时间开始算起。如果在这 15 天之内，买家又通过该推广链接进入了卖家的店铺，则会重新开始计算 15 天的统计周期。

（2）交易期间买家申请退款的联盟订单，联盟佣金会退还；交易结束后买家正常退货，联盟佣金不退还，因为联盟网站已经起到了导购的作用。

（3）折扣商品按照实际成交价格计算联盟佣金。

（4）运费不计算联盟佣金。

5．加入和退出联盟营销

加入联盟营销的方法：登录速卖通后台，执行"营销活动"→"联盟营销"→"联盟看板"命令，打开"联盟看板"页面，选中"我已阅读并同意此协议"，单击"下一步"按钮，进入"设置联盟佣金比例"页面。设置好默认的佣金比例后，单击"加入联盟计划"按钮，就正式加入联盟营销了。一旦加入联盟营销，店铺的所有商品就变成联盟营销的商品了。

加入联盟营销 15 天后可以退出，退出之后成交的订单不再收取联盟佣金，但退出之前成交的订单依然计算联盟佣金。退出联盟后，15 天之内不能再次加入联盟营销。

6．联盟营销的主要功能模块

联盟营销的功能模块如图 5-18 所示，下面对主要功能模块进行简要说明。

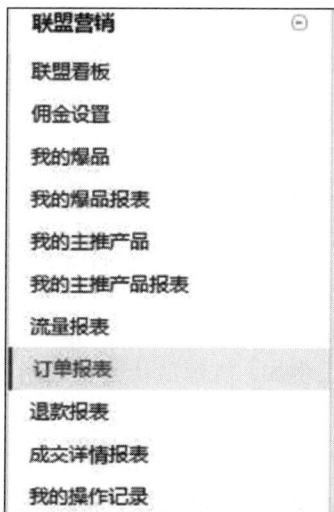

图 5-18　联盟营销的功能模块

1）联盟看板

通过联盟看板能清楚地知道联盟营销最近一段时间的营销情况，能够了解最近一段时间的店铺浏览量、店铺访客数、支付金额和预计佣金等数据指标，还能计算出佣金投入产出比（佣金支出金额与联盟渠道订单金额之比）。"联盟数据概览"页面如图 5-19 所示。

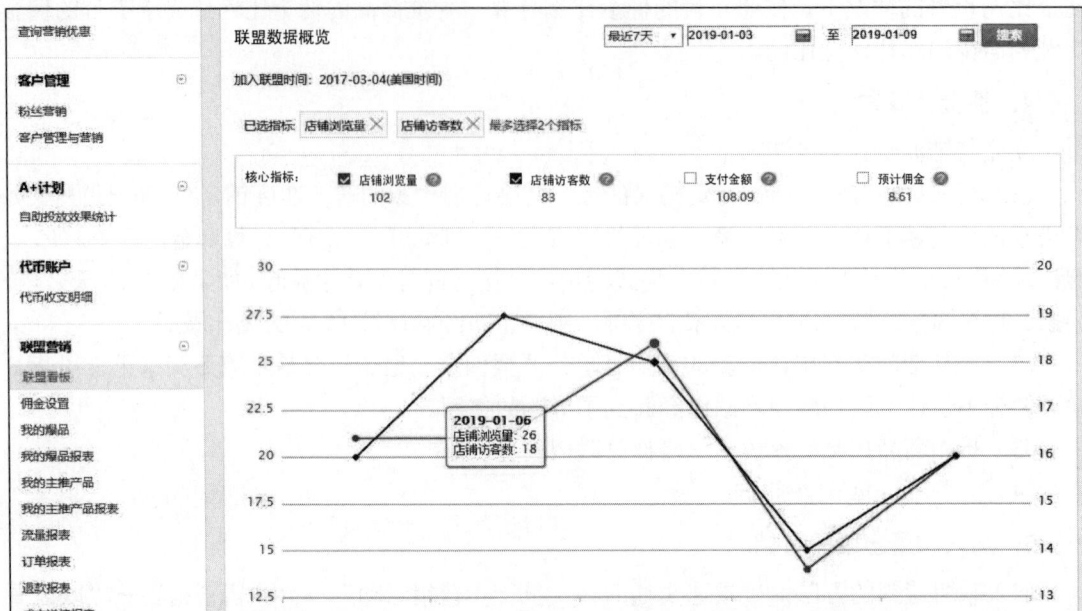

图 5-19 "联盟数据概览"页面

2）佣金设置

一旦同意加入联盟营销，店铺内所有的产品就都会涉及佣金。因此，设置佣金比例时应结合产品的定价来合理设置，可以通过"佣金设置"页面来修改佣金比例，如图 5-20 所示。

图 5-20 "佣金设置"页面

3）我的主推产品

速卖通平台最多可以设置 60 个产品作为主推产品进行推广。只有主推产品才能参加联盟营销的专属推广活动，没用设置为主推产品的产品没有权限参加。所以，设置主推产品时应选择市场接受程度较高的热销产品，这样有利于提高推广效果。设置主推产品的佣金比例时，建议比其他产品的佣金比例略高。例如，店铺默认佣金比例为 5%时，主推产品佣金比例可设置为 6%～8%。"我的主推产品"页面如图 5-21 所示。

主推产品设置完成后，卖家应以固定周期（建议 1～2 个月）对主推产品的销售数据进行统计和分析，及时用其他热销产品替代转化率低的主推产品。经过几个月的调整，使联盟营销的转化率达到最佳状态。

图 5-21 "我的主推产品"页面

4）流量报表

通过流量报表，卖家可查看最近一段时间联盟营销每天的流量的详情数据，流量报表的核心指标包括店铺浏览量、店铺访客数等。"联盟流量数据概览"页面如图 5-22 所示。

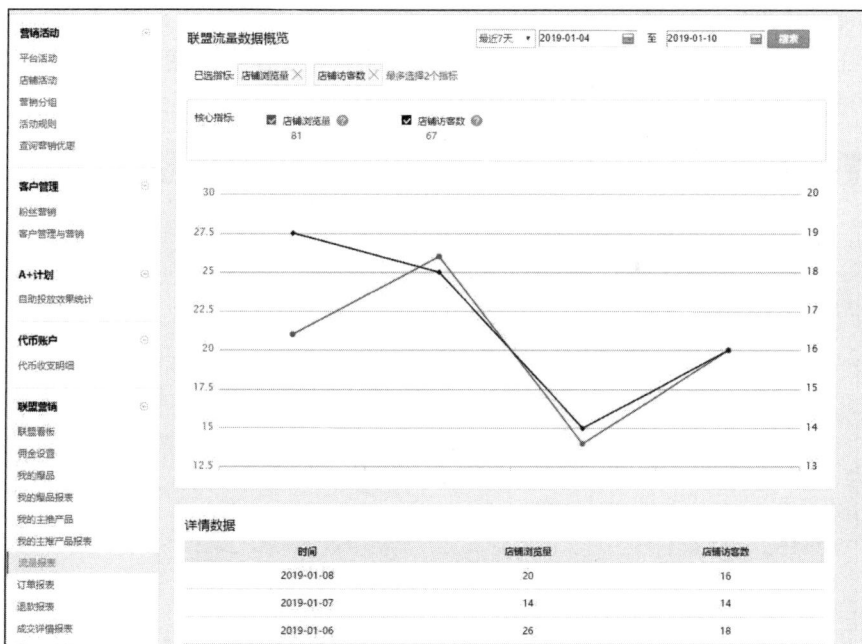

图 5-22 "联盟流量数据概览"页面

5）订单报表

通过订单报表，卖家可查看最近一段时间联盟营销每天为他带来的订单详情数据。订单报表的核心指标包括支付订单数、支付金额、预付佣金，可以统计每天的联盟订单详情数据、结算金额和实际佣金。"联盟订单数据概览"页面如图 5-23 所示。

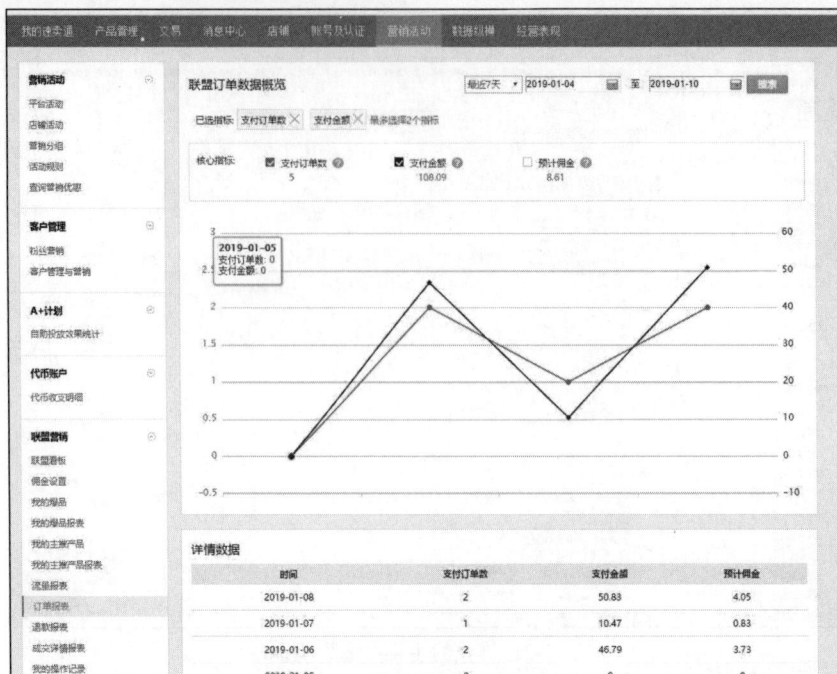

图 5-23 "联盟订单数据概览"页面

6）成交详情报表

通过成交详情报表，卖家可以清楚地了解某个时间段联盟营销为他带来的每一笔订单的成交金额和收取的实际联盟佣金等信息。"成交详情报表"页面如图 5-24 所示。通过分析成交详情报表的数据，能够判断联盟营销的效果，进而可以不断调整联盟营销的产品和佣金比例，最终形成一套适合自己店铺的最优联盟营销方案。

图 5-24 "成交详情报表"页面

总之，进行店铺联盟营销活动需要经历一个过程，切不可急于求成。在设置联盟营销主推产品的时候，需要不断总结并淘汰不良产品、更换新的产品，最终留下能为店铺带来销量的主推产品。

5.1.3　平台活动报名

平台活动是阿里巴巴速卖通面向卖家推出的免费推广服务活动，每一期平台活动都会在卖家后台营销活动中的"活动报名"页面进行展示和招商。"活动报名"页面如图 5-25 所示，卖家可以选取与自己店铺产品相符合的活动自主申请报名。一旦报名成功，该活动产品的信息会出现在活动页面上，从而获得大量的流量。

图 5-25　"活动报名"页面

1．活动名称解释

平台邀约活动：平台通过算法选中店铺的商品，主动邀请商家参与的活动。

平台固定频道活动：平台的日常活动，包括试用频道、Flash Deals、金币频道、俄罗斯团购、品牌闪购、平台限时限量等活动。

平台推荐活动：平台根据商家当前的经营状况，个性推荐店铺适合参与的活动。

2. 活动报名

进行活动报名之前，先要查看活动报名的要求，找到自己店铺符合要求的活动进行报名。

（1）登录速卖通后台，执行"营销活动"→"活动报名"命令，打开"活动报名"页面，单击"查看平台所有活动"按钮，打开"全部活动列表"页面。该页面支持筛选功能，可以按"活动类型""报名资质""报名状态"进行筛选，如图5-26所示。单击"搜索"按钮，页面会显示符合筛选条件的活动名称。

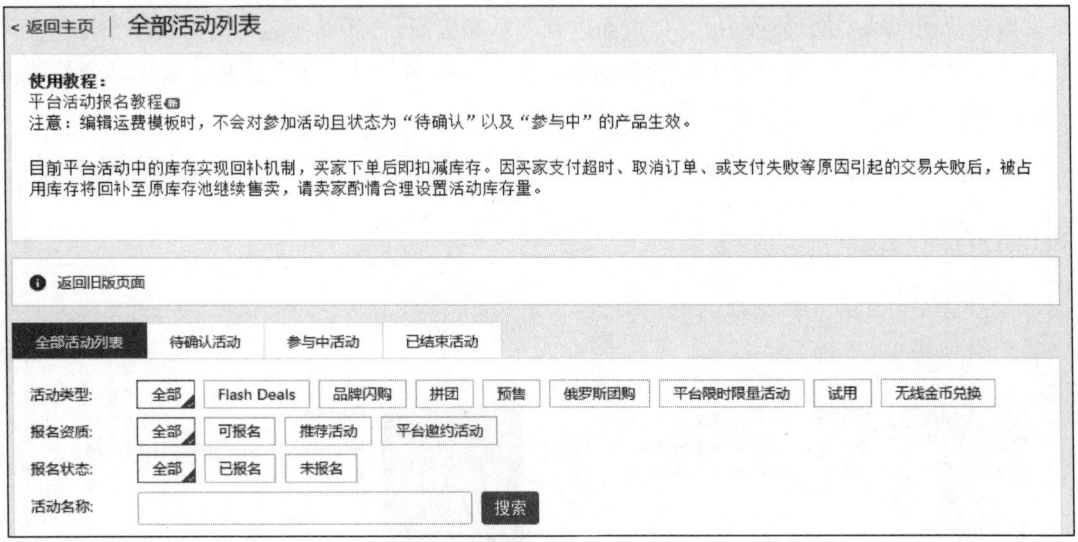

图5-26 "全部活动列表"页面

（2）查看可报名的活动。在筛选出的活动列表中，如果店铺符合活动要求，则可以单击"立即报名"按钮进行报名；如果不符合活动要求，"立即报名"按钮不可点击，并且在下方会显示"不符合资质原因"按钮，单击该按钮可以查看店铺不符合活动报名资质的原因。筛选出的活动列表如图5-27所示。

图5-27 筛选出的活动列表

提示： 店铺资质及商品资质检验需要2～3天的同步时间，即平台检验你店铺2～3天前的商品指标数据是否符合要求；针对满件折/满立减和店铺优惠券活动，平台检验的是即时数据，即报名活动后，根据当前的商品指标数据判断是否符合报名资质。

（3）设置活动信息。设置活动信息流程包括查看招商规则、选择活动商品、设置商品库存及折扣率、提交活动报名。

步骤 1：查看招商规则。确定好参加的活动后，单击"立即报名"按钮，进入活动详细描述页面，在该页面可以查看具体招商规则。"非标 2 月日促 ABC 最新"活动招商规则如图 5-28 所示。

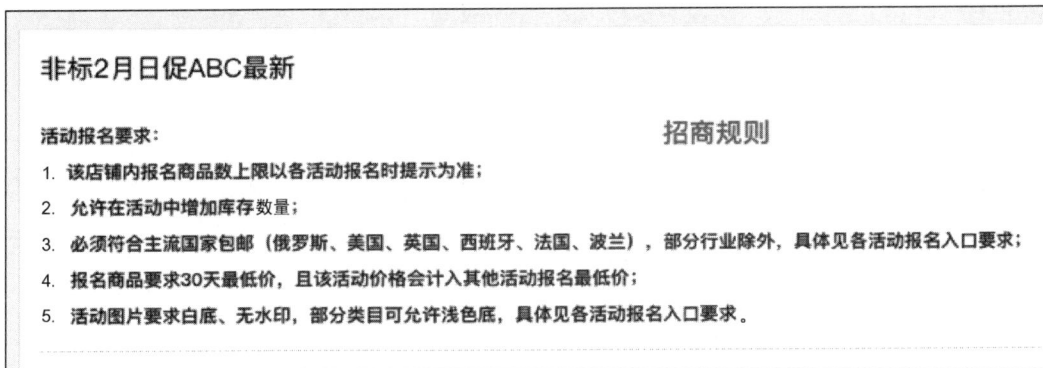

图 5-28　"非标 2 月日促 ABC 最新"活动招商规则

步骤 2：选择活动商品。单击"立即报名"按钮进入添加商品页面，再单击"添加商品"按钮，打开"选择商品"页面。该页面具有智能筛选可报名商品和推荐商品的功能，如图 5-29 所示。平台不仅可以通过算法推荐店铺内适合报名该场活动的商品，还可以过滤掉不符合资质的商品和与其他活动冲突的商品。

图 5-29　"选择商品"页面

提示：活动报名时，"选择商品"页面只显示对应招商类目的商品，如果该类目不在招商范围内，则对应商品不会显示在"选择商品"页面内。

步骤 3：设置商品库存及折扣率。在活动设置页面中，单击"商品库存及折扣率设置"按钮，打开"商品库存及折扣率设置"页面，如图 5-30 所示。根据页面要求设置符合条件的库存数量及折扣率。折扣率有"全站折扣率"和"App 专享折扣率"两种方式。

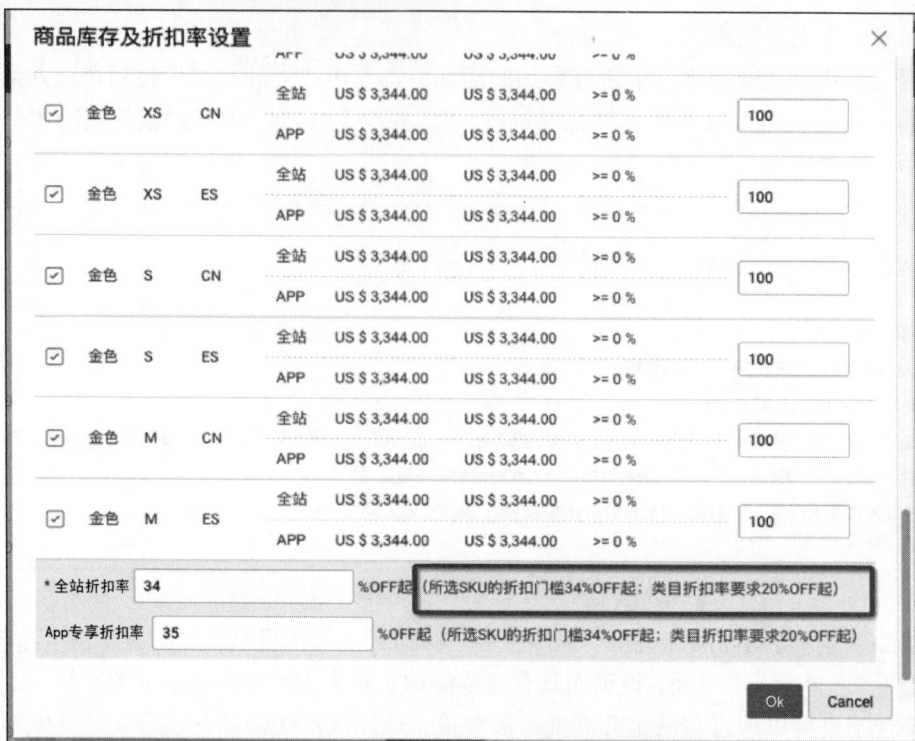

图 5-30 "商品库存及折扣率设置"页面

提示：所选 SKU（库存量单位）的折扣门槛是指所选 SKU 对应商品的最低价折扣要求，类目折扣率要求是指类目对应的行业门槛要求，即要求设置的折扣率符合该行业的门槛要求。

步骤 4：提交活动报名。已经选择参加活动的产品，可以通过输入产品名称或产品 ID 来搜索报名活动的设置信息，如图 5-31 所示。确认信息无误后单击"提交"按钮，完成该商品的活动报名。还可以单击"批量提交"按钮，对多个已选商品进行批量提交。

图 5-31 "已选商品"页面

提示：

① 提交成功后，在招商期内且商品未被审核前，可以对商品进行再次编辑。单击"编辑"按钮，即可对报名活动商品的相关信息进行编辑，如图 5-32 所示。编辑完成后必须再次单击"提交"按钮，修改方可生效。

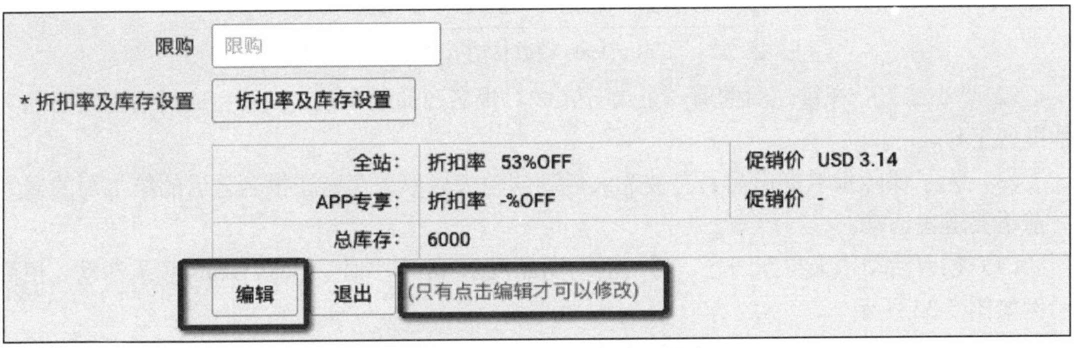

图 5-32　编辑报名活动的商品信息

② 报名多个商品时，支持批量提交，但只能批量提交当前页面中显示的商品。

③ 在招商期截止或被审核前，允许商品退出活动。需要注意的是，退出后该商品无法再次报名该场次活动，且所占活动报名的坑位不会被释放。

④ 招商期截止或者商品被审核后，报名平台活动的商品不能进行更改。因此，请谨慎选择报名活动和仔细设置活动信息。

3．Flash Deals 频道与团购活动

上面介绍了报名活动的具体流程，下面来看一下速卖通平台最具有代表性的平台活动："Flash Deals"频道和团购活动。

1）Flash Deals 频道

Flash Deals 频道由速卖通无线抢购和 Super Deals 活动频道合并而成的推广频道。Flash Deals 频道是平台的爆款产品中心。一方面，它能够帮助卖家打造店铺的爆款产品，另一方面，已有的爆款产品也可以通过该频道让更多的客户有机会认识店铺的商品品质和体验店铺的服务水平，当然也会帮助店铺在搜索渠道中获得更多的曝光量。Flash Deals 频道 PC 端展示位置如图 5-33 所示，Flash Deals 频道移动 App 端的展示位置如图 5-34 所示。

图 5-33　Flash Deals 频道 PC 端展示位置

报名 Flash Deals 频道活动注意事项如下。

（1）招商时间为每周一至周日。

图 5-34 Flash Deals 频道移动 App 端展示位置

（2）"小二"会在第二周的周一至周五完成对报名商品的审核，以及完成活动上线前的其他准备工作。

（3）为了保障报名的商品具有被选入活动的较大概率，卖家在报名之后的第二周的周六之前不要退出活动。

（4）频道活动每天更新一场，每场活动商品展示 48 个小时。Flash Deals 频道活动、招商示例如图 5-35 所示。

活动名称	招商时间	展示时间	报名状态	操作
新版Flash Deals-普货30th				查看所有子活动>
新版Flash Deals-普货2月25日	2019.01.31 08:00:00 2019.02.21 23:59:59	2019.02.25 00:00:00 2019.02.26 23:59:59	未报名	立即报名 不符合资质原因 ∨
新版Flash Deals-普货2月26日	2019.01.31 08:00:00 2019.02.21 23:59:59	2019.02.26 00:00:00 2019.02.27 23:59:59	未报名	立即报名 不符合资质原因 ∨
新版Flash Deals-普货3月1日	2019.01.31 08:00:00 2019.02.21 23:59:59	2019.03.01 00:00:00 2019.03.02 23:59:59	未报名	立即报名 不符合资质原因 ∨
新版Flash Deals-普货2月28日	2019.01.31 08:00:00 2019.02.21 23:59:59	2019.02.28 00:00:00 2019.03.01 23:59:59	未报名	立即报名 不符合资质原因 ∨
新版Flash Deals-普货3月3日	2019.01.31 08:00:00 2019.02.21 23:59:59	2019.03.03 00:00:00 2019.03.04 23:59:59	未报名	立即报名 不符合资质原因 ∨

图 5-35 Flash Deals 频道活动招商示例

（5）目前对报名的商品统一要求 30 天最低价，不同类目的折扣略有差别。例如，手机、平板电脑、笔记本电脑类目需要在 30 天最低价的基础上再增加 2%的优惠折扣；其他类目在 30 天最低价的基础上再增加 6%的优惠折扣。Flash Deals 频道活动价格是不会计入大促活动最低价的，卖家可以放心报名！

提示： 报名该活动严禁提价打折！另外，为了保障商品的种类齐全，活动要求每个商品一周最多只能报名两次。

2）团购活动

团购活动是速卖通平台的一种固定频道活动。俄罗斯团购活动是速卖通平台团购活动中最具代表性的活动，也是目前整个平台流量最大的常规性活动。该活动流量可以达到整个俄文站点全部流量的 15%以上，活动定位为为店铺带来最大流量、最快出货和最优买家体验的营销活动。

俄罗斯团购活动展示位置如图 5-36 所示。

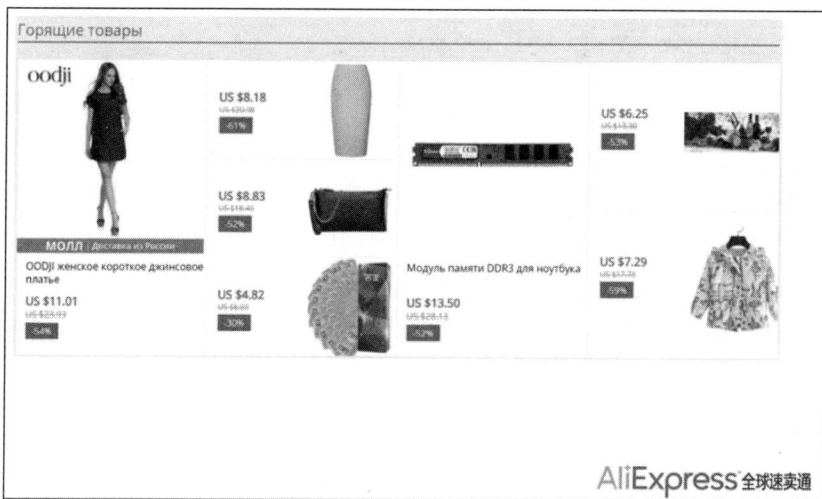

图 5-36 俄罗斯团购展示位置

俄罗斯团购活动可分为爆品团活动和清仓专场活动。根据不同的活动定位，招商要求也有所不同。

俄罗斯团购爆品团招商活动说明如下。

（1）该活动针对俄罗斯、乌克兰、白俄罗斯三国包邮，30 天最低价。

（2）招商时间：每周一到周日；"小二"会在第二周的周一至周五完成报名商品的审核工作，以及完成活动上线前的其他准备工作。

（3）团购活动每周一、周三、周五更新，每场活动商品展示 5 天。

（4）招商要求。招商要求如图 5-37 所示。

招商要求
1. 以下国家必需设置包邮：俄罗斯、乌克兰、白俄罗斯；
2. 请提前按照实际备货设置好充足的库存，库存会有销售进度显示；
3. 请同一商品不要重复连续报名，报名商品受平台疲劳度规则管控；
4. 请按照要求上传无水印的图片，以增加审核通过的概率；
5. 俄罗斯团购活动展示疲劳度为同一商品每14天可以展示1次，超过无法展示。

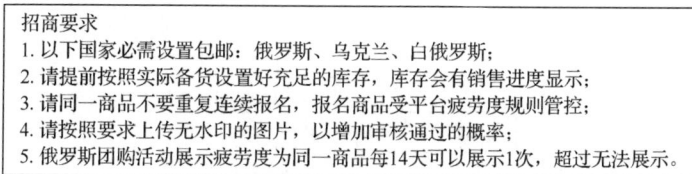

图 5-37 俄罗斯团购爆品团招商要求

4．大促活动报名

速卖通平台大促活动的类型主要有"3·28 周年庆""8·28 返校节""双 11"等。从大促活动的力度和流量来看，"双 11"是促销力度和流量最大的活动。

每次大促活动，速卖通平台都会通过大量的渠道资源引进巨大的流量。因此，活动效果会超过其他活动效果。大促活动的巨大流量能致使店铺和单品排名快速上升。与淘宝网、天猫平台不同，速卖通大促活动中所产生的商品销量，都会计入该商品的销售总量，并计入商品搜索排名的评分。因此，大促活动后全店铺的商品自然搜索排名和类目搜索排名会有质的飞跃，历年来大促活动都是各大卖家的必争的活动。

任务实训

【实训 1】为自己店铺设置限时限量折扣、全店铺打折、满件折/满立减、店铺优惠券活动。

【实训 2】查看平台所有活动，筛选出符合报名条件的平台活动并报名参与。

任务导入

速卖通直通车（简称直通车）是按点击量付费的营销工具，在给商品带来曝光量的同时，精准的搜索匹配也能给商品带来了精准的潜在买家。

"开好直通车"能为店铺引入精准的流量，从而提高店铺商品的销量、支付转化率及店铺的权重。

任务导图

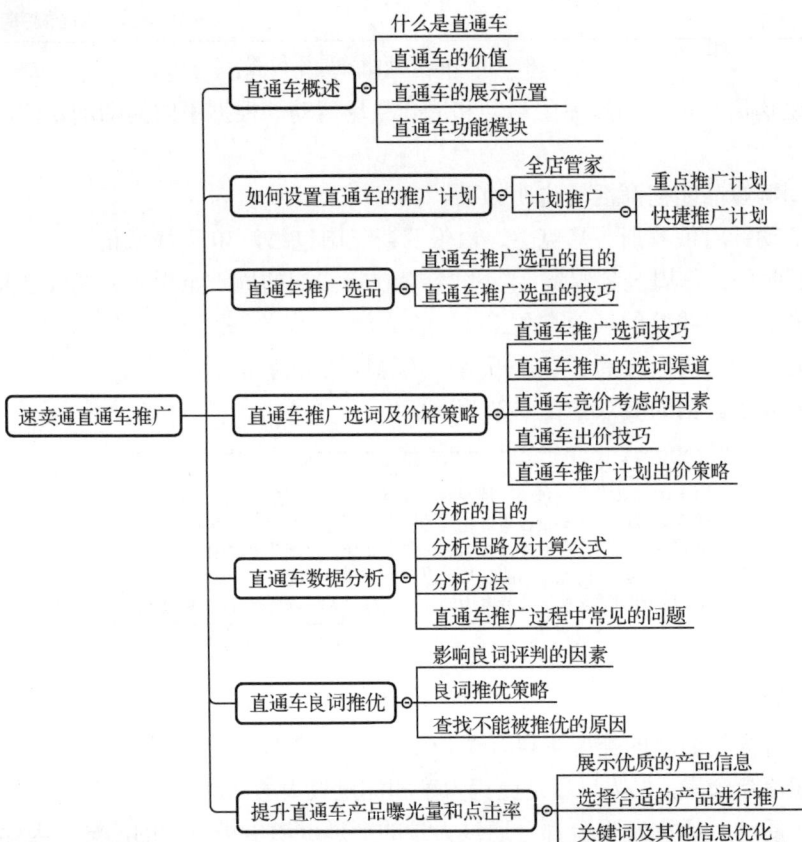

学习目标

知识 目标	了解直通车的定义和作用	
	了解直通车快捷推广计划与重点推广计划的区别	
	了解分析直通车各种数据维度的作用	
能力 目标	能够建立自己的直通车推广计划	
	能够设置快捷推广计划和重点推广计划	
	能够利用直通车进行数据分析和优化产品	

任务实施

5.2.1　直通车概述

1．什么是直通车

直通车是一种按效果付费的广告，它的付费方式是按每次点击 CPC（Cost Per Click）付费的。直通车通过竞价排名，让卖家的产品可以展示在搜索结果页面靠前的位置，从而直接影响产品的点击率。竞价排名是指通过竞争出价的方式获得网站的有利排名位置，从而达到提高产品曝光量和流量的目的。

由于直通车的付费方式是按点击量付费的，只有当买家对该产品产生兴趣并点击进一步了解详情时，系统才会对这次点击进行扣费。如果买家仅仅是浏览，并没有点击产品进行查看，则不扣费。直通车旨在帮助卖家迅速、精准地定位海外买家，扩大产品的营销渠道。

2．直通车的价值

直通车的价值可以从直接价值和间接价值两个方面来分析。

（1）直接价值之引流，即帮助推广的产品迅速提高曝光量、增加访客流量，进而产生交易。

（2）间接价值之助力产品。一方面让爆品更爆，帮助店铺爆品获得更多的曝光机会，巩固并继续提升爆品的转化效果，为卖家打造爆款提供数据支撑；另一方面帮助卖家测试新产品，为开发新产品提供方向，为新产品备货提供库存量的参考数据。

（3）间接价值之提高销量。让产品提升排名；为报名参加平台活动积累数据；维护老客户。

直通车的价值如图 5-38 所示。

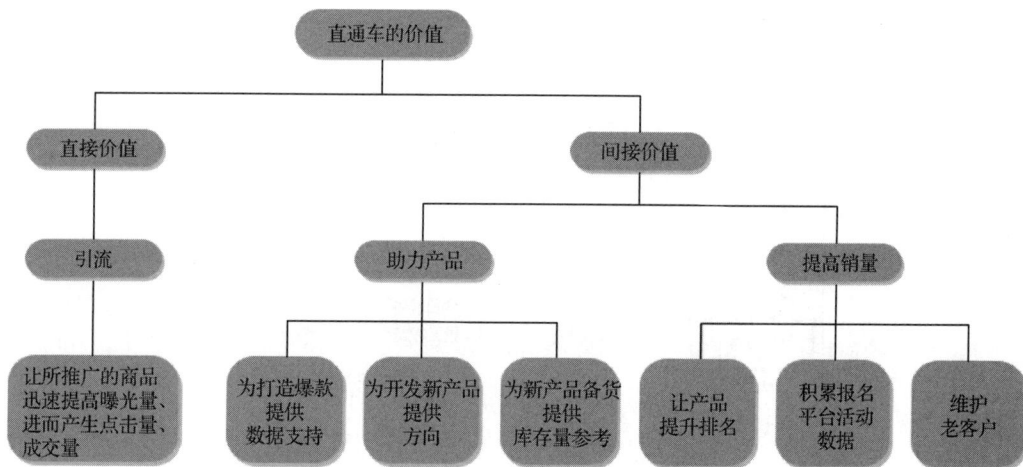

图 5-38　直通车的价值

3．直通车的展示位置

卖家资质不同，优词可竞价搜索页的位置也不一样，直通车的展示位置如下。

（1）针对"中国好卖家"，优词可竞价速卖通搜索页第一页的第 12、20、28、36 展示位；其他卖家优词可竞价速卖通搜索页第二页及以后页的第 8、16、24、32、40 展示位。

（2）所有卖家优词可竞价速卖通每一页底部推广区的 4 个展示位。

直通车的展示位置示意图如图 5-39 所示。

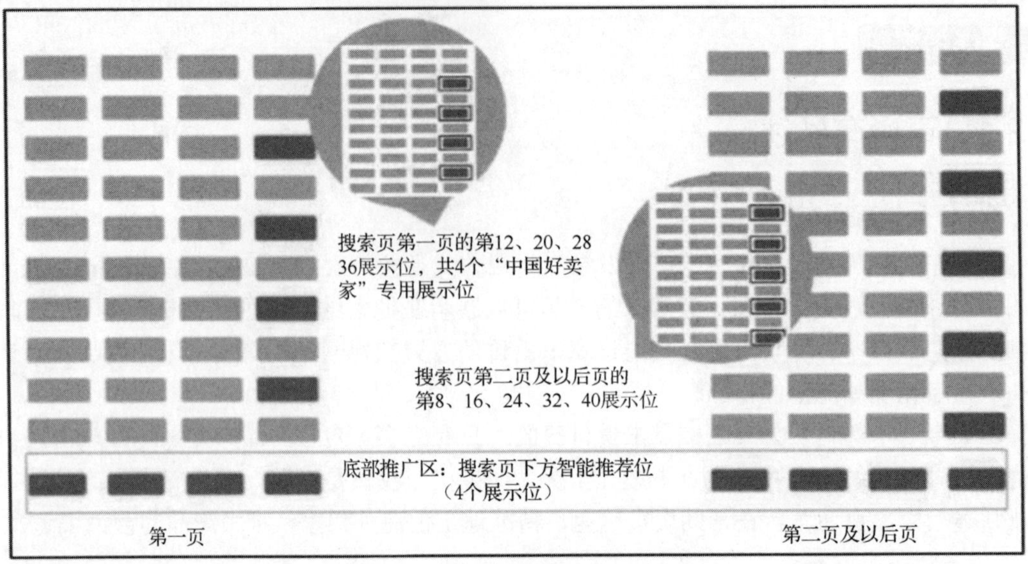

图 5-39　直通车的展示位置示意图

4．速卖通直通车的功能模块

1）速卖通直通车首页

登录速卖通后台，执行"营销活动"→"速卖通直通车"命令，可以打开"速卖通直通车"页面，也可以通过快速入口登录，直接单击快速入口列表中的"管理直通车"按钮，如图 5-40 所示。

图 5-40　"快速入口"页面

速卖通直通车首页功能模块包括账户概览、数据效果、推广信息、当月等级等，速卖通直通车首页如图 5-41 所示。

（1）账户概览。账户概览模块展示卖家账户状态和账户余额。

账户状态为已欠费：当卖家账户处于正常状态且账户余额小于或等于 0 元时，账户状态显示"您的账户已欠费，充值后可恢复正常推广"。单击"充值"按钮，打开充值页面，通过支付宝对账户进行在线充值即可正常使用。

图5-41 速卖通直通车首页

达到每日消耗上限：当卖家账户处于正常状态，账户余额大于0元，且卖家当日的消耗总额已经达到设定的每日消耗上限时，所有推广信息都会下线，推广状态显示"未推广，您今天推广总消耗额已达每日消耗上限"，卖家可以提高每日消耗上限以延长广告的投放时间。

（2）数据效果。可以查看近七日的各种指标数据，包括七日曝光量、七日点击量、七日下单数、七日加入购物车次数及七日加入收藏夹次数等，同时还能与上一个七日周期的数据进行对比，显示指标数据是上升还是下降。

七日曝光量：指最近七天卖家所有推广中的商品，在海外买家搜索过程中获得的展示流量。

七日点击量：指最近七天卖家所有推广中的商品，在海外买家搜索过程中获得的点击查看的次数。

七日点击率：点击率=点击量÷曝光量。如果点击率较高，说明买家对卖家推广中的商品较感兴趣，愿意通过点击进一步了解商品详情。点击率是反映卖家的商品是否满足买家的购买需求、商品是否令买家感兴趣的重要指标。

七日总花费：指最近七天整个账户的财务消耗，精确到小数点后两位，单位是元。

七日平均点击花费：指最近七天对所有推广中的商品点击花费的平均数，平均点击花费=总花费金额÷总点击量。

由于数据效果中的数据来自所有推广中的商品，卖家可以自定义数据指标，查看各个推广计划下具体商品的推广效果。

（3）推广信息。推广信息包括全店管家和推广计划，通过该模块可以设置直通车推广计划。具体如何设置，将在下面的章节中进行讲解。

（4）当月等级。当月等级分为5个等级，各个等级需要达到所需的成长分值才能升级，例如：实习车手≥0分、中级车手≥1 500分、高级车手≥2 500分、资深车手≥5 000分、车神≥10 000分。等级不一样，享受的专属权益也不一样。直接车等级及专属权益如图5-42所示。

2）推广管理

在"推广管理"页面可以看到卖家设置的每个推广计划的信息，如状态、计划名称、日消耗上限、类型、计划概况、七日曝光量、七日点击量、七日点击率、七日花费等。针对这些数据可以进行删除、修改、开启等操作。"推广管理"页面如图5-43所示。

专属权益		实习车手 ≥0	中级车手 ≥1500	高级车手 ≥2500	资深车手 ≥5000	车神 ≥10000
培训资源	阿普课程	✓	✓	✓	✓	✓
营销资源	专属活动	—	✓	✓	✓	✓
	订单开放	—	✓	✓	✓	✓
	定向人群	—	✓	✓	✓	✓
	抢位助手	—	—	✓	✓	✓
	消耗红包	—	—	✓	✓	✓
	分时投放	—	—	—	✓	✓

图 5-42 直接车等级及专属权益

状态	计划名称	日消耗上限	类型	计划概况	七日曝光量	七日点击量	七日点击率	七日花费	操作
Ⅱ暂停中	ljl2	￥30.00	重点推广	推广单元：1	1577	26	1.65%	￥11.31	删除 修改 开启
Ⅱ暂停中	ljl	￥30.00	重点推广	推广单元：1	953	7	0.73%	￥4.75	删除 修改 开启
Ⅱ暂停中	hjh	￥30.00	快捷推广	商品：20｜关键词：19 0	0	0	0%	￥0	删除 修改 开启

图 5-43 "推广管理"页面

3）优化工具

优化工具包括优化中心、选品工具和加词清单。

（1）优化中心。优化中心从"基础指标""效果指标""消耗指标"三个维度对直通车推广进行全面诊断。优化指标包括指标分值、同行趋势、近七天采纳的建议和当前待采纳的建议。"优化中心"页面如图 5-44 所示。

全新版优化中心从"基础指标""效果指标""消耗指标"三个维度，为您的直通车推广做全面诊断。
赶快来体验吧！

诊断维度	指标分值 ?	同行趋势 ?	近七天采纳的建议 ?	当前待采纳的建议 ?
基础指标 ●	835	超越99%同行	0个	3个
效果指标 ●	0	超越84%同行	0个	2个
消耗指标 ●	23	超越84%同行	0个	0个

图 5-44 "优化中心"页面

（2）选品工具。选品工具包括推荐理由和是否加入推广两项主要功能。推荐理由包括不限、热搜、热销和潜力，是系统根据商品的浏览量、订单量、转化量等数据筛选出来的推荐加入推广计划的商品，卖家可根据库存量参考选择是否加入直通车推广计划。"选品工具"页面如图 5-45 所示。

（3）加词清单。速卖通直通车推广每次添加关键词的数量最多 200 个，每个关键词的长度不超过 64 个字符。要确保选定的关键词中不含有任何违反法律、法规、平台规则和相关协议的内容，包括但不限于非自有且无权利人合法授权的品牌或商标。可以根据系统推荐的"按计划找词"和"按行业找词"来寻找关键词。同时，该页面还可以设置默认出价和 App 区域出价。"加词清单"页面如图 5-46 所示。

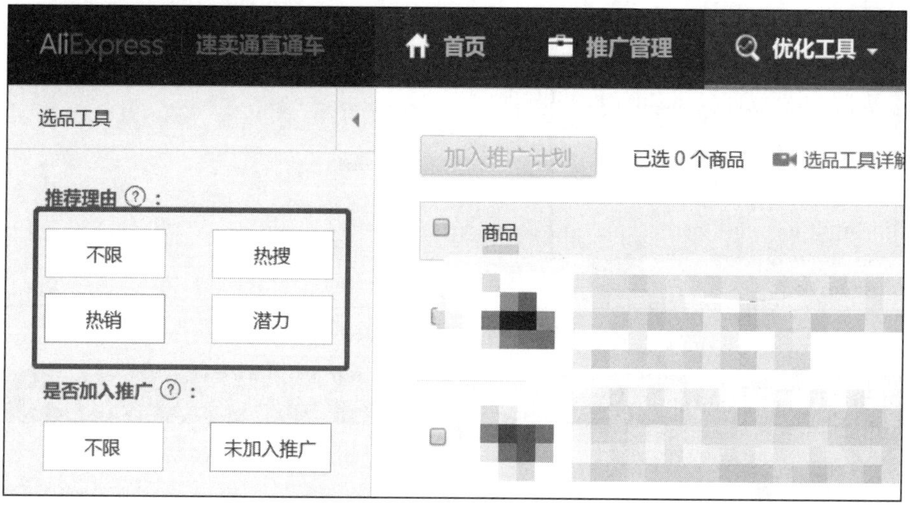

图 5-45　"选品工具"页面

图 5-46　"加词清单"页面

带有品牌词的关键词，在选择的时候不要勾选，否则会导致侵权。"关键词"页面如图 5-47 所示，方框中的关键词为带有品牌的关键词。

4）数据报告

（1）账户报告。速卖通直通车账户报告功能模块是针对卖家账户的整体营销状况，通过设置计划类型、计划范围、投放区域及统计周期等条件，提供包括曝光量、点击量、点击率、花费、平均点击花费的统计分析报告。"账户报告"页面如图 5-48 所示。

关键词	行业相关度 ⬇ ⑦	推荐理由 ⑦
< men shoes asics	▦▦▦▦▦	
< mens workout shoes	▦▦▦▦▦	
< nike air 270 women	▦▦▦▦▦	高订单
< nike men's free rn running shoe	▦▦▦▦▦	
< nike air zoom winflo 4	▦▦▦▦▦	
< nike runing shoes man	▦▦▦▦▦	
< shoes coq	▦▦▦▦▦	

图 5-47 "关键词"页面

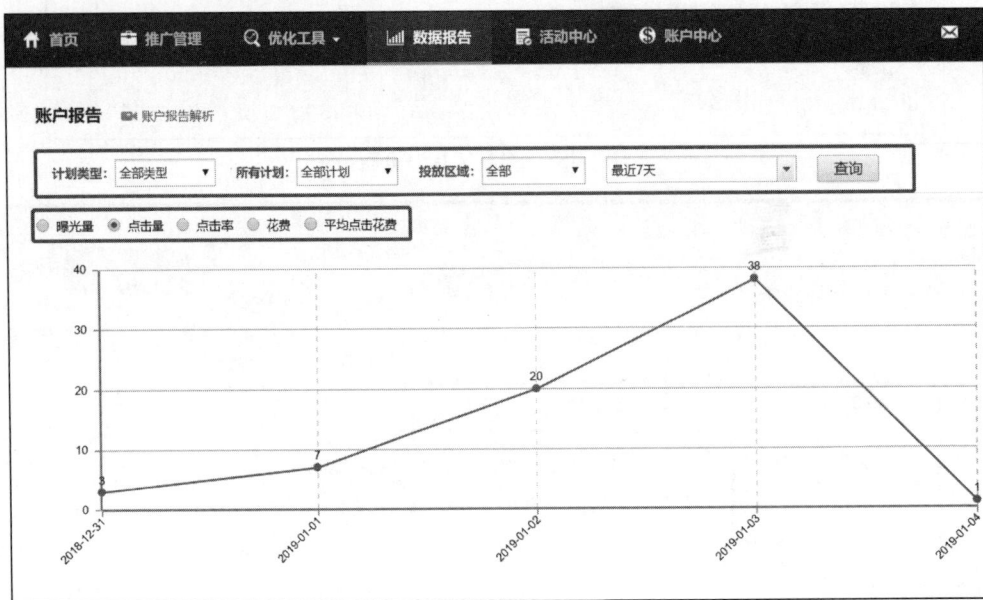

图 5-48 "账户报告"页面

说明： 如果选择按天统计，则可以查看每一天的账户报告。可以按照推广计划的不同维度查看每天的数据。另外，该页面提供报表下载的功能。

（2）商品报告。卖家通过直通车推广了商品以后，需要了解具体商品推广数据的核心指标，包括曝光量、点击量、点击率、花费、平均点击花费，从而确认下一步的优化方向。"商品报告"页面如图 5-49 所示。

卖家可以按照各个计划的类型，查看该计划内所有商品最近一段时间的数据指标。在报告的列表信息中，可以查看商品对应时间内的曝光量、点击量、点击率、花费及平均点击花费等数据，并支持导出数据功能，如图 5-50 所示。

导出数据以后，既可以对相关维度的数据进行排序并制订适合自己店铺的推广计划，还可以结合商品报告做优化，针对有问题的商品进行具体分析。

（3）关键词报告。卖家推广商品时，能否得到充足的曝光量取决于对关键词的设置，所以需要了解关键词的数据指标，进而确认下一步关键词的优化方向。"关键词报告"页面如图 5-51 所示。

图 5-49 "商品报告"页面

图 5-50 "商品报告"数据列表页面

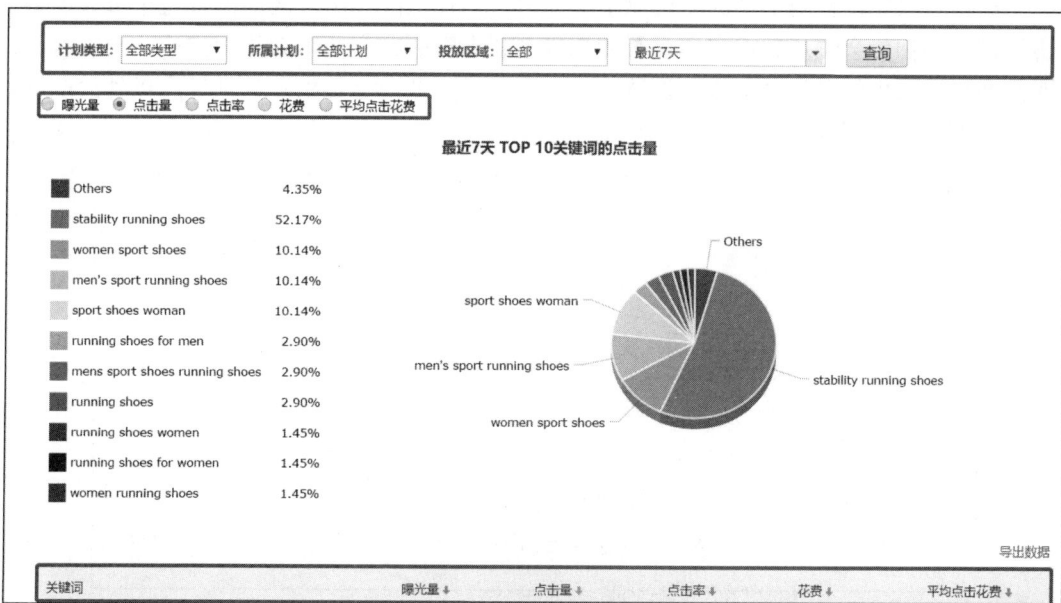

图 5-51 "关键词报告"页面

卖家可以通过筛选计划类型、所属计划、投放区域和时间来查看关键词的数据指标。

（4）操作记录。顾名思义，操作记录模块的功能是记录当前操作的过程，以备卖家随时查看。

5.2.2 如何设置直通车的推广计划

直通车推广分为两种：全店管家和计划推广，全店管家和计划推广的经费计算是完全区分开的，互不影响。如果全店管家和计划推广同时开启的话，则两种方式同时在消耗资金。"推广信息"页面如图 5-52 所示。

图 5-52 "推广信息"页面

1. 全店管家

全店管家只需设置两个指标就可以了，即每日消耗上限和出价区间。直通车每天因客户点击而产生的扣费金额达到卖家所设置的每日消耗上限后，直通车就停止推广。出价区间是指对直通车最低出价和最高出价的设置。全店管家推广的产品是指除计划推广以外的产品。"全店管家"推广设置页面如图 5-53 所示。

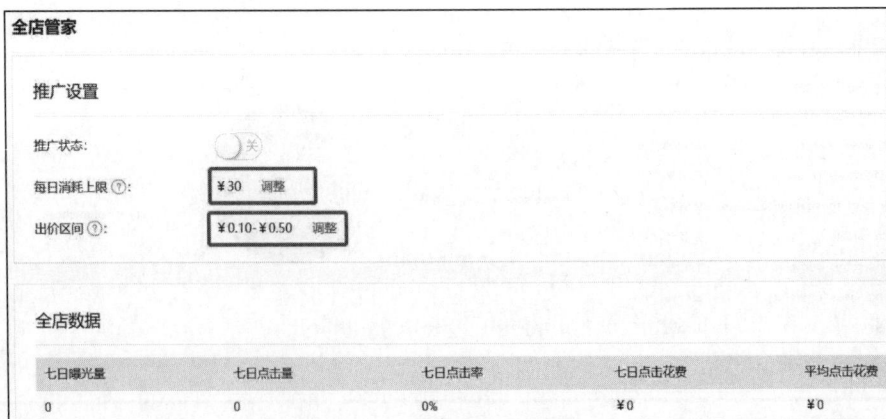

图 5-53 "全店管家"推广设置页面

全店管家推广的优缺点如下。

优点：操作简单快捷；无须时刻关注推广状态；无须经常调整价格；无须挑选关键词，关键词由平台统一选取；推广效果显著。

缺点：无法进行有针对性的重点推广；无法控制推广效果。

2．计划推广

计划推广分为重点推广计划和快捷推广计划。重点推广计划能够加快爆品的打造过程，可以单独选品来指定推广关键词，商品数量建议占全店总商品数量的2%～10%，推广经费占总推广经费的 70%～80%；快捷推广计划可以批量选品、选词，打包推广更多相似的商品，通过数据比较筛选潜力爆款，商品数量建议占全店总商品数量的 10%～20%，推广经费占总推广经费的10%～20%。"选择推广方式"页面如图 5-54 所示。

图 5-54 "选择推广方式"页面

提示：填写推广计划的名称，要能让人明确了解推广计划的目的。例如，"双 12"促销的推广计划命名为"'双 12'推广计划"就可以了。

1）重点推广计划

在"选择推广方式"页面中，选中"重点推广计划"、填写推广计划的名称、设置计划每日消耗上限金额以后，单击"开始新建"按钮，打开"新建推广单元-选择商品"页面，如图 5-55 所示。

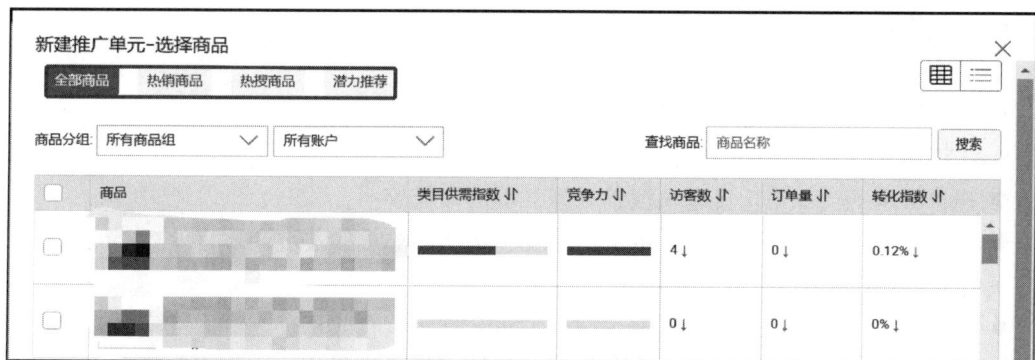

图 5-55 "新建推广单元-选择商品"页面

（1）添加商品。卖家可以通过热销商品、热搜商品、潜力推荐等指标进行选品，商品都是经过系统的有效数据筛选出来的。如果卖家想选择自己想要的商品，可以按商品名称进行搜索。

重点推广计划选品注意事项：

- 注意选择有潜力的商品作为重点推广计划的商品；
- 最多创建 10 个重点推广计划；
- 每个计划可以创建多个推广单元；
- 每个推广单元只能有一个商品；
- 防止推广单元针对同一关键词互相竞争的情况发生。

（2）关键词的添加。在重点推广计划关键词列表中，单击"添加关键词"按钮，可以继续往这个推广计划中添加关键词。选好关键词后，还需要设置出价方式，最后单击"保存"按钮，即可完成关键词的添加操作。那么，如何添加关键词呢？

添加关键词的方式有三种：第一种方式是从推荐词中选择，从推广评分、30 天搜索热度、竞争数和市场平均价的角度，系统推荐的 50 个词都是质量比较高的关键词；第二种方式是通过搜索相关词选择，搜索相关词就是你给出一个关键词，系统会搜索出许多与它相关的关键词；第三种方式为批量加词。"添加关键词"页面如图 5-56 所示。

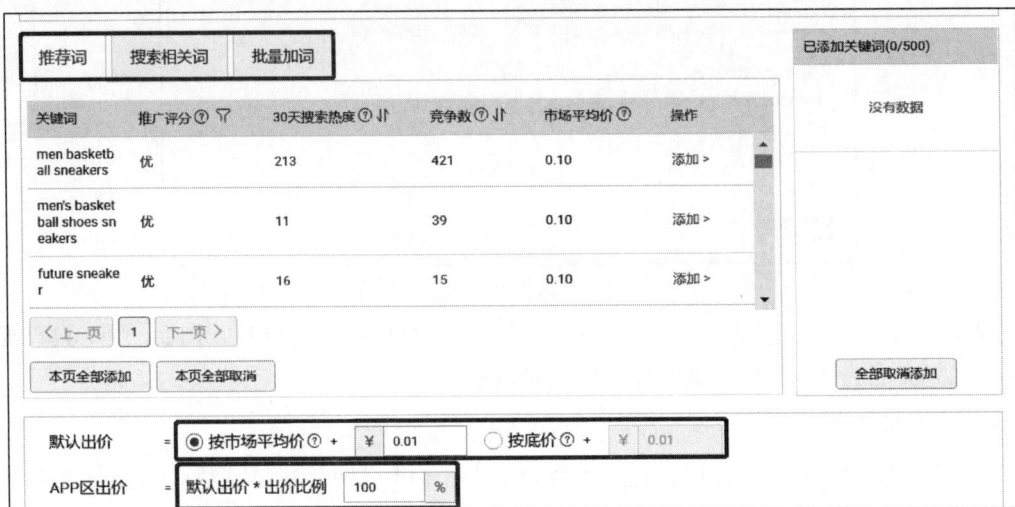

图 5-56 "添加关键词"页面

添加关键词时，注意事项如下：

- 系统推荐词建议全部添加；
- 每个推广单元的关键词数量最多 200 个；
- 关键词的推广评分非常关键，最好为优；
- 选词完毕，系统自动出价；
- 出价标准为当前市场直通车搜索页第二页的最低价；
- 选好关键词并完成出价后，单击"保存"按钮，添加的关键词才有效。

关键词推广评分及展示位置：

- 只有优词才有机会展示在页面主搜页的黄金展示位置（每页右侧的推广区）；
- 良词只能展示在搜索页面的非黄金展示位置（每页底部的 4 个推广位）；

- 无评分的词无法进行展示，因此要注意筛选关键词的优良性能。

（3）商品推荐投放。

- 商品推荐投放建议开启；
- 出价越高，展示的可能性越大；
- 展示位置主要为详情页下方的商品推荐展示位置，如图 5-57 所示；
- 推广计划建成，系统会自动设为推广开动状态；
- 出现质量不佳问题时，所有关键词推广评分全部为良。

图 5-57 详情页下方的商品推荐展示位置

2）快捷推广计划

快捷推广计划的操作方法与重点推广计划类似，不同的地方有以下几点：

- 快捷推广计划中的每个推广单元可以同时推广多个商品；
- 快捷推广计划中没有关键词优良性能的限制；
- 关键词同时绑定所有同推广单元的商品；
- 最多创建 30 个快捷推广计划，每个计划最多容纳 100 个商品。

5.2.3 直通车推广选品

1. 直通车推广选品的目的

直通车推广选品的目的如下：

- 获得良好的推广效果，能够获取更多的流量；
- 更好地推广产品、打造热卖款；
- 减少无谓的投入，提高推广活动的性价比。

2. 直通车推广选品的技巧

直通车推广并不像许多人认为的那样，只要开通了就能够让产品大卖。在开通直通车推广之前，先要选择一款好的产品，尽量做到花最少的钱，获得最大的利润。那么直通车推广选品应该考虑哪些因素呢？

（1）产品的流量转化率。在选择一款产品来进行直通车推广的时候，卖家需要对店铺同期上线产品的流量进行分析，当产品有了一定的平台流量之后，再通过直通车进行针对性的推广，这样效果也许会好很多。

（2）单品的毛利率。单品的毛利率到底适不适合进行直通车推广，或者说能够为这款产品付出的推广费有多少，这也是进行直通车推广之前需要考虑的问题。虽然说推广是为了让产品销售得更好，但是如果费用比收入高出很多，那就得不偿失。因此，进行直通车推广之前，要计算单品的毛利率。

（3）产品品质、用户评价和跳失率。这些因素对产品是否适合进行直通车推广有着重要的参考作用，因为这些因素综合了买家的想法和对产品真实的信息反馈。

可以通过以下方法判断商品是否具有竞争力：选品工具、选品专家、商品自身的数据。

（1）选品工具。通过选品工具的热搜功能，结合同类商品的热搜度的排序来判断。新建计划在选择完商品后，将勾选的商品加入到已有的推广计划中，或者加入新建的推广计划中。"选品工具"页面如图 5-58 所示。

图 5-58 "选品工具"页面

（2）选品专家。登录速卖通后台，执行"数据纵横"→"商机发现"→"选品专家"命令，如图 5-59 所示，单击"选品专家"按钮即可进行选品操作。

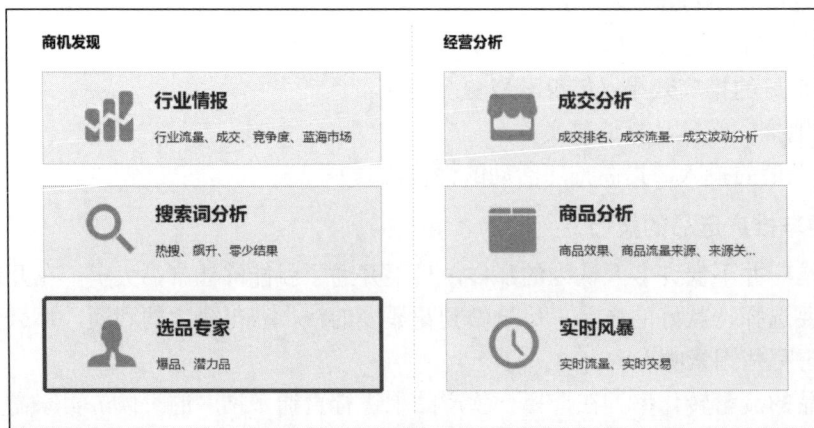

图 5-59 "选品专家"入口页面

如何通过选品专家的"热销"和"热搜"功能进行选品，在本书的项目 2 中已经进行了详细的讲解。

（3）商品自身的数据。通过对商品自身的各种经营数据进行分析，判断哪些商品具有市场竞争力，从而可以作为直通车选品的参考依据。

例如，可以通过商品分析的数据来进行选品。执行"数据纵横"→"经营分析"→"商品分析"命令，选择分析周期为 30 天，勾选"搜索曝光量""商品页浏览量""支付订单数""加购物车次数""加收藏夹次数"数据指标，按"加购物车次数"由大到小排列，如图 5-60 所示。这里的商品都是买家感兴趣的、具有市场潜力的商品，可以在这里选择几款数据指标较好的商品加入直通车进行推广。

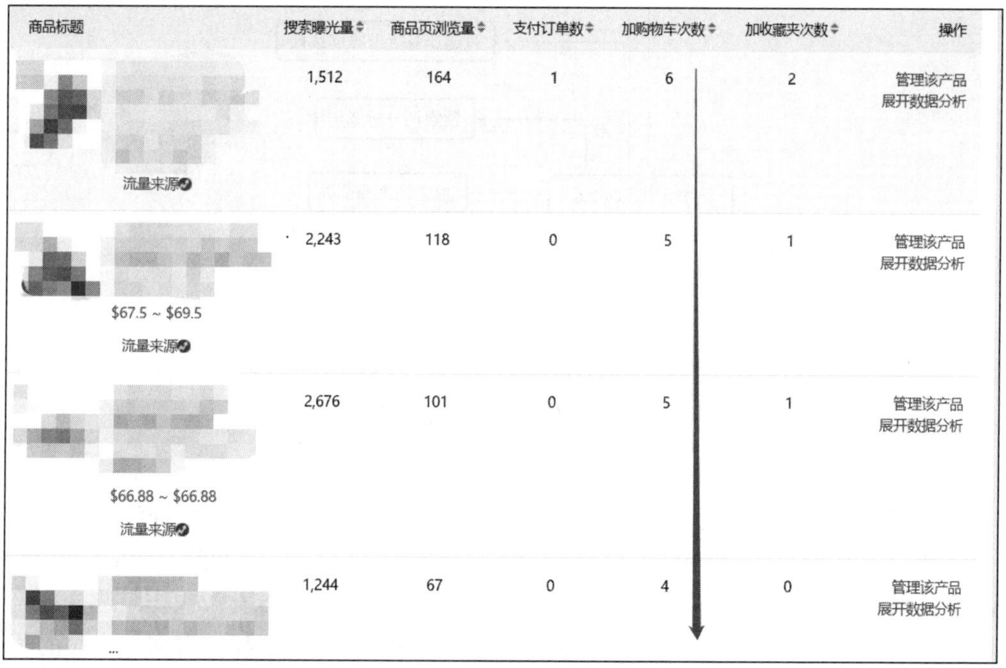

商品标题	搜索曝光量 ⬍	商品页浏览量 ⬍	支付订单数 ⬍	加购物车次数 ⬍	加收藏夹次数 ⬍	操作
流量来源 ✅	1,512	164	1	6	2	管理该产品 展开数据分析
$67.5 ~ $69.5 流量来源 ✅	2,243	118	0	5	1	管理该产品 展开数据分析
$66.88 ~ $66.88 流量来源 ✅	2,676	101	0	5	1	管理该产品 展开数据分析
...	1,244	67	0	4	0	管理该产品 展开数据分析

图 5-60　"商品分析"页面

5.2.4　直通车推广选词及价格策略

1. 直通车推广选词技巧

关键词是直通车推广的基石，直通车推广的运营效果很大程度上取决于选词的质量与数量。关键词的质量是指关键词与商品的匹配程度，用词越精准越好；关键词的数量是指要有足够多的、合适的关键词形成推广合力来推广商品。那么，直通车推广的选词渠道有哪些呢？实践证明，实用高效的选词方式是用好直通车推广后台强大的关键词选取工具。

直通车推广的选词技巧如下：

（1）推广评分，只有优词才能展示在黄金位置上；

（2）关键词搜索热度、关键词转化率和竞争力都是需要重点考虑的因素；

（3）选择与其他卖家竞争力相对较小的关键词；

（4）选择和商品匹配度比较高的词；

（5）对关键词的出价要注意以优词为主，良词为辅；

（6）选词和出价要相辅相成，不能单独区分开来。

2. 直通车推广的选词渠道

直通车推广的选词渠道分为平台内部选词渠道和平台外部选词渠道。

1）平台内部选词渠道

平台内部造词渠道包括直通车关键词工具选词、直通车系统推荐词选词、搜索词分析选词、搜索词来源选词、速卖通导航页面选词、速卖通搜索框引导选词及参考同行产品的标题选词。平台内部选词渠道如图 5-61 所示。

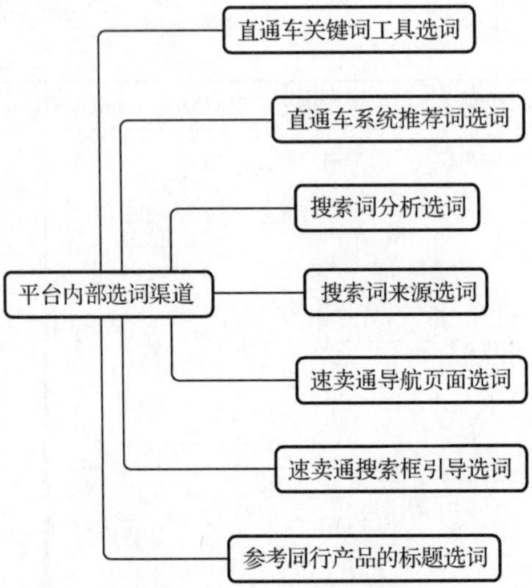

图 5-61　平台内部选词渠道

（1）直通车关键词工具选词。直通车找词方法：可以选择"按计划找词"和"按行业找词"两种方式。如果是按行业找词，则依次进行"选择行业"、设置"推广渠道"（非 App 区和 App 区）、选择"推荐理由"（高流量、高转化、高订单、小二推荐）操作。选择高流量、低竞争度的关键词，或者加入高转化、高订单的关键词，这样可以使关键词与产品的匹配度更高；选择少量与产品匹配的高流量词，这样有利于测试产品的市场前景，形成潜在的转化率。"关键词工具"页面如图 5-62 所示。

图 5-62　"关键词工具"页面

提示：高流量词是指整个网站买家搜索量高的词；高转化词是指买家更愿意点击的词；高订单词指是买家下单数量高的关键词；小二推荐词是指这个行业系统推荐的关键词。

批量添加关键词的方法：先按"30 天搜索热度"从高到低排序，再按"竞争度"从低到高排序，排序之后单击"本页全部添加"按钮即可。

（2）直通车系统推荐词选词。系统会推荐与你店铺产品行业相关的、针对性较强的 50 个关键词。系统所推荐的关键词都是优词，初期推广时建议全部添加。

（3）搜索词分析选词。搜索词分析选词主要从热搜词、飙升词和零少词三个维度筛选出适合自己产品的词。执行"数据纵横"→"商机发现"→"搜索词分析"命令，可以打开"搜索词分析"页面，如图 5-63 所示。

搜索词分析

反馈问卷：您有任何意见建议，可通过页面右上角 反馈问卷 提交。
说明：【是否品牌原词】仅供参考。

热搜词	飙升词	零少词

行业：运动及娱乐　国家：全球　时间：最近7天

搜索：请输入搜索词　搜索　　　　　　　　　　↓下载

搜索词	是否品牌原词	搜索人气	搜索指数	点击率	浏览-支付转化率	竞争指数	TOP3热搜国家
купальник	查看商品　N	292,395	4,864,150	43.29%	0.09%	15	RU,UA,BY
купальник женский	查看商品　N	170,863	3,206,305	40.95%	0.10%	18	RU,UA,BY
bikini	查看商品　N	182,436	2,046,503	41.63%	0.28%	29	NL,PL,US
swimwear women	查看商品　N	123,780	1,505,014	38.03%	0.17%	42	PL,US,LT

图 5-63　"搜索词分析"页面

"搜索词分析"页面功能介绍如下。

● 以表格的形式直接展示。热搜词、飙升词、零少词都是以表格的形式直接展示出来的，表格中的数据可以按字段进行排序，如图 5-63 所示的"搜索词分析"页面的列表数据中，可以查看运动及娱乐行业全球最近 7 天的搜索词的"搜索指数"排序。

● "行业"选项功能。"行业"选项由之前的十几个重点一级行业升级为全网各个行业，卖家可以查看任意一个行业的搜索关键词。

● "国家"选项功能。"国家"选项功能除了能查看某行业某个国家搜索关键词的各项指标数据以外，下拉列表中的国家排名信息每天更新，显示的是最近 30 天成交额排名靠前的国家，由此可以方便地了解该行业主要国家市场的需求热度。

● "是否品牌原词"标记。由于品牌商品必须被授权才能销售，"是否品牌原词"标记，能够帮助卖家避免由于对某些品牌不了解而导致被处罚的情况。

热搜词是平台搜索热度非常高的词；飙升词是平台近一段时间内搜索热度和指数快速上升的词，总量不会很大，没有进入热搜词的标准；零少词一般可以理解为长尾词，是指有一定的市场份额、竞争度相对低的词，如果卖家能够快速挖掘它们并加以转化，相信也会收益颇丰。零少词搜索列表如图 5-64 所示。

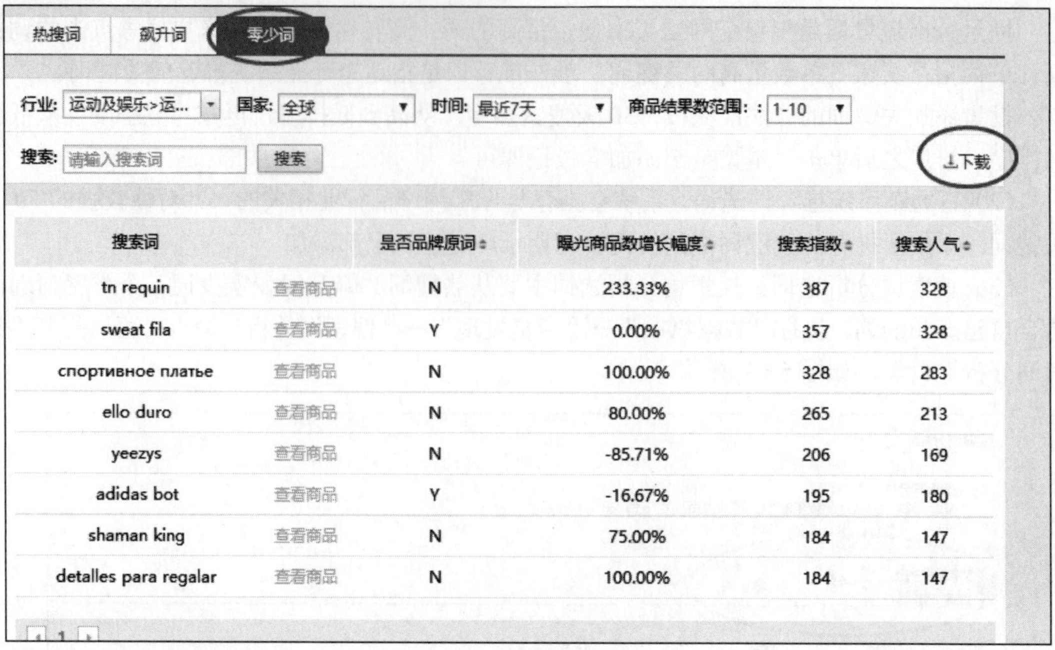

| 热搜词 | 飙升词 | 零少词 |

搜索词		是否品牌原词 ⬍	曝光商品数增长幅度 ⬍	搜索指数 ⬍	搜索人气 ⬍
tn requin	查看商品	N	233.33%	387	328
sweat fila	查看商品	Y	0.00%	357	328
спортивное платье	查看商品	N	100.00%	328	283
ello duro	查看商品	N	80.00%	265	213
yeezys	查看商品	N	-85.71%	206	169
adidas bot	查看商品	Y	-16.67%	195	180
shaman king	查看商品	N	75.00%	184	147
detalles para regalar	查看商品	N	100.00%	184	147

图 5-64　零少词搜索列表

提示：不管是热搜词、飙升词还是零少词，其搜索列表都可以下载并存储为 Excel 数据表格的形式。通过 Excel 数据表格工具的强大功能，实现对数据的快速查找、排序和筛选。

（4）搜索词来源选词。登录速卖通后台，执行"数据纵横"→"商品分析"→"搜索词来源"命令，打开"流量来源"页面，如图 5-65 所示，可以查看流量来源的重点关键词，将流量来源量大的关键词添加到直通车的推广计划里。

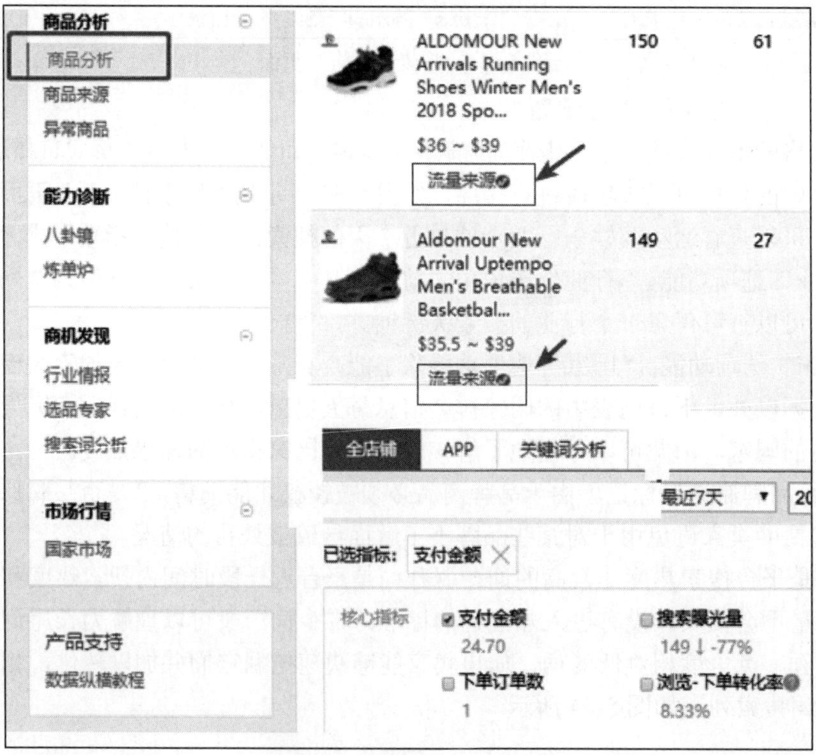

图 5-65　"流量来源"页面

（5）速卖通导航页面选词。在买家购物页面首页，当买家在搜索框里输入关键词时，会自动匹配与这个关键词相关的搜索热度比较高的关键词，这些词也可以作为直通车推广的关键词。买家购物页面首页如图 5-66 所示。

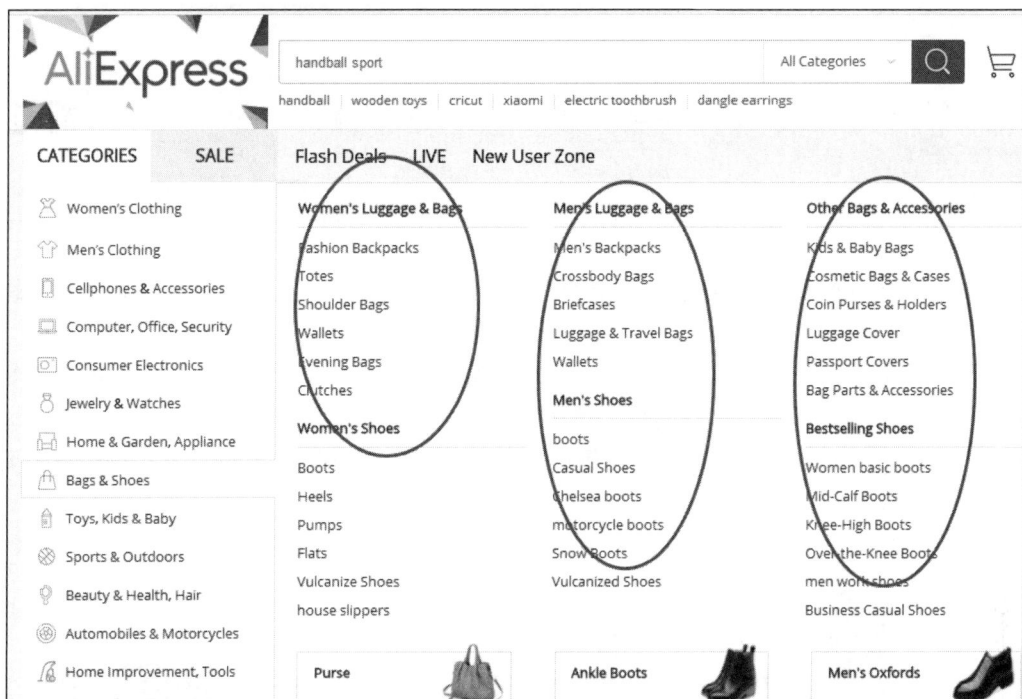

图 5-66　买家购物页面首页

（6）速卖通搜索框引导选词。在速卖通网站首页搜索框输入产品的某个关键词的字母时，系统会根据字母联想到买家经常使用的关键词，这些词也可以作为速卖通推广的关键词。"速卖通搜索框"页面如图 5-67 所示，"关联搜索关键词"页面如图 5-68 所示。

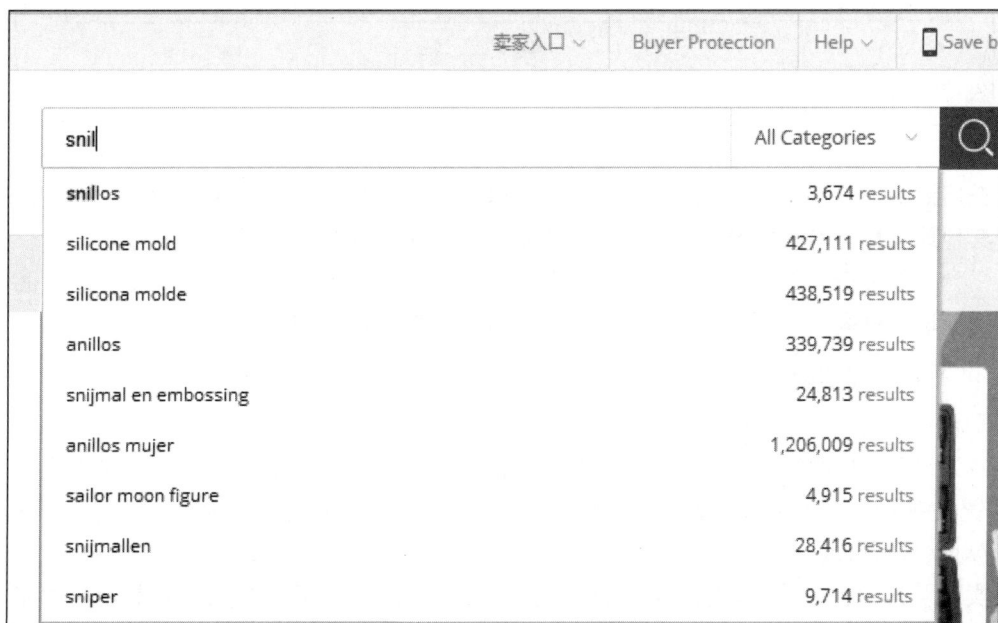

图 5-67　"速卖通搜索框"页面

图 5-68 "关联搜索关键词"页面

（7）参考同行产品的标题选词。相信每个卖家都看过自己行业排名靠前的店铺，了解过它们的产品标题是如何填写的，用了哪些核心关键词。

同行排名靠前店铺的产品标题关键词，对直通车选词有一定的参考价值。分析竞争对手是如何制定标题的关键词，将这些技巧用在自己制定产品的关键词上。当然，参考同行标题时要避开品牌词，而且不能抄袭，以免侵权行为和投诉事件的发生。"同行产品的标题"页面如图 5-69 所示。

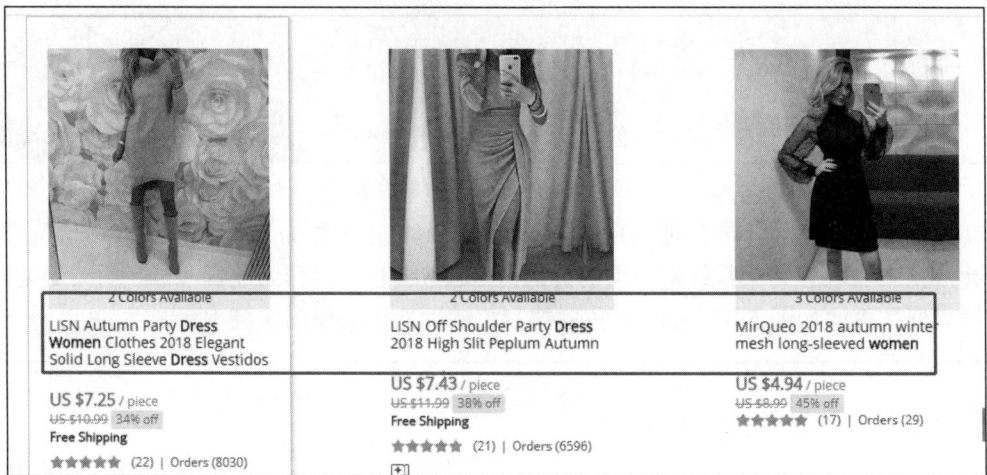

图 5-69 "同行产品的标题"页面

在店铺实际运营过程中，建议卖家先用好速卖通平台站内选词渠道，在有余力的情况下，再去其他地方找更多的关键词，毕竟平台上提供的关键词都是买家经常搜索的。

平台内部关键词的获取渠道是非常有用的，如果能把思维再扩散开来，还可以从很多外部渠道获取关键词。接下来介绍几种从平台外部获取关键词常用的渠道。

2）平台外部选词渠道

平台外部选词渠道如图 5-70 所示。

（1）参考国外网站选词。俗话说"熟读唐诗三百首，不会吟诗也会吟"。如果你不知道怎么设置关键词，可以打开国外网站看看同行产品的标题关键词是如何设置的。例如，http://www.watchcount.com/是一家专门收集关键词的网站。可以通过该网站查询 eBay 平台上的热卖款及其标题关键词。经常学习国外网站热销产品的关键词设置方法，想必对卖家来说是非常有帮助的。

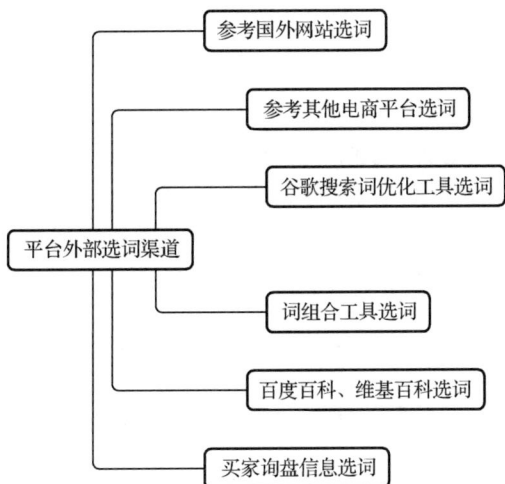

图 5-70　平台外部选词渠道

（2）参考其他电商平台选词。可以参考 eBay、Wish 和 Amazon 等其他跨境电商平台的标题关键词，看看与你相关行业的热销产品的关键词是什么。

（3）谷歌搜索词优化工具选词。谷歌搜索词优化工具（Google Adwords），是一种通过使用谷歌关键词广告及谷歌遍布全球的内容联盟网络来推广的付费网络推广工具。有兴趣的卖家可以去谷歌网站注册一个 ID，体验一下该工具的功能，或许能帮助你拓展产品的关键词。

（4）词组合工具选词。词组合工具很多，比如"让淘宝飞"关键词组合助手工具。用词组合工具的目的就是通过关键词组合，确定一些长尾词，从而网罗更多的潜在买家。

（5）百度百科、维基百科选词。有些产品比较冷门，产品的名称也比较专业，不妨去百度百科和维基百科试试，可以从产品的介绍里提取关键词。

（6）买家询盘信息选词。直通车选词也不能忽略来自买家的询盘信息，了解买家在用什么关键词搜索，把这些关键词提取出来，为自己所用，并且积累一份自己的词表，这样可以在日后发布产品、修改产品标题时使用。通过买家询盘信息选取的关键词，不仅可以用在直通车推广上，还可以用在宝贝详情页的设计上。

3．直通车竞价需考虑的因素

（1）充分考虑产品本身的竞争力。直通车竞价首先要考虑产品本身的竞争力。产品的竞争力包括产品的品质、产品的价格和产品的总数量。

（2）充分考虑产品的市场环境。产品的市场环境包括产品市场的饱和度、其他竞争对手产品的竞争强度。

（3）充分考虑出价与流量的关系。出价与流量是呈正比例关系的，产品的排序是按出价的高低进行排序的，但并不是排名越靠前越好，还需要看产品的转化率。只有这样，直通车推广活动的性价比才会高。同时，还要注意将重点推广的产品在店铺访客高峰期推到第一页。访客高峰期可以通过"数据纵横-实时风暴"页面查看。

（4）充分考虑流量与投入产出比（ROI）的关系。流量与 ROI 呈反比例关系，总流量越大，ROI 越低。ROI 越低，花的钱越冤枉。

4．直通车出价技巧

直通车出价技巧如下。

（1）设置日消耗上限及设置出价的方法。一般设置日消耗上限为 50～100 元；在其他人出价的基础上增加 0.01 元；测试新款时，加大出价力度；观察实时风暴的峰值，流量最大时出价，帮助产品进入较好的展示位置。"计划推广"日消耗上限设置页面如图 5-71 所示。

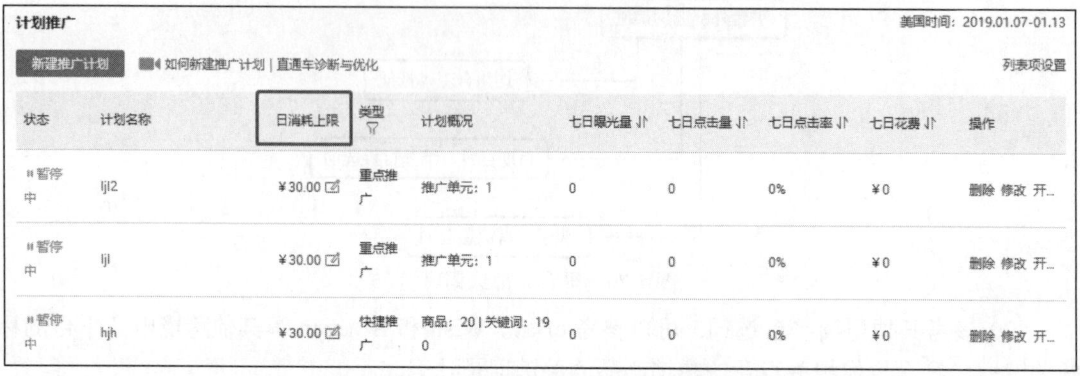

状态	计划名称	日消耗上限	类型	计划概况	七日曝光量	七日点击量	七日点击率	七日花费	操作
‖暂停中	ljl2	¥30.00	重点推广	推广单元：1	0	0	0%	¥0	删除 修改 开...
‖暂停中	ljl	¥30.00	重点推广	推广单元：1	0	0	0%	¥0	删除 修改 开...
‖暂停中	hjh	¥30.00	快捷推广	商品：20 关键词：190	0	0	0%	¥0	删除 修改 开...

图 5-71 "计划推广"日消耗上限设置页面

（2）出价时间设置为对应国家的某个购物高峰期。由于速卖通是面向全球买家的，不同国家的买家高峰购物时间不同。一般来说，买家的购物时间主要集中在当地时间的 10:00～11:00、15:00～17:00、21:00～23:00 这三个时间段。作为卖家，要分析店铺的主要买家来自哪些国家，这样才能了解买家的主要购物时间。

例如，如果店铺的主要买家来自俄罗斯，由于莫斯科的时间比北京时间晚 5 个小时，那么俄罗斯买家的购物时间主要集中在北京时间的 2:00～4:00，15:00～16:00，20:00～22:00。知道这个规律以后，上架新产品的时间可以集中在这几个时间段，因为新产品上架时会有流量倾斜，即平台会给新产品提供更多的流量。当然，也许有人会问，俄罗斯幅员辽阔，怎么只用莫斯科的时间来衡量呢？因为俄罗斯的大部分居民生活在欧洲地区，而且购买人群也主要集中在莫斯科、圣彼得堡等大型城市，按照"抓大放小"的原则，应该抓住主要地区的主要购买人群。

（3）把握推广时机。只有在高流量时出价，保证推广的持续性，才能让产品获得一个好的展示位置，才能确保直接车的推广效果。

（4）确定推广的地区。可以查看"商品分析-关键词分析"的数据，了解商品的关键词搜索是来自哪些国家，是哪些小语种的词，最后确定推广的地区，这样才能做到更加精准。"商品分析-关键词分析"页面如图 5-72 所示。

另外，还可以查看"国家市场"里消费能力排名前十的国家，这样方便确定重点推广的地区。"国家市场-消费能力 TOP10"页面如图 5-73 所示。

（5）适时调整出价。进行直通车推广时，要经常关注出价排名情况。一般来说，晚上出价要稍高，但早上记住要把出价调回来。"中国好卖家"的商家可以进入主搜第一页查看其他卖家的出价均价，然后在均价的基础上加 0.01 元进行出价，最后至前台搜索页面确认关键词是否排在第一页。需要说明的是，并不是出了价马上就能展示到第一页的黄金位置，排名跟商品的质量得分和出价高低有关。

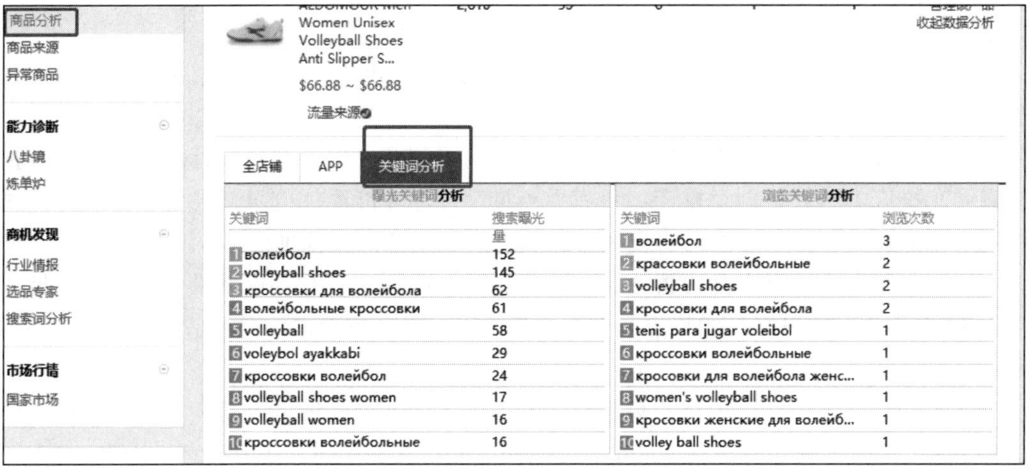

图 5-72 “商品分析-关键词分析”页面

消费能力TOP10

国家	访客数占比	支付买家占比	支付金额占比	回购率
俄罗斯	25.53%	19.87%	11.18%	14.75%
美国	5.76%	9.00%	20.88%	33.01%
以色列	3.28%	8.47%	8.60%	27.28%
西班牙	5.51%	7.39%	6.57%	21.67%
法国	4.67%	6.88%	7.48%	24.24%
荷兰	2.56%	3.81%	3.02%	18.12%
波兰	2.54%	3.40%	2.10%	18.73%
意大利	2.04%	2.34%	2.91%	25.95%
英国	1.45%	1.91%	2.83%	35.74%
乌克兰	2.90%	1.54%	0.92%	11.76%

图 5-73 “国家市场-消费能力 TOP10”页面

5. 直通车推广计划出价策略

我们知道直通车推广计划分为快捷推广计划和重点推广计划。那么，这两种推广计划又该如何出价呢？

1）快捷推广计划出价策略

快捷推广计划适合测试新款、挖掘潜力爆款，其出价策略如下。

（1）“中国好卖家”通过海量关键词进行推广，出价第一页主搜位置，能够快速获取流量。

（2）同类型的产品放在一起推广。

（3）大流量关键词可以稍微靠后出价，这样可以评判产品是否适合市场。

（4）“中国好卖家”精准词出价到第一页主搜位置，非“中国好卖家”精准词出价到第二页主搜位置。

2）重点推广计划出价策略

重点推广计划适合打造潜力爆款，其出价策略如下。

（1）打造潜力爆款，跟进重点关键词的排名；出价至第一页主搜位置，加大产品成长期的流量。

（2）查看爆款排名变化，关注关键词排名，适当调整推广位置到第二页、第三页的主搜位置。

（3）创意推广：每组重点推广计划可以添加两组创意，创意图片和标题可以随时更换，因为直通车推广本身就是创意推广；只有重点推广计划才能添加创意，通过创意图片测试什么样的主图能够吸引买家点击；将良词添加到直通车创意中进行推优。

（4）创意标题：每个产品设置两个创意标题，有些买家喜欢买这种带创意标题属性的产品；前 35 个字符要突出产品的特点和促销信息，比如产品的卖点，产品是不是新款，是不是热卖产品等。

直通车创意标题就是广告语，只靠自己想象是不能准确知道买家喜欢点击什么样的广告的，需要通过测试不同标题带来的效果，突出产品的优势和卖点，从而提高点击率。比如"热销千件""99%的好评""奢华头层皮鞋""购买送皮带"等广告语。

按买家关注的重点进行标题组合。比如美容类目，买家最关注的可能是销量、评价；3C电器类目，买家最关注的是否是正品；服装类目，买家可能会关注折扣信息、个性化信息；饰品类目，买家比较关注产品的风格、材质等。

（5）创意图片：图片的文案要突出卖点、简单易懂；图片不能有水印；创意设计上给买家营造时间上的紧迫感。

5.2.5　直通车数据分析

学会看数据、分析数据，这是速卖通卖家必须具备的技能。分析速卖通直通车数据有利于了解自己店铺的运营情况。在新手运营阶段，掌握这些数据分析和运用的方法，有利于后续对店铺商品的调整和优化。

1．分析的目的

通过各项数据指标（点击量、总花费、投资回报率）的分析，得出直通车推广计划存在的问题并作为优化的依据，这样可以提升店铺的投入产出比，即花更少的钱得到更好的推广效果。

2．分析思路及计算公式

直通车推广数据分析可以从点击量低和总花费高两个方向入手。直通车推广的点击量、总花费、投资回报率及直通车流量的计算公式如下：

$$点击量=曝光量×点击率$$
$$总花费=点击量×平均每次点击单价$$
$$投资回报率=收入÷投入成本$$
$$直通车流量=商品推荐投放量+关键词流量+全店管家流量$$

3．分析方法

速卖通直通车后台一共提供 3 种类型的数据报表：账户报告、商品报告和关键词报告。

账户报告：可以分析账户一段时间的点击量和总花费，导出的数据是以时间为维度的。"账户报告"页面如图 5-74 所示。

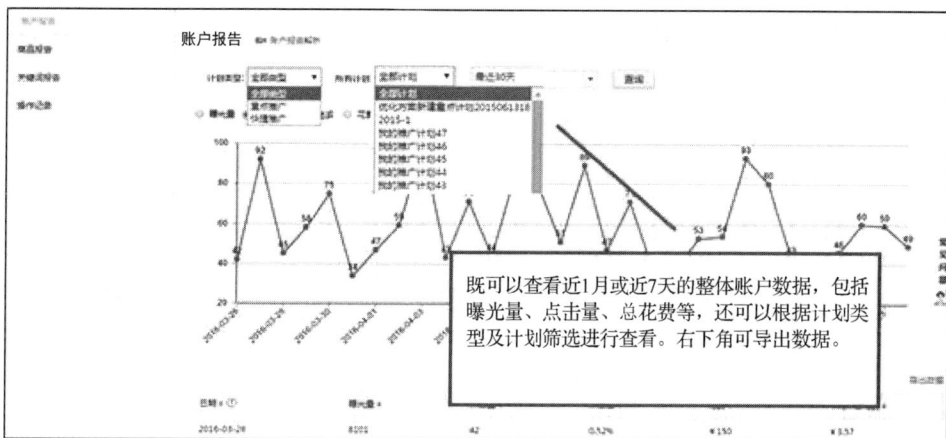

图 5-74 "账户报告"页面

商品报告：可以将推广的商品进行横向比较，观察哪些商品得到的点击量最多、花费如何等，导出的数据是以商品为维度的。"商品报告"页面如图 5-75 所示。

图 5-75 "商品报告"页面

关键词报表：可以通过设置计划类型、计划范围及日期等条件来查询，可对统计的数据进行排序。"商品报告"页面如图 5-76 所示。

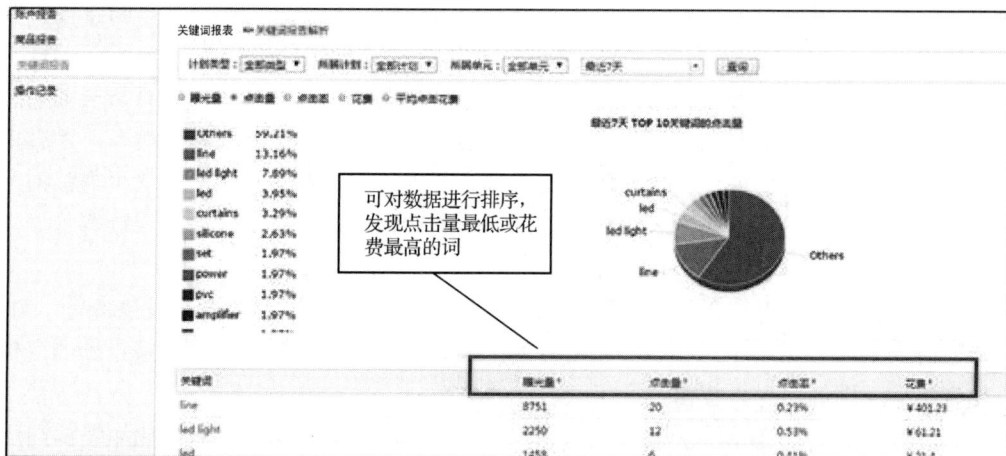

图 5-76 "商品报告"页面

例如，有卖家发现店铺流量一下子飙升很高，想找到流量飙升的原因，该如何使用直通车查找呢？

步骤 1：查看"账户报告"，找到飙升的时间点。

步骤 2：查看"商品报告"，排序找到点击量占比高的商品名称，点击量占比高说明这款商品带来的点击量多，然后查看这款商品是否为主推商品，最后根据具体情况作出相应的调整。

步骤 3：打开关键词报表，选择流量飙升的时间段，查看主要流量来自于哪些关键词、是否是主关键词、匹配度如何、平均点击花费是否超出行业水平或自身承受水平等，最后根据这些情况以及转化情况对商品或关键词进行优化。

4．直通车推广过程中常见的问题

（1）引流低是由什么原因造成的。引流低可能是点击量低造成的，可以通过增加关键词数量和提高出价来提升曝光率，从而增加点击量。

（2）怎样提升曝光量。通过直通车选词工具找出行业的热搜词，将其添加为精准词和长尾词；重点关注关键词的引流效果，提升点击出价；开启商品推荐投放或对其进行提价。

（3）怎样提高点击率。针对重点推广的商品进行创意主图与创意标题的优化。

（4）花钱快该怎么解决。可以关掉不必要的推广花费，提升精准曝光量。

（5）如何定位直通车推广计划。检查是否开启"全店管家"与"计划推广"。

（6）如何解决单品优化问题。解决单品优化问题，其实就是降低花费问题。降低花费，可以从关键词流量和商品推荐投放量两个方面来考虑。单品优化一是要降低商品推荐投放的点击价或直接关闭，二是要降低关键词的整体出价。

5.2.6　直通车良词推优

1．影响良词评判的因素

为什么有些关键词是良词，有些关键词不是良词呢？判定关键词是否为良词，首先需要了解影响关键词的优良评分的因素有哪些。

（1）推广产品的信息质量。产品的信息包括产品的图片、标题、文案等，卖家需要从多方面提高产品的信息质量，如设计吸引买家点击的主图，由高曝光、高流量、高转化关键词组成的标题等。

（2）推广的产品与关键词的匹配程度。买家通过关键词进行搜索时，只有与关键词高度匹配的商品，才能被精准找到。换句话说，推广的产品与关键词的匹配程度越高，才有更多的机会被买家搜索到。例如，如果我们卖的产品是手表，但却加上"裙子"这个关键词，那么想买裙子的买家搜索到的是手表。这种关键词匹配错误的现象，不仅会造成顾客的流失，还会影响店铺的形象。

（3）推广的产品是否符合买家的喜好。每隔一段时期，买家的喜好都会发生变化。例如，受季节、时尚潮流、热门电影、节日风俗等的影响。因此，卖家需要经常了解市场的变化情况，结合买家反馈的信息，找出符合买家习惯的关键词。

例如，现店铺有 A、B 两款产品参与直通车推广，A、B 两款产品的数据对比如表 5-1 所示，A、B 两款产品月曝光量对比如图 5-77 所示，A、B 两款产品月点击量对比如图 5-78 所示。

表 5-1　A、B 两款产品的数据对比

款式	发布 产品数量（个）	推广 产品数量（个）	推广 关键词数量（个）	推广 优词数量（个）
A	1 351	1 345	3 848	3 566
B	1 671	1 582	3 193	1 198

从表 5-1 所示的数据我们可以看出，A 款产品比 B 款产品发布的数量要少，但是 A 款产品的推广关键词有 3 848 个，推广优词数量有 3 566 个。B 款产品推广关键词有 3 193 个，推广优词数量只有 1 198 个。虽然 B 款产品发布数量多，但是 B 款产品的推广优词是远远小于A 款产品的，优词多能给店铺带来更多的曝光量和点击量。如图 5-77、图 5-78 所示的对比图中，无论是月曝光量还是月点击量，A 款产品都明显高于 B 款产品。因此，如果关键词是良词，就一定要将其进行推优。

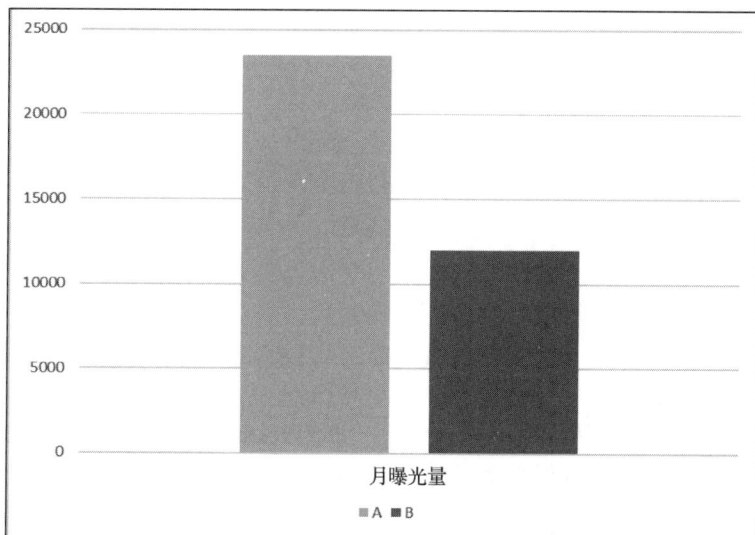

图 5-77　A、B 两款产品月曝光量对比

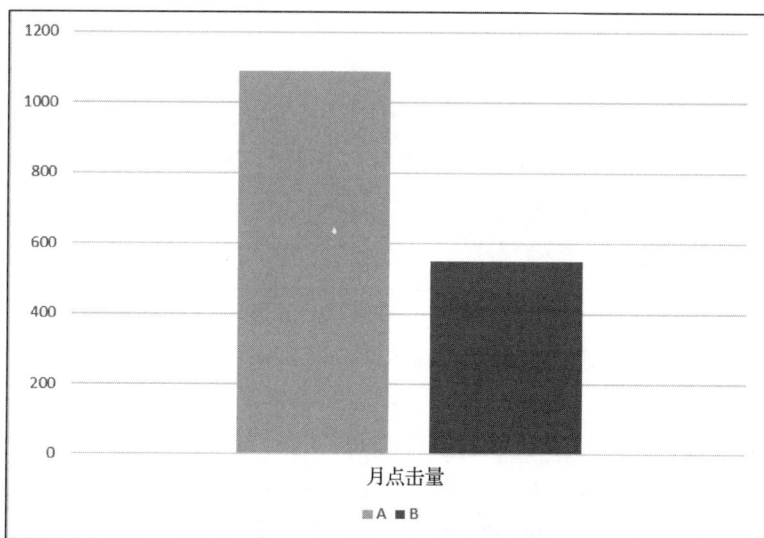

图 5-78　A、B 两款产品月点击量对比

2. 良词推优策略

良词推优策略如下。

（1）产品属性填写正确且完善。店铺产品上新的时候，产品系统推荐属性和自定义属性都要填写正确、详细和完整。例如，如果产品为"男鞋"，而属性填写为"女鞋"，这就是产品信息不正确。一般而言，只有男女通用款，才可以写上"男鞋或女鞋"。"产品属性"页面如图 5-79 所示。

图 5-79 "产品属性"页面

（2）产品标题优化。产品标题中必须包含产品的关键词。另外，核心关键词要紧凑，并且要放在标题的前面，"产品标题"页面如图 5-80 所示。

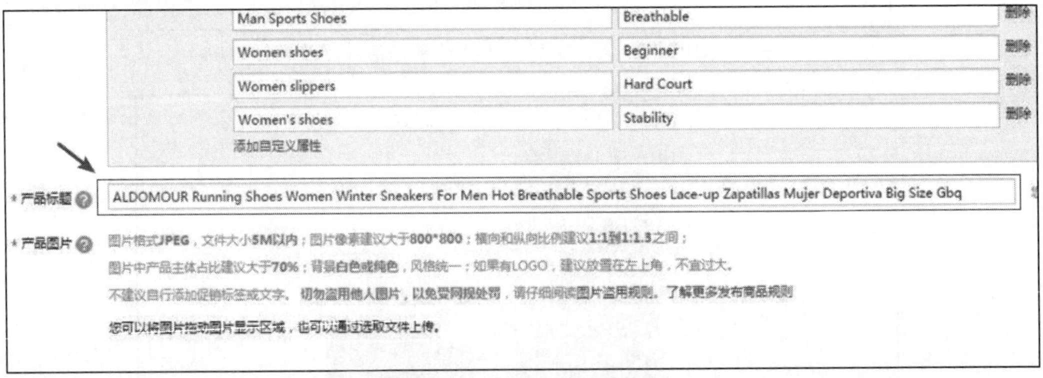

图 5-80 "产品标题"页面

（3）详情页中设置关键词。在详情页描述产品时，可以巧妙地设置关键词。详情页中的关键词如图 5-81 所示。

（4）推广创意推优。推广评分为良的词可以加入推广创意的标题中进行推优。可以通过推广创意近期动态反馈的结果，判断关键词所在产品的推广创意效果。影响推广创意效果的因素有：产品关键词、产品点击反馈和图片质量等。卖家需要不断测试和优化推广创意的标题，努力提升它的点击率。

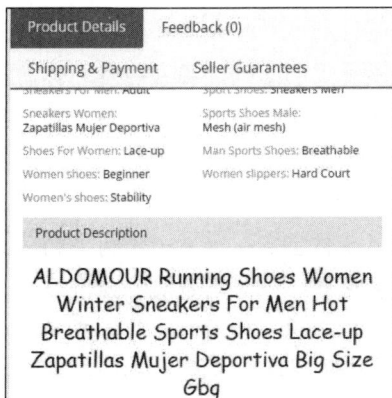

图 5-81　详情页中的关键词

　　每一个重点推广计划有三组创意，除了产品原始标题和图片以外，还可以设置两组自定义创意。自定义创意具有添加关键词、测试图片质量、点击反馈、良词推优等功能，图片和标题可以随时变更。自定义创意时，着重考虑的因素包括投放位置、授权方式、促销方案、产品属性、构图方式、色彩搭配等，如图 5-82 所示。

图 5-82　自定义创意时着重考虑的因素

◆阅读材料

如何优化推广创意的标题和图片

　　速卖通直通车推广创意是指针对重点计划中的推广单元，可以自主撰写标题文案及自主选择要展示的图片。标题文案和创意图片只作为直通车展示使用，不影响其自然排名。其中，标题文案可以根据推广需要自由填写，比较灵活；图片来自商品发布时的主图。

　　每个推广单元（即每个商品）最多可以设置两组自定义创意。如果没有设置自定义创意，则仍按原始标题和图片来进行匹配推广。"新增加创意"页面如图 5-83 所示。

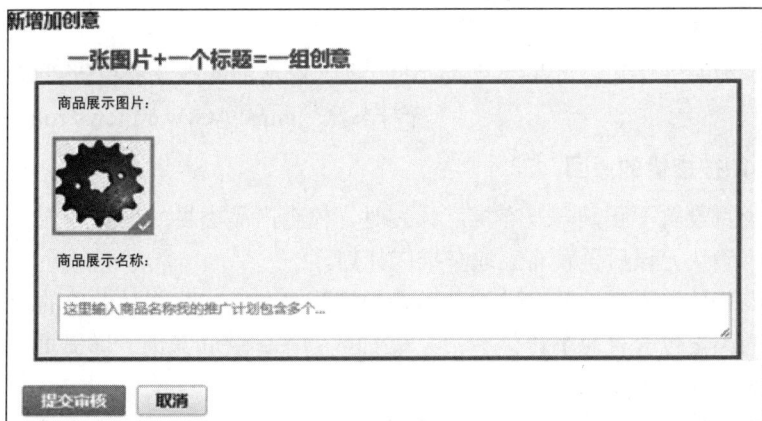

图 5-83　"新增加创意"页面

好的推广创意有利于提高流量转化，速卖通直通车推广创意的设置技巧如下。

1．直通车推广创意标题

（1）标题应介绍商品，而不是说明店铺。买家能看到你的广告的时候，通常是他们想要搜寻某种商品的时候，如果在此时出现介绍店铺的信息，买家要么不感兴趣没人点击，要么点击进去随便看看，徒增无效的点击量。

（2）1个商品名+1个卖点。进行直通车推广创意设置时，不要罗列很多商品名和卖点，涉及的范围太宽泛反而让买家抓不住重点。如果一件商品的卖点有好几个，建议在标题里突出最重要的那个卖点，次要的卖点可以放到商品描述页面里。

（3）信息精简，一目了然。可以适当使用标点符号或空格，让标题读起来更像个通顺的句子，而不是复杂得没有任何停顿的短语。不少卖家在标题上会写很多不相关的热门关键词，为了让商品被更多买家搜索到。但现在使用直通车购买了关键词，广告是一定会出现的，就没必要罗列那么多不相关的词。您需要做的只是把广告信息写得精确、简单、直接！

（4）抓住买家购物心理的需求。按照买家购物心理的需求来进行标题组合。比如：眼霜这个类目，买家最关注的可能就是销量、是否包邮、评价如何；而生活电器类就不一样，买家更关心的是否是正品、有没有售后服务等信息；对于女装而言，有的买家可能会关注折扣信息，而追求个性化的买家则更关注款式是否修身等信息。

（5）始终围绕核心词来设置。创意标题要围绕核心词来设置，例如，"蕾丝连衣裙"作为核心关键词，创意标题就要围绕这个词来进行：核心词+修饰词+风格词。

2．直通车推广创意图片

直通车推广创意图片设计要抓住以下要点。

（1）图片要清晰简洁，注意差异化。比如，其他人背景色使用白色时，那么你的背景色就使用黑色，反正你需要把图片的背景和周边的商品区分开来，让你的商品是与众不同的，是唯一的，这样才能引起买家的关注。

（2）挖掘商品的卖点和买家的需求。不管是图片还是文字都要有亮点吸引眼球，让买家一眼就能看见突出的重点。比如，某种袜子的卖点是防滑、纯棉、隐形，那么在优化主图时应该将这些卖点体现出来。

（3）确保信息真实。竞价推广点击是要花钱的，要是转化率低了就不能收回成本，甚至会造成大量亏损。所以在图片设计的时候不能为了提升点击量而虚假设置打折、优惠等信息，没有成交一切都没有意义。

（4）适当添加品牌信息、商品特点或折扣信息，以增加点击量和增强买家的购买欲望。

（资料来源：https://www.cifnews.com/article/33198）

3．查找不能被推优的原因

（1）产品类目设置不正确。发布推广计划时，检查产品类目的设置是否正确，输入的关键词是否有误，确认无误后再发布直通车推广计划。

（2）买家购物体验不佳。买家购物体验是根据买家在店铺购物时做出的动态反馈。影响买家购物体验的因素包含直通车转化率、收藏/加购物车、关联营销、详情页、加载速度、好评/差评率、旺旺反应速度等。

（3）店铺服务质量不高。如果店铺的综合服务质量不高，会导致推广受限或产品质量评分降低。因此，店铺要提高服务质量，比如提高产品好评率等。

（4）隐形降权的良词无法推优。如果产品推广受到限制，会有小铃铛的标记。卖家可以从以下几个方面查找原因：

- 产品的标题、产品描述、产品属性等信息修改太频繁；
- 产品信息展示质量差；
- 搜索作弊；
- 违规提高产品销量、修改评价信息等。

当产品的关键词对应的各项分值越大，代表推广的效果越好。但不同行业的关键词质量得分也是与实际行业类目相关的。因此要以实际情况为准，参考优化中心的建议进行优化，不断提高各项指标。若各项反馈值发生变化或降低，产品整体质量的分值也会发生变化或下降。因此，需要抽出一定的时间对推广产品的标题、详情描述页等各种信息进行优化。

5.2.7　提升直通车产品曝光量和点击率

直通车产品曝光量是指产品信息通过直通车推广后被买家看到的次数；点击率则是指通过直通车推广后点击产品的概率，数值越高，该关键词下的产品被买家点击浏览的次数越多。点击率计算公式如下：

$$点击率=（点击量÷曝光量）×100\%$$

影响直通车曝光量和点击率的因素：产品的展示位置和展示在买家面前信息。那么，提升直通车产品曝光量和点击率的方法有哪些呢？

1．展示优质的产品信息

展示产品信息时，要注意以下几点。

（1）产品的属性（系统推荐属性和自定义属性）是否填写正确和完整。

（2）产品标题关键词的选取。关键词的选取步骤：登录速卖通后台，执行"数据纵横"→"商机发现"→"搜索词分析"命令，得到"搜索词"信息列表，下载信息列表并存储为Excel数据表格形式，将表格中文本格式转化为数字格式。在表格中插入"成交转化指数"列（成交转化指数的值=搜索指数×浏览-支付转化率×点击率），摒弃不相关的大词、品牌侵权词，然后将成交转化指数按降序排序，如图5-84所示。

NO.	搜索词	是否品牌原词	搜索人气	搜索指数	点击率	浏览-支付转化率	竞争指数	TOP3热搜国家	成交转化指数
9	nike air max 270	N	36,703	132,370	39.37%	0.45%	11	FR,ES,US	234.5133105
14	vapormax	N	25,799	113,828	46.35%	0.31%	14	FR,US,ES	163.5537618
25	yeezys air 350	N	19,148	61,131	54.25%	0.39%	8	US,FR,NL	129.3379133
30	nike air max 90	N	13,448	54,239	38.72%	0.59%	23	FR,NL,ES	123.9079107
11	zapatillas hombre deportiva	N	17,647	126,372	34.56%	0.20%	19	ES,PE,CL	87.3483264
19	nike air max 97	N	20,511	77,916	37.79%	0.28%	15	ES,IT,FR	82.44447792
48	yeezys	N	8,380	32,617	47.50%	0.53%	14	US,FR,NL	82.1132975
18	running shoes	N	13,978	81,609	35.87%	0.27%	49	US,IN,GB	79.03750041
7	кроссовки мужские	N	19,664	163,017	35.38%	0.09%	25	RU,KZ,BY	51.90787314
6	sneakers	N	28,217	180,527	28.73%	0.10%	18	US,FR,NL	51.8654071
65	yeezys air 350 boost	N	6,908	22,411	52.17%	0.43%	12	US,FR,NL	50.27482041
15	zapatillas mujer deportiva	N	14,792	108,481	31.51%	0.14%	28	ES,PE,CL	47.85530834

图5-84　"搜索词"信息列表

我们知道关键词有很多。那么，什么样的关键词是主推词？让关键词获得什么样的排名？在不同阶段该怎样去进行推广呢？解决这些问题，需要对关键词进行多维度的分析：对一级搜索词进行对比，确定哪些词是核心关键词；按成交转化指数进行降序排序，选取靠前、匹配度高的搜索词作为主推关键词。

（3）在产品详情页的文案中，出现关键词有利于SEO搜索。

2．选择合适的产品进行推广

产品的选择着重考虑三个因素。

主观因素：主要是分析产品本身的属性，如基础销量、卖点、利润、库存、应季性、收藏量、受众率等。

产品数据：主要是分析产品的各项基本数据，如访客数、访问深度、跳失率、停留时间等，根据产品的受欢迎程度去挖掘潜力款，打造爆款。

外界因素：外界因素包括行业发展趋势、近期市场需求量、竞争对手的优势（卖点、价格）等。

（1）直通车测款选品。如果是新开设的店铺，不熟悉类目又没有太多的基础数据，就可以通过直通车提供的海量关键词、海量产品数据，把同类产品加入直通车进行测款。一些信息质量展示好的、买家喜欢的产品，通过系统测评后，很有可能获得很高的曝光量和点击率，也有可能形成销售订单。通过直通车测款，卖家就知道这个产品是否适合推广了。

例如，对用于直通车测试的新产品，可以用多个关键词对多个产品（多对多）进行测试，对有曝光量、点击率、转化率的产品，可以作为潜力款进行主推；对于有曝光量、无点击率的产品，需要对其价格、主图等方面进行优化，若点击率还是不行，建议放弃这款产品；对于重点推广计划中的爆款产品，由于它已经在首页展示了，有多个关键词对一个产品（多对一），可以通过后台数据对该产品进行分析，如果比较热卖就继续大力推广。

（2）店内数据选品。登录速卖通后台，执行"数据纵横"→"经营分析"→"商品分析"命令，打开"商品分析"页面，下载产品分析数据。从下载的数据表中可以看到近期产品的曝光量、点击量、收藏数量等数据。分析相应数据并作为推广选品的依据。

- 对于曝光量、点击量偏低的产品，需要对主图、价格和标题进行优化；
- 对于收藏量高、点击量低的产品，需要降低产品的价格；
- 对于点击量偏低的产品，需要优化主图和价格；
- 对于没有发展潜力的产品，可以进行多方面的优化，但不建议主推；
- 对于转化率偏低的产品，可以优化价格和产品详情页；
- 对于转化率高、其他数据偏低的产品，可以尝试为单品导入更多的流量；
- 对于利润款和可带动店内其他产品的销量的产品，可以优化其曝光量和详情页。

通过对同类产品的数据进行比较，剔除特殊数据，然后与行业数据的平均值进行比较、分析，得出的产品建议加入直通车并重点进行推广。以下产品可以直接作为主推产品：新产品直接出单的产品；查询工具关键词排名靠前的产品；购物车、收藏夹数量多的产品。

（3）行业参考数据选品。打开速卖通网站首页，通过关键词搜索，在搜索列表中参考热销产品进行选品，如图 5-85 所示。也可以登录速卖通后台，参考"商机发现-行业情报"中的数据进行选品。

3. 关键词及其他信息的优化

1）关键词的优化方法

（1）关键词中适当添加新词。通过关键词搜索，下载搜索词数据列表，根据列表中的指标适当添加新的关键词，同时也要关注热门词和优词。

（2）加入大量高转化率、高订单量的关键词，加入少量高流量的关键词。通过直通车关键词工具，加入高转化率、高订单量的关键词，使产品与关键词的匹配度更高。少量匹配高流量的关键词，因为高流量词主要用于测试产品的各项数据。直通车关键词工具的选词方法在 5.2.4 节中已经进行了详细的介绍。

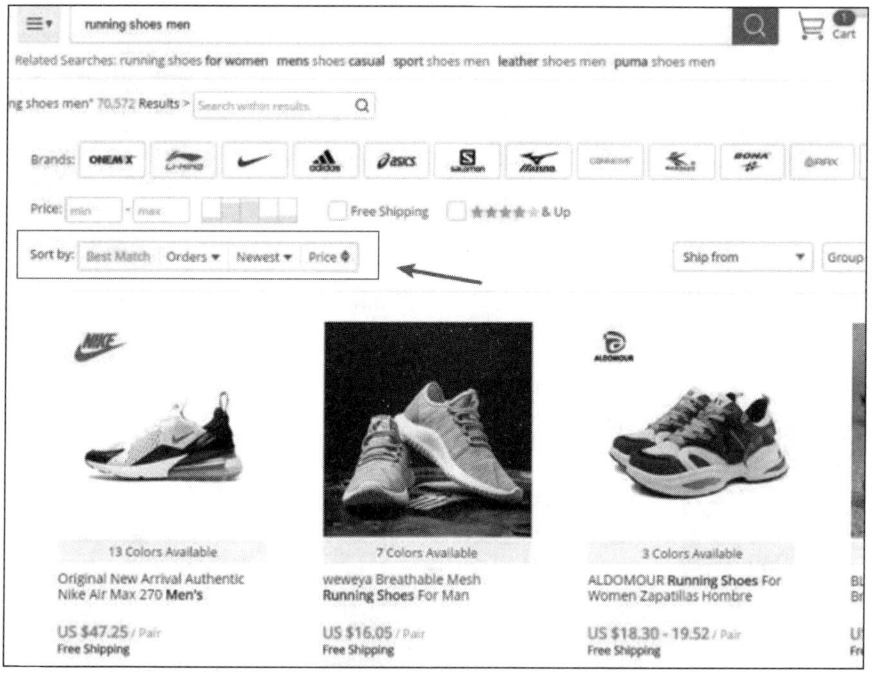

图 5-85　速卖通网站首页

提示：卖家要结合平台数据分析工具，总结关键词具备的某类特性，作为添加关键词时的参考依据。有推荐理由的关键词，建议添加并且进行重点竞价。

（3）通过商品分析优化关键词。通过速卖通后台的商品分析功能，可以对关键词进行分析和优化。

- 删除不相关的关键词。例如，产品是儿童手表，如果关键词是"男表""女表"，则产品与关键词不相关，就要删除；
- 控制热搜词、类目词、高流量词的出价。这类词如果出价高，曝光量也高，但这类词适用范围太广，点击量也较低；
- 定期优化有曝光量、点击量的关键词。例如，搜索关键词"man running shoes"，页面显示有许多的跑鞋产品，如图 5-86 所示。分析搜索结果表明，此关键词与产品的相关性较差，因此，此关键词不适合进行重点推广。同样，对于男士牛仔裤来说，搜索关键词"big jeans"，页面展示的产品中既有男款，也有女款，如图 5-87 所示。因此，可以加入"boy""girl"这两个关键词。分析搜索结果表明，此关键词与产品的相关性一般，产品价格合理，搜索结果中的产品有销售记录。

（4）优化直通车关键词出价。产品的曝光量、排名位置、点击量与产品关键词的出价是相互关联的。关键词的出价越高，产品的曝光量越大、排名位置越靠前，点击量越大；反之，关键词的出价越低，产品的曝光量越小、排名位置越靠后，点击量越小。排名靠后的产品，很难获得曝光量，点击量自然更少。因此，要把合适的长尾关键词出价调高，使产品关键词排名靠前。那么，关于产品出价及位置排名的建议是：新款用于测试的产品，力争出价排到第一页主搜位置，这样能够快速获取流量；爆款产品，力争出价排到第一页主搜位置。当然，在实际运营过程中，需要根据竞争对手的情况来调整位置。关键词出价与排名如图 5-88 所示。

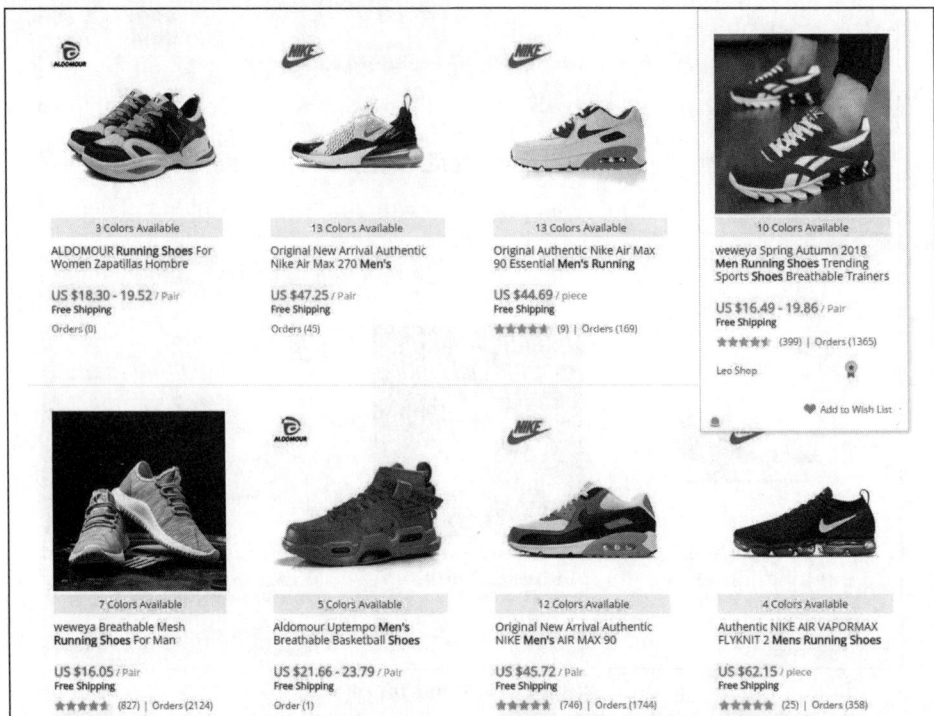

图 5-86　产品关键词搜索列表（1）

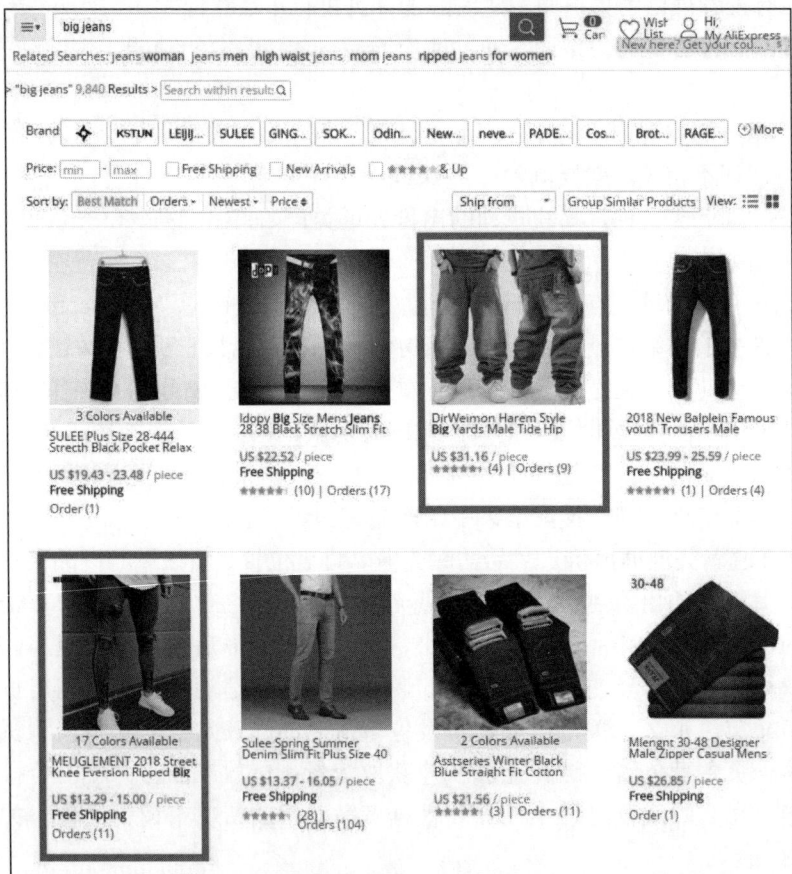

图 5-87　产品关键词搜索列表（2）

图 5-88　关键词出价与排名

2）其他信息优化

（1）优化商品推荐投放位置。"商品推荐投放设置"页面如图 5-89 所示，从图中可以看出，当前市场的平台出价为 0.44 元，其曝光值为 19；出价小于 0.2 元，曝光值为 0；出价大于 0.8 元，其曝光值接近 25。综合考虑商品信息质量、商品与买家需求的匹配度，建议商品推荐投放出价到"建议出价区"，即 0.4～0.9 元之间。

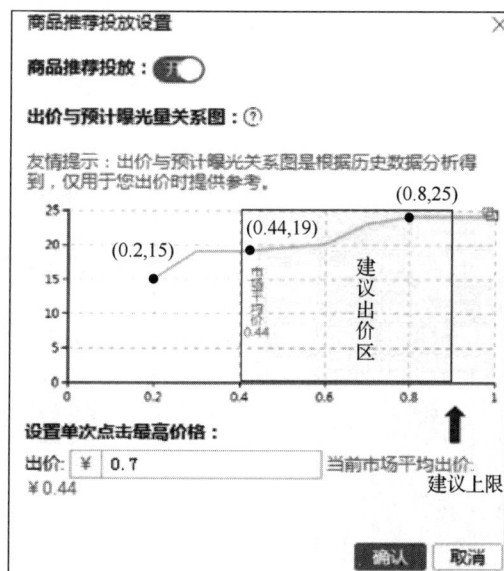

图 5-89　"商品推荐投放设置"页面

"商品推荐投放"页面展示位置如图 5-90 所示。展示位置位于商品详情页的下方，若买家觉得当前详情页的商品不是很喜欢，可以在页面下方看到其他款式的推荐商品，从而增加购买率。

（2）优化推广商品的定价。在首页搜索竞争对手同款商品的价格，分析对比之后优化自己推广商品的定价。例如，相同款式的两个商品，只是主图的颜色和背景不同，定价高的商品同样有较高的成交量，如图 5-91 所示。分析结果表明，可以适当提高自己同款商品的价格。

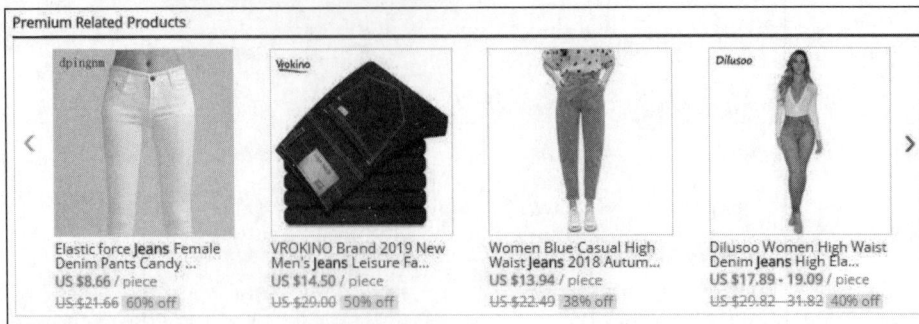

图 5-90 "商品推荐投放"页面展示位置

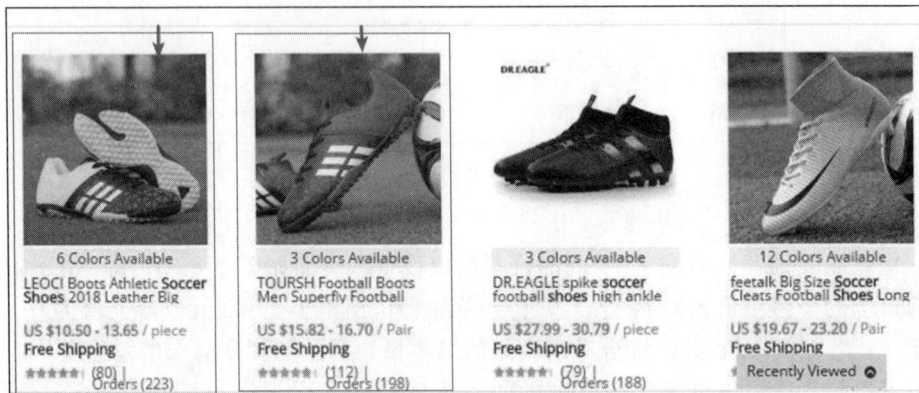

图 5-91 同款商品对比

（3）优化直通车主图。主图常见的症状如下。

● 主次不分、超过三种颜色、有拼图，买家很难在这类图片上聚焦，如图 5-92 所示。

● 产品文案过多，有拼图，买家无法看清细节，如图 5-93 所示。

图 5-92 主图常见的症状示例（1）

图 5-93 主图常见的症状示例（2）

● 背景灰暗、图片质量太差，背景颜色和产品颜色相近，无法突出产品特点，如图 5-94 所示。

● 文字太多、布局混乱，给人牛皮癣的感觉，如图 5-95 所示。主图中如果包含中文，应该删除。

● 产品的角度摆放不当，不能让买家快速看清产品细节，如图 5-96 所示。主图应该选择正面角度进行展示，这样可以一目了然。

图 5-94　主图常见的症状示例（3）

图 5-95　主图常见的症状示例（4）

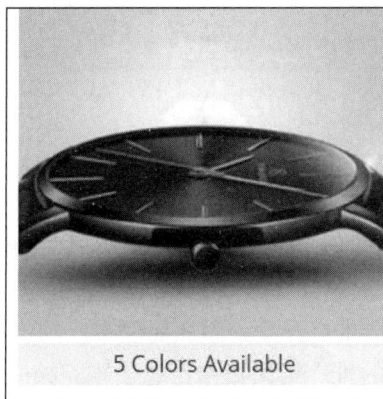

图 5-96　主图常见的症状示例（5）

主图的设计除了要尽量避免出现以上症状以外，还需要注意以下几点。

● 主图的标题关键词设置要合理，买家可以直接看到直通车产品标题的前面 58 个字符，因此重要的信息、少量的修饰词、促销词和核心词应该放到标题的前面。

● 产品主图需占到整张图片的 70%以上的比例。

● 图片中避免出现水印和中文。

● 图片中要包含产品的重要卖点。

● 产品颜色与背景颜色要能形成对比，背景要能突出产品。

● 与竞争对手的产品主图进行对比，做出主图的差异化。若两个产品相同，只是主图的颜色不同，为了更好地推广产品，可以把价格调到比竞争对手的价格稍低一点，从而让更多的买家点击。

（4）优化创意标题。每个重点推广的产品可以设置两个创意标题。直通车标题相当于产品的广告语，只靠自己的想象是不能准确知道买家喜欢点击什么样的广告。因此，要通过测试不同标题带来的推广效果来优化创意标题。"输入创意信息"页面如图 5-97 所示。

设置产品创意标题时，既可以突出产品的优势和卖点，从而提高点击率，比如"热销 4件""99%好评""奢华头层牛皮皮鞋""送皮带"等。还可以按买家购物心理的需求进行标题组合，比如美容类目，买家最关心的是商品评价；电器类目，买家最关心的是否是正品；服装类目，买家可能会关注折扣信息、个性化信息；饰品类目，买家比较关心设计风格、材质等。

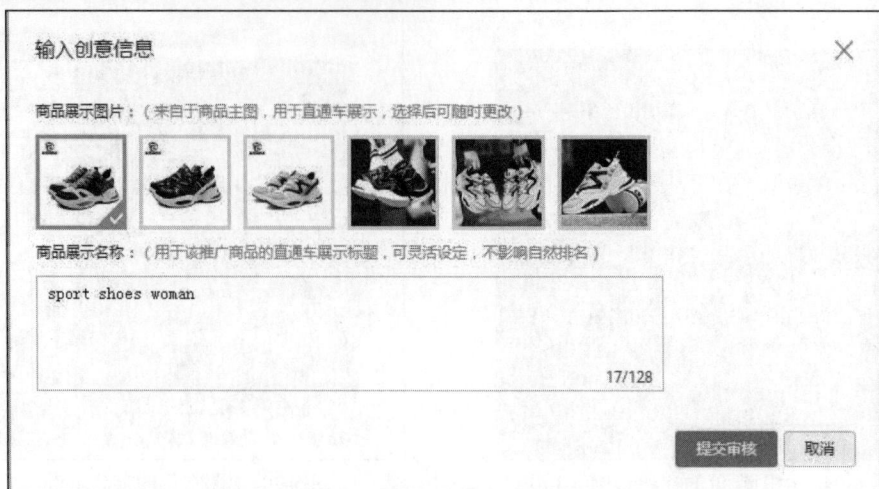

图 5-97 "输入创意信息"页面

（5）在产品详情页上标注产品的历史销量信息。买家一般会有从众心理，历史销量信息在一定程度上也会影响点击量。买家看见销量不错，认为该产品已经得到了大家的认可，从而增加了购买决心。

任务实训

【实训】 根据本任务所学知识，按以下要求创建并优化直通车推广计划，将操作记录及结果以 Word 文档的形式提交。

（1）建立自己的直通车快捷推广计划，添加需要推广的产品，并为推广产品添加关键词、设置最低出价。通过分析七天的推广结果数据，选出重点推广的产品。

（2）将快捷推广计划选出来的产品一键转为重点推广计划，继续加词（关键词上限为 200 个）。对关键词出价进行实时监控，根据日消耗上限的金额，在适合的时间段，让主关键词、精准词展示在第一页主搜的位置上。

（3）根据直通车推广计划的七日点击率、点击量，更换直通车创意主图并测试换图后效果。

任务 5.3　社交媒体推广

任务导入

通过主流社交媒体推广，能够为自己的店铺引入站外流量。本任务介绍速卖通后台的粉丝趴、A+计划的功能，同时学习如何通过 Facebook、VK、Twitter、YouTube 等主流社交网站进行站外推广。

任务导图

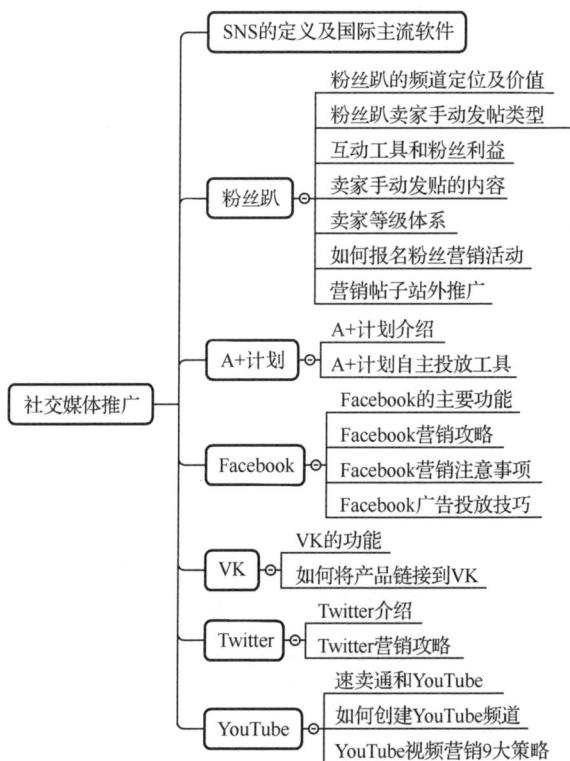

学习目标

知识 目标	了解 SNS 的定义	
	了解粉丝趴频道、A+计划	
	了解 Facebook、VK、Twitter、YouTube 等主流社交网站	
能力 目标	能够利用粉丝趴频道、A+计划进行推广	
	能够通过主流社交网站进行推广	

5.3.1 SNS 的定义及国际主流软件

1. SNS 的定义

SNS 是 Social Network Services 的缩写，中文意思是社交网络服务。首先，SNS 是一种服务，是供人们使用的；其次，这种服务是由互联网技术实现的，更准确地说，是通过互联网 Web 编程与设计等技术手段，利用网站服务器的计算能力，为用户提供不间断的、全球可访问的服务；最后，SNS 是围绕"社交"这一领域来发挥作用的，也就是说，利用网络信息技术，为用户提供一种基于互联网的社交工具或平台。

SNS 营销指的是利用社交网络服务平台进行的各种营销活动。

2. 国际主流的 SNS 软件介绍

国际主流的 SNS 软件有 Facebook、VK、Twitter、YouTube、Instagram、Linkedin 等。

Facebook（www.facebook.com）是一家位于门洛帕克（加尼福利亚州）的在线社交网络服务网站。其名称的灵感来自美国高中提供给学生包含照片和联系数据的通信录（或称花名册）的昵称"Face Book"。该网站除可以发送文字消息以外，还可以发送图片、视频和声音媒体消息，以及通过集成的地图功能分享用户的所在位置。

VK（原 VKontakte，中文"接触"之意）是俄罗斯较大的社交网站，是仅次于搜索引擎 Yandex 的俄罗斯第二大网站。VK 为俄罗斯知名的在线社交网络服务网站，提供多种语言服务，用户主要来自于俄语系国家，包括俄罗斯、乌克兰、阿塞拜疆、哈萨克斯坦、摩尔多瓦、白俄罗斯、以色列等。

Twitter（通称推特）是一家美国社交网络及微博客服务的网站，是全球互联网上访问量最大的十个网站之一，也是微博客的典型应用。据 Business Insider 提供的数据，Twitter 依然拥有强大的用户群，月活跃用户达 10 亿人以上。考虑到其页面内容的庞大性和复杂性，想要取得流量就必须要在 Twitter 千千万万的页面上突围而出。

YouTube 作为当前行业内较成功、实力较强大、影响力颇广的在线视频服务提供商，每天要处理上千万个视频片段，为全球成千上万的用户提供高水平的视频上传、分发、展示、浏览服务。通过强有力的技术支持，YouTube 支持多种格式的视频，并且在对上传文件的大小和时长的规定放得比较开，容量不超过 100M、长度不超过 10 分钟的视频都是被允许的。在 YouTube 上，不仅用户基数庞大，更为重要的是它是第二大互联网搜索引擎。YouTube 搜索引擎的排名对品牌的提升有着非常重要的作用。

Instagram（照片墙）是一款移动端的社交应用软件，以快速、美妙和有趣的方式将随时抓拍的图片进行分享。在过去的几年中，Instagram 已经成为一个全球性的社会共享系统，这也意味着在 Instagram 上，存在着许多你的目标用户，你要做的工作就是吸引他们，让他们认同你的品牌和服务，进而获得更多的新客户。

Linkedin（领英）被称为全球最大的职场社交网站，用户遍布 200 多个国家和地区。它致力于向全球职场人士提供沟通平台，并协助他们在职场上发挥特长。个人还可以在 Linkedin 上创建企业主页，发布企业的相关信息和推广广告等。

5.3.2 粉丝趴

粉丝趴，即"My stores"，是速卖通平台为卖家提供的粉丝营销阵地，是基于店铺与买家之间的关注关系进行内容展示的。关注店铺的买家可以收到卖家发布的动态信息，包括店铺产品上新、买家秀、粉丝专享活动、导购文章等。此外，获得了直播权限店铺的直播视频也会同步展示到粉丝趴，并且支持买家对相关的内容进行点赞和评论。粉丝趴移动端入口及页面如图 5-98 所示。

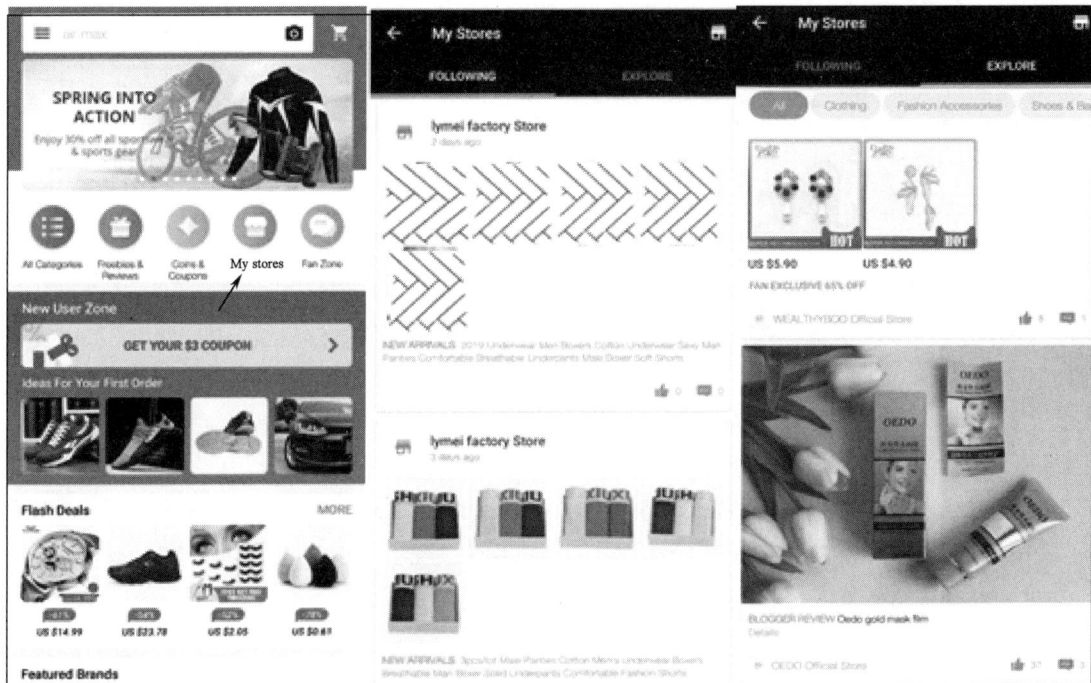

图 5-98 粉丝趴移动端入口及页面

1. 粉丝趴的频道定位及价值

● 粉丝趴定位：它是卖家私域流量运营的阵地，通过内容营销和粉丝运营，达到吸引新买家的目的。

● 粉丝趴卖家价值：为卖家提供更有效的营销渠道，为店铺带来更多的流量，有利于店铺的客户关系管理。

● 粉丝趴买家价值：能够发现好的商品；提升购物效率；获得更多的利益。

2. 粉丝趴卖家手动发帖的类型

粉丝趴卖家手动发帖类型包括新品帖、图文帖和粉丝专享帖，如图 5-99 所示。

3. 互动工具和粉丝利益

● 与买家进行互动的方式：评论翻牌子、关注店铺有礼、打泡泡。

● 互动形式：卖家帖子站外分享、达人帖子转发在粉丝趴。

● 粉丝利益：粉丝优惠券、粉丝专享价。

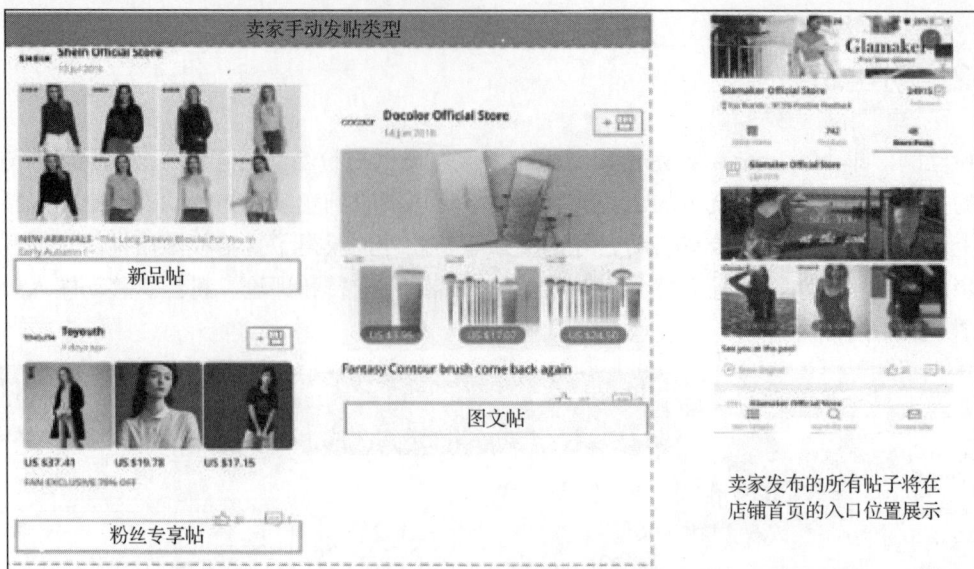

图 5-99 粉丝趴卖家手动发帖类型

4. 卖家手动发帖的内容

教程类帖子：该类帖子适合美妆、运动等行业，例如，"腮红怎么涂更自然""怎样挑选跑鞋"等。

资讯类帖子：该类帖子适合服饰、家居、母婴等行业，例如，"2019 年流行什么颜色""北欧风格装修要点""0～3 岁儿童热门的玩具"等。

互动类帖子：该类帖子适合范围较广，几乎适合所有行业。例如，"一起来找碴""挑选你最喜欢的款式""评论有礼""'5·1'劳动节全场五一折"等。

5. 卖家等级体系

卖家等级体系包括"S1"级、"S2"级和"S3"级。全体卖家均为"S1"级，对发帖数量没有要求；"S2"级为初级卖家，每个月至少发布 20 个优质帖子，且不存在重复发帖的情况；"S3"级为高级卖家，在完成每月发布 20 个优质帖子的基础上，每月至少有 4 个帖子是优质原创内容的帖子，如果没有完成当月任务，就会降至"S2"级。卖家等级体系如图 5-100 所示。

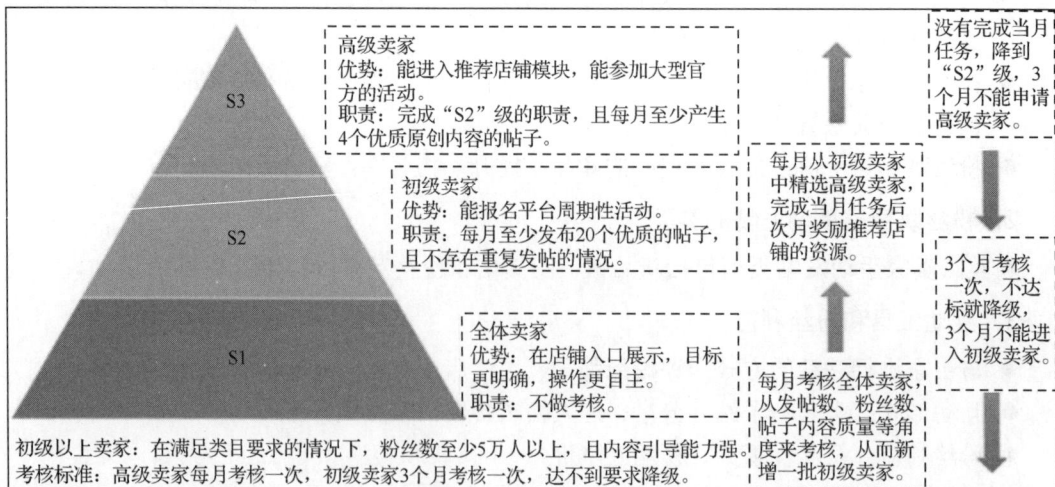

图 5-100 卖家等级体系

6．如何报名粉丝营销活动

（1）粉丝营销活动的报名入口。登录速卖通后台，执行"营销活动"→"客户管理"→"粉丝营销"命令，打开"粉丝营销"页面，如图 5-101 所示。页面中显示的是"可参加的活动"和"已参加的活动"，在"可参加的活动"页面中，单击"报名"按钮即可。

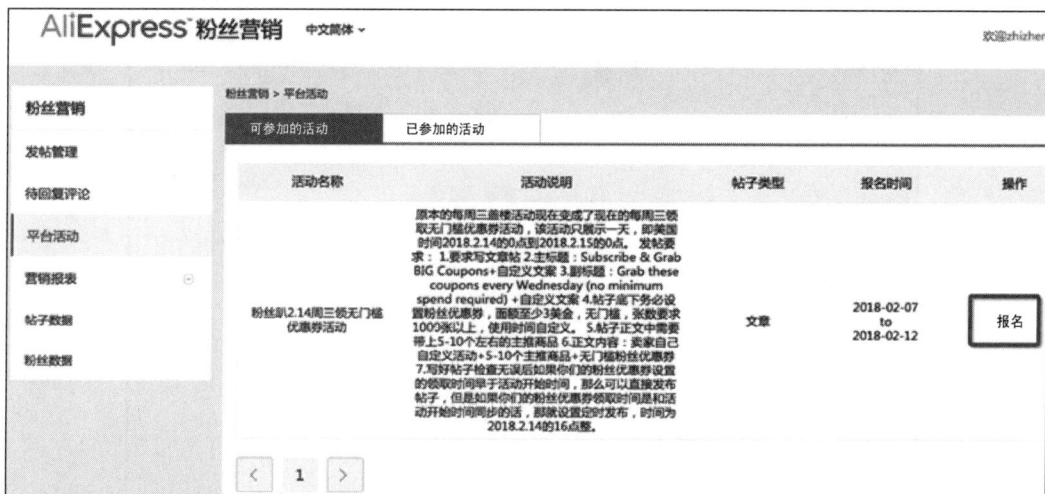

图 5-101　"粉丝营销"页面

粉丝营销活动常见的类型有以下几种。

① 常规类活动。

● 周三评论翻牌子：每周四开始招商，下周二审核。

● 周末粉丝购：每周一开始招商，每周四审核。

● 会员日：每月 8 日上线，提前 1～2 周招商。

② 专区活动。

● 钻石专区：定向开放优惠券，至少 10 美元，门槛比例为 1∶7。

● 普通专区：定向发放优惠券，金额为 3 美元，无门槛。

③ 激励类活动。

● 优质卖家奖励。

● 优质帖子推荐。

（2）发帖。登录速卖通后台，执行"营销活动"→"客户管理"→"粉丝营销"→"发帖管理"命令，打开"粉丝营销-发帖管理"页面。在打开的页面中，可以看到 3 种不同内容帖子的发布入口：上新帖、文章帖、粉丝专享价活动帖，如图 5-102 所示。

① 上新帖。上新帖操作比较简单：填写"上新描述"信息；添加"上新商品"（最多 50 个）；如果需要设置互动游戏，勾选"盖楼有奖"复选框；选择"定时发布"时间；最后单击"发布"按钮。"上新帖"页面如图 5-103 所示。

上新帖发布注意事项如下。

● 添加商品的数量有限制，可添加 3～50 个新商品。为了保证展示效果，建议选择商品数量为 3 的倍数，而且尽量选择新发布的商品。

● 使用定时发布功能时，最多可以设置为 7 天后发布。

● 发布前请使用预览功能查看展示效果，确认无误后再单击"发布"按钮。

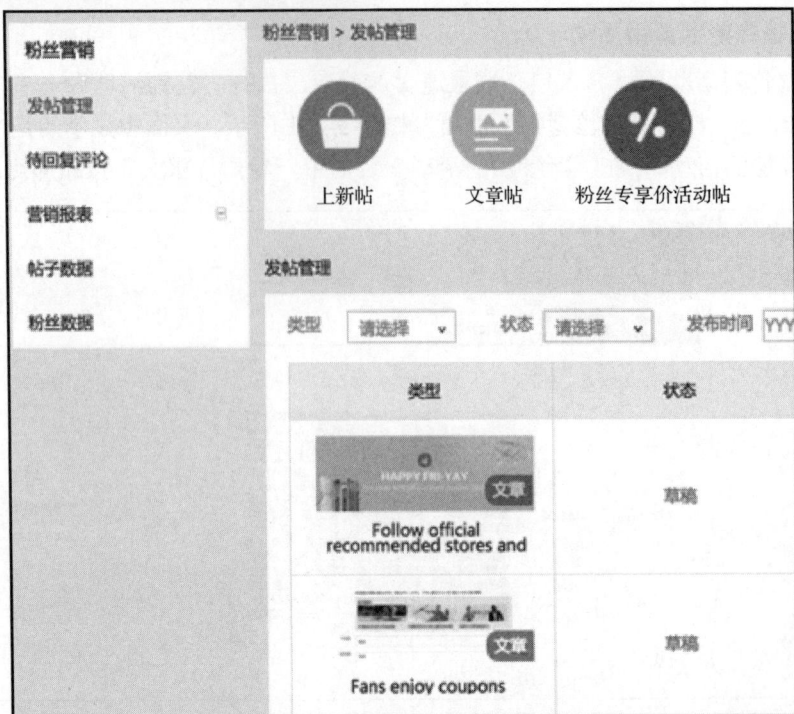

图 5-102 "粉丝营销-发帖管理"页面

图 5-103 "上新帖"页面

② 文章帖。发布文章帖的步骤为：执行"添加封面"操作；填写"标题"和"副标题"的信息；添加"粉丝专享优惠券"；编辑"正文内容"；最后单击"发布"按钮。"文章帖"页面如图 5-104 所示。

文章帖发布注意事项。

● 封面图：没有文案；精心修饰后的图片，突出商品的特点；可以采用买家秀的图片。

● 主标题：内容突出，至少写出 5 个单词以上。

- 副标题：可不写，如果写不能跟主标题的内容一样，且单词数量至少在 10 个以上。
- 商品：与主题密切相关，商品必须有特色。
- 正文：图文并茂，商品数量至少 3 个以上。

图 5-104　"文章帖"页面

③ 粉丝专享价活动帖。发布粉丝专享价活动帖的步骤与上新帖、文章帖的发布方法类似，不同之处在于需要添加粉丝专享价的商品。"粉丝专享价活动帖"页面如图 5-105 所示。

图 5-105　"粉丝专享价活动帖"页面

7. 营销帖子站外推广

速卖通后台提供卖家可以将发布的帖子进行站外推广的功能，这样就有机会让更多的人看到，从而带来更多的站外流量。站外推广的主要方式是将优质内容的帖子生成站外推广链接，分享到社交平台，从而可以实现一条内容多端展示，获取站外流量等多重功效，而且该推广链接可以被追踪。那么，营销帖子如果进行站外推广呢？

登录速卖通后台，执行"营销活动"→"客户管理"→"粉丝营销"→"发帖管理"命令，打开"发帖管理"页面，如图 5-106 所示。单击"站外推广"按钮，打开"站外推广"窗口，填写"渠道标识"，再单击"生成链接"按钮，即可生成可追踪的推广链接。"站外推广"窗口如图 5-107 所示。

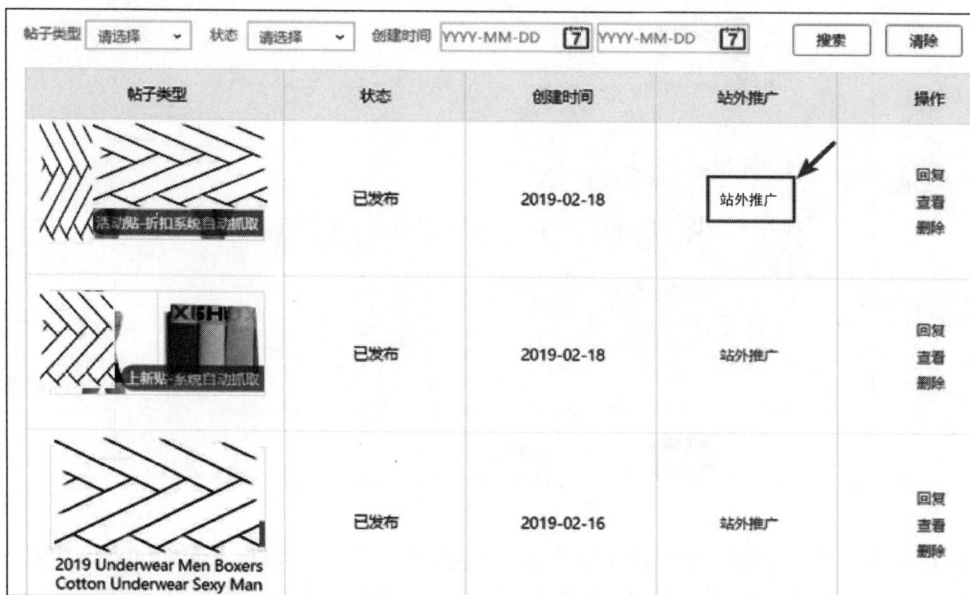

图 5-106 "发帖管理"页面

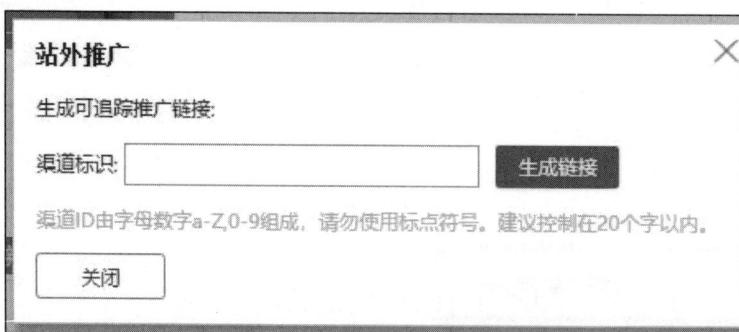

图 5-107 "站外推广"窗口

5.3.3 A+计划

1. A+计划介绍

A+计划即速卖通卖家扶持计划，它的内容包含四个部分：专业投放工具、线上数据报表、站内资源激励、海外营销媒体。A+计划的内容如图 5-108 所示。

图 5-108　A+计划的内容

A+计划是为解决平台卖家的痛点而提出的解决方案。例如，当商家竞争激烈、媒体渠道资源缺乏时，A+计划可以帮助站外引流；站外引进来的流量无法跟踪，A+计划可以提供站外跟踪工具；卖家平台活动报不上名，A+计划可以给予站内资源激励。卖家的痛点与 A+计划扶持政策如图 5-109 所示。

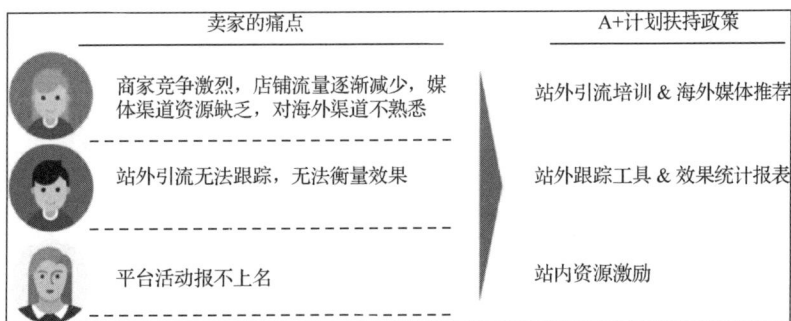

图 5-109　卖家的痛点与 A+计划扶持政策

2．A+计划自主投放工具

A+计划暂时是"白名单"的模式，即卖家要在线申请。A+计划在线学习专区网站网址 https://sale.aliexpress.com/pc/pn7FBpcx0m.htm。

A+计划自主投放工具是一个供卖家自主使用的，用于生成跟踪站外流量的链接工具，卖家可以根据需要设置多种标签，区分跟踪站外不同渠道、不同商品、不同网红的流量，从而评估站外流量的效果，进一步优化站外流量。A+计划自主投放工具具有以下功能。

（1）支持站外流量效果追踪。提供卖家自主创建的主要流量渠道和其他引流渠道的链接跟踪服务，几乎可以实现全渠道追踪。"新建投放链接"页面如图 5-110 所示。

（2）支持自主投放效果统计。全面解析推广数据，洞察营销先机，可以多维度跟踪媒体、广告形式、国家、设备、商品等信息。"自主投放效果统计"页面如图 5-111 所示。

（3）平台核心资源激励。

活动形式：提供首页活动资源位，即 PC 端首页焦点图和无线端消息推送。PC 端首页焦点图如图 5-112 所示。

搜索加权：搜索加权的类型包括站外引流 UV（独立访客）价值和站内 GMV（网站成交金额），如图 5-113 所示。通过站内外流量相结合，可以集中打造店铺爆款产品。一般而言，站外引流 UV 价值的权重要高于站内成交 GMV 的权重。

图 5-110 "新建投放链接"页面

图 5-111 "自主投放效果统计"页面

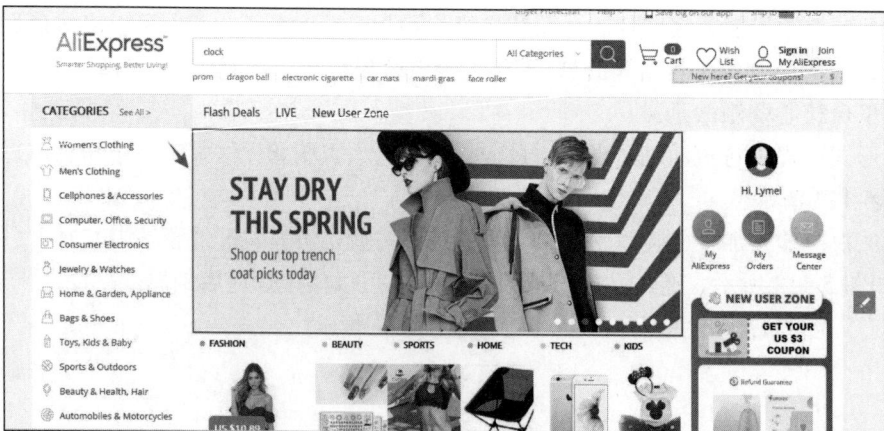

图 5-112 PC 端首页焦点图

图 5-113　搜索加权的类型

5.3.4　Facebook

1．Facebook 的主要功能

Facebook（www.facebook.com）是全球较大的社交网站。Facebook 是挖掘客户、商品营销和网站引流的一个国外社交媒体工具。正确的思维+正确的步骤和技巧，也可以让 Facebook 充分发挥它应有的作用。Facebook 的主要功能包括涂鸦墙与状态、消息、共享相册、赞（打卡、戳一下）、活动（刊登广告）等，如图 5-114 所示。

图 5-114　Facebook 的主要功能

2．Facebook 营销攻略

1）创建 Facebook 主页

步骤 1：登录 Facebook 账号，单击右上角▬按钮，选择"创建主页"选项，打开"创建主页"页面。"创建主页"入口菜单如图 5-115 所示。

图 5-115　"创建主页"入口菜单

步骤 2：选择创建主页的类型。创建的主页可以通过宣传品牌、介绍业务或经营理念来与目标受众建立联系。创建主页是免费的，根据需要选择适合自己的主页类型就可以了。"创建主页"的类型如图 5-116 所示。

图 5-116 "创建主页"的类型

2）完善主页信息

选择对应的主页类型后，就可以设置主页的基本信息了。不同的主页类型，需要设置的基本信息不一样。例如，选择主页类型为"品牌或商品"，那么选择框内就会出现对应的基本信息页面，如图 5-117 所示。

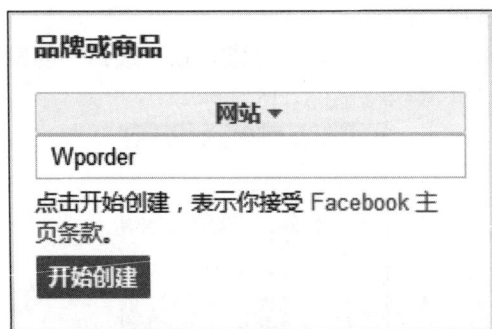

图 5-117 设置"品牌或商品"类型基本信息

单击"开始创建"按钮，打开"完善主页信息"页面，该页面可以设置主页图片和主页简介等。简介内容应该尽量写得简短有趣，这样才能帮助你吸引更多的客户。

3）更新主页内容

创建好自己的主页后，先要更新头像与封面图片，然后要更新内容。

更新的内容一定要是客户感兴趣的内容，比如新推出的产品服务、活动或商品折扣之类的信息。单击"发布"按钮右边的小箭头,可以设置发布日期,也可以把要发布内容保存在草稿里面。

4)活动和大事记

主页是宣传活动的最佳场所。在主页上创建活动很简单,只要先单击发布栏上方的"活动、大事记"按钮,再单击"活动"按钮即可。需要注意的是,活动描述一定要简短、有趣,能够引起别人的兴趣。添加活动信息后,还可以设置分享对象。当选择的对象收到活动消息后,活动信息就会出现在他们 Facebook 的日历中作为提醒消息。如果更新了活动信息,分享对象的日历提醒消息也会自动更新。

3. Facebook 营销注意事项

Facebook 营销注意事项如图 5-118 所示。

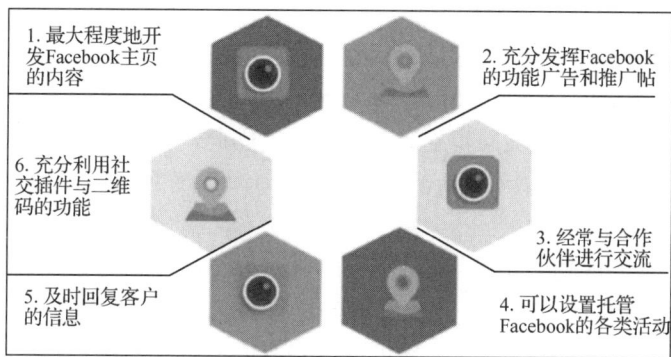

图 5-118 Facebook 营销注意事项

4. Facebook 广告投放技巧

Facebook 广告投放技巧如下。

● 明确广告投放的目的后制定相应的策略;

● 用创意的广告来吸引受众;

● 选择合适的文字和图片使广告增色;

● 尝试多种形式的广告;

● 保持内容的更新比广告投放更重要。

Facebook 广告投放注意事项,即"五要三不要"原则。

Facebook 广告投放注意事项的"五要"原则如图 5-119 所示。

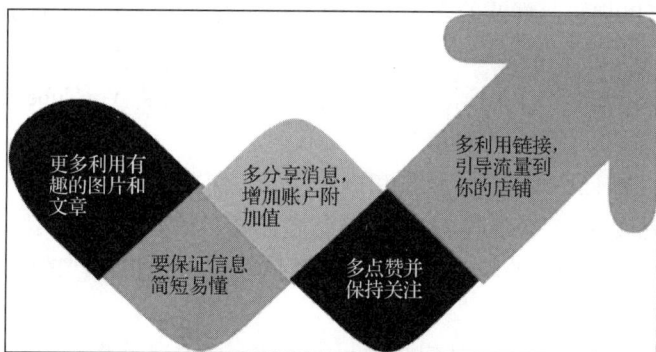

图 5-119 Facebook 广告投放注意事项"五要"原则

Facebook 广告投放注意事项"三不要"原则如下。

● 不要以自我为中心，只是单纯展示自己的商品；

● 不要发布虚假的商品信息；

● 不要忽视数据的收集、整理工作。

5.3.5　VK

1. VK 的功能

VK 是俄罗斯较大的社交网站，与大多数社交网站相同，VK 的核心功能是基于个人信息和照片的共享、提供状态更新及与朋友联系等服务的平台。VK 也有用于管理网络社团和名人的网页工具。该网站允许用户上传、搜索媒体内容，如视频和音乐。VK 具有先进的搜索引擎，能够有效搜索好友及实时性新闻等信息。

VK 个人主页左侧的列表主要包括如下功能模块。

（1）主页。VK 主页的公告板功能与 Facebook 用户文件页面上的留言板功能相似，不同的是 VK 主页公告板的内容会被同步到好友的首页。因此，你可以在自己的主页上发布最新动态信息。当然，你也可以设置不同步到所有好友。另外，你的好友可以在你的主页上留言，比如留生日祝福信息等。

（2）新闻。VK 新闻的功能与微信朋友圈的功能相似，打开后可以看到你所关注的人或社团，以及你的好友发布的动态信息，你可以对其进行评论、点赞和转发。

（3）私信。私信具备聊天的功能，你可以给好友或非好友的用户发送私信，只有你们双方可见，也可以组建多人小组聊天。发送的信息可以是照片、视频、音乐、文件、地理位置信息等。

（4）好友。可以看到在线和不在线的好友，能对已有好友进行分组加标签、发送私信，也可以搜索、添加好友，或者导入其他社交网站上的好友，但每天添加好友的数量是有限制的。单击"高级搜索"按钮，可以通过年龄、性别、地区、学校等条件进行筛选。

（5）社区。VK 有两种社区形式，即群和公共主页。群适合发布兴趣、爱好等信息，操作灵活；公共主页适合发布品牌、企业等信息。这两种社区形式在一定程度上可以实现信息的交互。

（6）照片。照片功能类似 QQ 空间相册功能，你可以上传自己的照片，并设置权限让哪些人可见。看到照片的用户可以对照片进行点赞或评论。

（7）音乐。你可以把自己喜欢的音乐上传到 VK 的音乐模块上，所有访问你的主页的 VK 用户都能看到，并且可以点击收听。

（8）视频。你可以把视频上传到 VK 的视频模块上，或者将 YouTube 视频分享到 VK 上，所有的 VK 用户都能同时看到此视频信息。

另外，在 VK 主页上还可以进行点赞和投放广告，简要说明如下。

点赞。点赞是网友用来表示对动态信息的态度，与微信点赞功能类似。无论用户是否是你的好友，都可以看到你发布的动态信息。你也可以设置是否将自己的动态信息展示给非好友用户。

投放广告。你可以为自己的产品或社团制作宣传广告，需要先自己设计广告语、上传图片、设定投放目标，然后进行付费投放。

和其他社交网站一样，VK 也会经常更新版本，但是其基本功能不会有太大的变化。VK 个人主页如图 5-120 所示。

图 5-120　VK 个人主页

2．如何将产品链接到 VK

将产品链接到 VK 的步骤如下。

步骤 1：登录速卖通后台，执行"营销活动"→"店铺活动"命令，打开"店铺活动"页面，单击"分享店铺及活动"按钮，选择"VK 网络平台"，即可打开"VK"设置页面，如图 5-121 所示。

图 5-121　"VK"设置页面

步骤 2：在打开的"VK"设置页面中，进行选择分享对象、添加评论内容和编辑标题等操作后，单击"发送"按钮。发送成功系统会弹出提示信息"恭喜！链接将会出现在您的网页上，窗口将在几秒钟后自动关闭"。

步骤 3：打开你所要推广产品的页面，如图 5-122 所示，复制推广产品的链接地址。

图 5-122　复制推广产品的链接

步骤 4：将复制推广产品的链接地址粘贴到 VK 编辑栏，系统会自动生成链接入口。如图 5-123 所示。

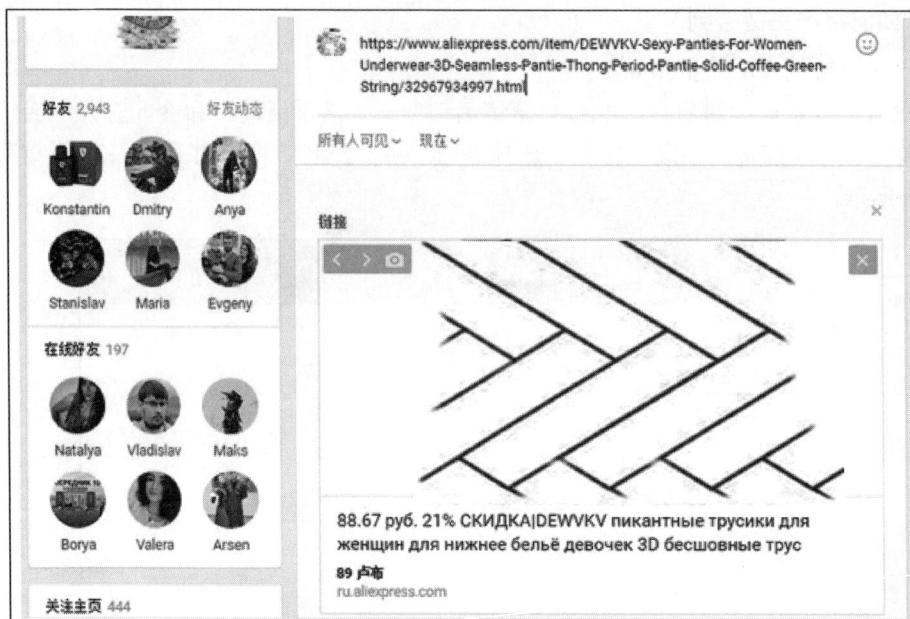

图 5-123　生成链接入口

步骤 5：根据推广需求添加产品的图片。例如，添加细节图、模特图、海报等。最后单击"发送"按钮，完成产品的推广工作。

5.3.6　Twitter

1. Twitter 介绍

Twitter 是一个短信交流平台，可以给关注者发送 140 个字符以内的消息。发送的消息既可以是一个连接到任何 Web 内容的链接（博客文章、网站地址等），也可以是图片、视频等内容。如果一张图片能胜过千言万语，那么在推文中添加图片，能够扩展分享的内容，从而提升分享效果。

在 Twitter 交流平台，你可以关注其他人的账户，其他人也可以关注你的账户，这使大家可以非常方便地分享彼此感兴趣的话题。

Twitter 的应用功能有介绍并展示你的品牌、推送文章、关注 Twitter 用户及将 Twitter 账户与其他平台链接。Twitter 的应用功能如图 5-124 所示。

图 5-124　Twitter 的应用功能

2．Twitter 营销攻略

（1）确定你的目标，选择广告活动的方式。无论做什么，在行动之前最好确定自己的目标。同样，在创建 Twitter 广告活动之前，先要明确通过广告活动想要获得什么。Twitter 广告活动的目的包括获得更多的粉丝、提高点击率、文章分享、引爆话题、应用程序安装或订阅等。这些活动内容不仅关系到你的广告目标，还关系到选择广告活动的方式。

（2）确定目标受众。确定广告活动目标以后，接下来需要定位目标受众，即想要让你的广告接触到什么样的人。怎样才能确定目标受众呢？

- 兴趣定位：平台拥有超过 350 个兴趣类别可供选择，兴趣定位可以让你很容易找到相同兴趣的人。
- 关注者定位：当你想要接触更小的部分群体时，可以使用关注者定位。它可以让你接触到有相同兴趣点的群体或特定账户的关注者（粉丝）。
- 关键词搜索定位：你可以通过搜索特定的关键词来选定你的目标受众。
- 其他定位方式：通过查找位置、性别、语言和使用平台等人群特征信息，使你的广告定位更具体。

（3）定位好目标受众以后，你就可以设定广告费用了。

5.3.7　YouTube

1．速卖通和 YouTube

速卖通作为一个零售电子商务平台，流量就是平台的"命脉"。但是，流量获取成本越来越高，而且具有碎片化的特征，这就需要更多的流量渠道来拓展流量来源。YouTube 作为当前行业内较成功、实力较强、影响力颇广的在线视频服务提供商，是速卖通拓展流量来源的不错选择。一些知名的 YouTube 视频制作者，可能拥有数百万的订阅用户。这些用户具有黏性强的特点，很多卖家通过与这些知名运营者合作来推广自己的产品，取得了不错的效果。

相互依存的关系使得速卖通和 YouTube 平台的联系变得越来越紧密。作为全球影响较大的视频分享网站，海量的浏览量是跨境电商卖家站外"掘金"的不二选择，卖家可以利用流量来推广自己的品牌。YouTube 平台是站外流量来源的重要渠道，也是品牌后期营销活动需要重点关注的平台。

2. 如何创建 YouTube 频道

运营 YouTube 频道是需要花费时间的。YouTube 是专门用来发布视频内容的网站，这一点与其他社交网络平台不同。如果你创建了 YouTube 频道，只是上传了一个视频，还无心打理平台，建议你还是重新考虑一下是否进行 YouTube 平台的营销活动。因为运营好它不仅需要留出大量时间来确定目标、制订计划、拍摄视频、编辑内容等，还要分析视频的内容，分析如何通过视频达到目标，等等。当然，发布一条能够吸引受众、可供分享的视频，还是能为店铺带来巨大流量的。

1）创建登录账号

开始拍摄视频之前，先要设置 YouTube 频道。我们知道，YouTube 是谷歌公司旗下的，注册谷歌邮箱账号成功后，就可以自动登录 YouTube 了。由于业务关系，有时可能并不想把邮箱账号与你的业务 YouTube 频道捆绑在一起，特别是需要与团队成员或代理机构共享账号信息的时候。因此，建议卖家创建一个新的公共账号，这样可以供多人使用。创建账号步骤如下。

步骤 1：打开 www.google.com 首页，单击页面右上角的"Sign in"按钮，如图 5-125 所示。

图 5-125　Google 首页

步骤 2：在打开的页面中单击"Create account"按钮，如图 5-126 所示，创建一个新的账号。

步骤 3：输入邮箱名称和登录密码，如图 5-127 所示，然后单击"NEXT"按钮。

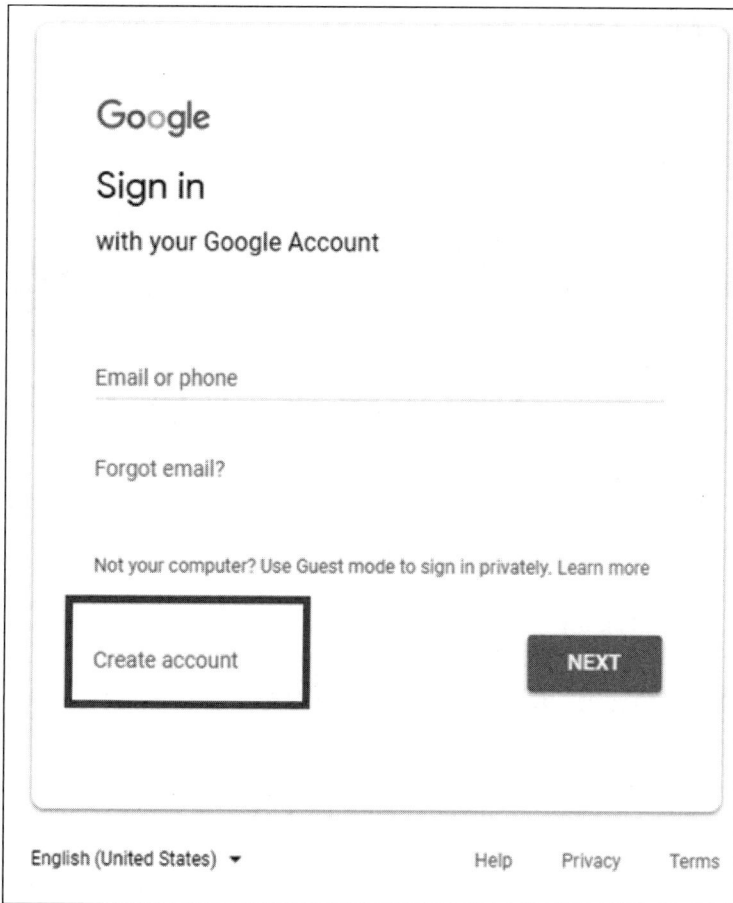

图 5-126　创建账号页面

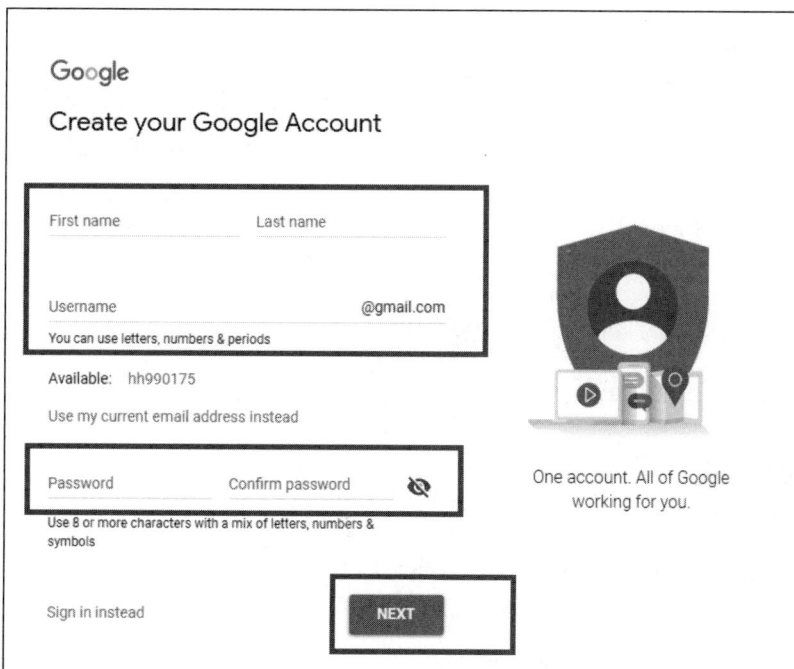

图 5-127　输入邮箱名称和登录密码

步骤4：设置国家信息并输入电话号码，如图 5-128 所示，再单击"NEXT"按钮。

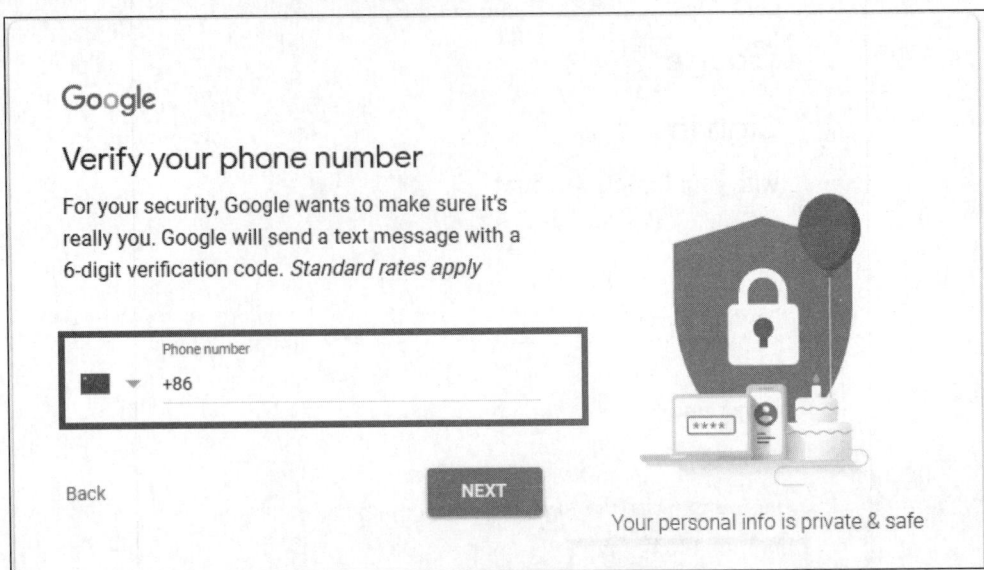

图 5-128　设置国家信息并输入电话号码

步骤5：输入短信验证码，单击"VERIFY"按钮进行验证，也可以选择电话验证方式，如图 5-129 所示。验证通过后账号创建成功。

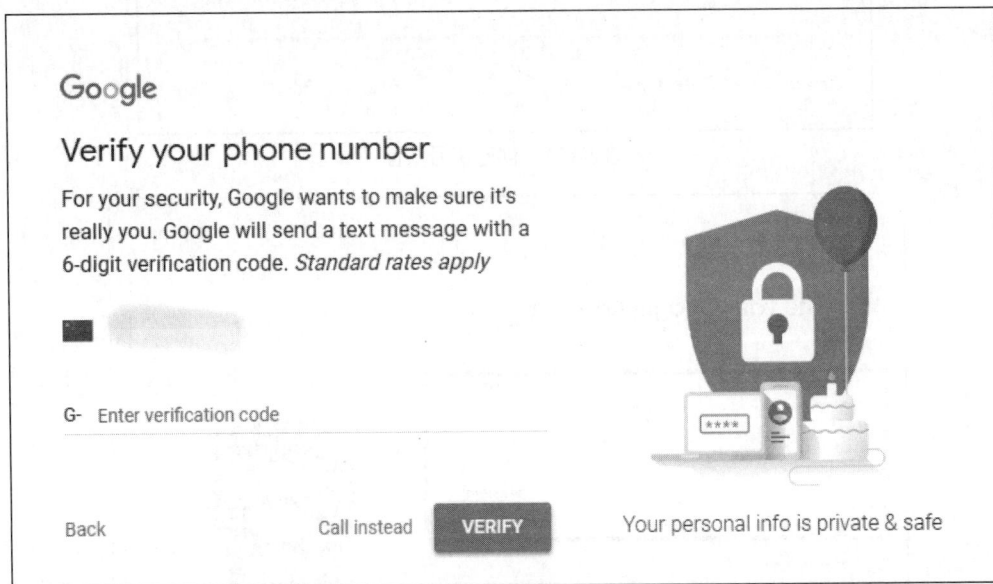

图 5-129　输入短信验证码

2）创建品牌频道

有了谷歌账号以后，还需要创建品牌频道，该频道拥有管理、编辑等权限。

步骤1：打开 www.youtube.com 网站，单右上角"SIGN IN"按钮，如图 5-130 所示。输入谷歌账号用户名与密码。

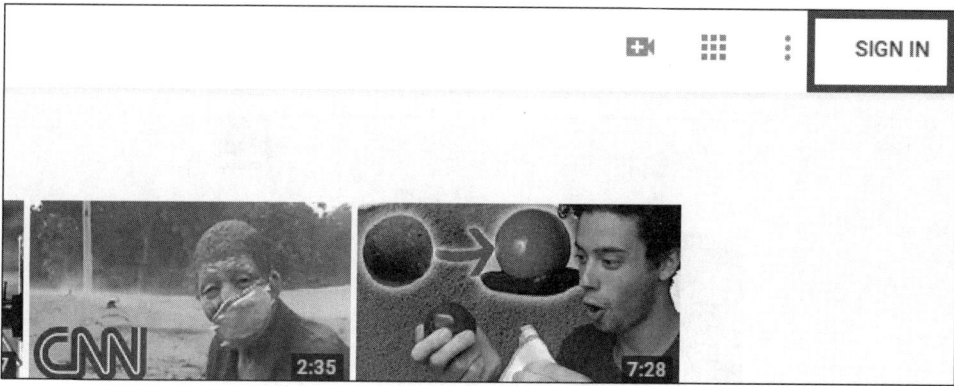

图 5-130　登录 YouTube

步骤 2：登录后，单击 👤 图标，在打开的下拉菜单列表中，选择 "My channel" 选项，如图 5-131 所示，打开 "我的频道" 设置页面。

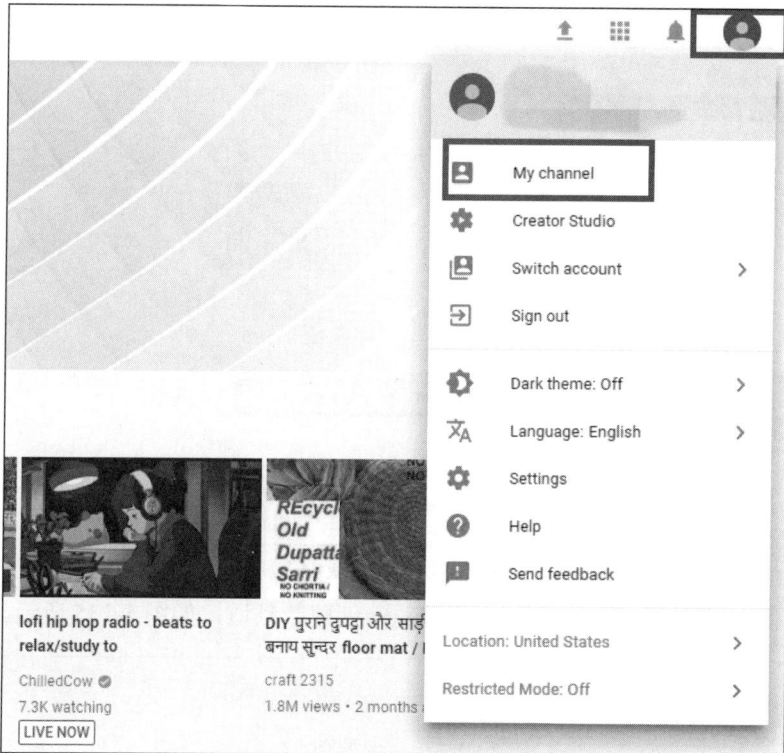

图 5-131　"我的频道" 页面入口

步骤 3：单击 "CUSTOMIZE CHANNEL" 按钮，设置 "自定义频道"，如图 5-132 所示。

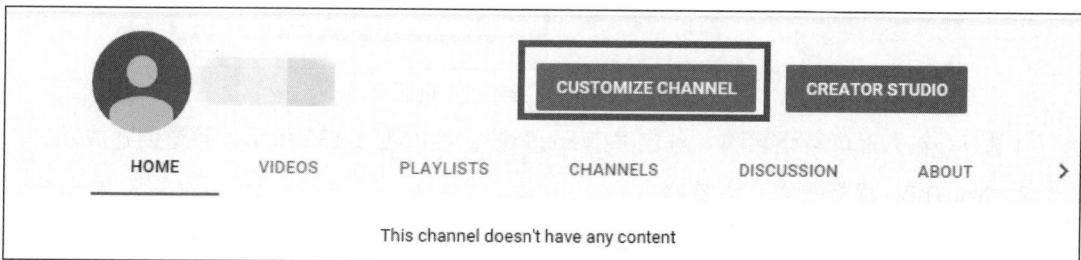

图 5-132　设置 "自定义频道"

步骤 4：单击页面右上角的 Ⓨ 图标，在打开的下拉列表中，单击 ⚙ 按钮，如图 5-133 所示。打开"自定义频道"设置页面。

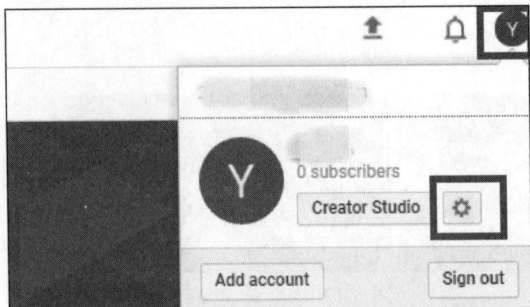

图 5-133 "自定义频道"设置页面

步骤 5：在打开的"自定义频道"设置页面中，单击"See all my channels or create a new channel"按钮，即查看所有我的频道或创建新频道，如图 5-134 所示。

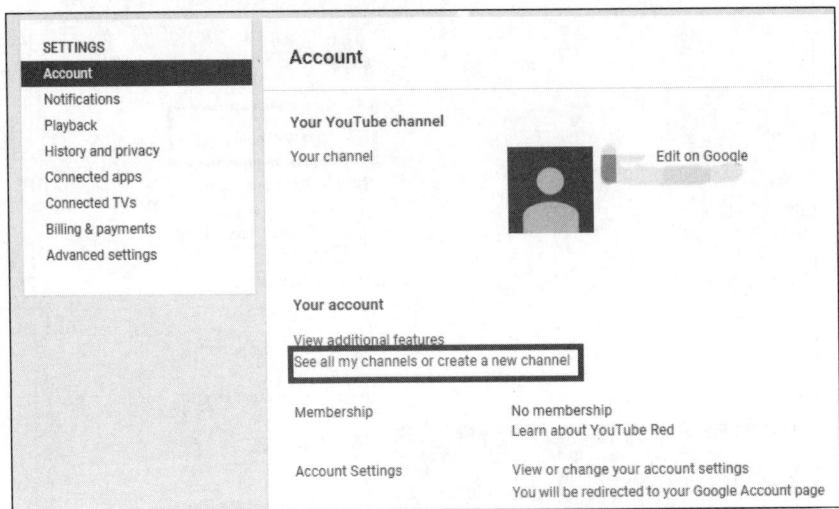

图 5-134 "查看所有我的频道或创建新频道"页面

步骤 6：单击"Create a new channel"按钮，创建新频道，如图 5-135 所示。

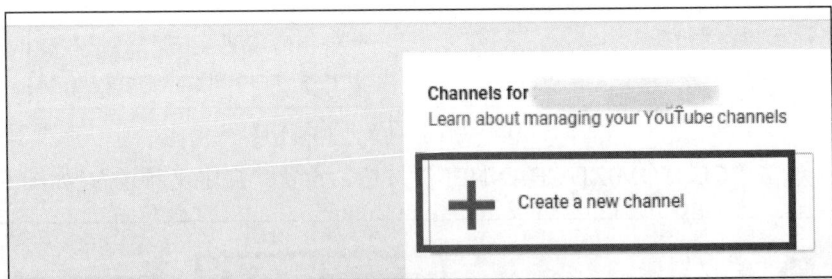

图 5-135 "创建新频道"页面

步骤 7：输入品牌频道名称，单击"Create"按钮，如图 5-136 所示，频道创建成功。

3．YouTube 视频营销 9 大策略

通过 YouTube 进行视频营销，成功的重要一点在于保持内容风格的一致性。不仅要在频道内容重复强调主旨（如某一格式、主题），还要让受众知道要表达的内容是什么，因为浏览

者没有时间去揣摩你的意图。因此，要像经营品牌那样经营你的 YouTube 频道。

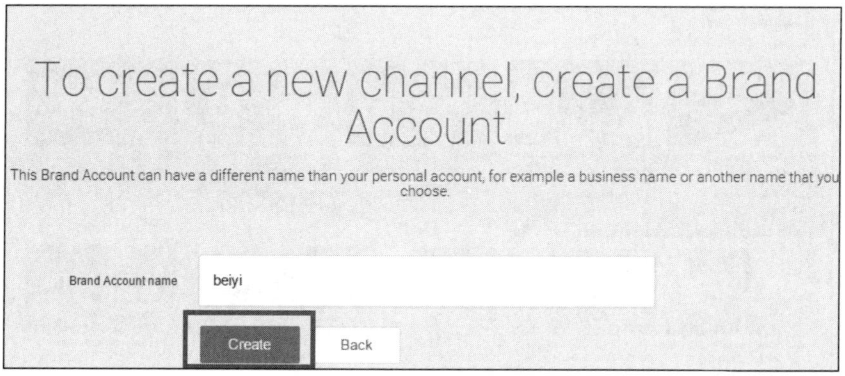

图 5-136　创建"频道"

通常，人们订阅你的频道是期待频道能呈现更多的内容，但并非所有的 YouTube 视频发布者推出的内容都有特定的主题和鲜明的特色。所以，如果你刚刚开始经营 YouTube 频道，要先弄清楚你想做什么，想要做成什么样。

通过 YouTube 进行视频营销，以下策略值得借鉴。

（1）制作频道介绍短片。许多 YouTube 频道在页面顶部会有一个介绍短片，访客到来时能够自动播放。可以截取过去视频短片中较精彩的部分放在首页中进行展示，让新访客快速了解你的频道主旨。

（2）为你的 YouTube 短片想一段广告词。不论是企业家、自由创业者、创作者，常常低估"电梯游说"的效果，YouTube 视频创造者也不例外。你可以在视频的开头、结尾等地方使用广告词进行简单的频道介绍。

大多数 YouTube 网红会在视频结束后单独说"如果你喜欢这个视频，可以点赞，发表评论或订阅。"但这种做法已经脱离了视频的内容，远没有用户观看视频内容时出现广告词有说服力。

广告词不用很复杂，如"我通常在每周三下午发布视频，下一个视频将介绍 XXX"。这几秒广告词简单概括了频道的信息，往往能吸引更多的受众点击订阅。

（3）视频缩略图要与频道主题相符。在某些方面，视频缩略图比标题更能吸引人们点击。因此，要确保它们与主题内容的一致性，这样会让频道列表看起来条理更清晰。

虽然 YouTube 允许用户选择视频中的画面作为缩略图，但相比之下，自己设计的视频缩略图会更好。可以使用 Canva 免费工具为视屏制作独特的缩略图，注意确保所有视屏的缩略图在风格上的流畅性和一致性。

图 5-137 所示的视频缩略图设计得比较合理，用户可以通过缩略图大致了解视频的内容。感兴趣的读者可扫描图片右侧的二维码，查看清晰的设计效果。

创作者在视频创作过程中往往会忽略视频的受众群体。需要注意的是，除顾及本频道上的受众群体以外，还要考虑其他频道的受众群体，甚至是 YouTube 平台以外的受众群体。

（4）与其他具有类似受众群体的 YouTube 视频发布者合作。YouTube 视频发布者之间相互合作的案例并不罕见，这也是吸引新的关注者的较好方式之一。一种常见的做法是，让视频发布者出现在对方的视频中，这样两者都有在受众面前获得认可的机会。

（5）借助热点事件获取关注。"蹭热点"是 YouTube 视频推广策略之一，可以考虑制作一些与热点新闻、名人、流行趋势相关的视频，因为这些热点已经有了一定的受众，更容易吸引人们的关注，能为你吸引到新的订阅量。

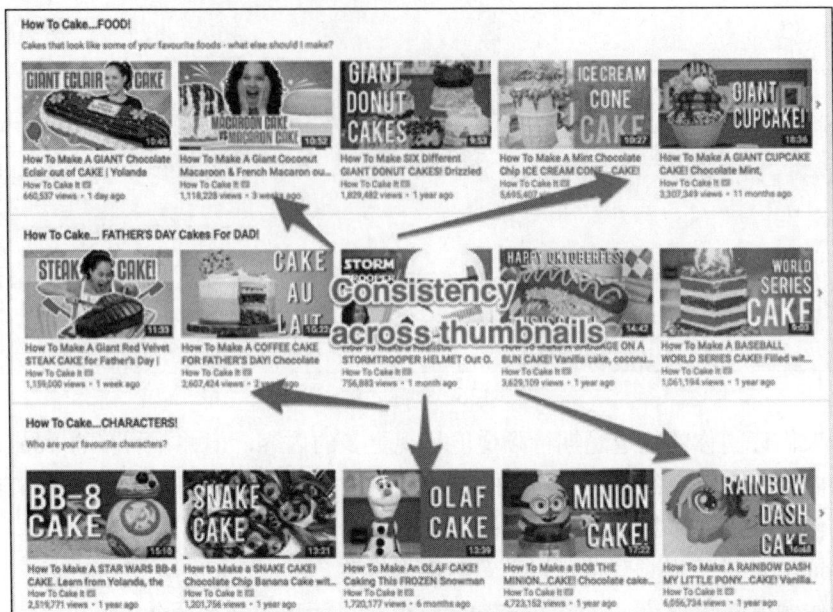

图 5-137　视频缩略图示例

以下是常见"蹭热点"视频的制作方式。

● 视频中使用现有流行的歌曲（注意版权）；

● 视频中讨论流行的事物；

● 在视频中回应其他热门视频创作者；

● 对热门视频做出评论；

● 对热门新闻发表自己的看法、观点等。

在合适的时间发表这类视频帖，能接触到一些原本不关注你视频的人，可以成功地将他们引导到你的频道。

（6）在其他网络、社区分享视频。你可能已经把视频分享至 Facebook 或 Twitter 网站，但你是否尝试过将视频分享至其他网络或在线社区，特别是视频受众群体经常驻足的社区。

Reddit、Facebook 和某些论坛上的社区都有可能存在欣赏你的视频的受众群体。当要把视频发布到其他子板块、Facebook 群组时，尝试按照视频内容的相关性进行发布，而不只是考虑社区的大小。记住，发布视频时要让人们清楚知道你是谁，是做什么的（可以使用在 YouTube 上的介绍短片）。通常，社区用户非常注重社区讨论主题的一致性，请确保一开始发布的内容具有足够的价值和相关性。你发布的视频越多，用户越有可能订阅，这也是他们追随你的理由之一。

（7）创建播放列表。创建播放列表是用户整理视频的好方法。这些列表将有机会出现在 YouTube 的搜索结果中，当然列表的名字很重要。可以使用 Keywords Everywhere Chrome 拓展程序查看月度搜索量，给你的播放列表取个搜索权重高的名字。播放列表示例如图 5-138 所示。

如果你有足够多的视频请考虑将它们组成播放列表。这样不仅能将视频进行有效分类，还能将自己的视频主动推送给受众，而不是自动播放其他创作者的视频。当然，也可以从播放列表中直接分享视频链接，这样一来，受众看到的所有视频都是来自你的频道的。

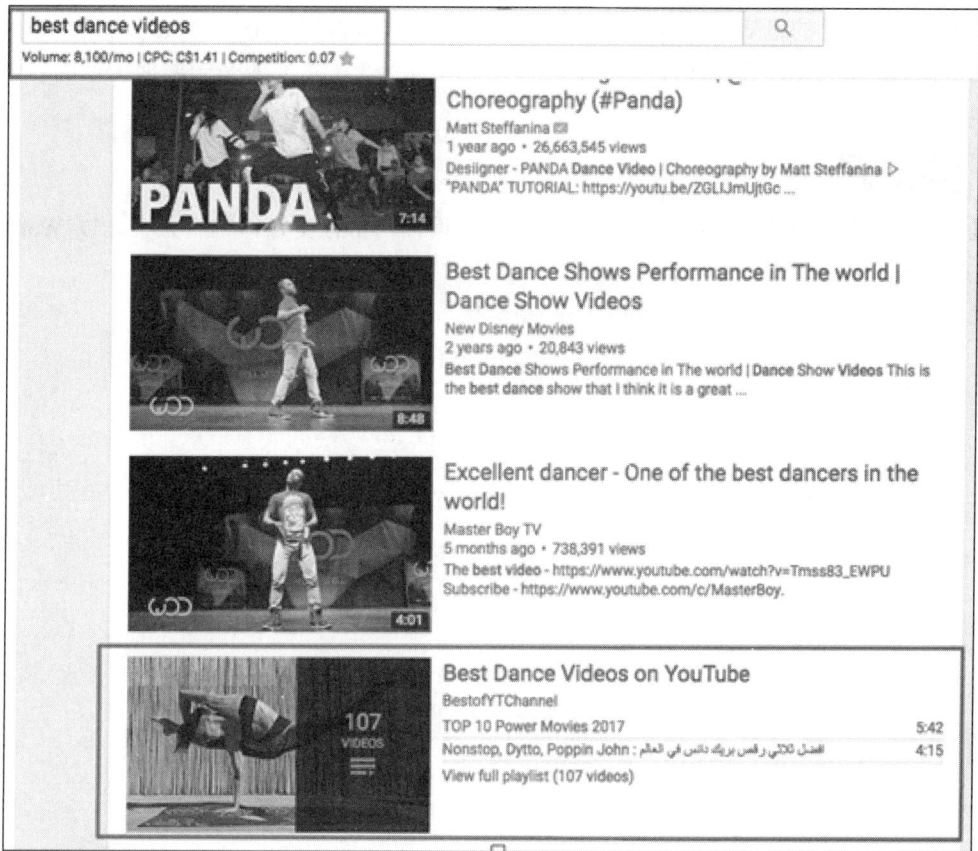

图 5-138　播放列表示例

（8）使用 YouTube"资讯卡"推荐其他视频。YouTube 曾经关闭了视频的注释功能，而注释功能可以把受众引导到其他网页，此举引起了很多创作者的不满。于是，YouTube 推出了"资讯卡"功能，相当于强化版的注释功能。建议使用这些卡片在视频中推荐其他视频、播放列表，或许能获得更多受众观看视频。"资讯卡"示例如图 5-139 所示。

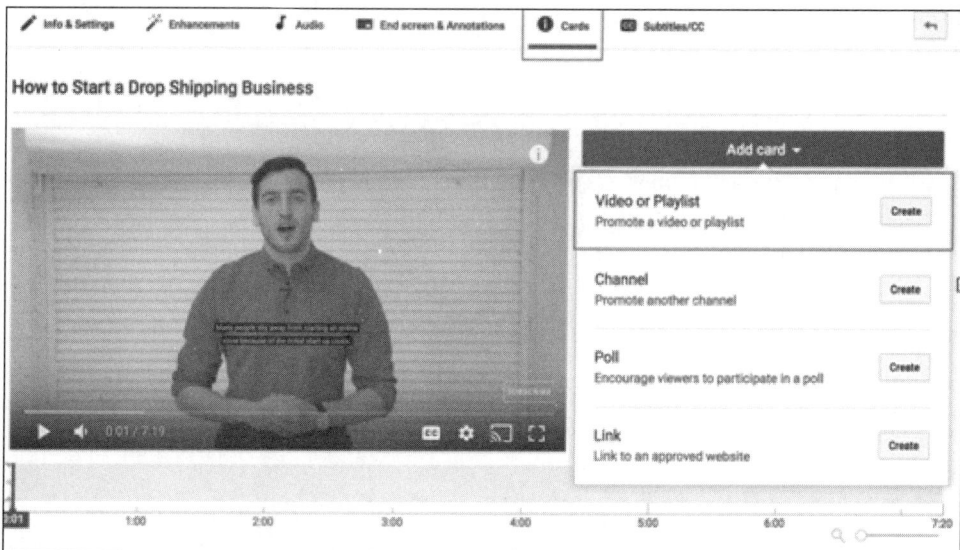

图 5-139　"资讯卡"示例

（9）建立自己的追随者。虽然可以通过特定的方式获得订阅用户的快速增长，但从长远来看并没有实际效用。你不需要一百万订阅者来吸引受众，需要的是一群拥护你的粉丝，让他们热爱频道里上传的内容。

任务实训

【实训 1】通过本任务的学习，为自己的店铺设计一份社交媒体推广方案，以 Word 文档的形式提交。

【实训 2】通过 VK 分享你店铺里的产品链接。

数据分析与店铺优化

在这个大数据迅猛发展的时代，如果你还只知道埋头苦干而不会数据分析，那迟早会被淘汰！数据分析工作不仅有利于店铺运营的优化，还能知道自己处在一个什么样的行业环境，从而抓住更多赢利的机会。关于数据分析，很多中小卖家会认为电商行业经常说的大数据离自己太遥远，毕竟自己的店铺是小店。事实上，数据无处不在，用数据来检验和指导店铺运营是很有必要的。

店铺曝光率、转化率无疑是速卖通卖家重点关注的数据指标。转化率跟产品和店铺的访客量有关。产品优化好了，就会有访问量，订单量、店铺收益也将有机会得到提高。而店铺是产品的门面，店铺优化好了，产品销量自然会有所提高，所以对店铺进行优化是必不可少的。

任务 6.1 数据分析

任务导入

如何做好数据分析？首先要明白为什么做数据分析，其次要知道数据分析做些什么，最后要把数据分析应用到自己的店铺中。

如何把数据分析做得更好，从而提高店铺的曝光量、浏览量，可以从细分店铺的各种数据方面入手。

任务导图

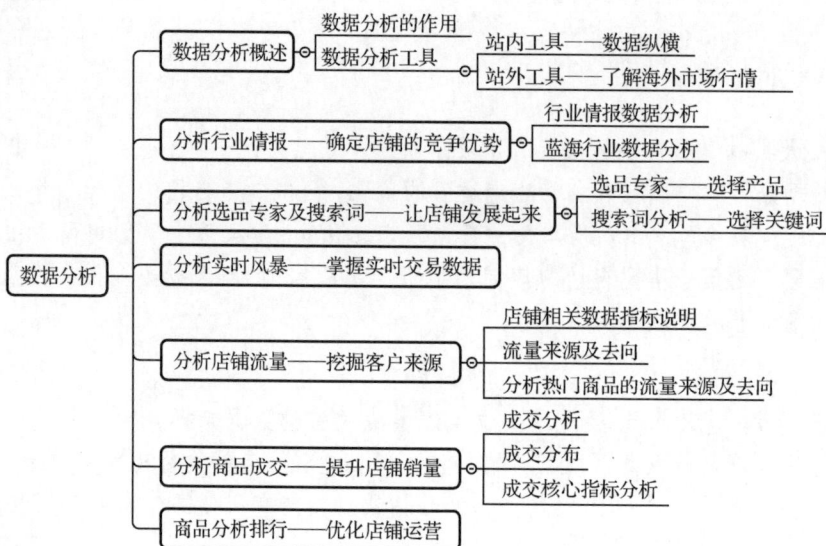

学习目标

知识 目标	了解数据分析的作用
	了解蓝海行业数据分析的功能
	熟悉店铺流量的来源
能力 目标	能够通过数据分析工具提升店铺整体的经营业绩
	能够通过实时风暴工具掌握店铺的实时交易数据
	能够通过商品排行榜数据优化店铺运营

任务实施

6.1.1 数据分析概述

1. 数据分析的作用

速卖通平台吸引不同类型、不同等级的卖家在平台开店，每家店铺具有不同的风格和规模。因此，制定适合店铺的目标、做好店铺的定位非常重要。基础卖家或初次接触速卖通的卖家，要做好选品、编辑商品、采购货物、发货等工作；核心卖家，亦称进阶卖家，要做好客户服务、直通车推广、店铺营销等工作，店铺销售业绩平稳增长是工作的重点；明星卖家、超级卖家，要做好整合供应链、提高库存周转率、提升议价能力、建立品牌意识等工作，争取做到行业排名前十。

不管哪种类型的店铺，数据分析工作是必不可少的。数据分析工作可以帮助卖家抢占市场商机、提升经营效果，具体表现在以下几个方面。

（1）提升曝光度和流量。商品标题中加入热搜词，可以提升商品被买家搜索的概率，从而提升曝光度、店铺的流量。卖家可以通过"数据分析-搜索词分析"功能模块找到热搜词和飙升词，并运用到商品标题中，提升被买家搜索到的概率。

商品属性填写的完整性和合理性也能提高商品的搜索排名。借助数据分析工具，卖家可以通过"数据纵横-选品专家"功能模块，掌握"TOP 热销属性"和"热销属性组合"的使用方法，从中找到买家的购买偏好并完整填写店铺商品的相关属性，从而提升商品的搜索排名及商品的曝光度和流量。

（2）提升买家下单意愿，刺激买家买得更多。卖家可以通过"数据纵横-商品分析"功能模块，找到曝光度和浏览量高但订单量少的商品，以及被加入购物车、收藏夹的商品，对这些商品设置折扣进行促销推广，这样就能提升买家的下单意愿。同时，通过数据分析中的关联商品模块，进行合理的关联商品推荐，也能提高商品的成交量。

（3）掌握促销或店铺装修效果，为店铺优化提供依据。通过数据分析，卖家可以及时掌握促销或店铺装修的效果，并据此对店铺进行优化和调整。

速卖通数据分析分为两大模块，即商机发现模块和经营分析模块。

商机发现模块包括行业情报、搜索词分析和选品专家，该模块可以帮助卖家选择行业和产品，帮助卖家发现市场商机。

经营分析模块提供店铺的各类经营指标数据，帮助卖家进行店铺、产品、营销活动等方面的优化工作，从而提升店铺整体的经营效果。

2．数据分析工具

1）站内工具——数据纵横

速卖通平台为卖家提供了"数据纵横"工具。借助这一工具，卖家既可以获得行业数据和自己店铺的数据，还可以运用图表直观地进行分析，即通过 Excel 的公式及数据透视表功能进行统计和计算，提取有用的信息。

借助速卖通平台提供的"数据纵横"功能模块，可以查看平台各行业的交易状况，包括实时风暴、流量分析、经营分析、商品分析、能力诊断、商机发现等。"数据纵横"页面如图 6-1 所示。

"数据纵横"常用功能有以下几个模块。

（1）行业情报。通过行业情报功能模块可以了解速卖通各行业的市场情报（如流量占比、订单占比、竞争力、上架商品数量、平均成交单价、买家国家分布等），为店铺经营指导方向。

（2）选品专家。该功能模块提供速卖通的热卖商品及热门关键词数据统计功能，是选品、标题命名、定价必备的数据工具。

（3）搜索词分析。该功能模块可以帮助卖家轻松查询搜索关键词，可以查看买家通过哪些搜索词访问了哪些推广页面。

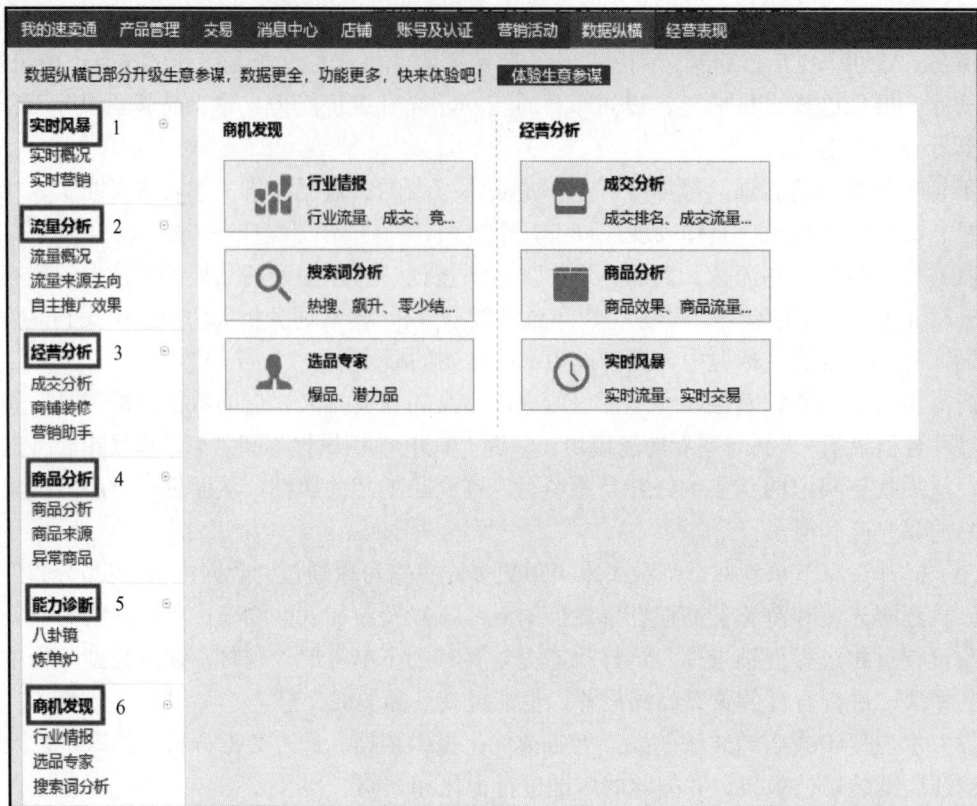

图 6-1 "数据纵横"页面

（4）商品分析。商品分析根据各项指标数据，得出店铺经营的优点和缺点，是指导店铺运营、解决店铺存在的问题和店铺优化的参考依据。

2）站外工具——了解海外市场行情

通过分析站外数据，可以了解海外的市场需求，辅助运营过程中的产品定位。分析站外数据主要包括以下两点：

- 看海外买家都在搜索什么产品；
- 看海外市场的热卖产品有哪些。

对行业及选品的数据分析，可以帮助店铺选好行业、产品，让店铺发展起来；对店铺商品数据的分析，可以根据数据指标针对店铺和产品开展优化工作和营销活动，为店铺的成长提供动力。

6.1.2　分析行业情报——确定店铺的竞争优势

登录速卖通后台，执行"数据纵横"→"商机发现"→"行业情报"命令，打开"行业情报"页面，该页面包括两个标签选项，即"行业情报"和"蓝海行业"，可以帮助我们了解某个具体行业的概况，从而选择一个竞争力度较低且具有发展潜力的行业。有关"行业情况"和"蓝海行业"的具体操作方法参见本书项目 2 中的 2.1.2 节线上选品实操，这里只对其相关功能进行补充说明。

1．行业情报数据分析

（1）行业数据。在"行业情报"页面中，先选择行业及产品类目（可通过下拉菜单了解当前行业及产品类目的分类），再选择统计周期（最近 7 天/30 天/90 天），可以了解该行业的统计周期的相关行业数据，包括流量分析、成交转化分析及市场规模分析等。

例如，选择行业为"三角裤"，统计周期为"最近 7 天"，则对应的行业数据统计结果如图 6-2 所示。

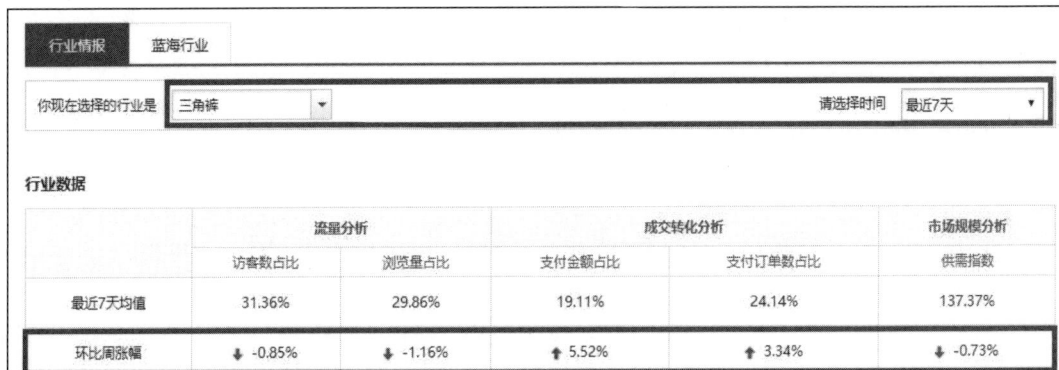

行业情报	蓝海行业				
你现在选择的行业是	三角裤 ▼			请选择时间	最近7天 ▼

行业数据

	流量分析		成交转化分析		市场规模分析
	访客数占比	浏览量占比	支付金额占比	支付订单数占比	供需指数
最近7天均值	31.36%	29.86%	19.11%	24.14%	137.37%
环比周涨幅	↓ -0.85%	↓ -1.16%	↑ 5.52%	↑ 3.34%	↓ -0.73%

图 6-2　"行业情报"页面

（2）行业趋势。行业趋势包括趋势图和趋势数据明细两个部分。其中，趋势图可以帮助卖家查看所选行业在统计时间段内的某个数据指标的发展趋势。数据指标包括访客数占比、支付金额占比、浏览量占比、支付订单数占比、供需指数。可以单击对应的标签，生成对应的趋势图，从而了解各项指标的相关趋势。"行业趋势"页面如图 6-3 所示。

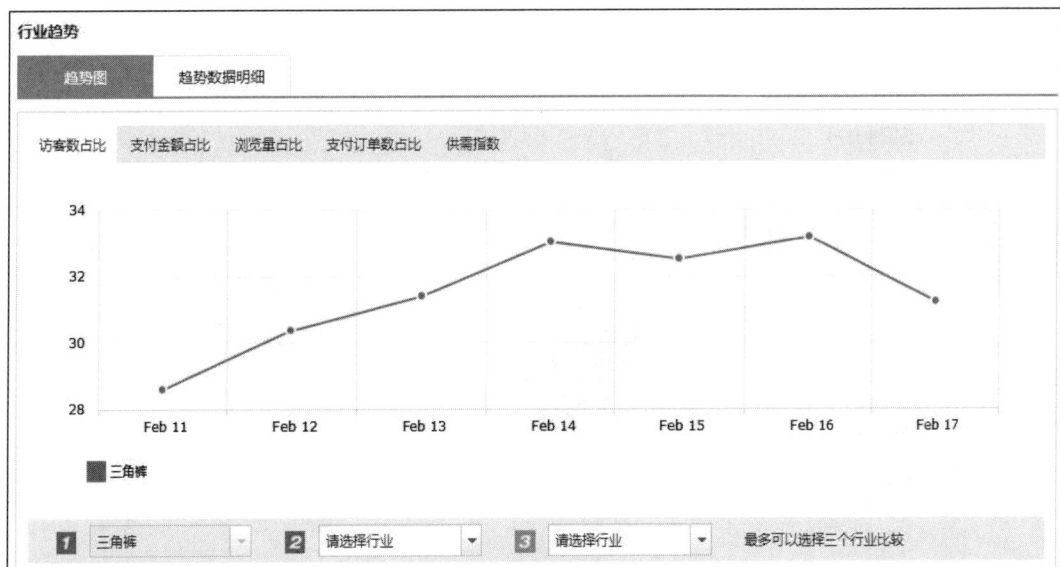

图 6-3　"行业趋势"页面

另外，在趋势图中，还可以最多选择三个行业进行最近时间段（7 天/30 天/90 天）的数据对比分析，从横向的角度了解市场行情变化的情况，从而选择有竞争优势的行业。

趋势数据明细功能模块中，提供所选行业每天的数据情况，可以对某一天的流量分析、成交转化分析及市场规模分析数据一目了然，并且能够下载原始数据做进一步分析。"趋势数据明细"页面如图 6-4 所示。

	流量分析		成交转化分析		市场规模分析
	访客数占比	浏览量占比	支付金额占比	支付订单占比	供需指数
2019-02-11	28.58%	28.25%	18.52%	23.42%	149.01%
2019-02-12	30.38%	29.14%	19.72%	23.61%	141.39%
2019-02-13	31.42%	30.43%	19.08%	25.38%	136.29%
2019-02-14	33.05%	30.57%	19.06%	24.63%	130.12%
2019-02-15	32.51%	30.57%	20.7%	24.74%	134.77%
2019-02-16	33.19%	30.82%	18.49%	23.42%	131.4%
2019-02-17	31.21%	29.55%	17.45%	23.55%	137.48%

图 6-4 "趋势数据明细"页面

（3）行业国家分布。行业国家分布功能模块可以帮助卖家分析哪些国家对所选行业的需求比较大，卖家可以根据选定行业的支付金额和访客数的分布情况，在商品发布及运费设置时，做更多针对性的操作，以方便目标国家的买家购买商品，从而提升商品的转化率。

"行业国家分布"页面如图 6-5 所示，图中所示的商品在俄罗斯（RU）的支付金额占比为 19.49%，在巴西（BR）的支付金额占比为 6.45%，我们可以大致得出这样的结论：最近 7 天，俄罗斯买家支付的金额占比相当于巴西的 3 倍左右。那么可以根据俄罗斯买家的消费习惯及偏好，修改商品标题或者优化关键词，设置更加合理的运费模板，从而大大提高商品的订单销量。

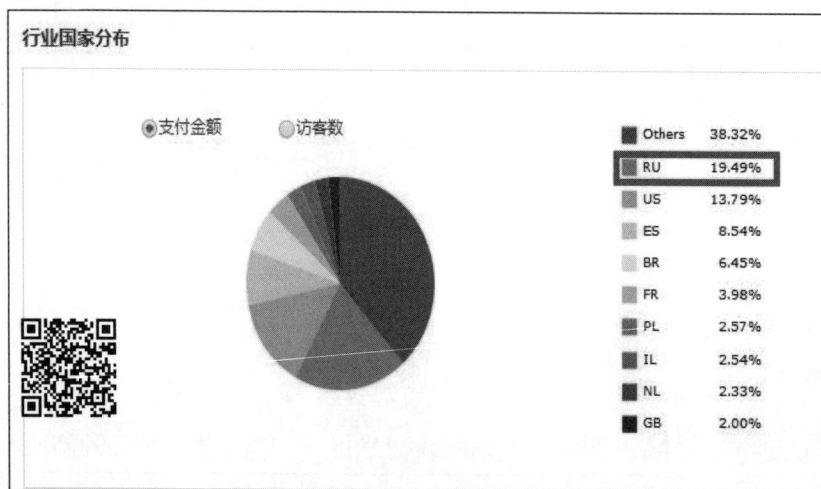

图 6-5 "行业国家分布"页面

2. 蓝海行业数据分析

蓝海行业是相对红海行业而言的，红海行业是指竞争非常激烈的行业，而蓝海行业是指当前竞争相对不激烈、需求大于供给、充满新的商机的行业。如果能找到蓝海行业，则可以避开很多竞争者，从而能够使店铺快速成长。但是，蓝海行业只是相对而言的，随着时间的推移、竞争者的日益增多，市场逐渐形成白热化的竞争，蓝海行业也会变成红海行业。于是，不断寻找蓝海行业的商机成为跨境电商不变的主题。只有积极寻找蓝海行业的发展机会，占据市场先机，才有利于卖家赢得更大的发展空间。那么，如何进行蓝海行业分析呢？

（1）登录速卖通后台，执行"数据纵横"→"商机发现"→"蓝海行业"命令，可以打开"蓝海行业"页面。

（2）一级行业蓝海行业的统计结果中，蓝色越深代表行业内竞争越不激烈，卖家将有更大的竞争优势。

（3）单击统计结果中行业所在的圆圈，可以查看该行业细分的供需指数。该指数为统计时间段内该行业下的商品指数除以流量指数，供需指数越小，竞争优势越小。

（4）在"蓝海行业细分"页面中，单击"查看行业详情"按钮，如图 6-6 所示，打开"行业概览"页面，在该页面中可以查看该子行业的详细数据指标，包括流量分析、成交转化分析及市场规模分析，如图 6-7 所示。通过对详细数据指标的分析，可以快速形成行业的竞争优势，积极争取市场份额，赢得更多的商机。

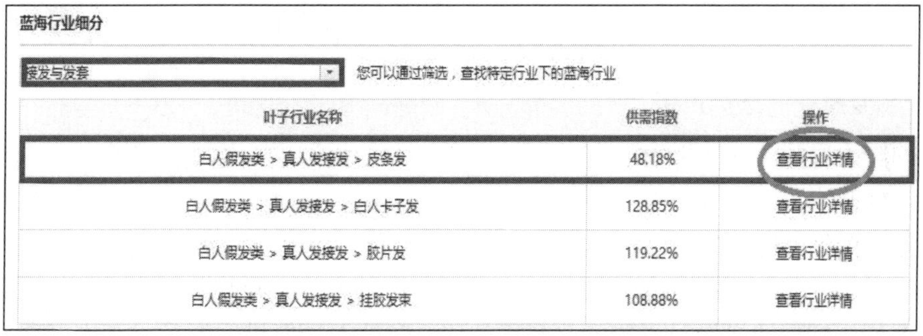

图 6-6 "蓝海行业细分"页面

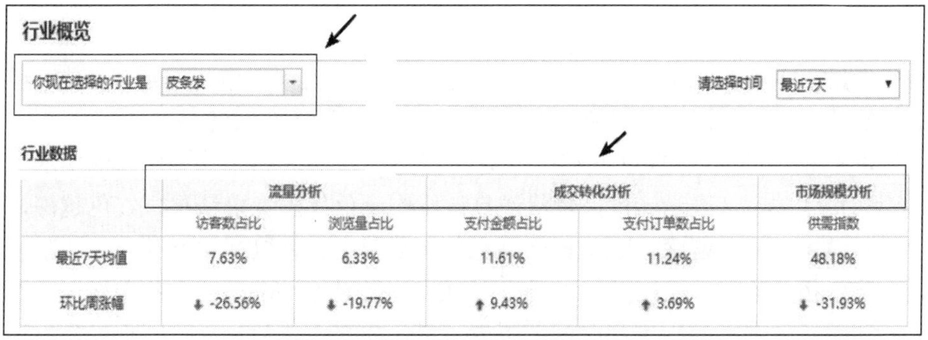

图 6-7 "行业概览"页面

在具体运营过程中，一般仅仅将速卖通提供的行业情报作为参考的决策工具。实际上，选择哪一个行业或选择哪一大类的商品进行销售，会受到很多因素的影响。

首先，影响行业或商品选择的因素是商品的可获得性。很多卖家一般选择的都是自己比较熟悉而且能够容易获得的商品。如果仅仅依靠速卖通提供的数据进行决策，你会发现许多情况下是不可行的，要么是货源和采购难以解决，要么是运输成本难以控制。

其次，速卖通提供的行业情报更加适合确定"细分行业"而不是大行业（"行业"这个词本身含义太宽泛）。

例如，如果将服装行业与汽车行业进行比较的话，速卖通提供的服装行业的数据必定要远远优于汽车行业的数据。那么，你就打算做"服装行业"吗？很显然不能这样决策，因为这两个行业是截然不同的，几乎没有可比性。但是，如果你选择服装行业里的男士服装与女士服装进行比较的话，就可以通过速卖通提供的数据，在这两类服装细分行业中进行分析比较。如果确定卖男士服装，就可以进一步对男士上装和男士下装进行分析比较。如果决定做男士上衣，还可以再分析比较男士衬衫和男士夹克的数据等。

另外，即使行业情报里显示的是子行业的产品，也不一定竞争就不激烈，因为一个行业当中产品类目太多。比如，如图 6-6 所示中"接发与发套"行业为竞争不激烈的行业，但除"白人假发类>真人发接发>皮条发"以外，其他的子行业（产品）竞争也是非常激烈的。

因此，一般来讲在选择行业时，速卖通提供的数据最好是用来作为印证所选行业的参考工具。先初步确定一个大的行业后，再用速卖通提供的行业情报对细分的行业进行深入的分析和研究，确定一个较细的行业后，再在其中确定"蓝海子行业"（实际上称为"蓝海产品"更确切）。

6.1.3 分析选品专家及搜索词——让店铺发展起来

1. 选品专家——选择产品

选品专家以行业为维度，提供行业下热卖产品和热门搜索关键词的数据，让卖家能够查看海量丰富的热卖产品信息，从多角度分析买家搜索的关键词。可以根据选品专家提供的数据调整产品、优化关键词的设置；可以根据"国家"和"行业"的组合，选择"热搜"和"热销"的产品品类，然后根据竞争度的大小，选择适合的产品；可以根据热卖国家的特点，发布对应的产品。如何通过选品专家的"热销"和"热搜"功能进行选品，在本书项目 2 中的 2.1.2 线上选品实操中有详细说明，这里只对其相关功能进行补充说明。

1）热销产品

"热销"功能可以使卖家从行业和国家的角度来查看最近主要市场的热销品类，通过这些品类的热销属性和热销特征，能快速让卖家看清市场，从而方便卖家选品。

（1）TOP 热销产品词。"TOP 热销产品词" 页面如图 6-8 所示，图中圆圈中的词是热销产品词，圆圈尺寸越大，表示该产品销量越高；圆圈颜色代表竞争情况，红色越深，表示该产品竞争指数越大；蓝色越深，表示该产品竞争指数越小。将鼠标放到某一个圆圈代表的产品词上，会显示相关数据。如产品词"bra"的成交指数是 55 468，竞争指数较大。其中，成交指数是指所选行业在指定国家和时间范围内，累计成交订单数量经过数据处理后得到的对应指数，成交指数不等于成交量。成交指数越大，成交量越大；竞争指数越大，竞争越激烈。单击图片右上角"下载"按钮，可以将文件存储为 Excel 格式的文件。通过 Excel 数据分析命令对行业、国家、产品关键词、成交指数、支付转化率及竞争指数等指标进行分析，可以选出成交指数较大、支付转化率排名靠前、竞争指数较小的产品，并结合实际情况确定为优先选择的产品。

（2）销量详细分析。销量详细分析包括"TOP 关联产品"和"TOP 热销属性"（"TOP 关联产品"如图 2-12 所示，"TOP 热销属性"如图 2-13 所示）。其中，"TOP 关联产品"是指与你所选产品相互关联性最强的产品。分析关联产品的作用是什么呢？关联产品主要是指买家同时关注度高、同时浏览、同时单击或同时购买的产品，在销售某种产品时可以同时销售这些与它关联性强的产品，从而提高店铺的整体销量。"TOP 热销属性"是指买家在购买产品时所关注的产品的属性，每一个圆圈里面的文字是具体的属性值，单击"＋"按钮可以展开 TOP 热销的属性值，单击"－"按钮可以收起属性值。点开后的属性值的圈越大表示销量越高；同一类颜色在此图只作属性分类用，圆圈面积越大，则代表着这种属性的产品销量越大。同样，单击图片右上角"下载"按钮，可以将文件存储为 Excel 格式的文件。文件中包含所选产品的属性名、属性值及成交指数。可以关注那些成交指数大的属性值的产品。

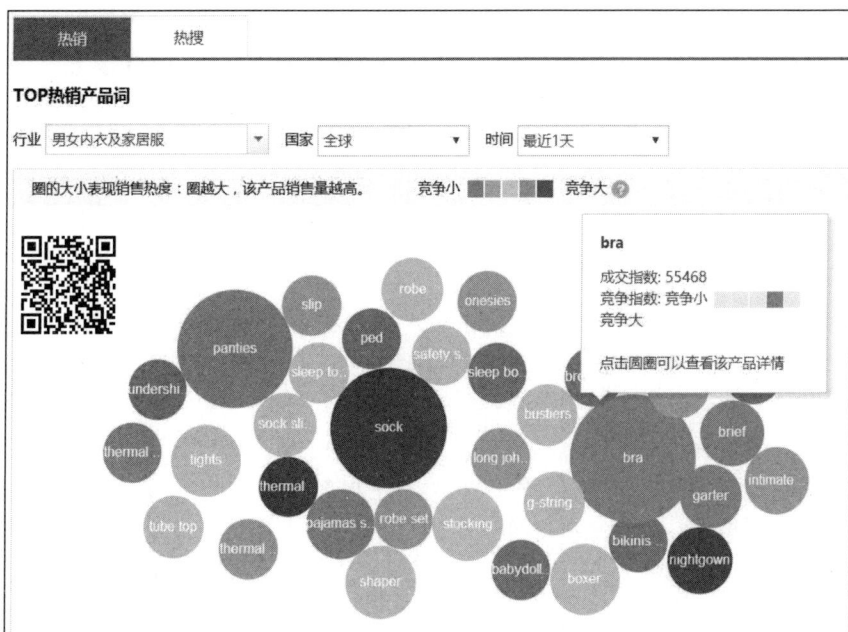

图 6-8　"TOP 热销产品词"页面

（3）热销属性组合。速卖通还提供了热销属性组合的数据（"热销属性组合"如图 2-14 所示）。相同颜色代表一类属性组合，圆圈越大意味着销量越大。还可以选择 2～3 个属性组合进行搜索，查找相关的产品信息。

总之，分析热销属性的作用主要有两个：一是在选品时根据这些被买家高度关注的属性进行选品；二是在发布相应产品时，这些热销属性既可以作为填写产品属性时的参考数据，还可以作为填写产品标题及关键词的参考数据，这样既能符合产品描述的要求，又能符合速卖通平台的排名规则，从而提升产品的曝光率，增加产品的销量。

2）热搜产品

"热搜"同"热销"的功能基本类似，可以帮助卖家从行业和国家的角度来获得最近主要市场的热搜品类产品词。同样，圆圈越大，代表搜索量越大。其中搜索指数是指所选行业在指定国家和时间范围内，搜索该关键词的次数经过数据处理后得到的对应指数。搜索指数不等于搜索次数，搜索指数越大，搜索量越大。

通过"热搜"功能模块同样可以查看"TOP 热搜产品词""搜索详细分析""热搜属性组合"。

总之，热搜的品类属性及关联组合属性，既可以在发布产品时作为属性的参考数据，还可以在优化产品曝光转化率时，作为产品标题和关键词的参考数据。例如，某种产品是目前卖家数量少、搜索量大的，就可以尝试发布这种产品。

2．搜索词分析——选择关键词

搜索词分析可以帮助卖家轻松查看买家搜索的关键词，既可以分行业、国家查询最近 7 天或 30 天买家搜索的热搜词、飙升词、零少词，还可以下载原始数据生成搜索词表格，查看搜索词的各种指标数据。

1）热搜词

热搜词的数据分析指标包括是否品牌原词（如果采用，需要提交授权证明，否则会被处罚）、搜索人气、搜索指数、点击率、浏览-支付转化率、竞争指数、TOP3 热搜国家等。“热搜词”页面如图 6-9 所示。

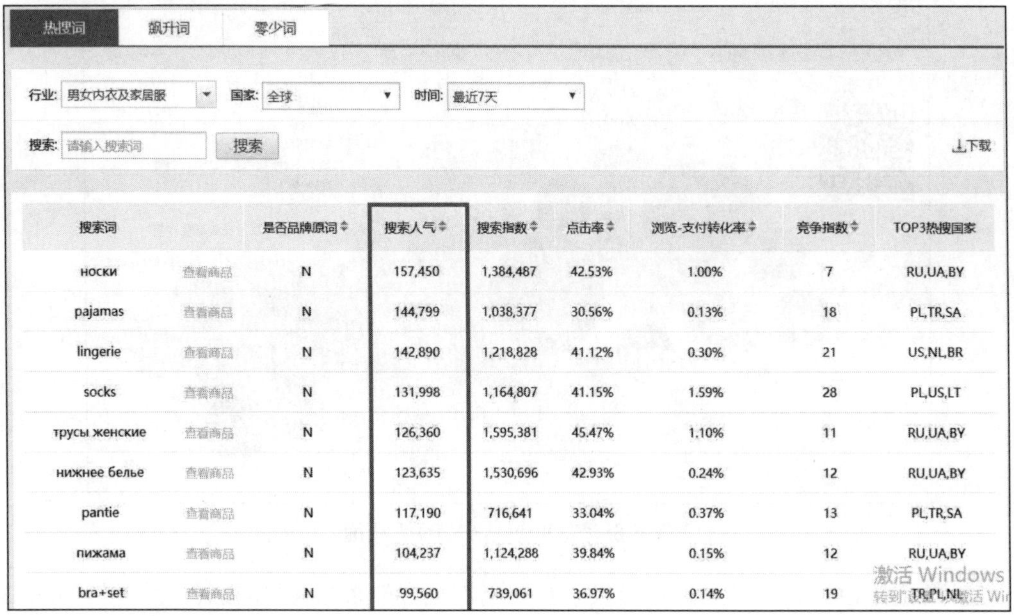

搜索词		是否品牌原词	搜索人气	搜索指数	点击率	浏览-支付转化率	竞争指数	TOP3热搜国家
носки	查看商品	N	157,450	1,384,487	42.53%	1.00%	7	RU,UA,BY
pajamas	查看商品	N	144,799	1,038,377	30.56%	0.13%	18	PL,TR,SA
lingerie	查看商品	N	142,890	1,218,828	41.12%	0.30%	21	US,NL,BR
socks	查看商品	N	131,998	1,164,807	41.15%	1.59%	28	PL,US,LT
трусы женские	查看商品	N	126,360	1,595,381	45.47%	1.10%	11	RU,UA,BY
нижнее белье	查看商品	N	123,635	1,530,696	42.93%	0.24%	12	RU,UA,BY
pantie	查看商品	N	117,190	716,641	33.04%	0.37%	13	PL,TR,SA
пижама	查看商品	N	104,237	1,124,288	39.84%	0.15%	12	RU,UA,BY
bra+set	查看商品	N	99,560	739,061	36.97%	0.14%	19	TR,PL,NL

图 6-9 “热搜词”页面

热搜词数据分析指标说明如下。

- 是否品牌原词：“Y”代表是品牌原词，“N”代表不是品牌原词。如果销售的是禁限售产品，则会被处罚；对于品牌产品，如果拿到授权就可以进行销售。发布品牌产品之前，请确定发布的产品不违规（如非自家品牌，但又未有权利人合法授权的产品）。通过热搜功能搜索的品牌原词仅供参考，并不完全代表全球各地现有的品牌原词都被全部列出，卖家使用品牌原词之前请自行查询它的合法性，如因自行使用品牌原词而引起违法行为，速卖通平台不会负责。
- 搜索指数，即搜索该关键词的次数经过数据处理后得到的对应指数。
- 搜索人气，即搜索该关键词的人数经过数据处理后得到的对应指数。
- 点击率，即搜索该关键词后点击进入商品页面的次数。
- 浏览-支付转化率，即关键词带来的成交转化率。
- 竞争指数，即供需比经过指数化处理的结果。供需比是指所选时间段内每天关键词曝光出来的最大产品数/所选时间段内每天平均搜索人气，该值越大竞争越激烈。
- TOP3 热搜国家，即所选时间段内搜索量排名前三的国家。

卖家可以按照搜索人气、搜索指数、点击率、浏览-支付转化率及竞争指数进行升序或降序排列，找出搜索人气、搜索指数、点击率及浏览-支付转化率较高而竞争指数较低的搜索词，将转化效果较好的搜索词添加为关键词，用来定位更多的潜在客户，从而优化推广效果。

2）飙升词

飙升词的数据分析指标包括是否品牌原词、搜索指数、搜索指数飙升幅度、曝光商品数增长幅度、曝光卖家数增长幅度。"飙升词"页面如图 6-10 所示。

搜索词	是否品牌原词	搜索指数	搜索指数飙升幅度	曝光商品数增长幅度	曝光卖家数增长幅度
hot underwear women	N	428	1816.67%	69800.00%	42000.00%
ropa interior femenina sostenes	N	391	1650.00%	7025.00%	6160.00%
нижнее-белье-мужское	N	510	1857.14%	29961.11%	5452.94%
collant fantaisie femme sexy	N	324	1350.00%	5245.45%	5171.43%
cute kawaii	N	198	488.89%	7900.00%	5000.00%
bikini pads	N	435	1362.50%	5800.00%	4190.00%
chausette haute femme	N	517	1444.44%	5135.00%	3860.00%
чулки нейлоновые	N	402	1442.86%	7206.06%	3810.00%
силиконовый пуш-ап	N	458	1950.00%	2266.67%	3723.08%
бюстгальтер секс	N	361	1516.67%	1667.57%	3362.50%

图 6-10　"飙升词"页面

飙升词数据分析指标说明如下。
- 搜索指数飙升幅度，即所选时间段内累计搜索指数同比上一个时间段内累计搜索指数的增长幅度。
- 曝光商品数增长幅度，即所选时间段内平均曝光商品数同比上一个时间段内平均曝光商品数的增长幅度。
- 曝光卖家数增长幅度，即所选时间段内平均曝光卖家数同比上一个时间段内平均曝光卖家数的增长幅度。

在飙升词数据列表中，卖家更加关注的是搜索指数飙升幅度。搜索指数飙升幅度越大，意味着最近这段时间买家对该商品的关注度越集中，而且很有可能是新生产的商品。因此，必须引起卖家的高度注意。卖家可以将这些词放到速卖通首页去搜索，看看到底是什么样的商品引起买家的迅速关注？是一种商品还是一类商品？有没有开发潜力？

曝光商品数增长幅度和曝光卖家数增加幅度也从侧面反映了买家的消费需求，这两个数值越大，意味着对这种商品的需求速度增长越快。

3）零少词

零少词是指具备一定相关搜索热度，但供应商发布较少商品的关键词。通常该词对应的精准匹配商品数量不超过 1 页，并且在同行业中竞争力度较小。经常关注零少词有助于卖家发现新商品和新行业。

在"热搜词""飙升词""零少词"页面中，都可以下载原始数据，通过 Excel 软件进行更加详细的分析。

6.1.4 分析实时风暴——掌握实时交易数据

实时风暴助力卖家及时掌握店铺的实时流量、实时交易情况等数据。登录速卖通后台，执行"数据纵横"→"实时风暴"命令，可以打开"实时风暴"页面。

通过"实时风暴"功能模块，卖家可以查看店铺 24 小时内的实时经营情况。具体内容包括当天（美国太平洋时间 GMT-8）店铺主营行业实时交易额排名、店铺流量和销售数据（包括曝光量、浏览量、访客数、订单数、成交订单数、成交转化率、成交金额等）、上周同比数据及店内实时概况、Top100 商品展示。通过对这些数据的分析，卖家既可以及时了解店铺的流量变化、订单情况，从而为商品信息的优化、营销活动的制定、直通车推广方案的制定提供参考数据，还可以在流量集中的时段调整客服工作时间及直通车推广的投放时间。

"实时风暴-实时概况"页面如图 6-11 所示。从图中可以发现，在 0:00～15:00 这个时间段（相比 16:00～23:00 时间段），曝光量是都处于较高状态的。如果卖家紧跟美国太平洋时间来调整时差，在流量高峰期保持在线，店铺的成交量怎能不提升！另外，在进行店铺优化和促销活动以后，可以实时查看优化和促销后的效果。

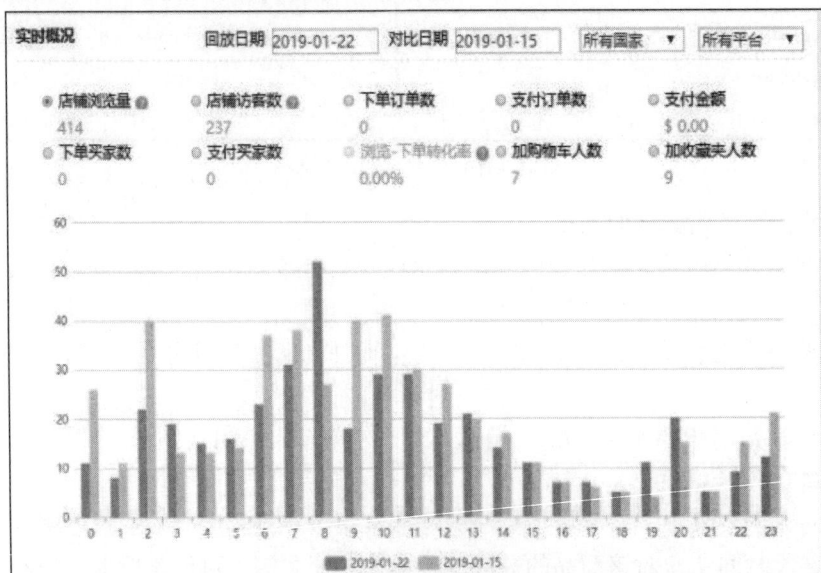

图 6-11 "实时风暴-实时概况"页面

在"实时风暴-商品"页面，可以查看商品的实时销售情况，包括每种商品 24 小时内的支付金额、浏览量、访客数、下单订单数、支付订单数、加购物车人数及加收藏夹人数（含心愿单）等数据指标，还可以进行产品管理、客户营销管理及营销活动管理等操作。"实时风暴-商品"页面如图 6-12 所示。当然，还可以按照浏览量、下单订单数、加购物车人数来进行排序，这些数据有助于卖家观察每种商品的实时销售情况，分析可能出现的问题及原因。

商品标题	支付金额 ⇕	浏览量 ⇕	访客数 ⇕	下单订单数 ⇕	支付订单数 ⇕	加购物车人数 ⇕	加收藏夹人数(含心愿单) ⇕	操作
ALDOMOUR Spring 2018 Sport volleyball shoes sneakers for vol... $60.9 ~ $62.9	0.00	30	13	0	0	0	0	管理该产品 客户营销及管理 营销活动
ALDOMOUR Fitness Shoes Women's Sport for Women Swing Wedges ... $29.99 ~ $29.99	0.00	26	14	0	0	0	1	管理该产品 客户营销及管理 营销活动
ALDOMOUR handball Sneakers volleyball men shoes for volleyba... $67.5 ~ $69.5	0.00	15	10	0	0	1	1	管理该产品 客户营销及管理 营销活动
ALDOMOUR Breathable Mesh Male Female Table Tennis Shoes Tenn... $66.99 ~ $66.99	0.00	13	5	0	0	0	0	管理该产品 客户营销及管理 营销活动

图 6-12　"实时风暴-商品"页面

由于电子商务的"鼻祖们"都出生在美国西海岸，所以速卖通平台遵循传统也使用标准太平洋时间（GMT-8），这给广大的中国卖家造成了不便。为了更好地服务于全球买家，在这里分析一下流量分布时间还是有必要的。

标准太平洋时间（GMT-8）AM 11:00 等于 Beijing Time（GMT+8）AM 3:00；

标准太平洋时间（GMT-8）AM 11:00 等于 Moscow Time（GMT+4）PM 11:00；

标准太平洋时间（GMT-8）AM 11:00 等于 Brasilia Time（GMT-4）PM 2:00；

速卖通每次大型促销活动时间在北京时间凌晨 3:00 至上午 8:00，此时是值班人员的休息时间。而此时俄罗斯的买家已睡，巴西的买家还没起床。

这里推荐给卖家一个查看时区的网站：http://24timezones.com/。

6.1.5　分析店铺流量——挖掘客户来源

1．店铺相关数据指标说明

- 浏览量：浏览店铺页面和商品页面的次数。
- 访客数：浏览店铺页面和商品页面的访客数，注意访客数只对当天的数据进行去重，多天的数据直接相加求和。
- 跳失率：只访问了一个页面的访客数占所有访客数的比例。
- 人均浏览量：人均浏览的页面数。
- 平均停留时长：每个页面平均停留的时间，单位为秒。
- 客单价：店铺整体成交金额除以店铺成交的买家数。
- 加收藏夹人数：添加收藏夹的访客数。
- 加购人数：添加购物车的访客数。
- 下单转化率：下单买家数除以访客数。
- 支付转化率：支付买家数除以访客数。
- 新访客占比：第一次访问该店铺的访客数占比。
- 新买家占比：第一次在该店铺下单的买家数占比。

- 下单买家数：下单的买家去重后的数量。
- 支付买家数：支付的买家去重后的数量。
- 支付金额：支付订单的金额相加求和。

2. 流量来源及去向

流量来源及去向功能模块包含四个部分内容：流量路径、受访页面排行、入店页面排行和新老访客来源。

流量路径主要为了让卖家对自己店铺的流量来源及去向有更加深入的了解。流量来源的计算方式是根据卖家店铺页面与商品详情页面的"上一步"来进行判断的，同样，流量去向的计算方式是根据卖家店铺页面与商品详情页面的"下一步"来进行判断的。

受访页面排行的数据和入店页面排行的数据都是流量来源，不同的是入店页面排行的数据指的是买家在当天第一次进入该店铺的页面的数据，后续再访问店铺不再计算次数。该数据的功能主要为了让卖家了解起到引流的主要页面有哪些。

新老访客来源主要是对访客进行了新老程度的划分，之前访问过该店铺的为老访客，当天第一次访问的顾客为新访客。该数据的功能主要为了让卖家对比新老访客的来源差异，从而制定适合不同访客的营销方式。

1) 流量路径

流量路径包含三个模块：流量路径排行、入店来源和离店去向。

"流量路径"页面如图 6-13 所示。流量路径对店铺流量的入店来源和离店去向进行前十名排序。这里的流量入店来源渠道和离店去向渠道是具体、明细的。对于 App 端来说，有些入店来源和离店去向的名称经过了文本处理，这些渠道来源是不可以访问的；而在非 App 平台上，平台直接提供了渠道的链接，方便卖家打开页面查看（有时链接的页面存在下线的可能，这种情况无法打开）。

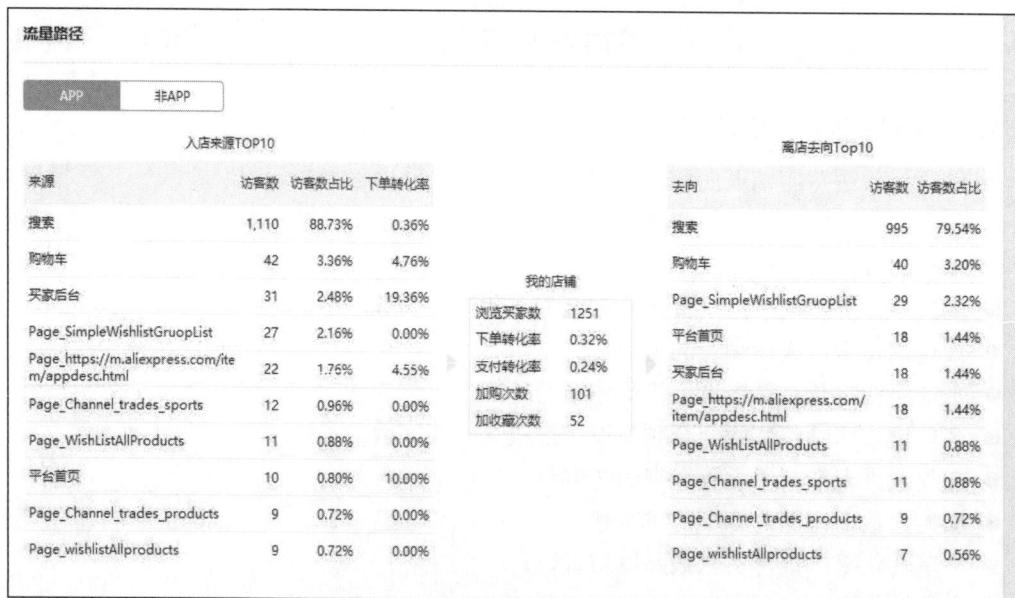

图 6-13 "流量路径"页面

"入店来源"页面如图 6-14 所示。入店来源是对进入店铺的流量来源进行了归类，该页面显示的是大类。在这里，系统平台对流量分析功能做了更改，不再区分站内流量和站外流量。一方面是因为对于绝大多数卖家来说，站外流量都比较小；另一方面系统平台提供了“自主推广效果”模块，可以更有针对性地对站外流量进行跟进。“其他”大类里面包含系统分类之外的流量来源，可以单击“详情”按钮查看具体、详细的流量来源。

入店来源

APP 非APP

☑ 访客数 ☑ 下单买家数 ☑ 支付买家数 ☑ 下单转化率 ☑ 支付转化率 ☐ 支付金额 ☐ 客单价($)

	访客数	下单买家数	支付买家数	下单转化率	支付转化率	操作
搜索	1110 ↑6.53%	4 ↓60.00%	3 ↓62.50%	0.36% ↓62.45%	0.27% ↓64.80%	趋势
其他	442 ↓19.93%	6 ↓50.00%	5 ↓50.00%	1.36% ↓37.56%	1.13% ↓37.56%	详情 趋势
购物车	42 ↓2.33%	2 ↓75.00%	2 ↓71.43%	4.76% ↓74.40%	4.76% ↓70.75%	趋势
买家后台	31 ↓50.00%	6 ↓33.33%	5 ↓28.57%	19.35% ↑33.33%	16.13% ↑42.86%	趋势
平台首页	10 ↓77.78%	1	1	10.00% ↑350.00%	10.00% ↑350.00%	趋势
活动	1	0	0	0.00%	0.00%	趋势

图 6-14 “入店来源”页面

“离店去向”页面如图 6-15 所示，离店去向流量主要针对离开店铺的去向渠道进行分析。相关功能与入店来源类似。

离店去向

APP 非APP

去向类型	访客数	访客数占比	操作
搜索	995 ↑4.30%	79.54% ↑7.38%	趋势
其他	442 ↓13.16%	35.33% ↓10.59%	详情 趋势
购物车	40 ↓2.44%	3.20% ↑0.45%	趋势
买家后台	18 ↓64.71%	1.44% ↓63.66%	趋势
平台首页	18 ↓73.13%	1.44% ↓72.34%	趋势
收藏夹	1	0.08%	趋势
活动	1	0.08%	趋势
频道	1	0.08%	趋势

图 6-15 “离店去向”页面

2）受访页面排行

“受访页面排行”页面如图 6-16 所示。受访页面排行主要统计的是卖家页面的访问情况。这里需要注意的是，在 App 端受访的页面中，商品详情页面目前还未划分到具体的单个商品。单击“详情”按钮，可以查看对应流量来源的详细情况；单击“趋势”按钮，可以查看对应流量来源的变化趋势。

3）入店页面排行

“入店页面排行”页面如图 6-17 所示。

4）新老访客来源

“新访客来源”页面如图 6-18 所示，“老访客来源”页面如图 6-19 所示。

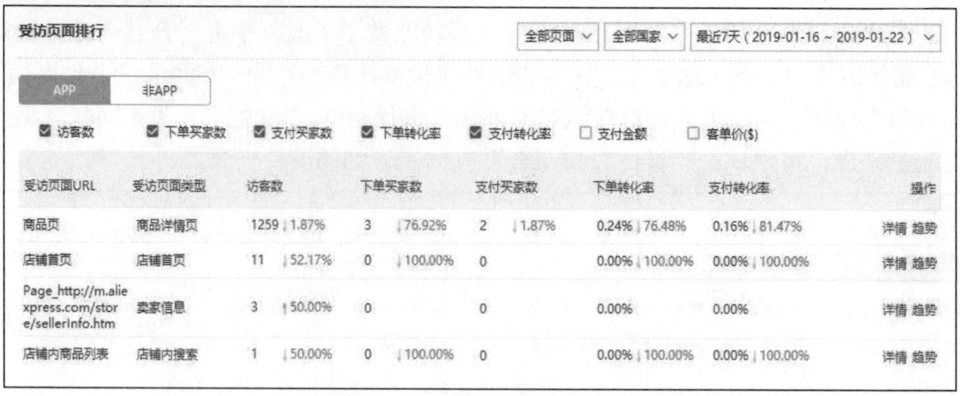

图 6-16 "受访页面排行"页面

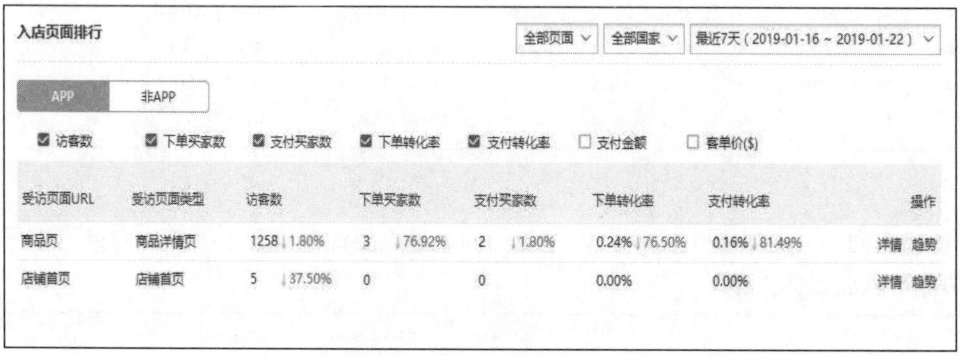

图 6-17 "入店页面排行"页面

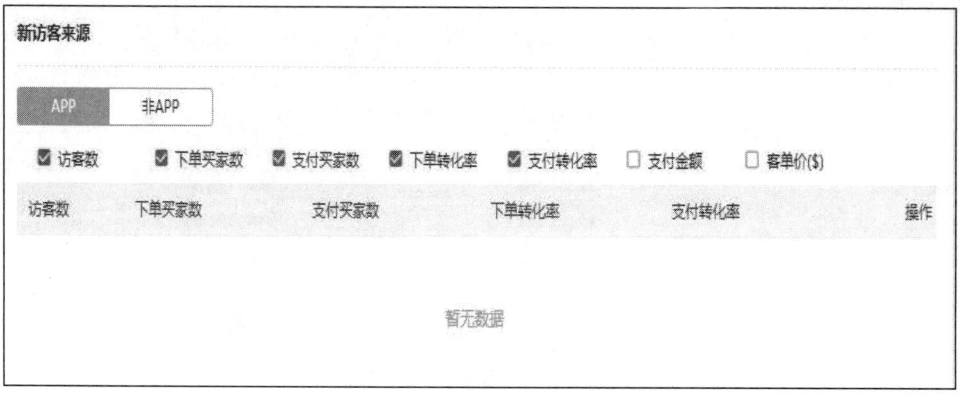

图 6-18 "新访客来源"页面

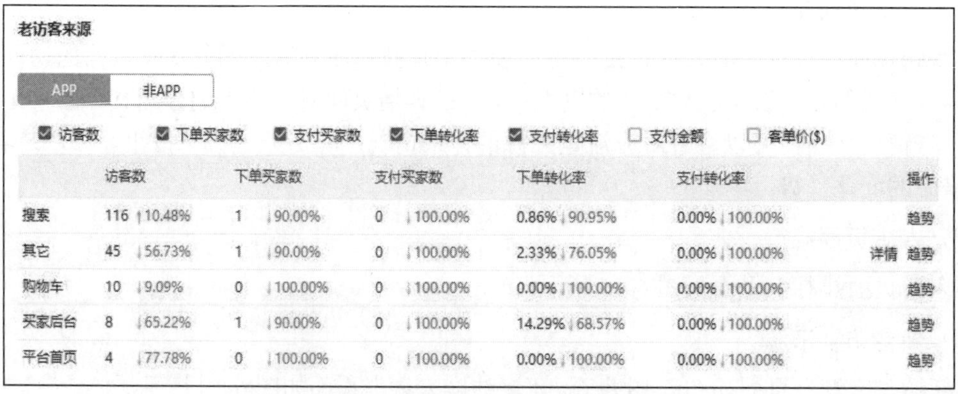

图 6-19 "老访客来源"页面

3．分析热门商品的流量来源及去向

登录速卖通后台，执行"数据纵横"→"商品分析"→"商品来源"命令，打开"商品来源"页面，如图 6-20 所示。在这个页面中，卖家可以查看指定商品在一定时期内的流量来源及去向；可以根据不同渠道来源的数据，对当前表现较弱的渠道进行优化和加强；可以根据流量去向优化商品的描述信息，减少直接退出本店的流量比例。

图 6-20　"商品来源"页面

"商品流量-来源去向"页面如图 6-21 所示，从图中可以查看各种渠道流量去向的明细数据。

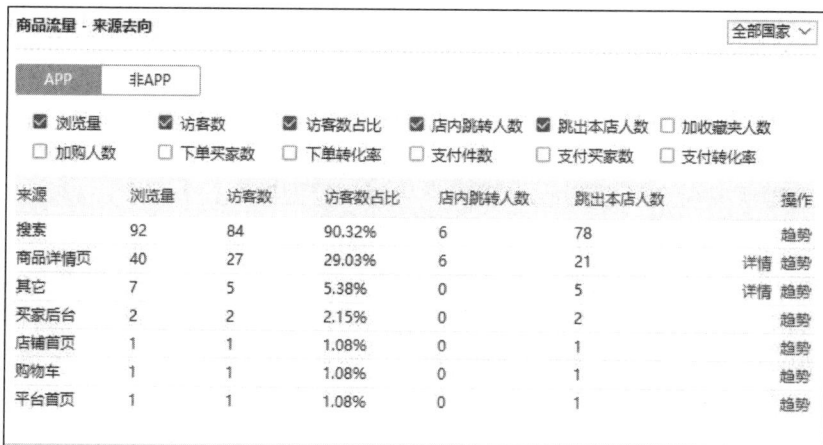

图 6-21　"商品来源-来源去向"页面

"商品流量-国家分布"页面如图 6-22 所示，从图中可以查看访客排名前五名的国家。

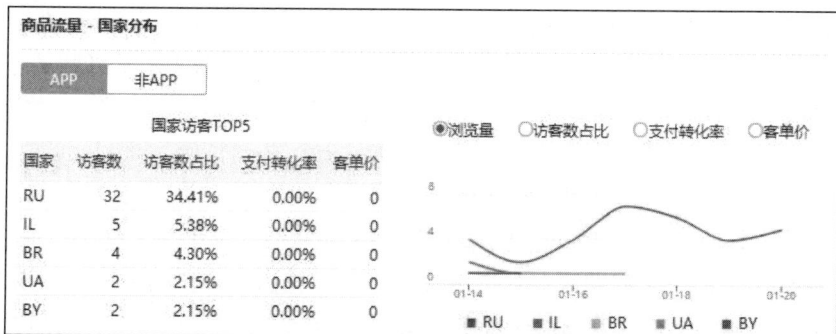

图 6-22　"商品流量-国家分布"页面

6.1.6 分析商品成交——提升店铺销量

对于卖家而言，最重要的是要分析商品的成交数据。如果想以成交结果为导向来优化店铺运营，那么首先要知道成交结果的表现形式。分析商品的成交数据，如果中间出现波动，就要分析出现波动的具体原因，从而优化店铺的运营，提升店铺销量。

1. 成交分析

登录速卖通后台，执行"数据纵横"→"经营分析"→"成交分析"命令，打开"成交分析"页面。下面对成交分析的各项数据进行简要说明。

（1）商铺排名。"商铺排名"页面如图 6-23 所示。通过分析店铺排名数据，让卖家清楚地知道店铺目前在同行同层级卖家中所处的位置。

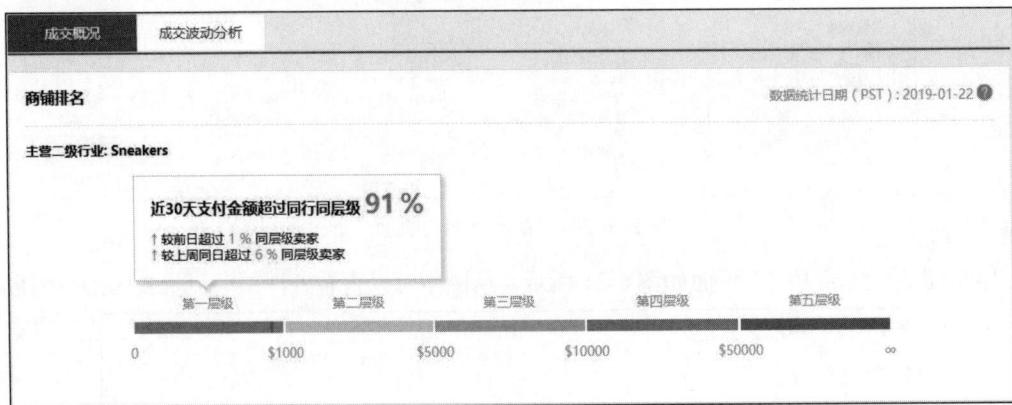

图 6-23 "商铺排名"页面

按照最近 30 天支付金额（美元），可以把店铺划分为以下五个层级。

第一层级：0~1 000 美元，新卖家。

第二层级：1 001~5 000 美元，中小卖家。

第三层级：5 001~10 000 美元，"腰部"卖家。

第四层级：10 001~50 000 美元，"腰部"卖家。

第五层级：50 001 美元以上，"头部"卖家。

新卖家的主要运营策略是拉动新流量的产生；中小卖家的主要运营策略是考虑转化率、优化、扩充商品，重点关注热销商品的打造；"腰部"卖家要在维护好自己已有热销商品的同时，加快速度打造新的市场热销商品，以防止店铺已有热销商品逐渐进入衰退期后，没有新的商品为自己店铺的交易额提供稳定的支撑；"头部"卖家需要突破流量瓶颈，做好内容营销。

（2）成交概况。"成交概况"页面如图 6-24 所示，该页面的数据是运营每天必须要看的，数据指标包括支付金额、商品访客数、浏览-支付转化率、客单价及它们的波动幅度。这里，我们可以将支付金额的计算公式演变为店铺运营的黄金公式：

$$销售额=流量值×转化率×客单价$$

卖家需要每天针对店铺"飘绿"的数据进行优化，从而保证销售额的整体提升。

建议卖家以 7 天为一个周期来对数据进行观察，避免由于单日的数据波动较大而影响对整体数据的判断。观察数据的方法：先看 7 天的对比数据，再看后 3 天的数据情况，这样分析得出的结论会相对准确。

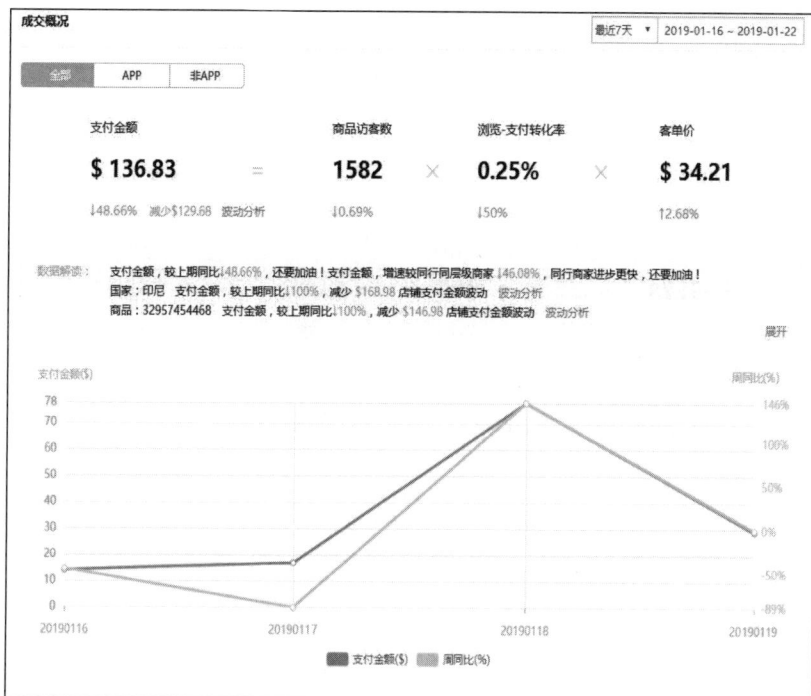

图 6-24 "成交概况"页面

① 通过成交概况的数据来源对比找原因。可以按"App"和"非App"两种数据来源统计成交概况，如图 6-25 所示。通过数据对比，可以找出数据指标变化的具体原因，针对有问题的部分进行对比、分析。例如，图 6-25 所示的数据对比中，App 端的商品访客数较高，但浏览-支付转化率较低。可以在 App 端针对访客数高的商品进行促销活动，从而提升浏览-支付转化率。当然，运营的策略可以是多样的，卖家可以通过这里的数据来进行多维度的分析和判断，从而得出快速有效的解决方案。

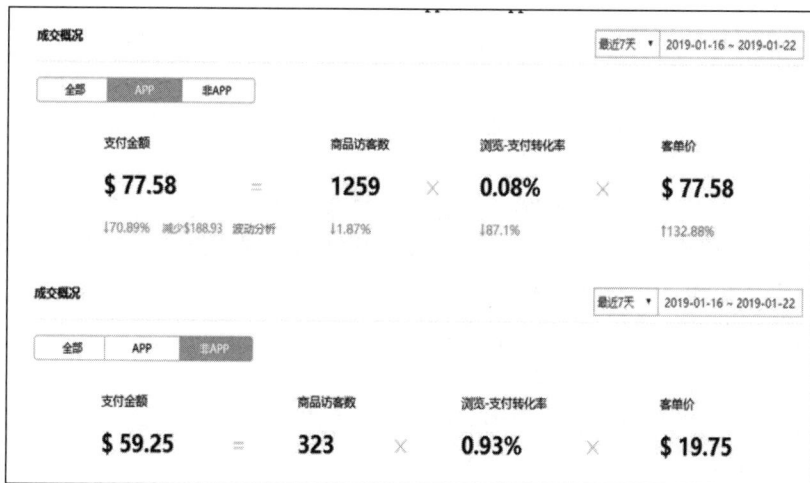

图 6-25 按"App"和"非App"两种数据来源统计成交概况

② 通过短期与长期的数据对比找原因。卖家可以统计最近 30 天的数据，通过与最近 7 天的数据对比，可能得到的结论与之前的结论不同，数据可能是有差异的。因此，成交数据分析要有不同节点的数据，通过对多重数据的对比得出正确的结论。"最近 30 天成交概况"

页面如图 6-26 所示。从图中可以看出，支付金额较上期同比增长了 145.98%，增速远远超过同行同层级卖家。而且通过波动分析，还能发现哪个国家、哪种商品的增幅最大。

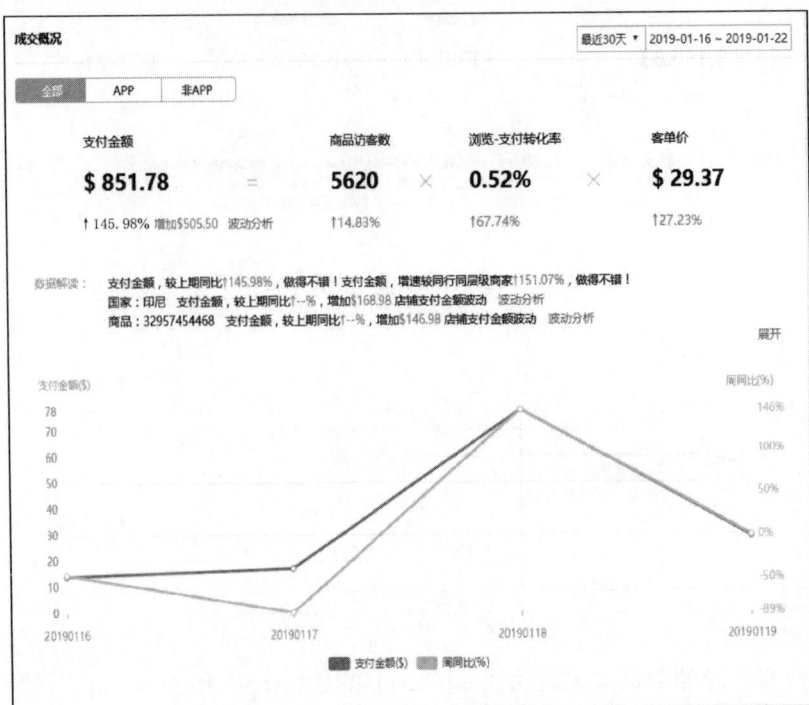

图 6-26 "最近 30 天成交概况"页面

（3）成交波动分析。通过成交波动分析，可以判断具体问题出在哪里，如出现在某个国家、某个成交的节点等。

① 成交波动分析的作用。

● 行业整体波动时，可以了解行业整体的波动方向。

● 发现某个国家的销量或平台政策有大的变化时，及时去了解该国国家信息或平台政策的调整方向。

● 分析发现有波动的商品，可以及时对商品进行优化、调整，如对商品库存、活动、价格、推广信息、评价信息等进行优化。

● 能够分析数据变化的根本原因，从而制定准确的营销方案。

② 成交波动分析步骤。首先，确定引起成交波动的是行业原因还是店铺原因；其次，通过成交量公式分析流量、转化率、客单价三者的关系，结合成交量公式找到流量、转化率、客单价发生波动的具体原因；最后，寻找引起波动的具体商品的数据，通过不同维度的数据分析，找出根本原因并采取具体的解决措施。

③ 学会提取有用的数据。成交波动分析的数据包括行业变化数据、店铺变化数据、成交额公式数据和异常数据。

④ 建立不同层级的分析模型。

"成交波动分析-行业、国家"分析模型。先通过"行业"层级来进行商品大类的筛选，然后通过国家层级找出"上期同比"中哪些国家上升、哪些国家下降，从而可以找到发力点并进行重点市场的打造。"成交波动分析-行业、国家"页面如图 6-27 所示。

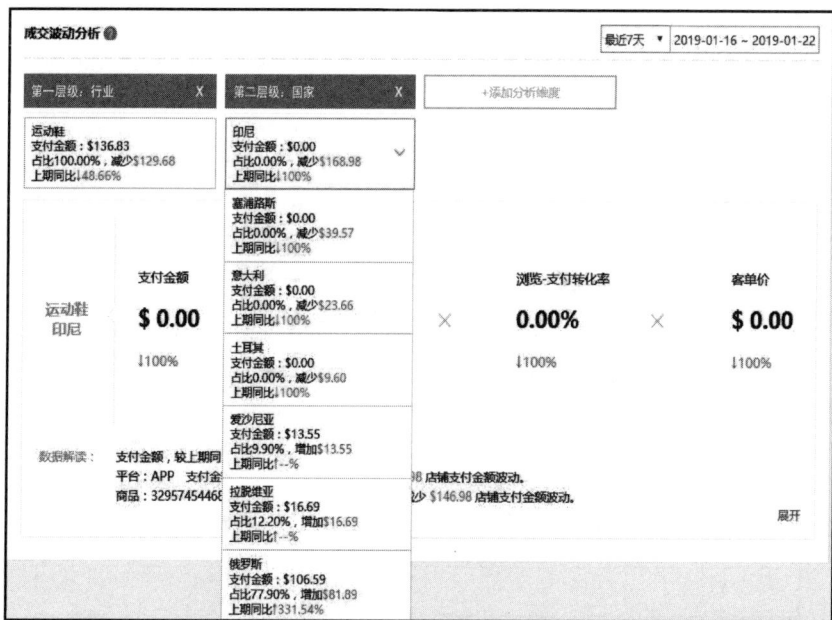

图 6-27　"成交波动分析-行业、国家"页面

　　"成交波动分析-国家、商品、新老买家"分析模型。 这是一个比较简单的模型，先通过国家层级来判断哪个国家的"上期同比"是上升或下降，然后通过商品层级来判断是什么商品引起的上升或下降，最后通过新老买家层级来判断是哪种类型的买家引起的上升或下降。通过这种模型，如果店铺数据足够多，就可以很精确地判断店铺针对某个国家、某个单品、某种消费者类型的构成。"成交波动分析-国家、商品、新老买家"页面如图 6-28所示。

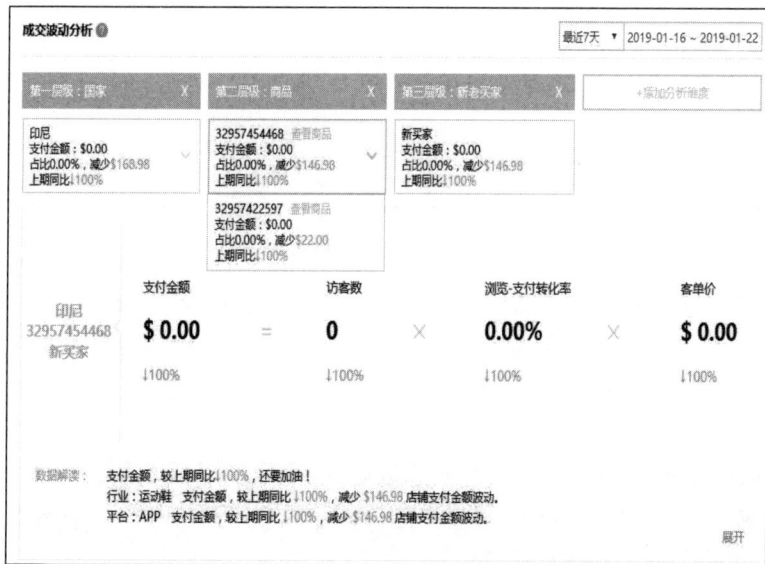

图 6-28　"成交波动分析-国家、商品、新老买家"页面

　　"成交波动分析-新老买家、商品"分析模型。 可以通过该模型来判断新老买家关注、购买的商品。通过对新老买家的消费构成进行分析，更容易判断新老买家所购买的商品是否相同，从而可以让商品销售更有针对性，也可以作为制定销售策略的依据。"成交波动分

析-新老买家、商品"如图 6-29 所示。

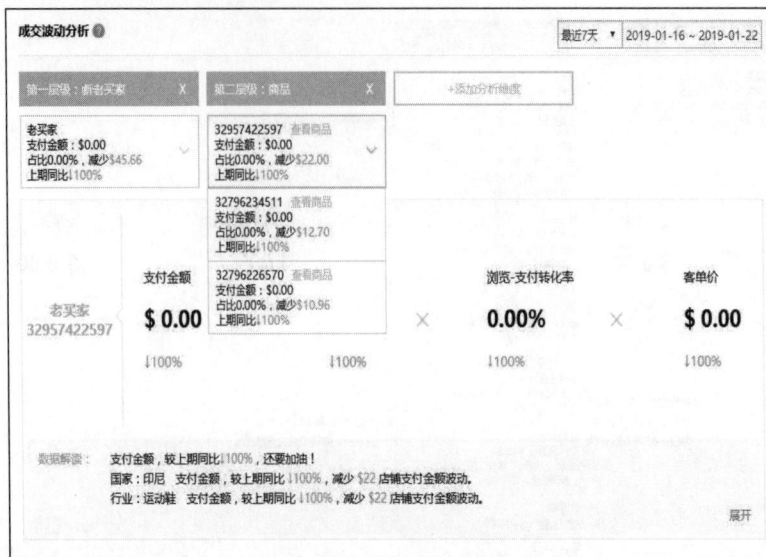

图 6-29 "成交波动分析-新老买家、商品"页面

成交波动分析工具使用心得：

- 从数据分析层级的角度来看，平台、新老买家、行业分析为第一层级；国家、商品分析为第二层级。也就是说，寻找数据波动的原因先分析平台、新老买家、行业分析层级的数据。
- 幅度变化值大于 70%才能算作有效数据，幅度变化值即次级层级占上一层级的比例增多 70%或减少 70%以上。
- 次级层级数据增加或减少的值之和等于上一层级数据增加或减少的值。
- 多条数据叠加为无效数据，或者有效数据为上一层级数据。

2．成交分布

1）成交分布对比

卖家可以按"支付金额"或"支付买家数"分析一定时期内成交分布的国家、平台、行业、商品、价格带、新老买家、90 天购买次数的数据。例如，通过对"成交分布-国家"的数据（饼状图数据和分布曲线图数据）进行对比，可以判断哪些国家的购买力比较强，哪些国家可以作为主要市场，并可以通过周同期比来具体分析成交分布异动的问题所在。"成交分布-国家"支付金额统计页面如图 6-30 所示，"成交分布-国家"支付买家数统计页面如图 6-31 所示。

（1）按"成交分布-平台"统计支付买家数。"成交分布-平台"页面如图 6-32 所示。通过分析目前的成交分布平台的数据，可以知道店铺的成交量是偏向于 App 端还是非 App 端，并且可以对比分析不同平台的成交趋势。

（2）按"成交分布-行业"统计支付买家数。"成交分布-行业"页面如图 6-33 所示。通过分析目前成交分布行业的数据，可以知道店铺商品所属行业的成交分布数据，并清楚地知道支付商品所属的类目。

（3）按"成交分布-商品"统计支付买家数。"成交分布-商品"页面如图 6-34 所示。通

过商品的成交占比可以更加容易判断商品的结构是否合理，并可以依据占比来进行商品线的
调整及商品梯队的建设。

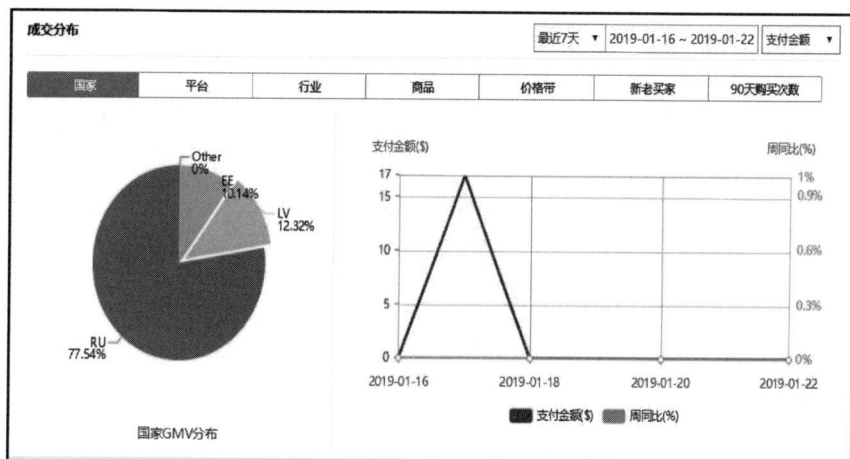

图 6-30　"成交分布-国家"支付金额统计页面

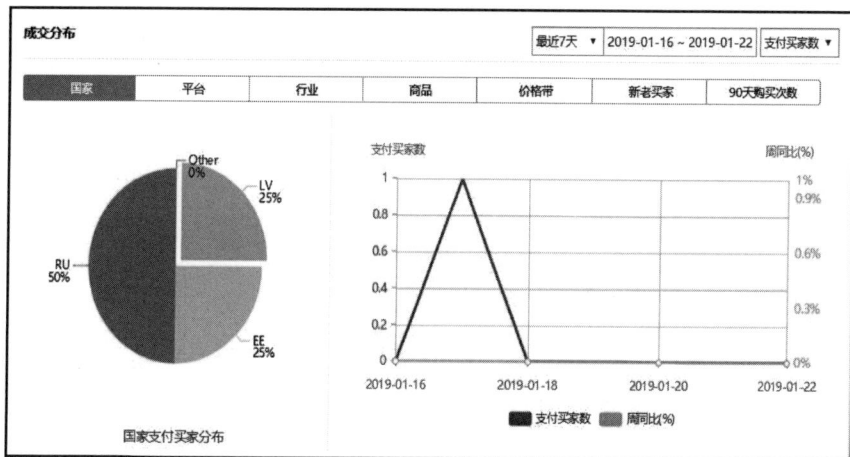

图 6-31　"成交分布-国家"支付买家数统计页面

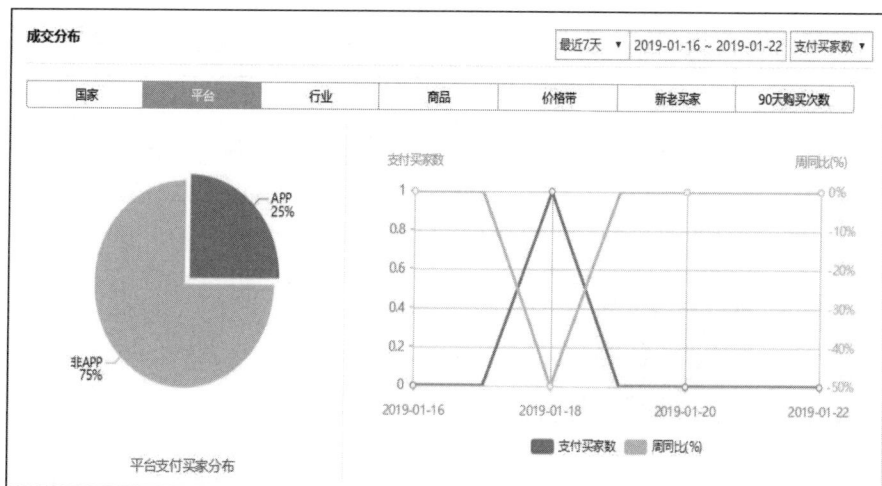

图 6-32　"成交分布-平台"页面

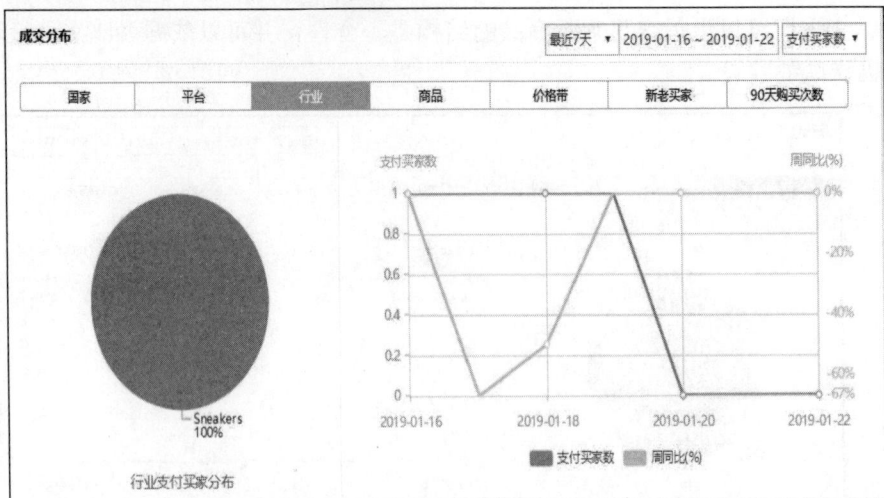

图 6-33 "成交分布-行业"页面

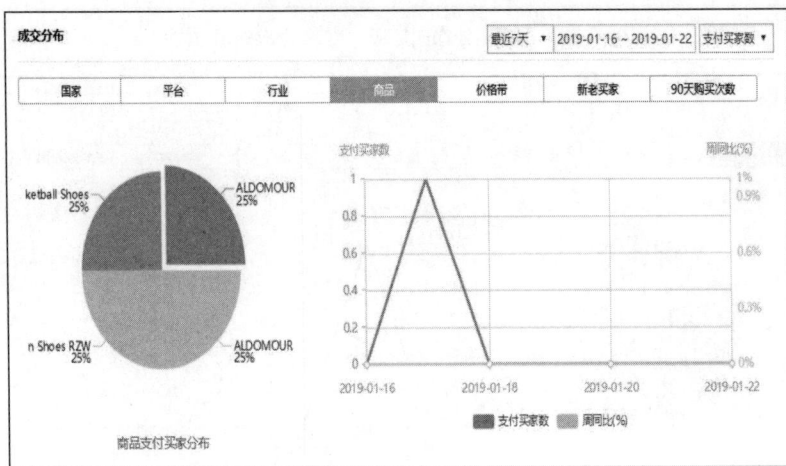

图 6-34 "成交分布-商品"页面

（4）按"成交分布-价格带"统计支付买家数。"成交分布-价格带"页面如图 6-35 所示。商品价格分布数据是卖家判断商品价格构成的最好依据，当卖家价格分布在"Level 1"区间占比过高的时候，则需要更加重视商品的溢价问题。可以通过多种方式来进行商品价格区间的拉升。

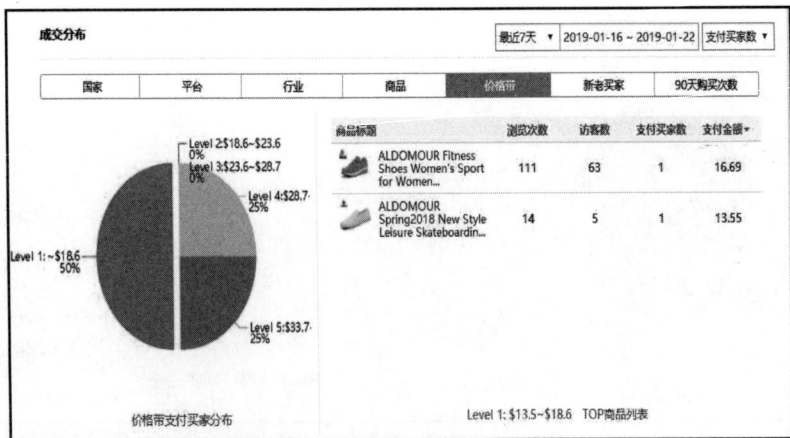

图 6-35 "成交分布-价格带"页面

（5）按"成交分布-新老买家"统计支付买家数。"成交分布-新老买家"页面如图 6-36 所示。通过新老买家成交分布数据的对比，可以指导卖家需要提升哪种买家的数量，是"拉新"还是维系老买家，这也客观地反映目前店铺新老买家的流量来源。

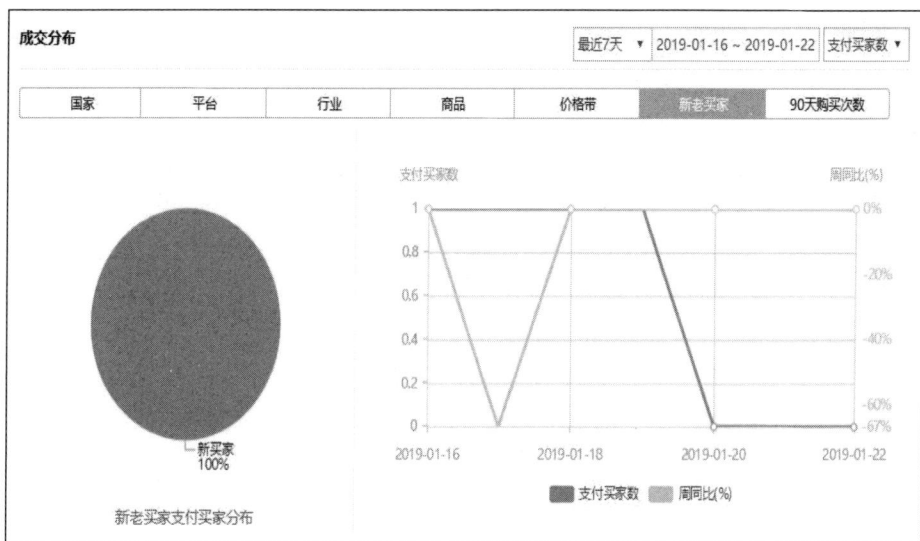

图 6-36　"成交分布-新老买家"页面

（6）按"成交分布-90 天购买次数"统计支付买家数。"成交分布-90 天购买次数"页面如图 6-37 所示。90 天购买次数的成交分布数据，可以反映店铺的重复购买率及客户的黏性程度，这个比值是可以通过增强店铺客户的黏性得到提升的。

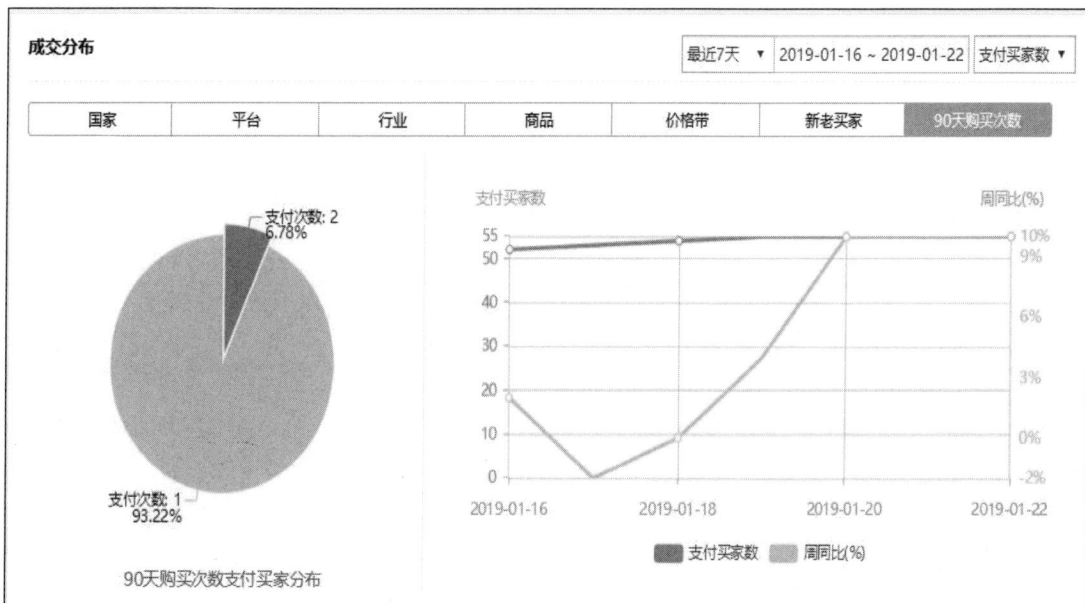

图 6-37　"成交分布-90 天购买次数"页面

3．成交核心指标分析

成交核心指标分析模块的功能非常强大，可以针对店铺的痛点进行分析，核心指标包括以下几类。

- 流量类：搜索曝光量、店铺浏览量、店铺访客数。
- 交易类：浏览-下单转化率、下单买家数、支付买家数、支付金额、退款金额、下单订单数、支付订单数、风控订单数、风控金额、客单价。
- 访客行为类：加购人数、加购收藏数。

"成交核心指标分析"页面如图 6-38 所示。成交核心指标分析模块功能可以设置分析周期，可以选择不同的国家。单击数据指标右上角的 图标，可以查看对应指标的详细信息。

图 6-38 "成交核心指标分析"页面

通过对"App"与"非 App"的走势进行对比，找出差异点，为运营策略提供支持。"成交核心指标分析-App"页面如图 6-39 所示；"成交核心指标分析-非 App"页面如图 6-40 所示。

按自然日统计的成交核心数据可存储为 Excel 数据表格的形式，方便进行数据分析，同时可以得出更多的精确结论。按自然日统计的成交核心指标分析数据如图 6-41 所示。

当然，还可以通过数据透视的功能对数据进行详细的分析，并通过函数来进行数据预测走势的分析，以便更精准地观察数据趋势。数据透视"成交核心指标"如图 6-42 所示。

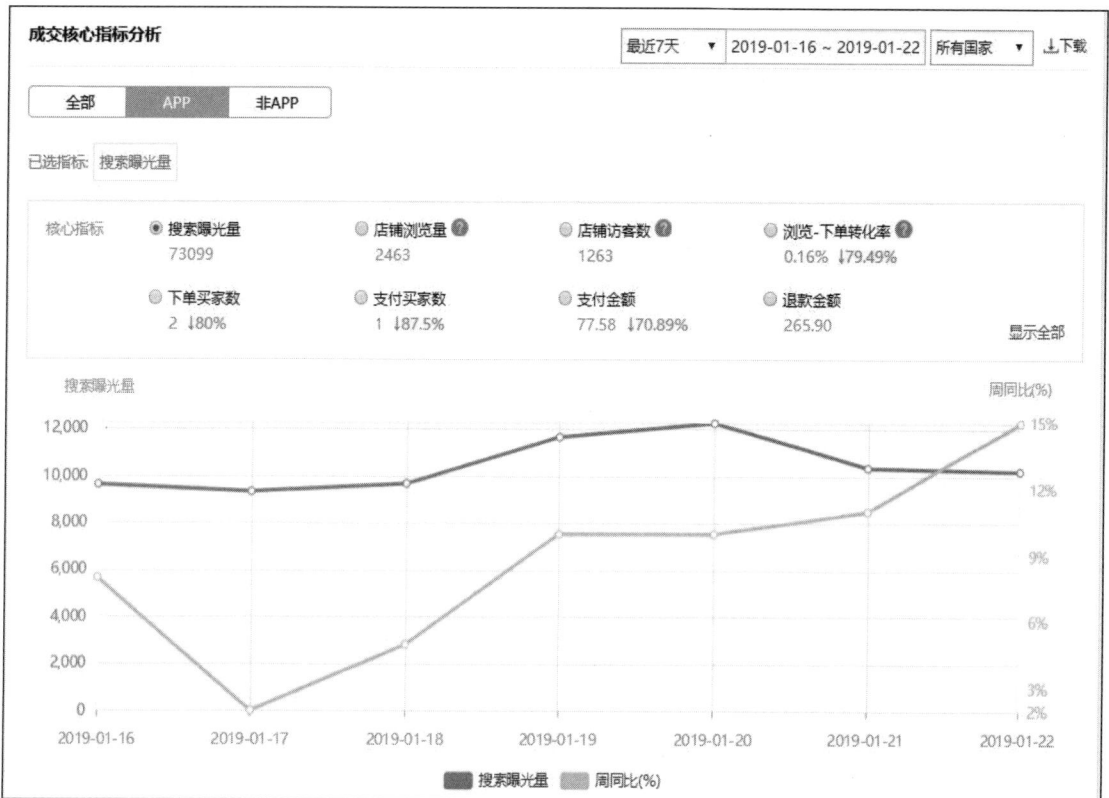

图 6-39　"成交核心指标分析-App"页面

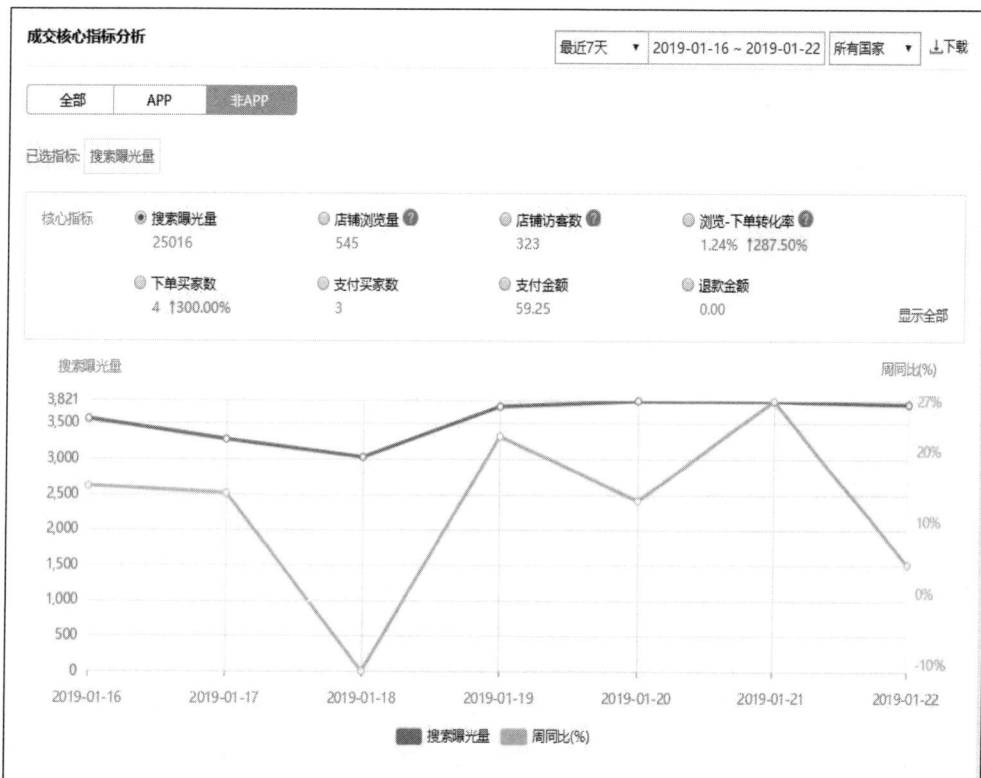

图 6-40　"成交核心指标分析-非 App"页面

日期	国家	平台	数据日期	浏览量	访客数	搜索曝光量	加购物车人数	加收藏夹人数	下单买家数	下单金额	浏览-下单转化率	下单订单数	支付买家数	支付订单数	支付金额	风控订单数	风控金额	退款金额
2018-12-24	TOTAL	非APP	最近1天	43	28	2030	2	1	1	25	3.57%	1	1	1	25	0	0	0
2018-12-25	TOTAL	非APP	最近1天	56	45	3070	2	1	0	0	0.00%	0	0	0	0	0	0	0
2018-12-26	TOTAL	非APP	最近1天	40	21	2333	3	0	1	38.2	4.76%	1	1	1	38.2	0	0	0
2018-12-27	TOTAL	非APP	最近1天	37	27	2405	2	1	1	31.44	3.69%	1	1	1	31.44	0	0	0
2018-12-28	TOTAL	非APP	最近1天	75	40	2406	1	1	0	0	0.00%	0	0	0	0	0	0	0
2018-12-29	TOTAL	非APP	最近1天	83	37	2107	0	0	0	0	0.00%	0	0	0	0	0	0	0
2018-12-30	TOTAL	非APP	最近1天	48	33	2396	4	0	1	35.45	3.03%	1	1	1	35.45	0	0	0
2018-12-31	TOTAL	非APP	最近1天	25	20	1590	0	0	0	0	0.00%	0	0	0	0	0	0	0
2019-01-01	TOTAL	非APP	最近1天	40	30	2354	2	2	1	19.52	3.33%	1	1	1	19.52	0	0	0
2019-01-02	TOTAL	非APP	最近1天	53	41	2879	1	1	0	0	0.00%	0	0	0	0	0	0	0
2019-01-03	TOTAL	非APP	最近1天	78	55	3188	2	0	0	0	0.00%	0	0	0	0	0	0	0
2019-01-04	TOTAL	非APP	最近1天	81	40	2873	0	0	0	0	0.00%	0	0	0	0	0	0	0
2019-01-05	TOTAL	非APP	最近1天	44	37	2933	0	0	0	0	0.00%	0	0	0	0	0	0	20.69
2019-01-06	TOTAL	非APP	最近1天	38	28	2670	1	0	0	0	0.00%	0	0	0	0	0	0	0
2019-01-07	TOTAL	非APP	最近1天	32	29	1918	0	0	0	0	0.00%	0	0	0	0	0	0	0
2019-01-08	TOTAL	非APP	最近1天	57	35	289	1	2	1	18.23	2.86%	1	1	1	18.23	0	0	0
2019-01-09	TOTAL	非APP	最近1天	51	37	3101	1	1	0	0	0.00%	0	0	0	0	0	0	0
2019-01-10	TOTAL	非APP	最近1天	38	32	2876	0	2	0	0	0.00%	0	0	0	0	0	0	0
2019-01-11	TOTAL	非APP	最近1天	68	38	3396	1	0	0	0	0.00%	0	0	0	0	0	0	0
2019-01-12	TOTAL	非APP	最近1天	72	50	3073	0	1	0	0	0.00%	0	0	0	0	0	0	0
2019-01-13	TOTAL	非APP	最近1天	89	59	3393	4	0	1	33.64	1.69%	1	1	1	33.64	0	0	0
2019-01-14	TOTAL	非APP	最近1天	81	47	3008	1	3	0	0	0.00%	0	0	0	0	0	0	0
2019-01-15	TOTAL	非APP	最近1天	126	47	3645	1	2	0	0	0.00%	0	0	0	0	0	0	0
2019-01-16	TOTAL	非APP	最近1天	101	52	3565	1	1	1	13.55	1.92%	1	1	1	13.55	0	0	0
2019-01-17	TOTAL	非APP	最近1天	99	43	3276	2	2	1	16.69	2.33%	1	1	1	16.69	0	0	0
2019-01-18	TOTAL	非APP	最近1天	67	32	3024	0	0	0	0	0.00%	0	0	0	0	0	0	0
2019-01-19	TOTAL	非APP	最近1天	78	46	3739	4	0	1	29.01	2.17%	1	1	1	29.01	0	0	0
2019-01-20	TOTAL	非APP	最近1天	63	46	3821	0	2	0	0	0.00%	0	0	0	0	0	0	0
2019-01-21	TOTAL	非APP	最近1天	67	52	3815	1	1	0	23.7	1.92%	1	0	0	0	0	0	0
2019-01-22	TOTAL	非APP	最近1天	70	52	3776	3	1	0	0	0.00%	0	0	0	0	0	0	0

图6-41 按自然日统计的成交核心指标分析数据

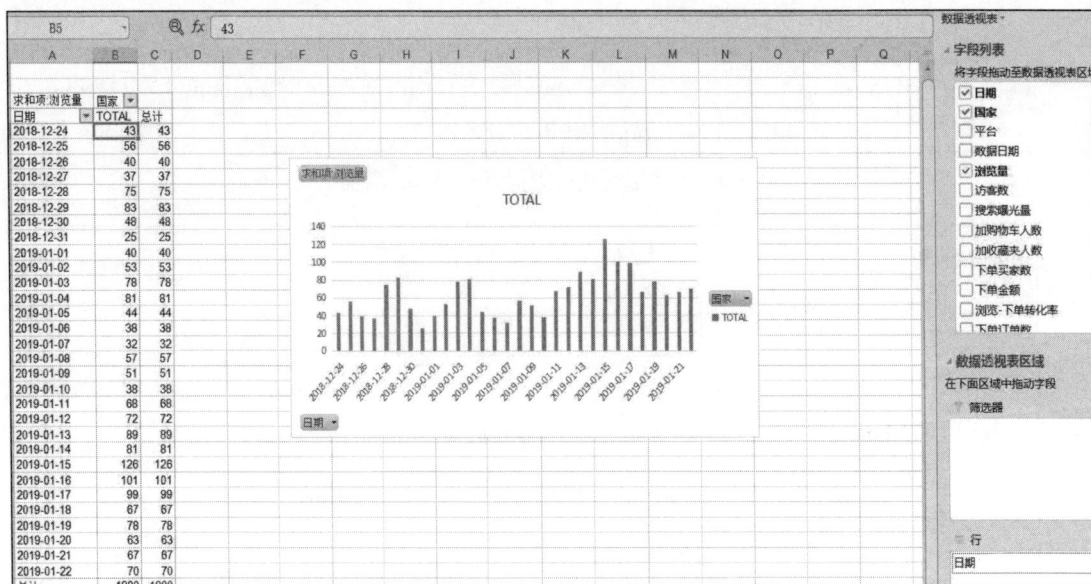

图6-42 数据透视"成交核心指标"

6.1.7 分析商品排行——优化店铺运营

登录速卖通后台，执行"数据纵横"→"商品分析"命令，打开"商品分析"页面，如图6-43所示。可以自定义五个搜索指标进行搜索并对搜索结果的数据进行排序。

卖家可以通过商品对比得知哪些数据指标是有欠缺的。如图6-43所示的列表数据中，分析得知第一个商品的搜索曝光量最高，为3 025，但支付订单数为0，说明转化率非常低，要解决的核心问题是转化率的问题。通过"商品分析"模块功能，卖家可以快速地找到商品及推广中存在的问题，以便采取相应的解决措施。

图 6-43　"商品分析"页面

（1）卖家可以根据分析目的，自定义不同的指标。系统规定最多可以选择 5 个指标到列表展示中，当然可以随时对指标进行调整。常用的自定义指标组合如下。

第一种，用来分析流量情况，主要选取指标包括搜索曝光量、商品页浏览量、商品页访客数、老买家商品页访客数及浏览-下单转化率。分析流量的指标组合如图 6-44 所示。

图 6-44　分析流量的指标组合

第二种，用来分析商品的销售情况及是否具有爆款潜质，主要选取的指标包括搜索点击率、平均停留时长、浏览-下单转化率、加购人数及加收藏夹人数。分析产品的销售情况及是否具有爆款潜质的指标组合如图 6-45 所示。

图 6-45　分析产品的销售情况及是否具有爆款潜质的指标组合

通过自定义指标分析可以得知具体商品的运营效果，可以重点关注运营过程中比较欠缺或需要提升的地方。

（2）某件商品的详细数据分析。如果想了解某件商品的详细数据，就可以单击对应商品右边的"展开数据分析"按钮，打开"展开数据分析"页面，如图 6-46 所示。该页面提供"上期同比"的功能，如果低于同期比，则需要找出产生差异化的原因，并有针对性地制定运营策略。

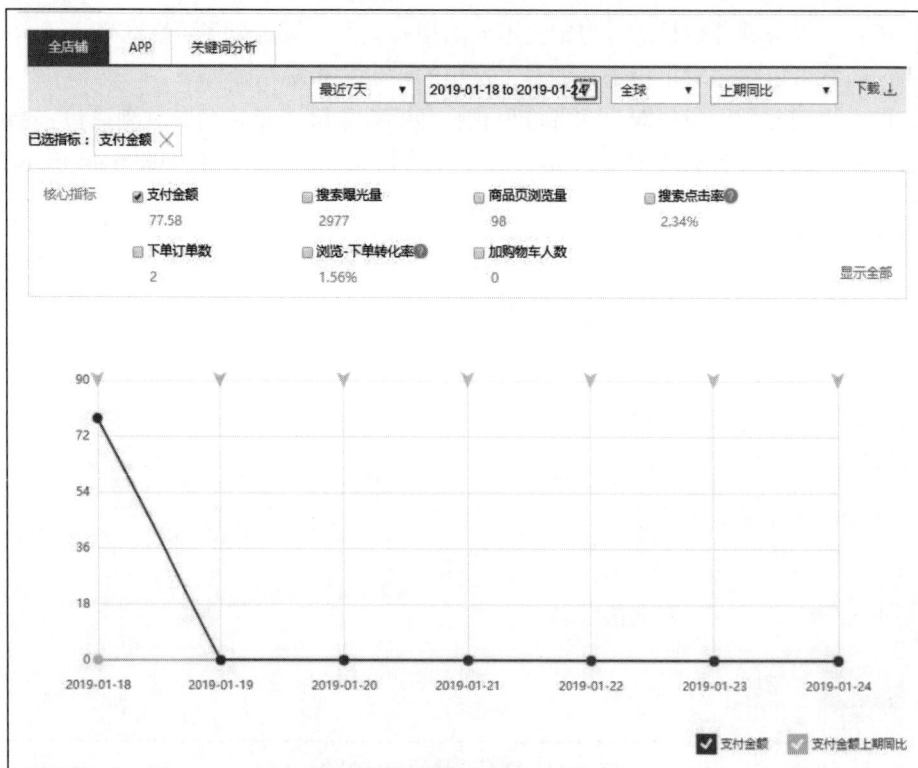

图 6-46　"展开数据分析"页面

在"展开数据分析"页面中，可以对比 App 端数据与全店数据的差异。通过对比，找到差异点。例如，如果在第四天和第五天的 App 端成交金额较小，导致全店销售与上期同比趋于类似。卖家可以通过复盘，对 App 端的营销活动进行调整，及时找到差异点并进行有效优化。

在"展开数据分析"页面中，还可以对关键词进行分析。关键词分析包括曝光关键词分析和浏览关键词分析，通过分析可以得知哪些关键词更加精准，哪些关键词需要优化，哪些关键词可以被设置为重点关键词。"关键词分析"页面如图 6-47 所示。

全店铺	APP	关键词分析			
曝光关键词**分析**			浏览关键词**分析**		
关键词		搜索曝光量	关键词		浏览次数
① кросовки волейбольные		26	① sapatilhas voleibol mulher antiderrap...		1
② волейбол		188	② волейбол		4
③ volleyball shoes		177	③ mens sport shoes volleyball		3
④ кроссовки для волейбола		90	④ zapatillas volleyball		1
⑤ волейбольные кроссовки		81	⑤ volleyball		1
⑥ volleyball		74	⑥ volleyball shoes women		1
⑦ voleybol ayakkabi		46	⑦ volleyball shoes נשים		1
⑧ кроссовки волейбол		31	⑧ кроссовки мужские волейбол		1
⑨ volleyball shoes men		30	⑨ voleibol mujer		1
⑩ обувь для волейбола		29	⑩ zapatos voleybol mujer		1

图 6-47　"关键词分析"页面

任务实训

【实训 1】选择题。

（1）下面选项中哪些内容属于"商机发现"（　　　）。

A．行业情报

B．实时风暴

C．搜索词分析

D．选品专家

（2）下面选项中哪些内容属于"经营分析"（　　　）。

A．搜索词分析

B．实时风暴

C．商铺概况

D．商品分析

【实训 2】在"商品分析"页面中，分析流量及流量构成的指标有哪些？分析商品经营效果的指标又有哪些？

【实训 3】结合本任务所学的知识，通过网络查阅相关资料，总结店铺运营需要分析的数据指标有哪些，这些指标代表的含义是什么。

任务 6.2　店铺优化技巧

任务导入

店铺运营过程中，做好数据分析工作很重要，优化店铺各项数据同等重要。店铺优化技巧就是帮助卖家找到提升各种数据的捷径。

对于店铺运营工作者来说，没有什么比优化产品、提高产品曝光率、优化店铺转化率更加重要的了。如何使用橱窗推广引爆流量、如何增加老客户的黏度等，这些内容将在本任务中进行详细讲解。

任务导图

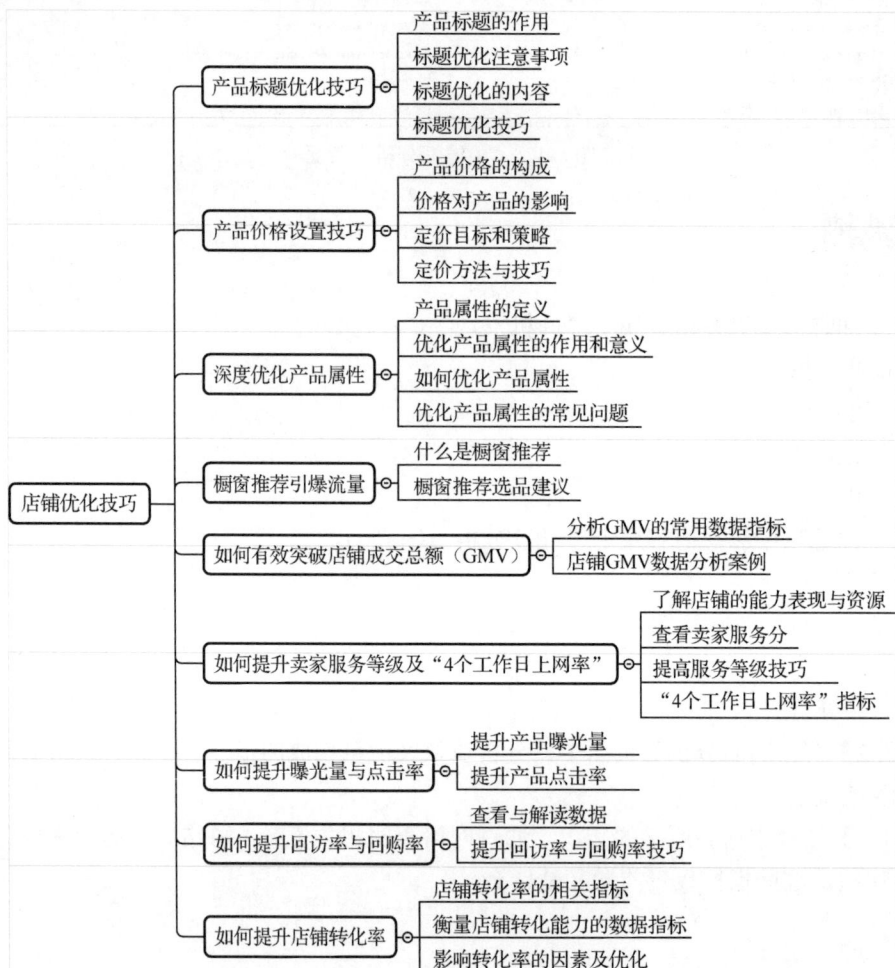

学习目标

知识目标	熟悉产品标题优化的方法	
	熟悉产品价格的设置技巧	
	熟悉优化产品属性的方法	
	熟悉店铺 GMV 结构	
能力目标	能够通过产品标题优化增加搜索权重	
	能够通过常用定价方法进行产品定价	
	能够通过橱窗推荐功能提升产品的曝光量	
	能够通过数据解读提升回访率和回购率	

任务实施

6.2.1　产品标题优化技巧

1．产品标题的作用

速卖通网店运营有三件事情卖家需要关注：第一，要有流量；第二，流量引进来之后要有转化率；第三，有了流量和转化率之后，你的产品要能及时供给。因此，流量是基础，也是最重要的一个环节。站内流量是流量的主要组成部分，主要来源方式有搜索、推荐、活动、直通车广告等。而产品标题的好坏直接影响搜索的结果，其作用有以下几点。

● 客户通过好的标题信息，再结合主图信息即可迅速判断是否是自己需要的产品；
● 搜索引擎抓取产品的第一要素就是标题，所以标题承载着被搜索锁定的重要任务；
● 与产品相关性高的标题，能使客户的购物体验更加友好。

2．标题优化注意事项

想要获取尽可能多的流量，产品标题优化时需要注意以下事项。

（1）要能恰如其分地表达你的产品卖点。标题和类目属性要能对产品进行准确地描述；标题的关键词既要是可能带来流量的词，还要符合速卖通平台的规则，不能出现堆砌词、侵权词；标题的关键词不能与品牌词、产品词冲突。

（2）要符合国外买家的搜索习惯。有些卖家的产品是直接通过"搬家工具"从淘宝网上传到速卖通平台的，产品的标题是通过默认翻译软件翻译过来的。这种标题存在两个方面的缺点：一方面，它不符合国外买家的搜索习惯，这种标题里面的词很难被买家搜索到；另一方面，通过翻译软件得到的标题毫无特色，雷同性强使其搜索量小。

3．标题优化的内容

1）标题排布的优化

（1）优化前 45 个字符。我们知道，标题有 128 个字符，每个产品展示给买家的是前 45 个字符。因此，卖家可以根据这个特点进行优化。对标题进行优化的时候，前面 45 个字符一定要用好。由于标题从头到尾的搜索权重是不同的，前 45 个字符一定要放主关键词。很多中小型卖家喜欢在前 45 个字符里放促销词，在开通直通车推广的情况下，展示页面里会看到很多奇怪的标题，关键是最能吸引买家的属性词没有显示出来，这对产品的转化率会产生致命的影响。因此,产品重要信息一定要放在前 45 个字符里面,把促销词、非热卖词放到标题的后面。

(2)词频。做 SEO 优化,词频是有权重的。但在速卖通平台的产品标题里面,词频的权重不是很大,关键是如果词的频率出现过多,会引起降权。因此,要尽量控制词的频率,不要过多重复,不然浪费标题 128 个字符是很可惜的。标题中的关键词,即使颠倒了放还是能被搜索到,这也是为什么词出现一次就可以的原因。

(3)词序。标题是有词序的,词在标题的不同位置,其搜索的权重、搜索的加分、直通车广告的计分也会受到影响。编辑标题的词序时,词的前后位置不一样,其搜索权重也会发生变化。调整某一个关键词的先后顺序,不仅自身的权重受到影响,其他关键词因词序的改变,搜索权重也会发生变化。因此,在调整关键词顺序时,要全面考虑调整后的综合权重。需要特别说明的是,标题的词序不能经常变化,否则会影响产品的质量得分,在第一次设置关键词的时候,就要把词序考虑好。

(4)特殊符号。特殊符号的使用要特别小心,它是不能轻易乱放的。有时候放一些特殊符号,看起来感觉特别好看,还以为能帮助买家更好地理解产品信息,但其实对关键词的影响特别大。因为在速卖通平台的算法里,系统会把前后的关键词进行组合,如果你加个符号进去,相当于把前后隔断了,没法组合在一起,这种组合权重就消失了。因此,每个词中间用空格就好。

2) 标题内容的优化

(1)促销词。促销词(如买三赠一)对转化是有帮助的,但促销词也会计算在标题的 128 个字符之内。因此,要特别注意促销词的使用数量,尤其是标题的前 45 个字符内,最好不使用促销词。

(2)品牌词。如果你运营的是一个知名度较高的品牌产品,品牌词可以放在标题的前面。但如果品牌的知名度较低,对于产品转化的作用不大,这种情况建议将品牌词放在标题的后面。

(3)主关键词。主关键词无疑要置于前 45 个字符内。例如,男士鞋子,多年后还是会叫男士鞋子,不会变成女士鞋子,这种主关键词应该放到标题的前面。

(4)主属性词。主属性词也要置于前 45 个字符内,这样有利于提高标题的搜索权重。例如,真皮、棉、丝绸等,这类词属于主属性词,对提高产品的转化率、点击率有非常大的帮助。

(5)单复数词。平台有些单复数词的权重是一样的,也就是说买家不管用单数词还是复数词进行搜索,结果都能显示出来,即通常所说的单复数同行,也就是后台的一种搜索引擎机制。但由于产品的不同,有的单复数词搜索的结果是不一样的。这就需要大家根据自己的实际情况决定,如果搜索的结果不一样,就要把单复数词都加到标题里。

3) 标题关键词的优化工具

(1)关键词选取的工具。关键词选取的工具种类繁多,一个工具统计的结果不可能是十全十美的。统计口径不同,出来的结果也不会相同。一种方式找出来的词不一定是完全准确的,有些词虽然流量很大,但是不一定最匹配你的产品,通常要用多种方式组合找出最合适的词。常用的关键词选取工具:首先是后台数据纵横功能模块,这是最直接看到本类目的关键词数据的地方;其次就是直通车推广工具,该工具会提示哪些词是高流量、高点击率、高转化率的词；最后在主页搜索框下拉的词是也搜索频率较高的词。

（2）测试关键词的工具。速卖通后台的数据纵横功能模块、直通车推广工具等可以作为关键词的测试工具，它们统计的是全平台的数据，对关键词选取有重要的参考作用。

4．标题优化技巧

标题的优化技巧如下。

（1）用足 128 个字符的标题字数。最简单却容易被卖家忽略的问题，就是没有完全利用标题的 128 个字符，标题过短不利于搜索面的覆盖。例如，如果你的产品是"running shoes"，标题只有"running shoes"，那么当用户搜索"sports shoes"时，就找不到你的产品，标题完全可以把"sports shoes"也放进去。

（2）去掉不必要的连词。很多标题为了符合语法习惯，添加了很多虚词，如 to、the、and、of、for 之类的词。而标题是不用考虑英文语法的，在可能的情况下，可以尽量删除这些词，不会影响搜索排名。例如，部分用户总喜欢写"spring and autumn"，在标题只有 128 个字符的情况下，"and"是没有必要写的，可以直接删除，变为"spring autumn"，这样就节省了 4 个字符。当然，如果标题长度本身就不足 128 个字符，保留"and"也没有问题。这里主要强调的是"and"对搜索排名没有什么影响。

（3）选择搜索指数高的词。比如"new arrival"关键词，该词的搜索指数是比较低的，如果有更好的词，建议删除该关键词。如果确实需要保留，一定要加上日期"2019 new arrival"。因为"2019 new arrival"的搜索指数往往是"new arrivel"的几十倍。

（4）单词一定要拼写正确。标题中包含产品词、属性词，单词一定要拼写正确，否则用户无法搜索到你的标题。

（5）标题的视觉效果要好。标题单词不要全部小写，核心产品词、属性词等首字母尽量用大写，重要的关键词甚至要全部大写。

标题是否只需要优化一次就可以一劳永逸了？当季节变换的时候，用户搜索的习惯、搜索的频率可能发生变化，这时候就可以选择季节性的热词、搜索指数更高的词不断优化至标题，从而获取更多的流量。当热门事件发生、新产品发布之后，相应的搜索词也可以在第一时间用在标题里。

总之，标题是产品优化的重要内容，准确的关键词方便客户寻找产品。通过标题内容的优化，可以提高客户的搜索体验；通过标题的组合优化，可以提高产品的展示概率，从而带来更高的点击率。

6.2.2 产品价格设置技巧

1．产品价格的构成

产品价格的构成如下。

- 产品成本：包括产品本身的成本，以及残次品分摊的成本。
- 运费：一般包括首重费用和续重费用。
- 利润：产品预计获取的利润。
- 平台佣金：每个平台的佣金比例是不一样的，速卖通平台的佣金可以至官方网站上查看。

● 中差评纠纷赔偿费：考虑到自己店铺会产生中差评纠纷的赔偿问题，在核算价格的时候，可以把这一部分费用加入到产品价格中。

● 促销成本：促销成本包括店铺活动成本、直通车推广成本、联盟佣金及站外推广费用。例如，"秒杀"或其他周末活动的活动成本；直通车推广活动中，对关键词出的价格不同，其搜索排名位置也不一样，这样也会产生直通车的推广成本，设置关键词出价页面如图 6-48 所示；为了得到更多的站外和站内流量，需要为产品设置联盟佣金，"佣金设置"页面如图 6-49 所示；有些卖家会进行站外 SNS 推广或者视频推广等，这些推广方式也会产生推广费用。

图 6-48　设置关键词出价页面

图 6-49　"佣金设置"页面

2．价格对产品的影响

（1）对搜索排名的影响。产品展示页面一般都会提供按价格进行排名的功能，合理的价格有利于搜索排名。"按价格搜索排名"页面如图 6-50 所示。即使是同样的产品，价格不同，其排名和销量也会有所不同。

图 6-50　"按价格搜索排名"页面

（2）对产品点击率的影响。有竞争力的产品价格会增加产品的点击率。

（3）对成交订单数量的影响。如果产品定价合理，再配合产品的增值服务，会影响买家最终的下单意愿，从而增加产品成交订单的数量。

（4）对产品附加值的影响。当制定的产品价格对利润有保障的时候，可以为买家提供产品附加值，比如提供产品更快的发货渠道，提供 24 小时在线客户服务等，这样有利于提高店铺的综合实力。

3．定价目标和策略

1）定价目标

（1）获得理想的利润。制定合理的价格，理所当然是为了获得理想的利润。

（2）提高市场的占有率。用较低的产品价格切入市场，有利于提高市场的占有份额。

（3）提升品牌影响力。当产品处于成熟期或稳定期时，稳定价格不仅是获得利润的保障，还有利于提升产品品牌的影响力。

（4）防止竞争。当产品具有专利产权、其他人不易抄袭的特征时，可以适当提高价格；如果产品没有很高的科技含量，为了防止竞争，可以适当降低价格。

（5）保持所有产品定价形式的统一性。例如，当价格为整数时，所有产品的价格最好都为整数；如果以"9"为末位产品价格时，所有的产品价格最后一位都为"9"，这样有利于提升店铺的整体形象。

2）定价策略

（1）预留推广、活动、赔付的费用（注意 90 天均价）。

（2）注意价格排序规则，包括价格从高到低和从低到高的排序。

（3）灵活运用批发价和运费模板功能。批发价的折扣应该适当降低一些，比如买 2 件可以便宜多少等，可以以量换取更多的利润。通过运费模板，可以合理地设置运费，从而节约成本并增加利润。

（4）多种价格并行。有时店铺为了推动流量，会将某种产品设置为亏本价；有时为了提高整体销售金额，会设置保本价。多种价格并行策略，会让店铺更有竞争力。

4．定价方法与技巧

1）定价方法

（1）成本加成定价法，即先计算好产品成本、平台佣金、推广费、运费等成本之和，再加上自己想要的利润金额。

（2）竞争导向定价法，即先了解同行业竞争对手的定价，再制定比该价格略低的产品定价，这样能快速占有市场。

（3）消费者导向定价法，即根据消费者的价格意向定价。例如，原本定价50元的产品，但消费者更想购买30元的该类产品，这就需要对产品进行技术性的改革，降低生产的成本来满足消费者的欲望。这是一种逆向思维，即通过消费者的欲望来决定产品的价格，甚至是产品的形式。

店铺运营的过程中，通常以第二种方法为主，再配合其他定价方法来定价。例如，有些产品可以战略性亏损，有些产品可以战略性盈利等。

2）定价技巧

店铺运营的过程中，定价技巧往往是与营销策略配合一起进行的。通常采用的定价技巧如下。

（1）弧形数字法。该方法是指以带有弧形线条的数字来定价的方法，这种数字的价格易被人们接受。据国外市场调查发现，在生意兴隆的超级市场中产品定价时所用的数字，按其使用的频率排序，先后依次是5、8、0、3、6、9、2、4、7、1。这种现象不是偶然出现的，究其根源是顾客消费心理的作用。带有弧形线条的数字，如5、8、0、3、6似乎更容易被顾客接受；而不带有弧形线条的数字，如1、7、4相对而言就不大受欢迎。所以，在产品销售价格中，8、5最常出现，而1、4、7则出现次数少得多。

（2）尾数定价法。尾数定价法是指在确定零售价格时，利用顾客求廉的心理，制定非整数价格，以零头数结尾，使用户在心理上有一种占便宜的感觉，或者是价格尾数为吉利数字，从而激起顾客的购买欲望，促进产品销售。例如，如果产品定价为29.99元，在顾客的心里觉得不到30元，如果产品定价为30.34元，顾客会觉得超过了30元。其实，这中间也就只差0.35元，但顾客的心理感受完全不一样。

（3）与促销活动配合的定价方法。

低价法：某款产品定价很低，主要为了带动店铺流量，如10元特价产品。

高价法：对于高品质的产品一般采用高价法，目的是为了突出产品优质的特性，这种方法通常可以通过提供增值服务来吸引顾客。

同价法：价格差不多的产品采用统一价格的方法。比如5元店、10元店。

捆绑价格法：将相关联的两种产品捆绑在一起定价，比如将杯子和勺子捆绑在一起定价，一般而言，捆绑价格需要比单独售卖的价格之和低，这样才能吸引顾客。

折扣价：为产品制定打折价，以此来刺激顾客的购买欲望。

（4）按产品颜色区别定价。例如，同一款手机，不同的颜色价格不一样。

（5）隐性涨价法。随着产品成本的提高，为了保证利润，有时不得不提高产品的价格。如果涨价不明显，对销量一般不会产生影响。

6.2.3 深度优化产品属性

1．产品属性的定义

产品属性是指产品本身所固有的性质，是产品在不同领域差异性（不同于其他产品的性质）的集合。在速卖通的平台上，产品属性特指产品刊登时需要填写的与产品相关的基本信息。

产品属性的展示位置如图6-51所示。

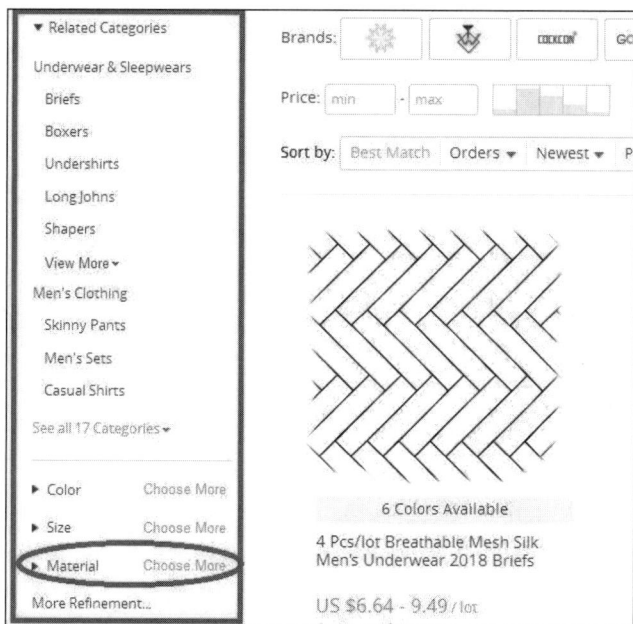

图 6-51　产品属性的展示位置

有关产品属性的设置方法及分类请参阅本书项目 3 的 3.1.1 节产品信息设置与发布中的相关内容。

2．优化产品属性的作用和意义

优化产品属性的目的是方便客户通过"类目浏览"快速找到产品。客户找到卖家产品的方法有两种：关键词搜索和类目浏览。通过主页类目浏览带来的客户流量非常大，但这一点往往容易被新手卖家忽视。

（1）增加流量。设置合理、完整的产品类别和产品属性，是增加类目浏览有效流量的关键点。"产品类别"页面如图 6-52 所示。"产品属性"搜索页面如图 6-53 所示。

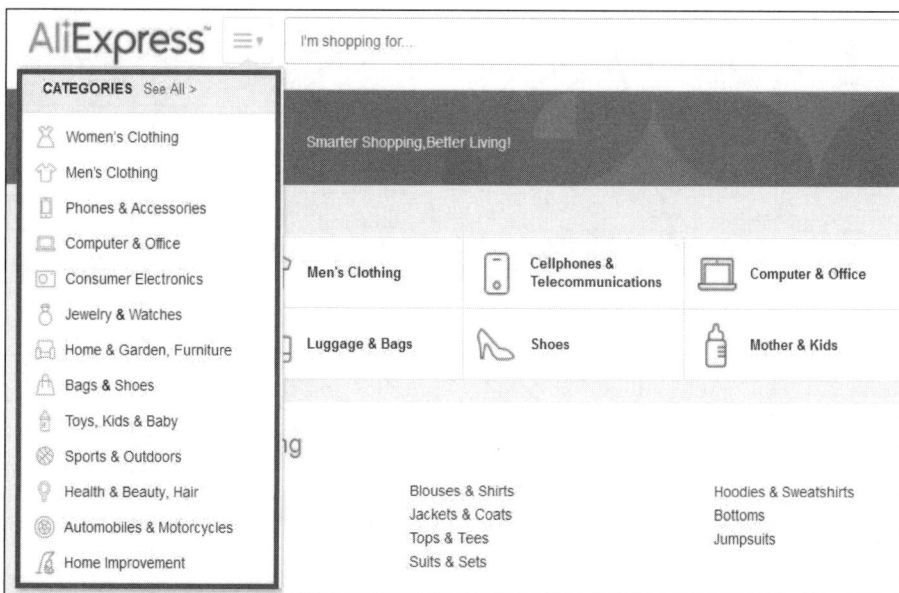

图 6-52　"产品类别"页面

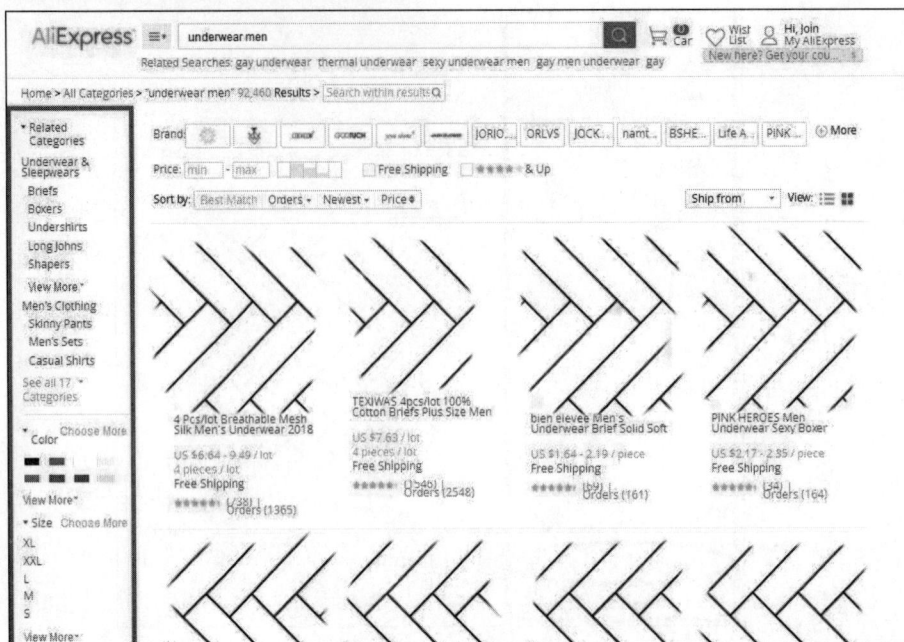

图 6-53 "产品属性"页面

（2）增加客户在关键词搜索中找到产品的概率。在关键词搜索结果页面中，还可以通过"产品属性"进行筛选，帮助客户快速找到自己想要的产品。"产品属性"筛选页面如图 6-54 所示。

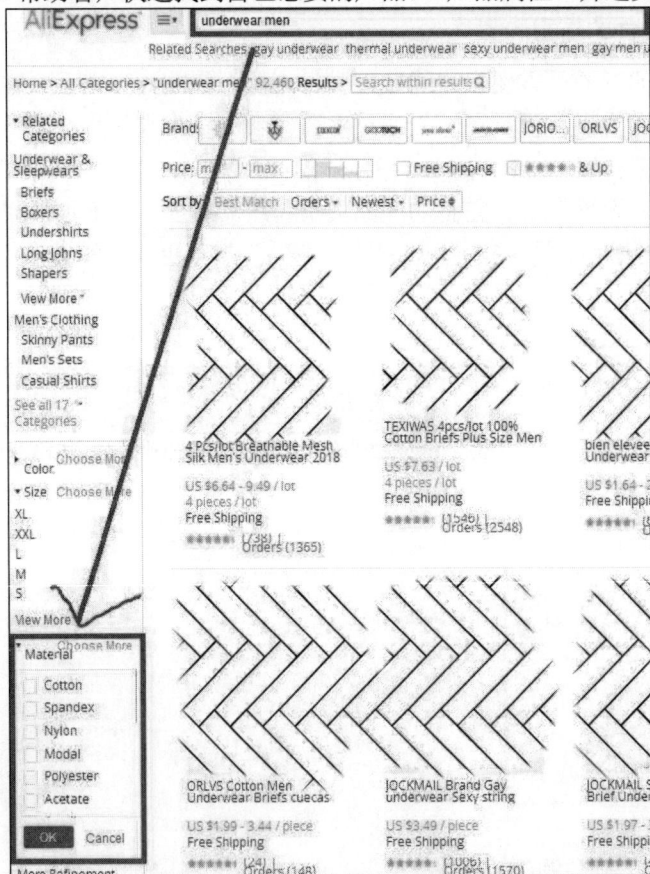

图 6-54 "产品属性"筛选页面

（3）有利于直通车推广评分和平台活动的报名。直通车推广的收费和效果，取决于直通车推广评分和卖家对关键词的出价。设置完善的产品属性，可以提高直通车的推广评分，节省直通车推广的点击费用、改善推广效果。另外，设置完善的产品属性，在一定程度上有利于店铺平台活动的报名。

3．如何优化产品属性

（1）刊登产品属性信息之前，应该尽可能全面地收集、整理产品相关资料。

（2）填写完整的系统推荐属性。充分利用自定义属性功能，提高产品信息的完整度。速卖通系统平台的基本要求是：产品所在类目下优质产品的属性填写率为 78%。建议卖家产品属性填写率尽量达到 100%。

（3）使用数据分析工具，尽量添加热销、热搜属性。

4．优化产品属性的常见问题

（1）系统推荐属性中没有合适的产品属性怎么办。

可以采取两种方法：一是使用自定义属性功能，添加个性化的产品属性；二是通过专用链接，联系速卖通相关管理人员，申报新的产品属性（操作方法为在"产品属性"页面中，单击"点此提交"按钮，选择申报产品所在的类目，然后选中"属性项缺失"单选钮，按要求填写相关信息，最后单击"申报"按钮即可）。

（2）没有品牌的产品如何填写品牌属性。

没有品牌的产品，不要让"品牌"一栏留空，可以填写"N/A"（Not applicable）或者"other"。建议在这里填写竞争产品的热搜属性，能够提高被搜索的概率。这种办法同样适用于没有"型号"的产品。需要强调的是，被品牌注册保护的品牌名称或型号，不可以作为自己产品的属性词。

（3）产品标题有 128 个字符的限制，写不下的关键词放在什么位置最容易被搜索到？除标题以外，可被搜索到的还有产品属性、产品详情描述等。其中，产品属性的搜索权重是较高的，建议可以把更多重要的关键词填写在产品属性中。

6.2.4　橱窗推荐引爆流量

1．什么是橱窗推荐

橱窗推荐是帮助卖家提高产品曝光量、成交量的工具。当客户通过搜索某个关键词或通过类目搜索到达结果页面时，会看到自然的排序结果。而橱窗推荐就是在自然排序的结果中，通过平台给你的产品增加排序权限，从而提升产品的排名。使用橱窗推荐功能，可以大幅提高单品的曝光量，从而提高单品的流量。假设产品的流量承接能力没有问题，就可以大幅提高单品的订单量及金额，从而提高店铺的成交总额（GMV）。

登录速卖通后台，执行"产品管理"→"管理产品"→"正在销售"→"其他批量操作"→"橱窗推荐"命令，即可打开"橱窗推荐"设置页面，如图 6-55 所示。

2．橱窗推荐选品建议

（1）潜力款。选择潜力款作为橱窗推荐产品的数据指标有高搜索点击率、高浏览-下单转化率、高加购物车人数、高加收藏夹人数等。这部分产品有一定的流量基础和产品转化的承接能力，提高曝光量之后能稳定坑位产出。操作步骤：登录速卖通后台，执行"数据纵横"→"商品分析"命令，打开"商品分析"页面，如图 6-56 所示。自定义关键指标"搜索点击率""浏览-下单转化率""加购物车人数""加收藏人数"。根据查询的结果，选择排名靠前的产品作为潜力款橱窗推荐的产品。

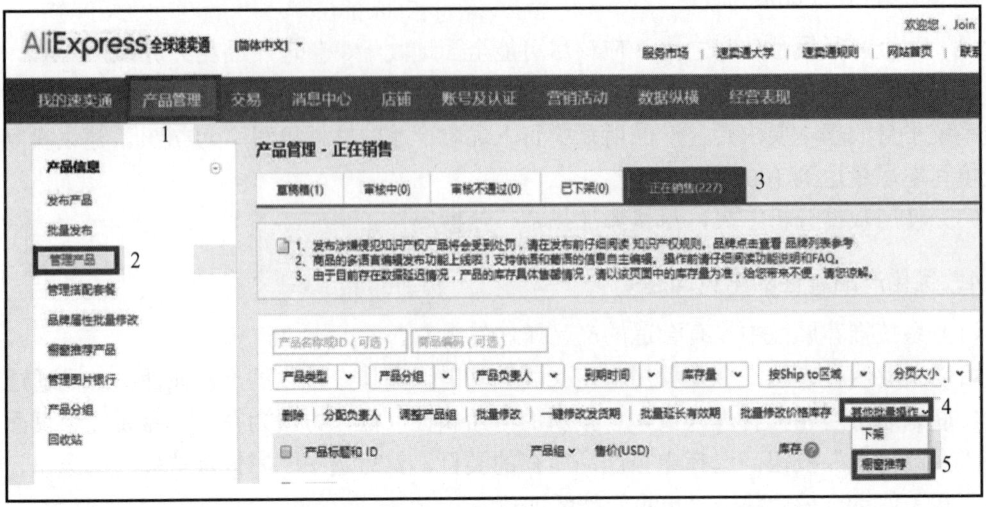

图 6-55 "橱窗推荐"页面

图 6-56 "商品分析"页面

（2）主推款。选择主推款作为橱窗推荐产品的数据指标有高搜索点击率和高浏览-下单转化率。主推款是经过运营团队测试、市场接受程度较高的产品。主推款产品在使用橱窗推荐之前，建议优先优化好搜索点击率和浏览-下单转化率等参数。操作步骤与潜力款的操作方法类似，自定义指标选择"搜索点击率""浏览-下单转化率"即可。

（3）多产品配合。选择多产品配合作为橱窗推荐产品的数据指标如图 6-57 所示。

图 6-57　多产品配合作为橱窗推荐产品的数据指标

（4）新产品。不推荐新产品作为橱窗推荐的产品，主要是由于新品上市后没有积累足够的数据，搜索点击率、浏览-下单转化率等参数不稳定。

6.2.5　如何有效突破店铺成交总额（GMV）

1．分析 GMV 的常用数据指标

分析 GMV 数据，主要是指通过收集平台的数据和店铺的数据，针对性地对两种数据之间的差异进行分析，提出每个环节的解决方案，从而达到提升店铺成交总额的目标。分析 GMV 的常用数据指标如图 6-58 所示。

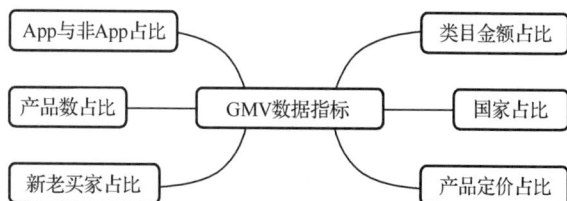

图 6-58　分析 GMV 的常用数据指标

通常，分析 GMV 数据的步骤如下。

（1）收集平台上店铺所处类目下的各项数据占比。

（2）收集店铺实际运营的各项数据占比。

（3）将每个小类目（三级或四级）的产品数量与贡献 GMV 的数据进行对比。

（4）通过调整类目产品数量及价格区间来提高 GMV。

（5）通过选品专家核定准确的产品属性，以此来优化产品数量和种类的布局。

2．店铺 GMV 数据分析案例

下面以"男士三角裤"为例，分析 30 天的 GMV 数据，看看店铺 GMV 数据分析的方法。由于后台版本的变化，这里有些基础数据的收集仍沿用老版本进行统计。

1）平台上店铺所处类目下的各项数据

（1）行业情报数据。登录速卖通后台，执行"数据纵横"→"商机发现"→"行业情报"命令，在打开的"行业情报"页面中，选择行业为"三角裤"，选择时间为"最近 30 天"，如图 6-59 所示。从图中可以看出，该行业近 30 天的流量数据上升，成交转化数据上升，说明市场对行业看好。同时，供需指数为 141.13%，说明该行业竞争比较激烈。如果店铺同期的数据与该数据差异较大，则需要优化自己的产品结构。

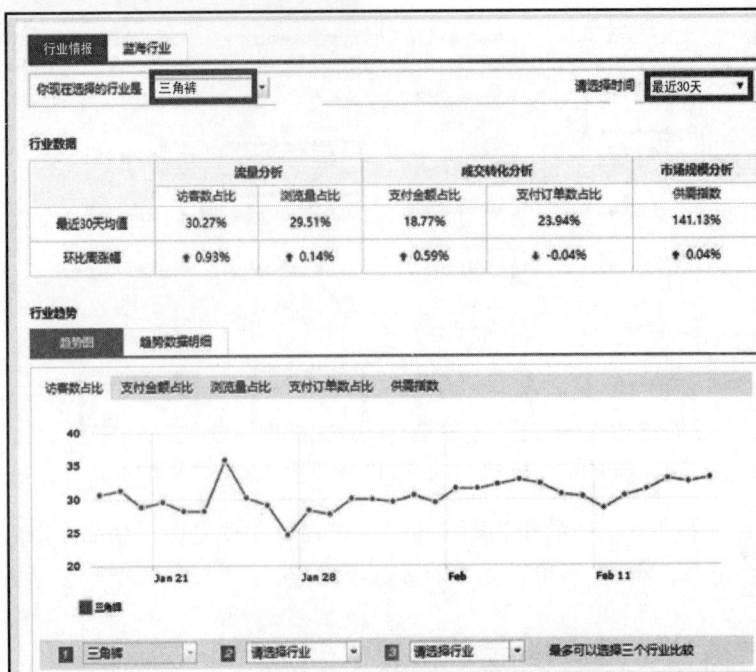

图 6-59 "行业情报"页面

（2）行业国家分布数据。"行业国家分布"页面如图 6-60 所示。从图中可以看出，"行业国家分布"除其他国家以外，排在前两名的是俄罗斯和美国，分别占比 16.42% 和 12.02%，如果店铺产品的数据与该数据差异较大，考虑是否需要调整市场布局。当然，行业国家分布占比靠前，同时也意味着产品的竞争力更大，布局竞争力小的市场，或许也能收到不错的效果，这种情况就需要具体分析了。

图 6-60 "行业国家分布"页面

（3）对比价格区间。打开速卖通首页，搜索"三角裤"，在综合排序栏可以看到用户喜欢的价格比例，如图 6-61 所示。从图中可以看出，42%的用户喜欢价格在 2.23～3.90 美元之间。

导出自己店铺用户购买产品的价格区间占比，如图 6-62 所示。从图中可以看出，三角裤购买占比最多的为 36%，其价格区间在 1.77～2.84 美元之间，低于平台用户喜欢的价格。因此，可以适当提高产品的价格，从而增加店铺的 GMV。

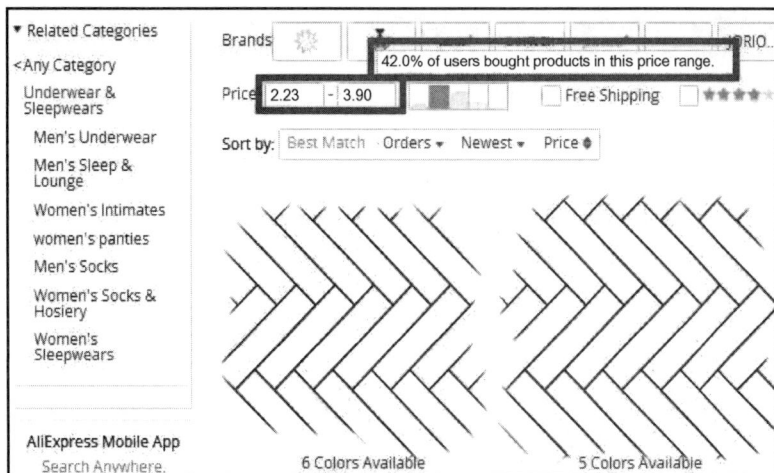

图 6-61　用户喜欢的价格比例

（4）行业构成分析数据。该数据可以了解平台的访客数主要来自哪个渠道，是 App 端还是非 App 端。"行业构成分析"页面如图 6-63 所示。从图中可以看出，App 平台访客数分布占比达到 79.96%，因此，各种推广活动和营销政策应该向 App 端倾斜。

图 6-62　店铺用户购买产品的价格区间占比

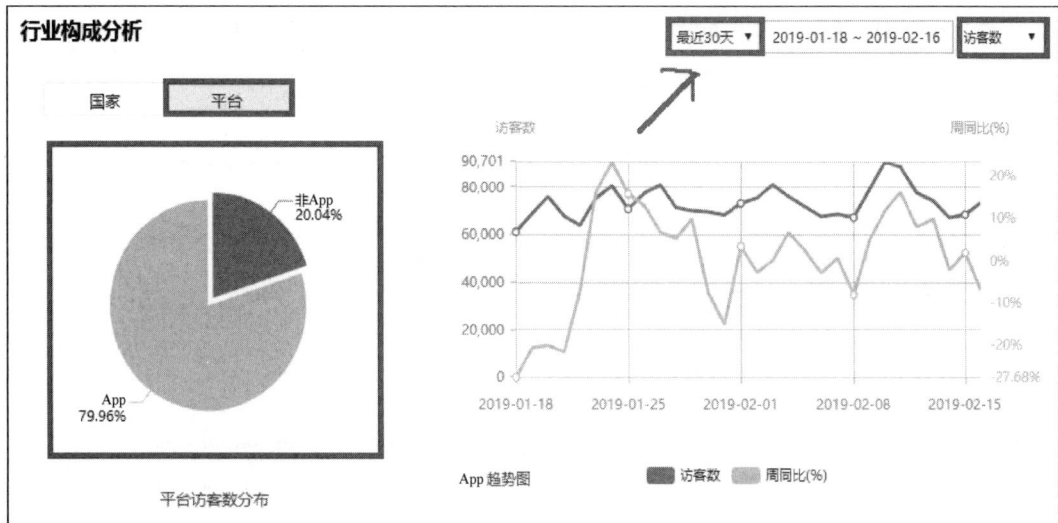

图 6-63　"行业构成分析"页面

2）店铺实际运营的各项数据占比

（1）分析在线产品的成交数量占店铺产品总数量的比例。下载最近 30 天"三角裤"的产品分析数据，分析店铺在线产品的成交数量占店铺产品总数量的比例。如果占比过低，说明产品的动销品种的数量不足，需要对滞销品种采取相应的措施，如下架或优化处理，从而增加店铺的整体 GMV。当然还可以分析其他数据的占比情况，比如成交金额占比、点击率占比等，从而提出具体的改进措施。"商品分析"页面如图 6-64 所示。

图 6-64 "商品分析"页面

（2）分析 App 端与非 App 端的访客数与支付金额占比。通过成交分析数据，对比 App 端与非 App 端的访客数与支付金额的占比情况，分析店铺的成交的主要来源，通过对主要分布平台采取促销活动的政策提高店铺的 GMV。"成交分析"页面如图 6-65 所示。

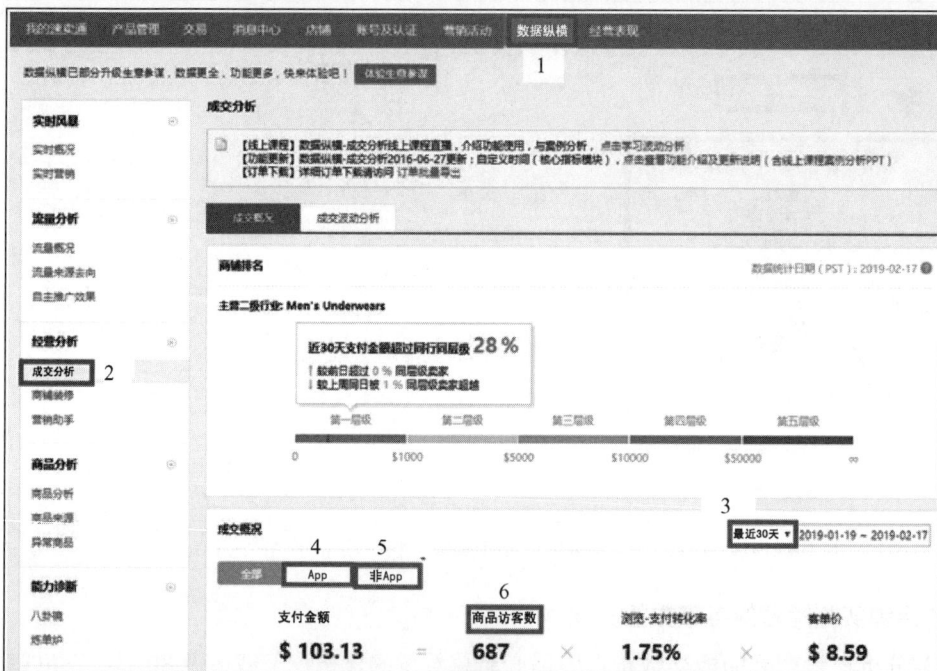

图 6-65 "成交分析"页面

（3）分析新老买家（访客与支付金额）占比。通过分析新老买家（访客与支付金额）占比来判断成交的客户类型。如果新买家成交占比较低，则需要通过营销政策，拉动新买家的流量，同时，也要维持老买家的购买力度；反之，如果新买家的成交占比较高，则需要对老买家采取营销政策，留住老买家，如提高服务质量、提供更好的购物体验等。"成交分析"页面如图 6-66 所示。

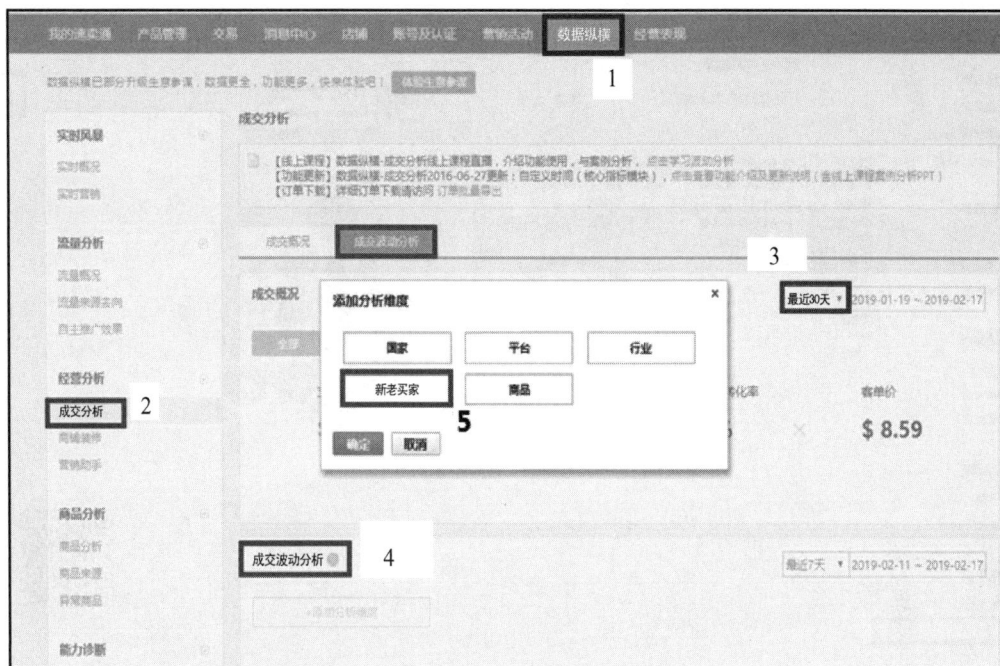

图 6-66 "成交分析"页面

（4）分析店铺各类目下的销售额、各个国家的销售额数据。通过"成交核心指标分析"功能模块，自定义各种核心指标，分析店铺各类目下的销售额、各个国家的销售额数据，综合优化各种指标，从而全面提高店铺的 GMV。"成交核心指标分析"页面如图 6-67 所示。

图 6-67 "成交核心指标分析"页面

（5）分析产品热销词、热搜词，优化产品的属性信息。通过"选品专家"的模块功能，下载并分析产品热销词、热搜词，优化产品属性信息。"选品专家"页面如图 6-68 所示。

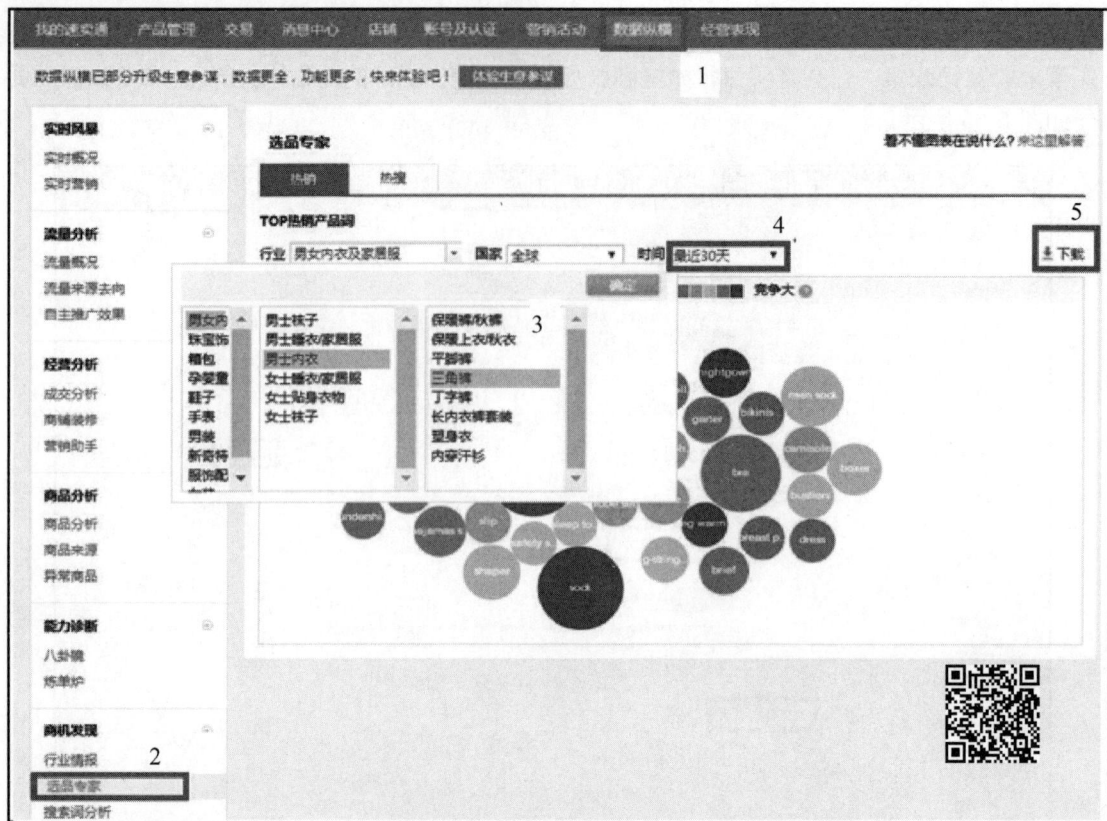

图 6-68 "选品专家"页面

6.2.6 如何提升卖家服务等级及"4个工作日上网率"

1. 了解店铺的能力表现与资源

为了让卖家更加清楚店铺的能力表现，速卖通平台提供了"炼单炉"功能模块，该模块的作用是让卖家快速提升店铺的运营能力，分阶段、分类目学习，对症下药，快速成长。它按销售额表现将店铺分为四个等级，如图 6-69 所示。

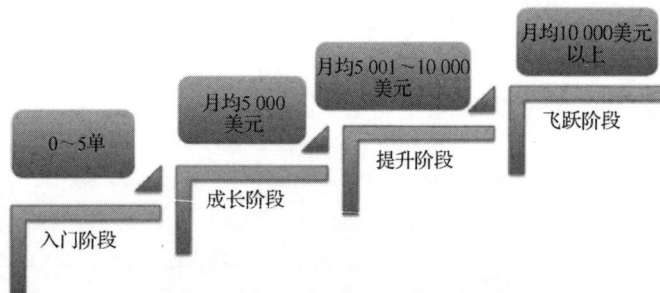

图 6-69 店铺能力表现的四个阶段

针对不同阶段店铺的表现，平台参考同行同阶段的店铺给出参考值，给各项数据指标亮红、黄、绿灯，同时提供对应的学习课程和考题，供卖家学习和考试，帮助店铺提升能力表现。

红灯——该指标与同行同阶段店铺相比，低于参考值，卖家需要学习课程并参加考试。

黄灯——该指标与同行同阶段店铺相比，低于参考值，卖家已经学习课程并通过考试。

绿灯——该指标与同行同阶段店铺相比，高于或等于参考值，卖家能力达到要求。

"炼单炉"页面功能使用方法如下。

● 找到亮红灯的指标，发现问题并学习相关课程；

● 学习完课程之后，单击"去考试"按钮，参加考试；

● 考试通过后，对应红色指示灯变成黄色指示灯，"去考试"按钮变成灰色，表示已通过考试；

● 根据课程提供的方法和建议整改该指标，达到参考值之后，黄色指示灯变为绿色指示灯。

"炼单炉"页面如图 6-70 所示。

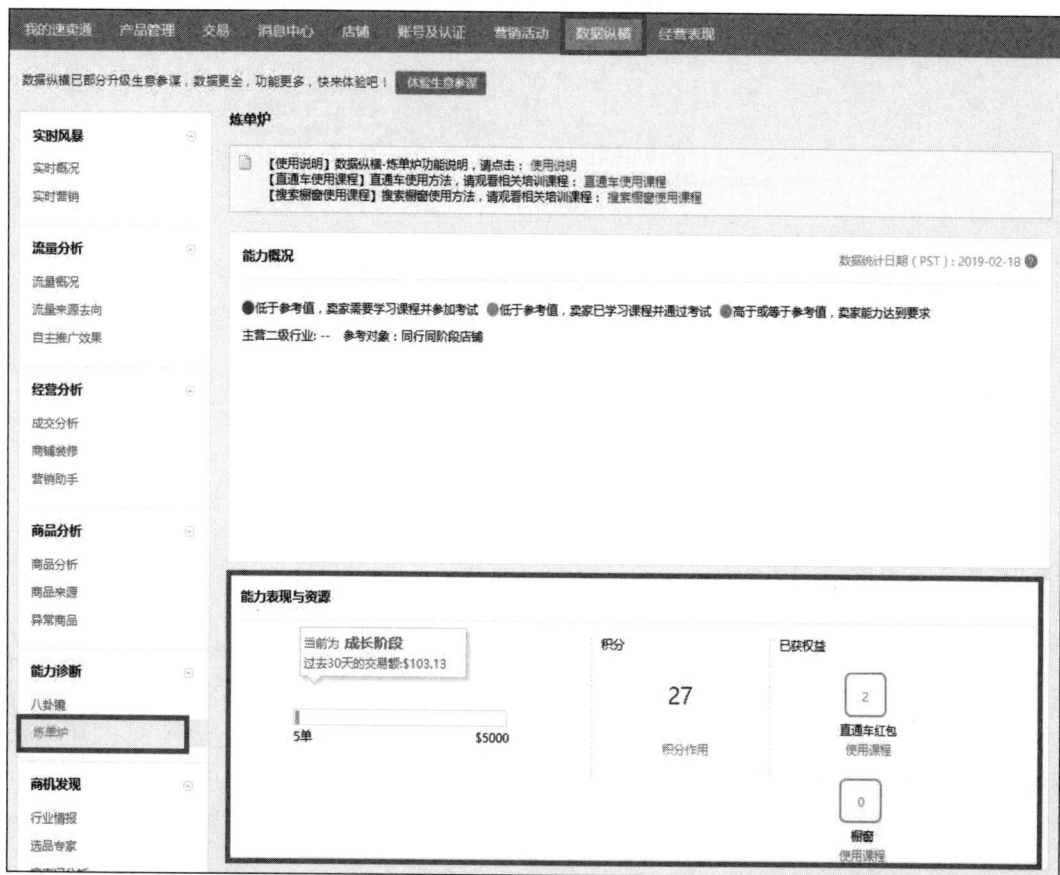

图 6-70　"炼丹炉"页面

2. 查看卖家服务分

速卖通卖家服务等级一直受到买家和卖家的关注。一方面，买家通过服务等级可以了解卖家的服务水平；另一方面，卖家也可以针对服务等级要求进一步提高店铺的服务能力，享受最优平台资源，如橱窗推荐、平台活动、营销邮件等资源。通过"卖家服务分"页面可以查看店铺分类目服务分、当月服务等级和每日服务分，如图 6-71 所示。

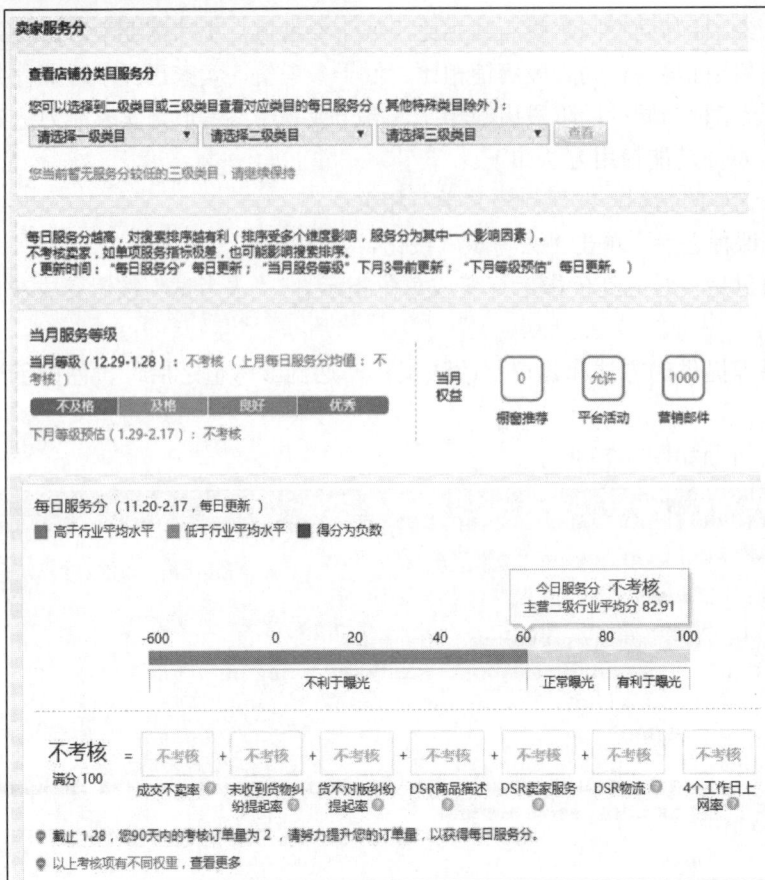

图 6-71 "卖家服务分"页面

3. 提高服务等级的技巧

1）避免不良体验

避免不良体验，需要对下面几个方面进行优化和调整。

（1）提高基础服务水平。第一，产品图片要描述准确，要用图片来清晰表达产品的特点；第二，容易出现的问题必须在产品的标题中强调清楚；第三，产品质量必须严格控制，不要因为产品质量的问题造成一系列的售后问题；第四，很多不良体验订单的产生都是因为物流原因，包括丢包、破损、到货时间长等；第五，要做好卖家服务，及时回复询盘，发货时间最好不要超过 7 天，如果订单出现了什么问题，如缺货等要及时和买家沟通协商，让买家有一个好的购物体验。

（2）一旦出现纠纷，可以参考以下处理流程。如果是因为产品质量问题引起的纠纷，可以和买家协商给予部分退款或全额退款；如果是因为物流原因引起的纠纷，可以通过专业的物流话术来处理；如果遇到买家恶意纠纷，不要轻易妥协，如果有证据、有把握平台会判赢，那就提交到平台处理（这里说的证据就是物流商开具的发货证明、产品发货时的照片或视频等）。

（3）中差评的处理。处理中差评问题可以打感情牌，告诉买家如果有差评会对店铺造成负面影响，请买家帮助修改成好评。大部分买家都是比较善良的，会帮助修改。如果买家执意不肯修改，并且这些差评会对店铺造成负面影响，则可以考虑给买家退款。

（4）DSR 的中低分处理。处理 DSR 的中低分方法：及时回复留言或询盘信息；及时发货；

控制产品质量；管控物流；做好产品描述。

2）尽快降低不良体验的技巧

（1）在产品质量和物流管控等工作做好的前提下，加快发货速度。

（2）让评价自动生效，为店铺争取时间（这样做不利于买家修改中差评，要慎重选择）。

（3）小赠品大作用。对于赠品，一定要选择重量轻的，不要在增加赠品成本的情况下再增加物流成本。例如，可以选择阶梯式的礼品赠送，即买家下单就赠送一些较便宜的小礼品，在店铺购买满 20 美元送贵重一点的礼品，超过 30 美元送更贵重的礼品，等等。这样不仅有利于提高客单价，同时还可以减少差评率。

4．"4 个工作日上网率"指标

众所周知，货物质量和物流速度，是增强买家对店铺黏性的主要因素。通过对平台数据的分析发现，订单上网时长对"DSR 卖家服务低分率"与"NR 纠纷提起率"产生一定的影响。

速卖通平台于 2018 年 9 月在卖家服务分中上线"4 个工作日上网率"，替换以前的"48 小时上网率"，此举对平台卖家发货时间降低了要求。上网时长对"DSR 卖家服务低分率"与"NR 纠纷提起率"的影响如图 6-72 所示。从图中可以看出，从买家支付到订单有首条物流追踪信息，若在 4 个工作日后，整体的"DSR 卖家服务低分率"及"NR 纠纷提起率"呈明显增长趋势。若订单上网时长控制在 4 个工作日内，对降低"DSR 卖家服务低分率"及"NR 纠纷提起率"有明显的改善作用。

从平台整体的数据来看，若"4 个工作日上网率"≥90%，则可接受，若"4 个工作日上网率"≤60%，则需要卖家重点提升。请卖家持续关注指标，选择好的物流渠道，优化提升"4 个工作日上网率"指标。

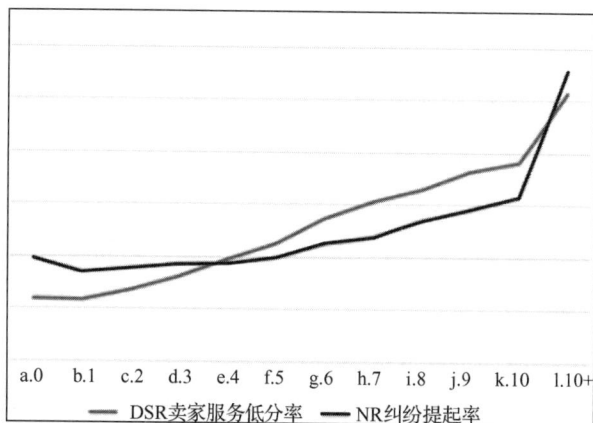

图 6-72　上网时长对"DSR 卖家服务低分率"与"NR 纠纷提起率"的影响

6.2.7　如何提升产品的曝光量与点击率

1．提升产品的曝光量

提升产品曝光量的途径：从产品本身着手，通过站内搜索和搜索词分析增加曝光量；布局海外仓，增加店铺产品在同行业产品中的竞争力；利用平台资源进行促销活动；通过站外引流。提升产品曝光量的途径如图 6-73 所示。

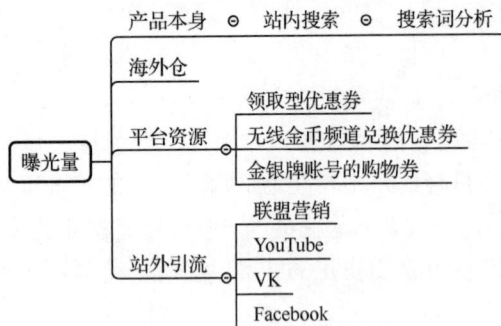

图 6-73　提升产品曝光量的途径

（1）从产品本身着手，通过站内搜索和搜索词分析增加曝光量。例如，在速卖通主页，搜索"socks"，按"Orders"排序，可以发现在 317 772 个搜索结果中，排在前面的都是卖得很好的产品，订单数量远远大于评价数量，表明市场需求猛烈，并且呈上涨趋势。该产品搜索页面如图 6-74 所示。

（2）布局海外仓，增加店铺产品在同行业产品中的竞争力。仍以搜索"socks"为例，如果选择无海外仓发货，搜索的产品数量为 317 772 个，如图 6-75 所示。如果选择从美国海外仓发货，搜索的产品数量为 16 225 个，如图 6-76 所示。由此可见，有海外仓的产品被展示的概率更大，从而导致曝光量增加。

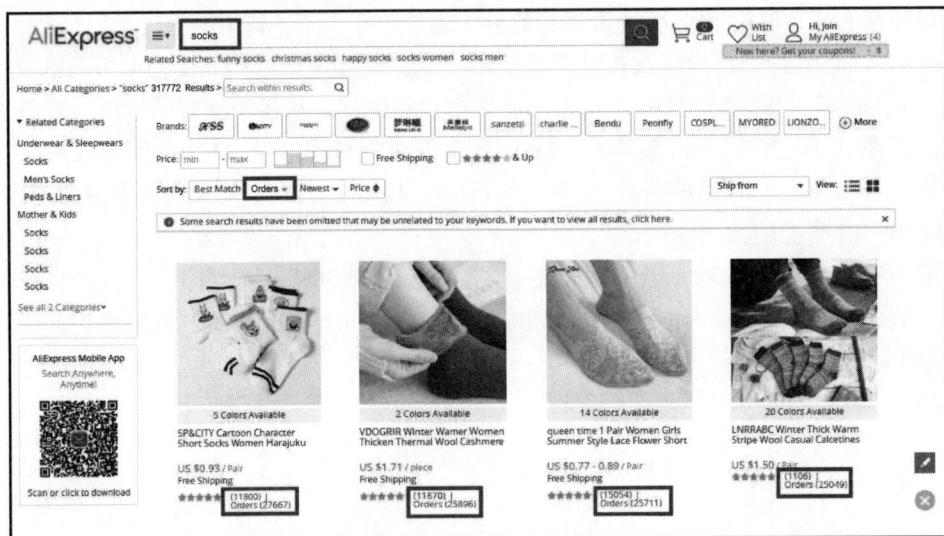

图 6-74　产品搜索页面

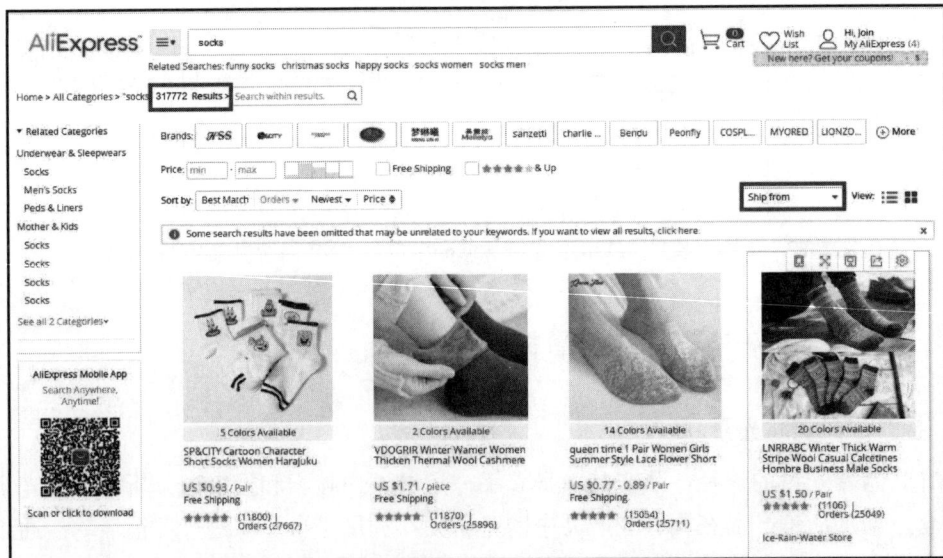

图 6-75　无海外仓的产品搜索页面

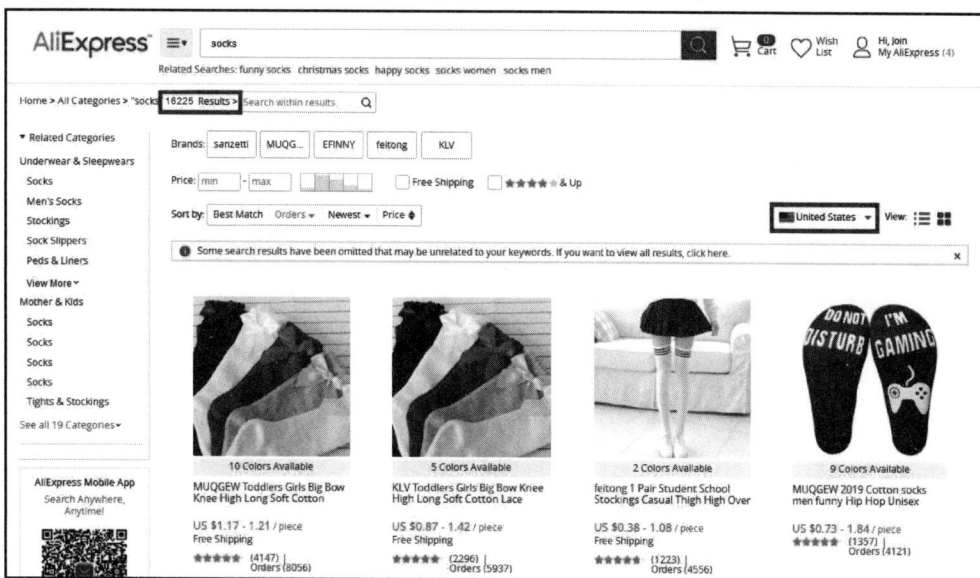

图 6-76 从美国海外仓发货的产品搜索页面

（3）利用平台资源进行促销活动来增加产品的曝光量。例如，利用"店铺优惠券"和"购物券"活动进行促销，就是很好提升曝光量的方法。常用的店铺优惠券活动包括"领取型优惠券活动"和"金币兑换优惠券活动"。"店铺优惠券"活动页面如图 6-77 所示，"购物券"活动页面如图 6-78 所示。

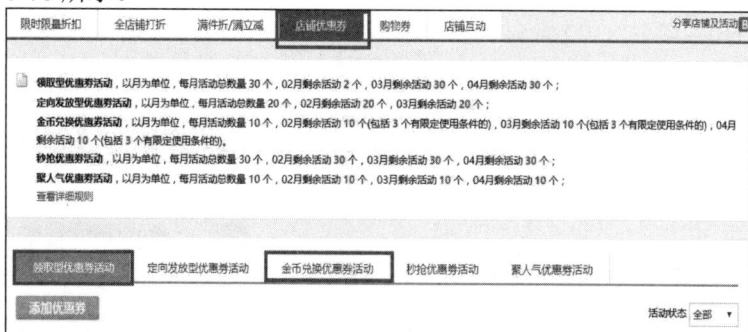

图 6-77 "店铺优惠券"活动页面

图 6-78 "购物券"活动页面

（4）通过站外引流来增加产品的曝光量。通过站外引流，同样可以增加产品的曝光量。可以通过查看"流量来源去向"页面中的"流量路径"，得知站外引流的效果，如图 6-79 所示。从图中可以看出，在流量路径非 App 端全部国家入店来源排名前 10 中，有 2.84%的入店流量来源来自 VK。

图 6-79 "流量来源去向"页面

2. 提升产品的点击率

1) 影响产品点击率的因素

影响产品点击率的主要因素有主图是否有吸引力、价格（价格区间）是否合理、用户好评率是否高等。

例如，搜索"type c"，按"Orders"进行排序，排名第一位的产品 Baseus 数据线，其主图不仅美观大方，还包括产品名称、图片、重要参数及颜色说明，并按不同的长度设置了不同的价格区间，产品的好评率高，如图 6-80 所示。这种产品的信息呈现方式就能带来较高的点击率。

图 6-80 产品详情页的设计

2) 产品详情页设计案例

下面以爆款产品 Baseus 数据线为例，来看看如何设计优秀的产品详情页。

（1）产品组合展示。主图设计精美，突出体现产品功能；设置了 4 种颜色、3 种长度来满足不同买家的需求；运费模板优化到极致，基本上各国都能提供优选物流方案。Baseus 数据线组合展示页面如图 6-81 所示。

图 6-81　Baseus 数据线组合展示页面

（2）产品详情页设计与促销活动密切配合。在 Baseus 数据线的详情页设计页面，不仅提供了新用户优惠券，还提供了各种促销力度的组合优惠券。"优惠券"活动页面如图 6-82 所示。

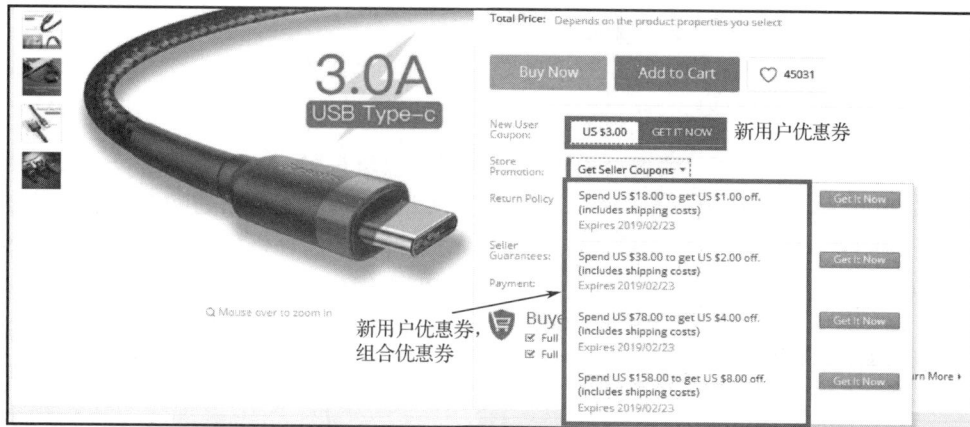

图 6-82　"优惠券"活动页面

（3）图片风格展示。6 张图片一次性解决用户的各种问题，Baseus 数据线图片展示如图 6-83 所示。

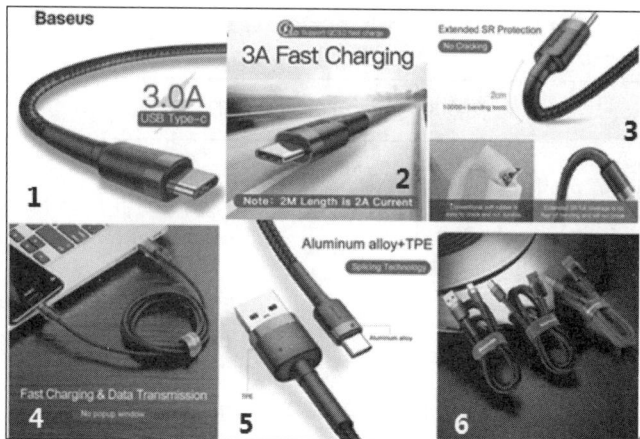

图 6-83　Baseus 数据线图片展示

产品详情页图片展示说明如下。

● 详情页产品展示图片最多可以放 6 张；

● 6 张图片的第一张图称主图，另外 5 张图称配图，均支持 GIF 格式；

● 平台要求这 6 张图片最低尺寸长×宽为 800×800（像素），长宽比为 1：1 至 1：1.3；

● 第一张图片（主图）必须纯白底或浅色底，产品的 Logo 放左上角；

● 主图要求是能吸引眼球的图片，能让人产生点击和购买的欲望；

● 2～3 张具有使用场景和性能说明的图片；

● 2～3 张具有产品自身特色功能展示的图片；

● 1 张常用型号图片，或者是支持语言的截图，或者是常见 FAQ 的图片。

如果有产品视频就更好，可以大大提高 PC 端的转化率，哪怕只是产品展示的视频。

6.2.8 如何提升回访率与回购率

提升回访率和回购率的步骤，简单来说要先查看与解读数据，然后给买家一个回来再次购买的理由。

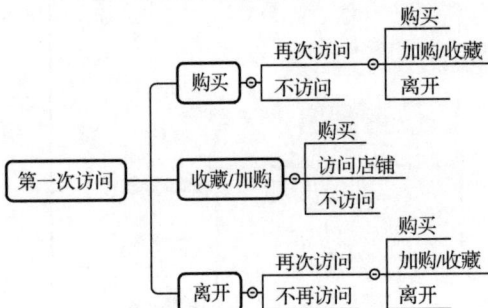

图 6-84 客户访问店铺的方式

1. 查看与解读数据

（1）客户访问店铺的方式。客户访问店铺的方式如图 6-84 所示。

（2）分析新老买家的购买特点。例如，新买家支付金额的分析如图 6-85 所示，从图中可以看出店铺新买家的访客数和浏览-支付转化率都比较低；老买家支付金额的分析如图 6-86 所示，从图中可以看出浏览-支付转化率较高。

图 6-85 新买家支付金额的分析

图 6-86 老买家支付金额的分析

（3）查看后台新老买家GMV分布。"成交分布"页面如图6-87所示，该店铺运营了近两个月，店铺最近7天老买家占比为6.67%，新买家占比为93.33%。因此，可以采取适当促销政策，吸引老买家再次光顾。

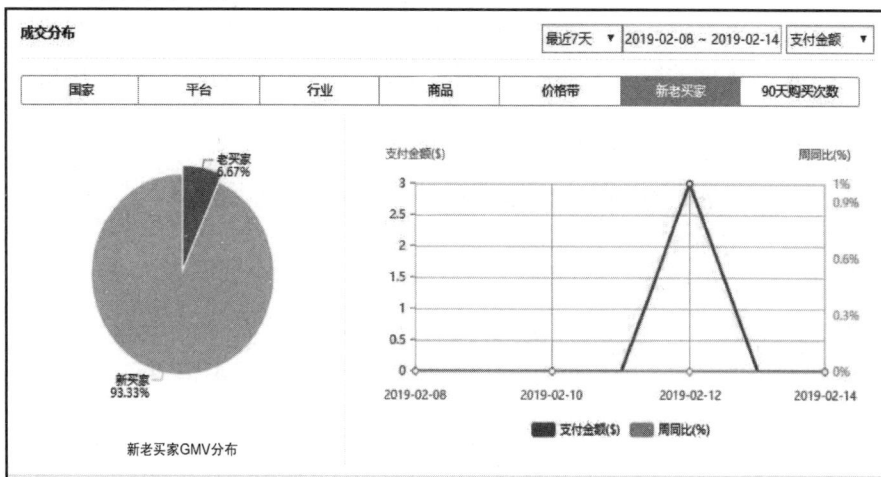

图6-87 "成交分布"页面

2．提升回访率与回购率的技巧

抓住还没"走远"的客户和让买过的客户成为忠实粉丝是提升回访率与回购率的基本原则，那么，如何抓住没"走远"的客户和让买过的客户成为忠实粉丝呢？

1）分析成交核心指标

抓住还没"走远"的客户，首先要通过分析成交核心指标中的"加购人数"和"加收藏次数"，针对具体数据制定促销活动政策。"成交核心指标分析"页面如图6-88所示。

图6-88 "成交核心指标分析"页面

2）建立良好的客户关系

（1）为老买家提供更好的服务。一些店铺往往把注意力全放在了首次访问的新客户身上，不断为吸引新客户投入费用，却忽视了那些老买家。

如果买家买过一次以后，还到你店里来，这意味着你的产品已经通过了他们的初步测试，接下来只需要不断改进你的服务，给这些买家提供连绵不断到你店里消费的理由。可以采取以下措施：

● 给老买家提供具有终身价值的折扣卡；
● 给老买家提供更加优质的服务，如优先享受客户服务等；
● 请他们对新产品提供意见；
● 给老买家提供优先购买权；
● 给老买家送额外惊喜，如供应缺货的商品款式等。

通过采取这些措施，你会拥有更多的忠诚买家，而不是投资后漫无目的地等待新买家的到来。

（2）重视买家的负面信息反馈并进行改进。没有谁的建议能比你的买家的建议更重要，因为他们就是受众，他们花时间写下的评价就是自己的真实感受，有一些细节是作为卖家的你无法体会到的。根据他们的想法进行改进，买家也会感受到你的用心，从而增加对店铺的好感。此外，还可以向这些买家发送邮件感谢他们的建议。

（3）充分利用速卖通的好评信息。当得到好评的时候，除了开心还有一系列事情要做。首先，将好评截图放到网站或营销电子邮件中，作为激励其他买家的证明。其次，可以让买家在社交媒体，如 Facebook、Instagram 等平台上发布同样的内容，然后你可以将这些信息置顶。

（4）适应老买家的购买周期。作为卖家，当然希望买家每个月都能到店里购买一两件产品，但事实上买家的购买也是有周期性的。卖家可以定期向买家发送邮件，分享一些与品牌有关的内容（不仅仅是产品的广告）来吸引买家，促成购买。在发送邮件时，需要把握买家的购买规律，如果过于频繁地发送邮件，就会让买家产生反感的心理。

（5）对买家进行分组并设置标签。许多卖家会问，到底如何为买家提供个性化的服务、发送个性化的信息？当然首先需要有一个运作良好的买家管理系统，可以按照买家购买行为和特征对他们进行分组和设置标签。

（6）与买家保持良好的互动。保持良好的互动是品牌持续获取客户忠诚度的一个重要因素。买家需要服务的时候，卖家都能立刻做出回应。对于买家在社交媒体上留下的一些问题，卖家也要尽快做出回答。对于负面评论信息，卖家需尽量保持谦逊的态度，将负面评价转换成展示店铺优质服务的机会。当你积极回应买家的信息反馈时，他们也会更加信任你，并且更愿意购买你的产品。

（7）充分发挥社交媒体的功能。在社交媒体上展示你的品牌故事、品牌价值取向、产品故事，将社交媒体当作是一个你与买家交流的工具，不仅能为你吸引潜在买家，还有利于维护你与老买家的关系。

（8）创造良好的购物体验。市面上 99%的产品都有其他卖家在卖，其价格也可能更便宜。仅仅是产品足够好，并不能为你留住买家，要为他们提供独一无二的购物体验。在购物体验方面要有许多独特创意，例如，可以每次都为买家提供一个不同的小礼盒，让买家体会到不同的购物体验；也可以简单地在包裹里放一个礼品包装袋、产品使用搭配指南等，这些都能为买家带来不一样的感受。

事实上，想要留住买家并不难，最重要的一点就是对待买家要像对待朋友一样。

3）建立客户管理机制

（1）进行买家分类。按买家等级进行分类，针对不同的买家采取不同的策略。例如，对于新买家或者不太活跃的买家，由于他们普遍对平台的服务水平和产品持有一定的怀疑态度，因此适合采取成交后趁热打铁、进行多频次的服务跟进、加强日常联系等方法；对于平台忠实买家，适合培养他们为忠实粉丝，沟通过程中应强调品牌形象，另外新品推荐也容易引起他们的注意。

（2）划分买家等级。

● 按国家、地区、语系划分：不同国家的买家对产品的喜好、需求都不一样，语言、生活习惯也不一样，差异化地去做买家沟通工作，转化率会更高。
● 按购买次数划分：可以划分为购买 1 次的买家和购买 2 次及以上的买家。
● 按购买产品分类：可以划分为低端买家、高端买家、讲究实用的买家和讲究美观的买家。

（3）建立简单的买家管理方案。将所有购买过的买家设置为会员，对每一个会员设置编号。对老买家提供额外的折扣，这样做的好处是让买家觉得自己被特殊对待，从而提高回购率，管理也相对简单。

（4）与买家保持通畅的沟通。买家沟通方式有站内工具、订单留言、站内信、旺旺、营销邮件和定向发放优惠券等。例如，可以采取以下方式保持与老买家的互动。

● 随包附件：包括感谢信、说明文、品牌吊牌、产品标签、包装材料等，上面带有店铺网址、二维码、二维码优惠券、会员编号、优惠承诺等引导买家回访的信息。
● 邮件营销：可以通过第三方软件进行邮件营销，其优点是发送的次数不受限制、可以个性化设置字段。

与买家进行沟通的内容包括订单跟进、后续服务跟进、嘘寒问暖、节日祝福、优惠活动信息预告、新品上架通知等。

总之，优质的产品、可靠的服务、明确的品牌定位是让买家自愿回访回购的强大驱动力。良好的沟通是买家了解店铺、成为店铺粉丝的桥梁。

6.2.9　如何提升店铺的转化率

1. 店铺转化率的相关指标

店铺转化率是衡量一家店铺运营好坏的重要标准，单品转化率为店铺运营方向的调整及产品的优化提供了数据依据。常用的店铺转化率的指标如下。

店铺曝光转化率（曝光点击量）：店铺浏览量占搜索曝光量的百分比。

店铺成交转化率（UV 转化率）：支付买家数占所有访客数的百分比。

店铺成交转化率：支付买家数（购买 UV）除以总访客数（总 UV）。

单品转化率：单品下单用户数（订单数）除以下单访客数（下单 UV）。

下单访客数可以用产品分析里的订单数来估算；UV 是指访问网站的一个 IP 地址，一个

IP 地址为一个访客；PV 是指页面浏览量或点击量，用户每次刷新即被重新计算一次；PV/UV=平均访问深度，数值越大，买家访问停留的时间越长，购买意向越大。

2．衡量店铺转化能力的数据指标

店铺转化能力包括浏览转化率、下单转化率、支付意原率和搜索客单价。"转化能力明细"页面如图 6-89 所示。

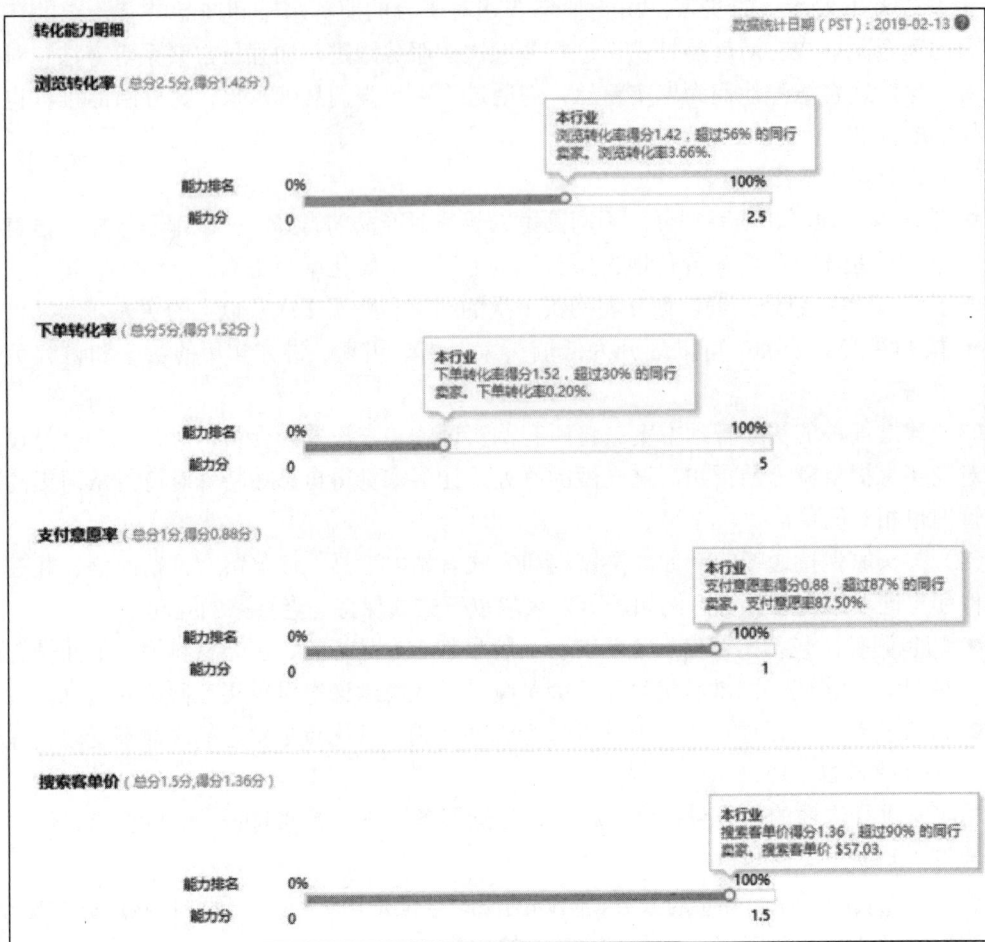

图 6-89 "转化能力明细"页面

说明：下单转化率是统计时间段内下单的买家数（去重）/店铺访客数；支付意愿率是根据搜索引导下单之后支付意愿排名得出的，它是指下单的买家发起支付行为的占比，是和最后支付成功有区别的。

3．影响转化率的因素及优化

影响转化率的因素有哪些呢？这里从主观因素和客观因素两个方面展开分析。

1）主观因素，也是决定性的因素

（1）价格。价格对于成交转化率虽然不是绝对性的因素，但一定是占到很大比重的影响因素。如果不是有一定知名度的品牌，价格的高低将直接影响转化率。

产品定价要先根据产品的市场定位，分析受众人群的消费能力和消费习惯，再结合竞争对手的价格和产品的成本分阶梯定价。那么，如何对店铺产品价格进行布局、分阶梯定价呢？

- 引流款产品的定价要低，其主要作用是用来吸引流量，提高转化率。
- 主推款产品的定价略高，这样能保持合理的利润，是店铺主要的利润来源。
- 一些新款产品或定位较高且与竞争对手有明显差异的产品，由于市场同质化程度低，价格可以适当调高。
- 活动款产品的定价，需要根据平台活动要求的折扣来确定。

（2）流量和销量。产品成交的前提是要有流量，而产品的转化率和流量又是相辅相成的，流量越高的产品，其转化率也越高。那么，新产品上架如何提升流量从而提高转化率呢？

① 直通车推广是最直接、最有效、最精准的营销工具。通过直通车推广可以获得产品较高曝光量。但是，产品前期的销量和好评有限、销售人气偏弱、不能得到客户的有效信任，初期的转化率会比较低。那么，在获得高曝光量的同时，可以采取以下措施提升产品的转化率，从而最大化流量的价值。

- 选词要以精准词高价为主、大词低价为辅，尽可能地捕捉精准流量。
- 主图要按平台的要求简洁明了地展示产品主题。
- 店铺活动要配合关联营销、搭配营销进行。

② 平台活动与店铺活动相结合。平台活动展示产品的同时，结合店铺活动，这样可以带动店铺内其他产品的销售。

③ 关联营销。关联营销模板的插入位置要根据不同的产品来定：转化率较高的产品，可以将关联营销模块放在产品描述页的下方；转化率较低的产品，可以将关联营销模块放在产品描述页的上方。

关联营销模块的形式：尽量通过 Photoshop 软件的图片切片功能来自定义关联模块，同时展示店铺的优惠信息和产品的折扣价格信息等。

（3）产品评价、产品和店铺评分。产品的评价质量、产品和店铺评分的高低也是影响买家下单、提高产品转化率的重要因素，同时，它们也会影响产品的自然搜索排名及是否可以参与平台活动。

那么，如何提高产品的评价质量、产品和店铺的评分呢？

- 加强产品质量的把控，提升客户的满意度。
- 产品详情描述中插入好评信息。
- 做好售前、售中、售后的客户服务工作。

2）客观因素，也是可以进行优化改进的因素

（1）店铺装修。店铺装修工作主要包括店铺首页装修和产品详情页装修。

① 店铺首页装修。

- 确定店铺的装修风格。根据自己店铺主营类目和产品，选择合适的装修风格，产品分类要简洁明了，并要及时根据季节、节日的变换等进行适当的修改。
- 店招。在买家浏览店铺的时候，店招始终会显示在页面的上方，店招位置是店铺很好的展示位置。

② 产品详情页装修。产品详情页是买家决定是否下单的最后一站，所以产品详情页做得好不好，直接决定了产品的转化率。一个好的产品详情页，需要从买家的角度出发，包含买

家可能需要的各种信息，这样才能提高转化率，同时也可以减轻售前客服的工作。

产品详情页的基本信息如下。

- 产品展示类：包括产品的色彩、细节、优点、卖点、包装、搭配、使用效果等信息；
- 实力展示类：包括品牌名称、资质、销量、生产实景、仓储等信息；
- 吸引购买类：包括卖点打动、买家好评、热销盛况等信息；
- 交易说明类：包括购买流程、付款方式、收货、验货、退换货、保修、好评索取等信息；
- 关联营销类：包括关联产品、搭配产品、促销活动、优惠方式等信息。

（2）店铺活动。影响店铺转化率的店铺活动包括以下几个方面。

- 关联营销信息：在活动中关联其他热销产品的信息；
- 搭配套餐：热销产品与滞销产品进行搭配促销；
- 二维码营销：针对移动客户端的营销活动，可以采用扫描二维码的方式提高流量；
- 店铺自主营销：积极开展店铺自主营销活动，尽可能多地参与平台活动。

（3）未付款订单优化。优化未付款的订单也能提高店铺的转化率。优化时首先要分析未付款订单的原因有哪些？通常出现未付款订单的原因有以下几点。

- 拍下后无法及时联系卖家，因而无法对购买细节进行确认。
- 拍下后发现运费过高。
- 对同类产品需要再进行比较。
- 付款过程出现问题。

未付款订单的优化方法如下。

- 当订单生成后，立即给买家发站内信，及时和买家进行沟通，了解买家未付款的原因。
- 根据买家的意见进行调整。如果是价格、运费问题，可以适当调整，使产品更有竞争力；如果是对产品细节不了解，可以进一步展示产品，如提供图片、描述细节等，让买家对产品有更深的认识；如果是支付上遇到了问题，可以主动帮助买家解决付款问题。
- 如果买家在 24 小时内仍未付款，也没有给予回复，可以考虑主动调整价格，系统会自动发送调价后的邮件通知买家重新关注下单的产品。
- 在必要时可以进行电话沟通。

（4）购物车收藏夹营销。对被添加购物车收藏夹次数多的产品可以进行重点优化，从而提升转化率。优化方法：促销打折和减价，系统会发送降价信息提醒买家；发送邮件给添加购物车收藏夹的买家，可以注明付款后会有礼品赠送等超值信息。

（5）平台活动。平台活动是提升店铺转化率非常直接有效的方式。平台活动包括以下两种类型。

固定的平台活动：Today's Deals、俄罗斯团购、无线抢购、无线全球试用及全网大促销等，参加这类活动的产品流量高、平台推广力度大、订单数量多，转化率也高。

专业性的平台活动：活动期数不固定，需要卖家经常留意。招商的产品很精准，对折扣的要求比较高，比较适合推广新品。

（6）老客户营销。对老客户营销，增加老客户的回头购买率，也有利于提升店铺的转化率。具体方法为：通过邮件营销，发送店铺活动信息；向老客户发放定向优惠券。可以通过"客户管理与营销"功能模块对客户进行分组管理和营销。"客户管理与营销"页面如图 6-90 所示。

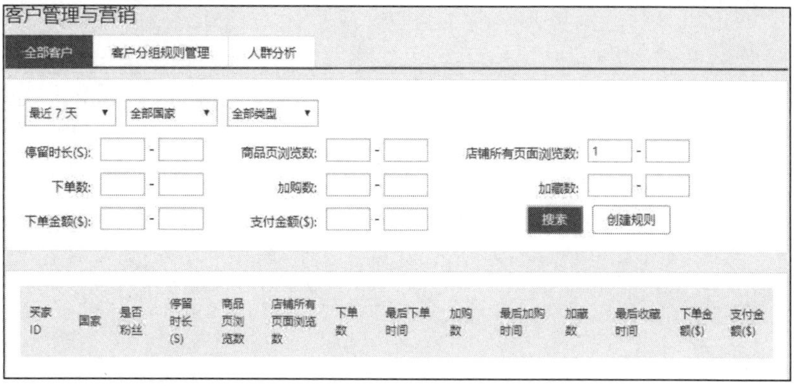

图 6-90　"客户管理与营销"页面

（7）物流模板的设置。对于跨境电商来说，物流方式的选择和物流模板的设置是非常重要的一部分工作。选择合适的物流方式及巧妙地设置运费模板，不仅可以增加老客户的回头率，也可以增加产品的竞争力。

物流模板的设置技巧：对于国际快递来说，我们知道重量越重的包裹对应的价格越低。因此，在设置运费模板的时候，可以按照运费的实际价格来进行计算，对应收取的运费进行精准的设置。很多卖家对运费模板的国际快递部分都没有精确计算，只是设置了一个大概的比例，系统计算时往往运费过高，使客户望而却步，从而损失许多客户，导致店铺转化率降低。

3）单品转化率分析

（1）转化率高的产品不仅包括浏览量高、转化率也高的产品（爆款），还包括浏览量低、转化率高的产品（活动款）。

（2）转化率低的产品不仅包括浏览量高、转化率低的产品，还包括浏览量低、转化率也低的产品。针对这类产品，需要分析原因并进行优化，例如：

- 主图、产品描述都好，但价格偏高，这时需要调低价格。
- 主图、产品描述都好，但是产品无销量、无评价，无法得到客户的信任，针对这种情况建议继续观望。
- 图片、产品描述没有吸引力，没有特点，这时需要优化主图和产品描述信息；
- 下单遇到疑问需要咨询的时候，没有客服在线，这时需要提升客户服务的能力。

（3）零转化率的产品不仅包括浏览量高但转化率为零的产品（如果主图没问题，则说明其他属性与客户的需求不符，需要进行优化），还包括浏览量低零转化率的产品和零浏览量零转化率的产品（"沉睡"款）。

任务实训

【实训 1】产品的标题优化需要优化哪些方面的内容？

【实训 2】价格对产品的影响有哪些？

【实训 3】如何优化产品属性？

【实训 4】不同国家的买家对产品的喜好、需求不一样，如何差异化地与买家进行沟通？

速卖通无线端运营

速卖通无线端也称移动端，无线端交易主要是指买家利用智能手机、平板电脑等移动设备，通过无线局域网或移动数据网络进行在线浏览、生成订单并进行付款的过程。

自 2014 年以来，速卖通无线端流量和订单数量在不断增长，而且随着平台对无线端投入力度的加强，这种增长趋势还会持续。

无线端的特点：流量庞大、客单价相对比较低；点击率高、转化率稍低；屏幕小、容易受网络速度的影响、产品展示方式有限。

本项目介绍无线端运营的基础知识与技巧，包括流量的来源、获取方式及其承接的页面设计，金币频道、试用频道及无线抢购的运营技巧。

任务 7.1 无线端运营基础

任务导入

无线端流量入口在哪里？流量来源有哪些？可以通过哪些方式获取流量？流量又是通过什么样的页面承接方式进行转化的？通过本任务的学习，读者将会对上述问题有所了解。

任务导图

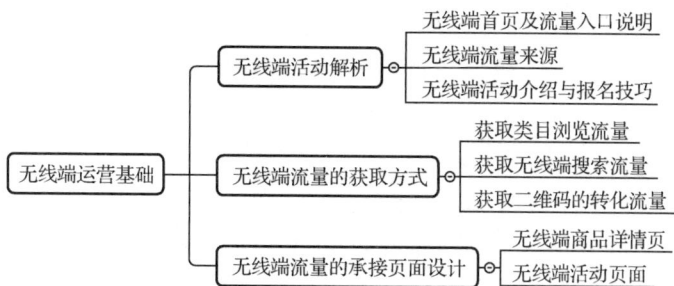

学习目标

知识 目标	了解无线端流量入口
	了解无线端流量的来源
能力 目标	掌握无线端活动的类型与报名技巧
	掌握无线端流量的获取方式
	掌握无线端流量的承接页面的设计技巧

任务实施

7.1.1 无线端活动解析

1. 无线端首页及流量入口说明

以消费者使用最为广泛的 Android 系统无线端为例，无线端首页及流量入口说明如图 7-1 所示。

2. 无线端流量来源

通常，无线端获取流量的渠道包括站外流量（SNS 营销带来的流量）、PC 端到无线端的流量（扫码、收藏店铺和商品、加购物车等方式带来的流量）和无线流量（无线搜索、手机专享价和无线平台活动带来的流量）。无线端获取流量的渠道如图 7-2 所示。

1）站外流量（SNS）

据了解，60%以上的 SNS 用户是通过无线端访问速卖通平台的。因此，卖家进行 SNS 营销活动对无线端流量的提高有很大的帮助。无线端特别是手机端，具有便捷的拍照功能，方便买家分享。商品详情页分享功能如图 7-3 所示。如果买家使用的是 Android 系统的手机并安装了分享功能的应用程序，单击"分享"按钮之后，会弹出分享页面供用户选择分享的目的地，如图 7-4 所示。

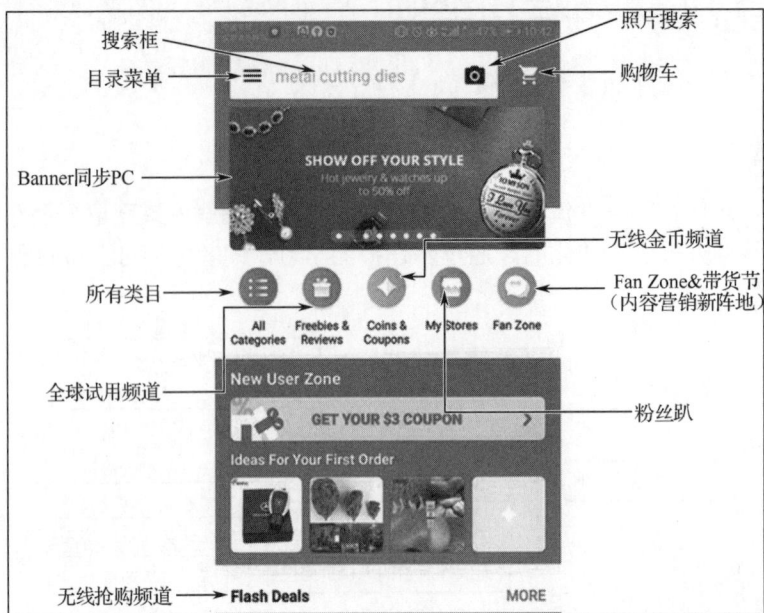

图 7-1　无线端首页及流量入口说明

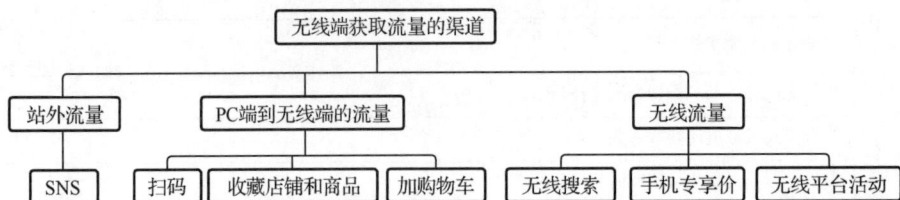

图 7-2　无线端获取流量的渠道

图 7-3　商品详情页分享功能

图 7-4　分享页面

2）PC 端到无线端的流量

扫码、收藏店铺和商品、加购物车是 PC 端到无线端流量获取的三种方式。实践证明，将买家从 PC 端引导到无线端购买，不仅仅是"左手到右手"，将同一批买家从 PC 端引流到无线端之后，无论是下单数量、下单频次，还是成交金额，都有明显提高。

引导买家从 PC 端到无线端购买，可以通过引导买家收藏店铺和商品、将商品加入购物车、下载速卖通客户端等方式。当然，也可以通过设置手机专享价的方式。设置了手机专享价的商品，在 PC 端会自动加上引导买家到无线端的文案，买家通过扫描文案中的二维码，即可在无线端进行购买。引导买家到无线端的文案如图 7-5 所示。

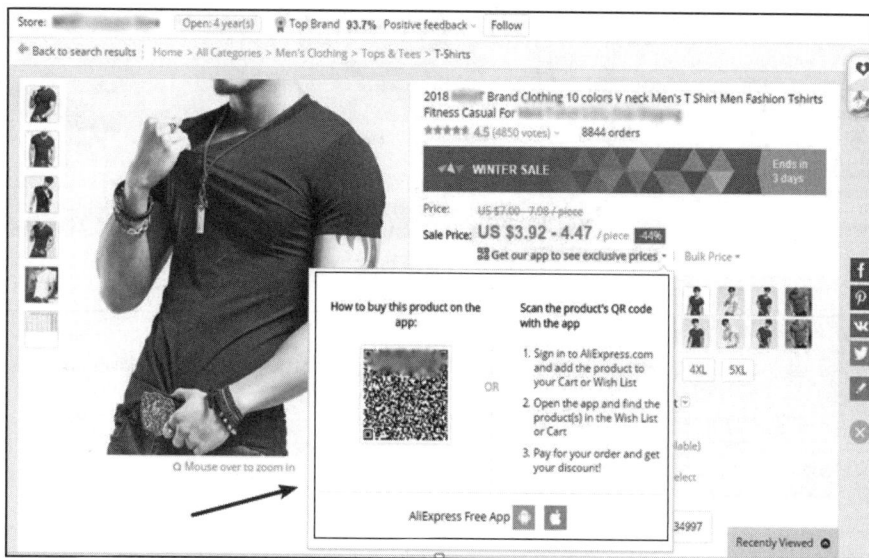

图 7-5　引导买家到无线端的文案

3）无线流量

速卖通无线端中，可以从无线搜索、手机专享价和无线平台活动获取更多流量。

（1）无线搜索。无线搜索是卖家获得无线流量的最大入口，无线搜索界面如图 7-6 所示。

（2）手机专享价。设置速卖通手机专享价能够吸引更多的用户。可以通过两种活动方式设置速卖通手机专享价：限时限量折扣和全店铺打折。

（3）无线平台活动。无线平台活动主要分为两类：一类是常规的无线平台活动，另一类是无线平台大促活动。无线抢购（Flash Deals）是 2015 年速卖通为无线用户量身打造的第一个超级活动频道，此活动已成为速卖通流量较大的频道。活动入选的商品会享受无线端最大曝光量的倾斜政策，并且售罄之后，还会将流量引导到卖家店铺的 Top Selling 商品中，不会浪费剩余的流量。无线抢购（Flash Deals）曝光位置如图 7-7 所示。卖家可以在后台"营销活动-平台活

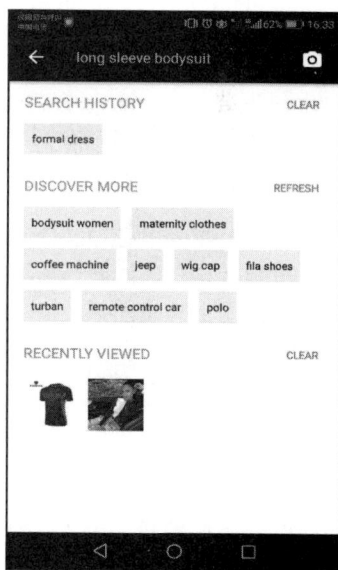

图 7-6　无线搜索界面

动”里报名参与无线抢购活动。活动说明页面如图 7-8 所示。

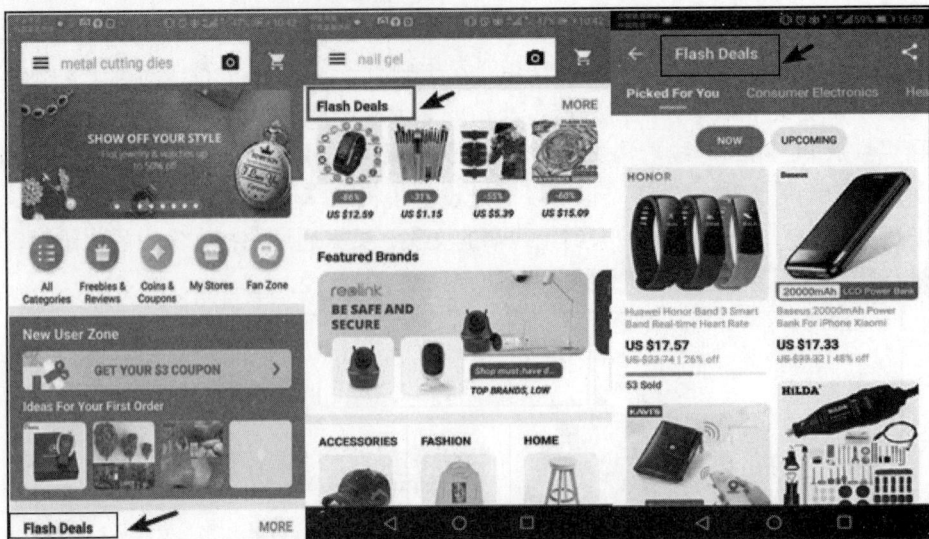

图 7-7　无线抢购（Flash Deals）曝光位置

新版Flash Deals-普货2月7日

活动描述	新版Flash Deals频道从7月9日开始第一期活动的招商，每周招募7期活动，每天上线1期，1期活动展示48小时。第一期展示	
	更多描述 ▾	
招商时间	2019.01.18 - 2019.01.27	
展示时间	2019.02.07 - 2019.02.08	
收起 ▴		
活动要求	渠道要求	全站(可选择设置APP专享)
	价格门槛	30天最低价（deals)
	支付时限	买家下单成功时开始 1天 内
	商品条件	商品评分≥4.5，免邮国家俄罗斯,乌克兰,白俄罗斯,美国,英国,西班牙,法国，发货期≤5天内,
	图片要求	白色背景, 无水印，不可拼图, ,
店铺要求	，90天好评率≥95.0%，描述相符分≥4.5，沟通得分≥4.5，物流得分≥4.5	
类目要求	美容健康>成人用品(全站折扣率 20% 以上)	
	电脑和办公>mini电脑(全站折扣率 20% 以上)	
	更多 ▾	

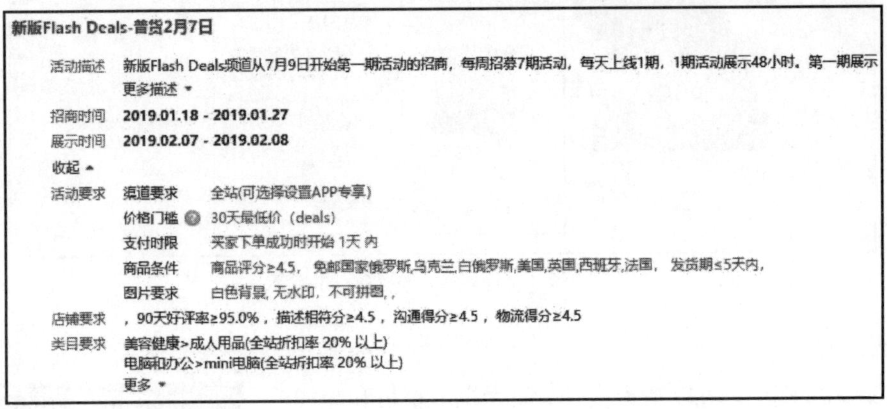

图 7-8　活动说明页面

3．无线端活动介绍与报名技巧

1）无线频道活动

（1）无线金币频道（Coins & Coupons）。无线金币频道入口页面如图 7-9 所示，速卖通无线金币频道是目前手机 App 上流量较高、买家黏度较强的频道。频道中包括各类游戏玩法和红包优惠活动，吸引全球买家定期回访，从而促进店铺后续流量的转化。

① 进入金币兑换优惠券页面的方法。打开速卖通无线端 App，单击“Coins & Coupons”按钮，打开“Coins & Coupons” 页面，如图 7-10 所示，再单击“Exchange Coins for a Store Coupon”按钮或“Coupon Exchange”按钮，都能进入金币兑换优惠券的页面。

② 设置金币兑换优惠券的方法。在 PC 端登录速卖通台后，执行“营销活动”→“店铺活动”→“店铺优惠券”→“金币兑换优惠券活动”命令，在打开的页面中进行设置。具体设置方法参见本书项目 5 中 5.1.1 节店铺自主营销的相关内容。

无线金币频道兑换商品展示页面如图 7-11 所示，无线金币频道兑换商品后台报名活动页面如图 7-12 所示。

图 7-9　"无线金币频道"入口页面

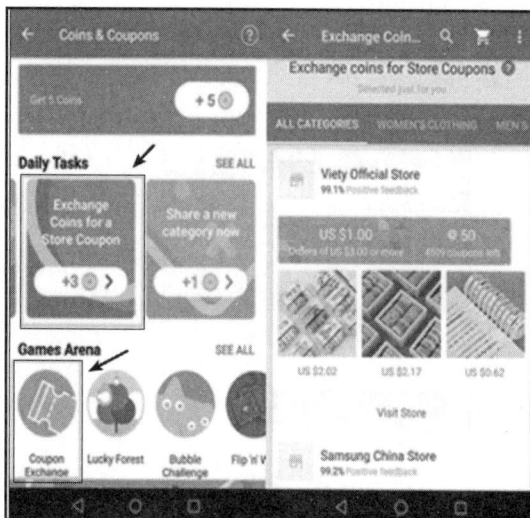

图 7-10　"Coins & Coupons"页面

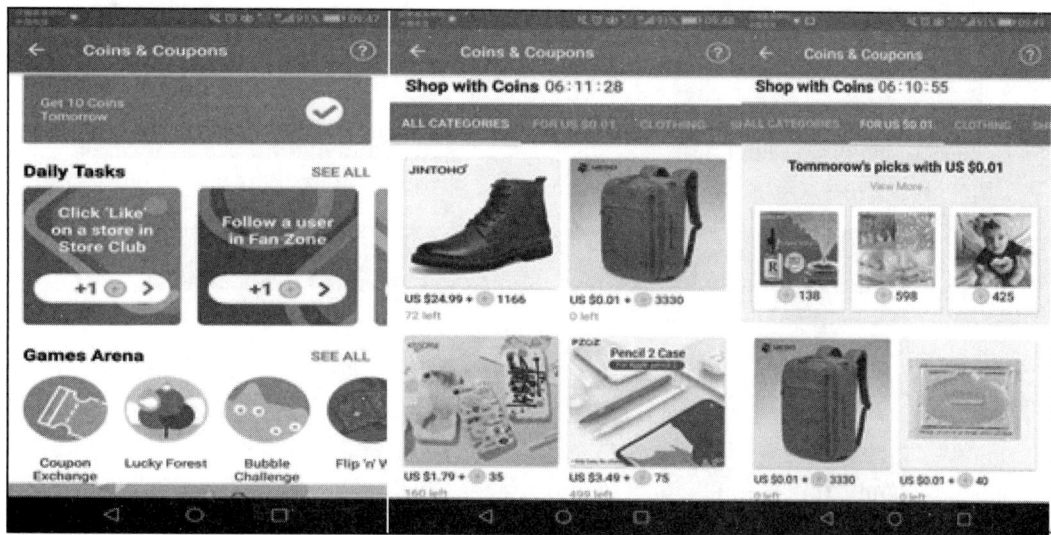

图 7-11　无线金币频道兑换商品展示页面

图 7-12　无线金币频道兑换商品后台报名活动页面

（2）无线端试用频道（Freebies & Reviews）。该频道是中国较大的跨境商品免费试用中心。试用商品要求 100%原创、360 度全方位实拍、客观描述试用情况。

① 打开无线试用频道的方法。无线端试用频道入口如图 7-13 所示，单击"Freebies

& Reviews"按钮,打开"无线端试用频道"商品列表页面,如图 7-14 所示。在"无线端试用频道"商品列表页面,点击试用频道中的商品,可以打开试用商品的详情页面,如图 7-15 所示。

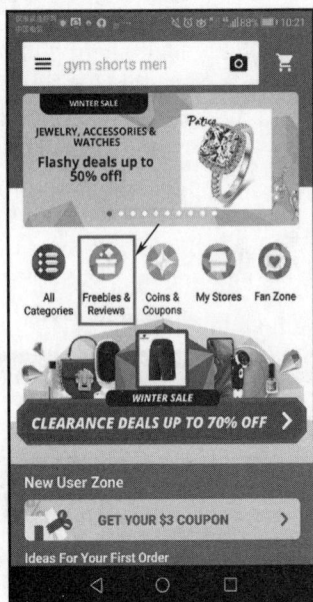

图 7-13 "无线端试用频道"入口

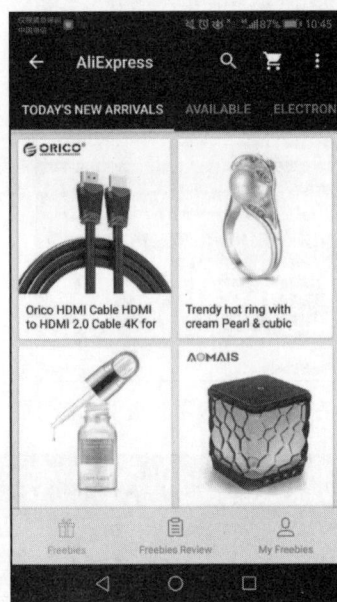

图 7-14 "无线端试用频道"商品列表页面

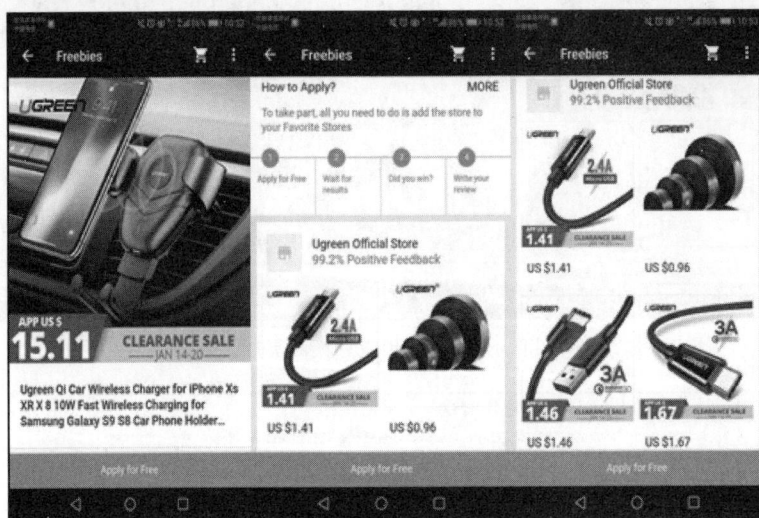

图 7-15 试用商品的详情页面

② 试用后对商品进行评价的方法。在试用频道商品详情中单击"Freebies & Reviews",选择"Just For You"中的商品,打开商品评情页面后可以进行评价。试用商品评价页面如图 7-16 所示。

③ 报名试用频道活动的方法。在 PC 端登录速卖通后台,执行"营销活动"→"平台活动"→"平台活动报名"→"试用活动"命令,打开"试用频道"活动页面,如图 7-17 所示。

④ 试用频道活动的报名技巧。

● 新品,新品,新品!商品越新越好。

- 没有销量的商品。
- 真实折扣后，报名总货值大于 100 美元，可以增加报名的成功率。

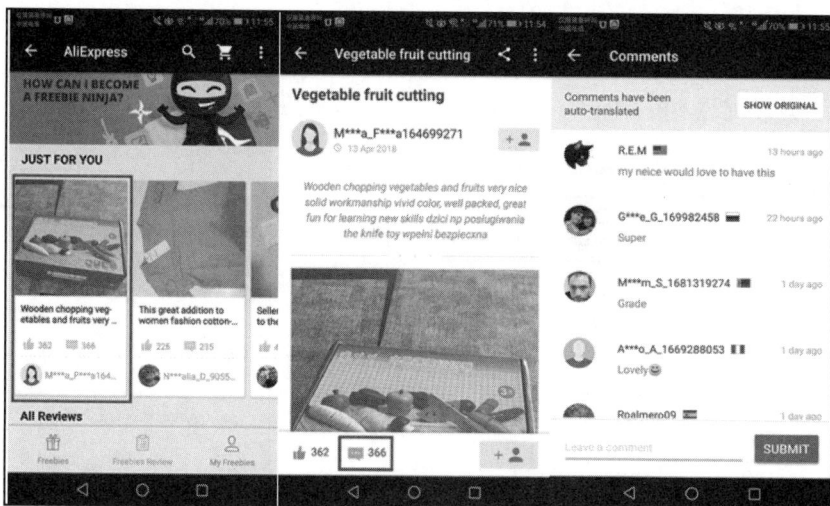

图 7-16　试用商品评价页面

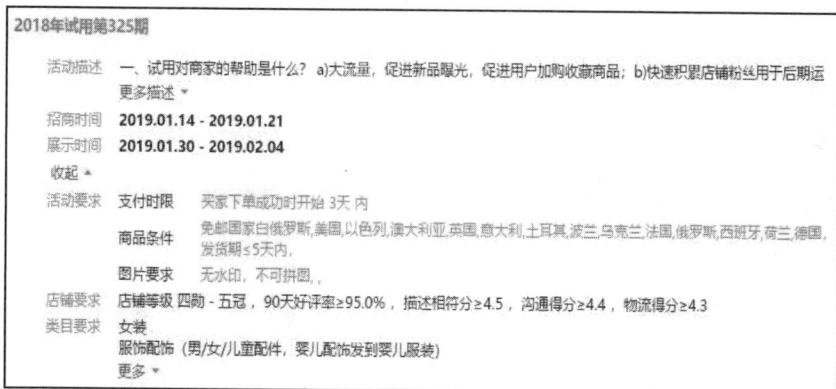

图 7-17　"试用频道"活动页面

⑤ 试用频道活动的效果。

- 大量积累店铺粉丝，为后期粉丝营销做铺垫。
- 为新品推广累积销量与评价，增加后期的转化率和提升报名其他平台活动的通过率。
- 活动进行时做好商品的关联营销，增加关联商品（旧款、主推款）的销量。

（3）My Stores 频道。My Stores 频道是速卖通平台为广大卖家提供的粉丝营销阵地，功能类似淘宝网的"微淘"，是基于买卖双方的关注关系进行内容展示的窗口。关注店铺的买家可以收到卖家发布的动态信息，包括店铺上新、买家秀、粉丝专享活动、导购文章等。此外，获得了直播权限的卖家的直播视频也会同步展示在该频道中，且支持买家对相应的内容进行点赞和评论。

① My Stores 频道的入口。该频道有两个入口位置：一个入口位置位于速卖通 App 首屏的中间位置，如图 7-18 所示。另一个入口位置位于店铺内的"Store Posts"页面，如图 7-19所示。所有在 My Stores 频道后台发布的帖子都可以在店铺内展示。注意店铺内入口需要使用店铺装修 2.0 版本发布之后才能展示。

② My Stores 频道的内容。该频道的内容分为关注（"FOLLOWING"）和发现（"EXPLORE"）

两个部分，默认进入关注页面，该页面呈现的是店铺的动态信息，包括上新、粉丝专享活动及导购文章等信息，如图 7-20 所示。另外一个是发现页面，该页面按照类目维度推荐个性化的优质内容，其展示方式和关注页面的展示方式有差异，新商品是按照小卡片的形式展示的，从而能够满足更多展示内容的需求，让买家在有限的浏览时间内，发现更多有可能感兴趣的商品和店铺。发现（"EXPLORE"）页面如图 7-21 所示。

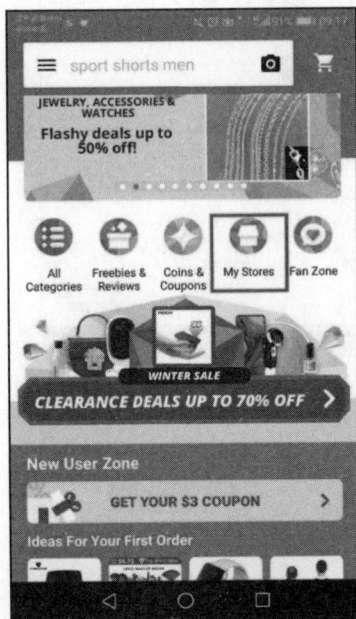

图 7-18　My Stores 频道无线端首页入口

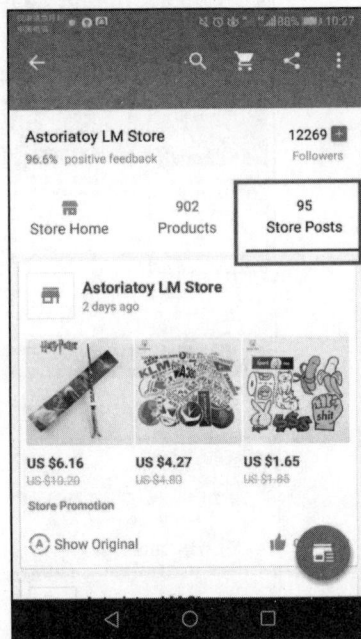

图 7-19　My Stores 频道店铺内入口

图 7-20　关注（"FOLLOWING"）页面

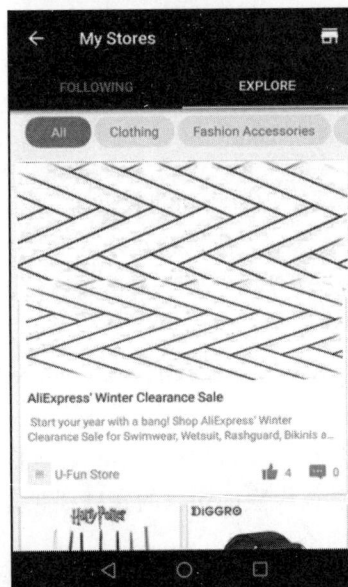

图 7-21　发现（"EXPLORE"）页面

③ My Stores 频道平台活动报名流程。

平台活动报名条件：My Stores 频道对所有金、银牌卖家开放，根据活动商品类目不同，每期对合适类目的卖家进行活动招商。

平台活动报名入口：在 PC 端登录速卖通后台，执行"粉丝营销"→"平台活动"命令，打开活动页面之后即可看到店铺可参加的活动列表。如果列表为空，则说明当前没有可报名的活动。

（4）Feed 频道。即粉丝运营阵地，是 My Stores 的升级频道，是 2018 年"3·28"大促活动新设置的。消费者通过订阅卖家账号，可以获取卖家的内容和服务。

2）常见的无线端活动

（1）无线端限时限量折扣活动。该活动以月为单位，每月活动总数量 60 个，总时长 2 880 小时。设置限时限量折扣活动的折扣率，PC 端和无线端支持以下三种折扣方式。

- 只设置全站同一折扣：活动开始后，PC 端和无线端显示一样的折扣，折扣率为设置的全站折扣率。
- 只设置手机专享折扣：活动开始后，只有无线端显示折扣率，折扣率为设置的手机专享折扣率，PC 端为原价。此种设置下的商品，在无线端的搜索结果页中支持手机专享价的筛选。
- 支持同时设置全站折扣率和手机专享折扣率：活动开始后，PC 端显示全站折扣率，无线端显示手机专享折扣率。此种设置下的商品，在无线端的搜索结果页中支持手机专享价的筛选。

① 限时限量折扣活动的设置方法。在 PC 端登录速卖通后台，执行"营销活动"→"限时限量折扣"→"创建活动"命令。在打开的活动设置页面中填写基本活动信息，选择参加活动的商品并设置具体商品的折扣率。只设置全站统一折扣率 50%，即 5.0 折，如图 7-22 所示，设置完成后全站显示 50%的折扣价。

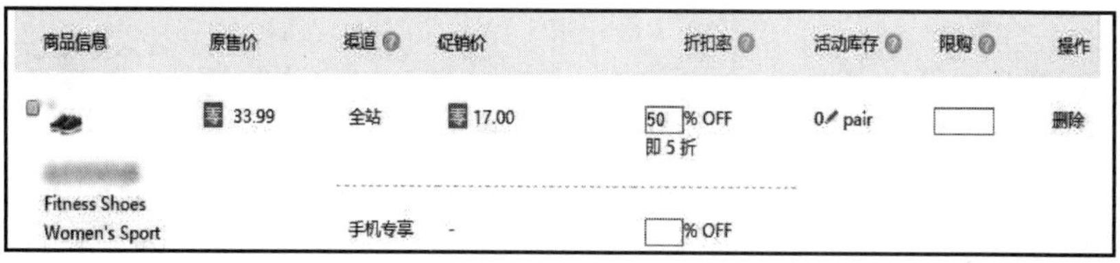

图 7-22　设置全站统一折扣率 50%

设置手机专享折扣率 51%，即 4.9 折，如图 7-23 所示。设置以后 PC 端显示产品的原价，无线端显示手机专享折扣价。

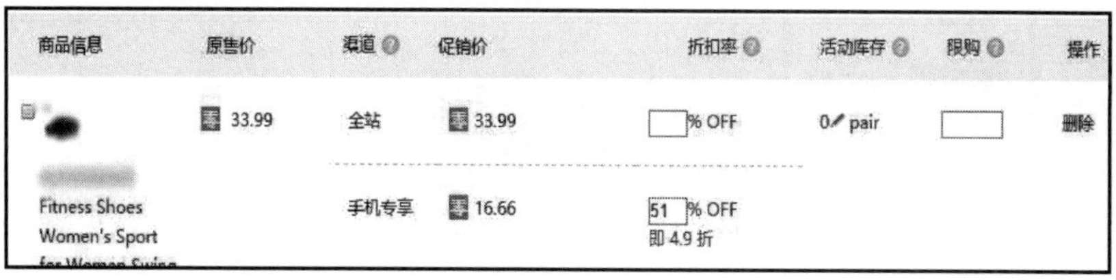

图 7-23　设置手机专享折扣率 51%

同时设置全站折扣率 50%和手机专享折扣率 51%，如图 7-24 所示。同时设置时，要求手机专享折扣率必须大于全站折扣率。设置以后在 PC 端显示全站折扣率 50%，即 5.0 折，在无线端显示手机专享折扣率 51%，即 4.9 折。活动开始后，这种设置下的商品不仅会在无线端出现手机专享价的标志，还在无线端的搜索结果页支持手机专享价筛选功能。为了最大限度地获取 PC 端和无线端的流量，日常运营中建议采用这种价格折扣的设置方式。

（2）新买家专享价活动。新买家专享价是速卖通平台针对新注册用户提供的商品优惠价格，旨在促进新注册用户的购买，增加店铺的转化率。

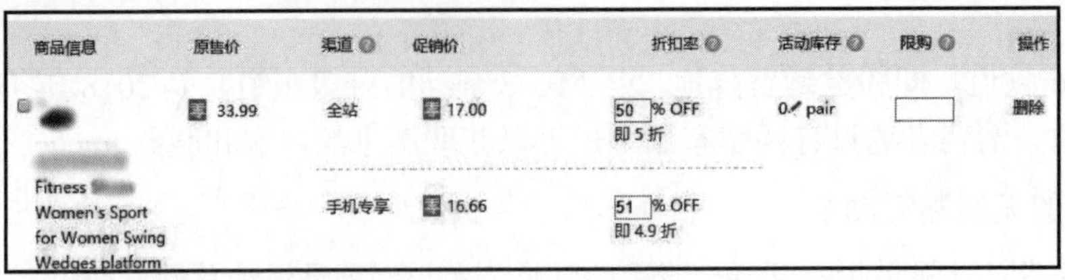

图 7-24　设置全站折扣率 50%和手机专享折扣率 51%

新买家专享价活动操作步骤如下。

步骤 1：在 PC 端登录速卖通后台，执行"营销活动"→"限时限量折扣"→"创建活动"命令。打开活动基本信息设置页面，如图 7-25 所示。根据页面要求填写相关信息，单击"确定"按钮。

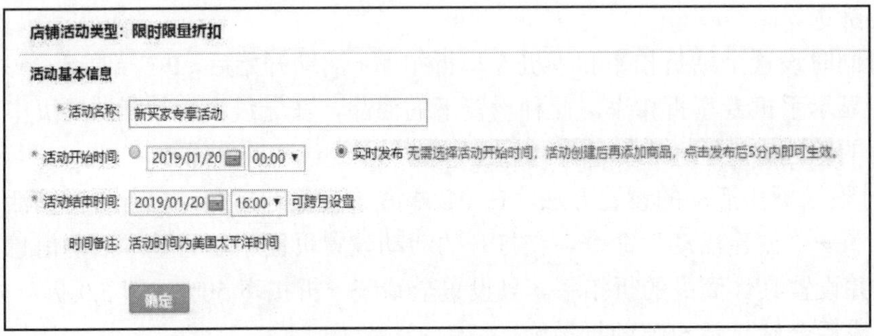

图 7-25　新买家专享价活动基本信息设置页面

步骤 2：在打开的活动商品选择页面中，选择需要参与活动的商品，如图 7-26 所示。

图 7-26　选择需要参与活动的商品

步骤 3：设置活动规则，勾选"定向人群附加折扣"复选框，选中"新买家"单选钮，并设置附加折扣率，如图 7-27 所示。设置完成后单击"发布生效"按钮。

图 7-27　设置活动规则

7.1.2　无线端流量的获取方式

上一节我们知道了无线端流量的来源渠道，根据目前的经验，无论是从浏览量指标还是转化率指标来看，参加平台活动都是效果最好的。所以，平时的无线端抢购活动和各个阶段的大型促销活动，卖家都应该积极参与。

1. 获取类目浏览流量

类目浏览流量是很容易被卖家忽略的流量。由于平时过于强调搜索流量和平台活动流量，反而会把这一部分流量给忽略了。其实，这一部分流量是相当可观的。卖家可以在日常的工作中留意无线端类目浏览的排序规则，分析怎样才能让自己的商品排名靠前。

例如，一级类目示例如图 7-28 所示，无线端已经把类目浏览的呈现方式由原来的文字改为直观的图片加文字混合的方式，排在第一位的一级类目是"Apparel Accessories"类目。单击"Apparel Accessories"按钮，打开的二级类目页面中，同样也是以图片加文字混合的方式展示，并且流量最大的左上角区域给了"Women's Berets"类目，如图 7-29 所示。单击"Women's Berets"按钮，打开"商品列表"页面，如图 7-30 所示。按"Orders"进行商品排序，在日常运营过程中，可以观察并分析这些商品排在前面的原因，然后总结经验并对自己店铺的商品进行优化，争取让自己的商品也有机会排在细分类目浏览页的前面。

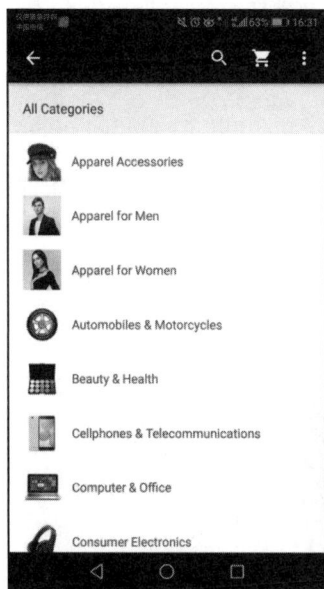

图 7-28　一级类目示例　　　　图 7-29　二级类目示例　　　　图 7-30　"商品列表"页面

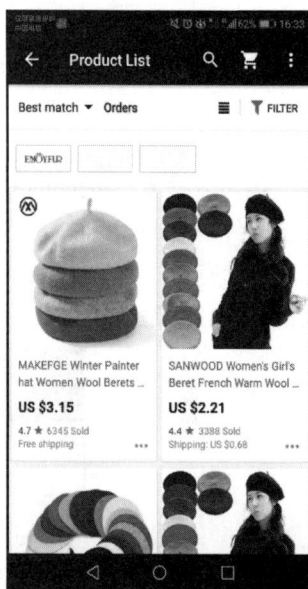

2. 获取无线端搜索流量

我们知道，无线端搜索流量是无线端流量的主要来源，无线搜索流量包括自然搜索（关键词）流量和类目搜索流量。无线端搜索入口如图 7-31 所示。影响无线端搜索流量的主要因素有商品信息质量、商品转化能力、卖家服务能力和搜索作弊情况，如图 7-32 所示。

无线端自然搜索排序和 PC 端自然搜索排序的规则不尽相同，甚至在某些类目下还会出现比较大的差异。这是因为无线端搜索排序对店铺的服务等级、商品信息的优化质量有更高的要求，同时，无线端搜索排序也是作为店铺是否有资格参与自主营销和平台活动的依据。

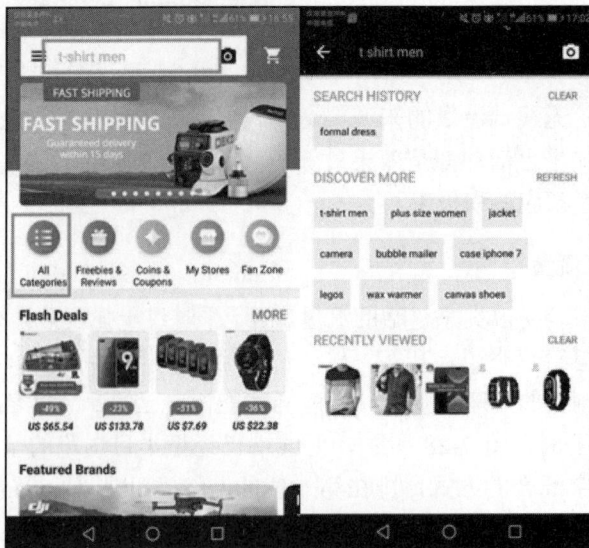

图 7-31　无线端搜索入口

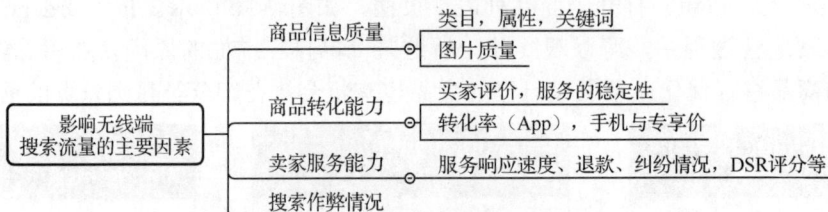

图 7-32　影响无线端搜索流量的主要因素

　　例如，搜索"men watch"关键词时，排在前面的这个商品符合无线端高转化率的条件：主图为纯色背景、无文字、无水印、无边框、无拼图，商品占主图的 70%以上，如图 7-33 所示。店铺有自主营销活动，同时积极参与无线端的大促活动，再加上这家店铺服务等级较好、商品价格较合适，所以商品取得了较高的转化率。

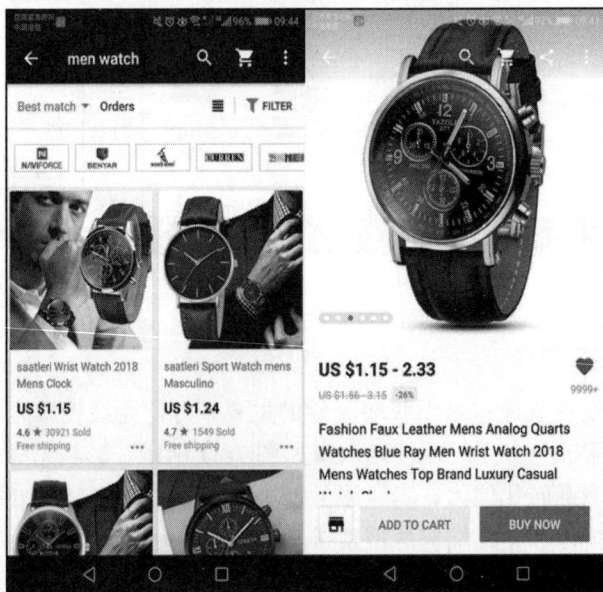

图 7-33　无线端高转化率商品主图示例

3．获取二维码的转化流量

设置让买家通过扫描二维码的方式领取店铺优惠券，可以增加店铺的流量，提升客户的二次购买率。二维码的流量转化主要有两种方式：一是在包裹中放置附有二维码的图片，买家可以通过扫描二维码领取店铺的优惠券，并且领取优惠券之后，买家可以直接打开无线店铺的首页，从而进行无线端引流；二是将优惠券的二维码放在营销邮件、旺旺或者 SNS 等渠道的营销页面中。"二维码发放型优惠券"设置步骤如下。

步骤 1：在 PC 端登录速卖通后台，执行"营销活动"→"店铺活动"→"店铺优惠券"→"定向发放型优惠券活动"→"添加优惠券"命令，打开活动设置页面。

步骤 2：按照活动设置页面的要求，依次填写活动基本信息。需要特别说明的是，设置发放方式时，务必选择"二维码发放型优惠券"，如图 7-34 所示。

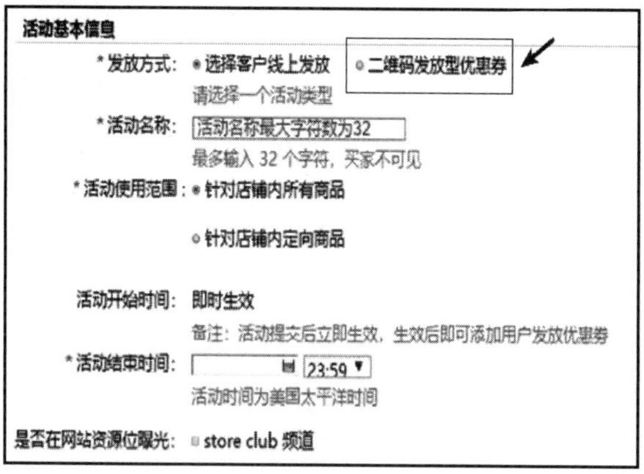

图 7-34　"活动基本信息"页面

步骤 3：把无线端店铺或店铺热销商品的网址生成二维码打印到纸上并放到包裹里供买家扫描，或者投放到各个营销渠道中引导买家进行扫码。需要注意的是，不建议把二维码贴到包裹上或直接印到气泡包装上，一来很容易被磨损，二来在外包装上印上二维码，这种明显的商业广告形式可能会引起目的国海关不必要的误会，从而影响通关进度。

7.1.3　无线端流量的承接页面设计

无线端流量的承接页大致可以分为店铺首页、商品详情页、无线活动页三种承接页面。店铺首页主要作用是引导消费者购买，展示品牌及店铺的形象，与客户建立联系等。

1．无线端商品详情页

商品详情页是最重要的流量承接页面，想要提高无线端的商品转化率，要特别注意商品图片和商品详情页的优化。

1）无线端商品图片优化

无线端受屏幕尺寸的限制和无线买家访问特点（一天多次、每次短时间）双重因素的影响，导致商品的图片是买家能否"一见钟情"的决定性因素。优秀的无线端商品图片如图 7-35 所示。

使用无线设备浏览的店铺的时候,商品的图片面积占据了页面的绝大部分。对于商品图片来说,清晰度不够、图片尺寸太小(建议图片尺寸 800×800px)都不利于商品在无线端的转化。通过无线设备滑动查看商品的多张图片非常方便,但查看详细的描述页面需要再次点击。

因此,建议卖家要充分利用好主图和细节图的特点,尽量让买家通过图片就能大致了解商品的基本情况。

常用类目图片要求

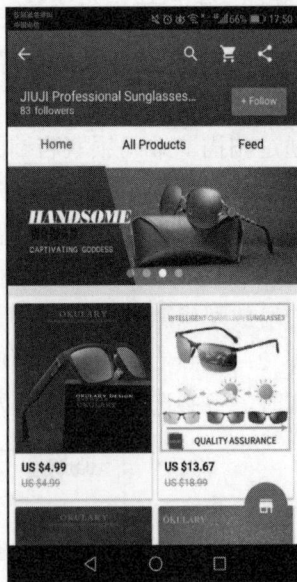
图 7-35 优秀的无线端商品图片

2)无线端商品详情页的优化

不管是独立编辑的无线端商品详情页还是通过 PC 端转换而成的无线端商品详情页,都要注意以下的要点。

(1)多种语言化。由于速卖通平台的买家是来自世界各地的,因此,建议编辑多种语言的商品详情页面。

(2)重要内容前置。商品描述一般来说包括以下几个部分:商品尺码、材质、图片、关联推荐、物流及其他问题解答等。由于无线端页面展示的位置非常有限,如何更方便地让买家获取有效信息,是各位卖家优化页面时需要思考的重点。由于无线设备屏幕尺寸小,且受无线网络环境的影响,打开页面的速度不稳定,让买家能快速、有效地了解该商品的重要信息,是无线端商品描述优质与否的标准。

(3)图文分离。图文分离是指将图片和文字分开录入,而不是把文字写上图片上。这样做有几点好处:文字加载速度比图片快,在无线端不会由于图片的原因导致看不清楚商品信息;可以设置翻译插件工具,方便买家查看多种语言,使不懂英语的买家也能了解商品详情。

图片的好处也很明显,比如尺码表格,如果不使用图片的方式,在无线端很难完美地呈现。卖家需要注意的是,如果要把文字写到图片上(适用于表格这种情况),一定要先在无线设备上预览实际效果,以便调整图片上面的字号,确保图片等比例缩小之后,文字还能看清楚。

(4)关联推荐内容。关联推荐的商品并不是买家最关注的商品,如果一定要放,应放在商品描述的最后,并且与商品描述放在同一屏幕内,否则起不到关联的作用。

(5)使用独立的无线端详情页描述功能。目前,无线端有独立的商品详情页描述编辑功能,无线端详情页的内容和排版方式都可以与 PC 端不一样,这样可以帮助卖家更好地从无线端买家的角度展示商品,且不会影响 PC 端买家的信息获取。无线端独立详情页描述的展示效果(以 iOS 系统的手机为例)如图 7-36 所示。

在管理或发布商品时,编辑独立的无线端商品详情页描述才能生效,具体操作方法如下。

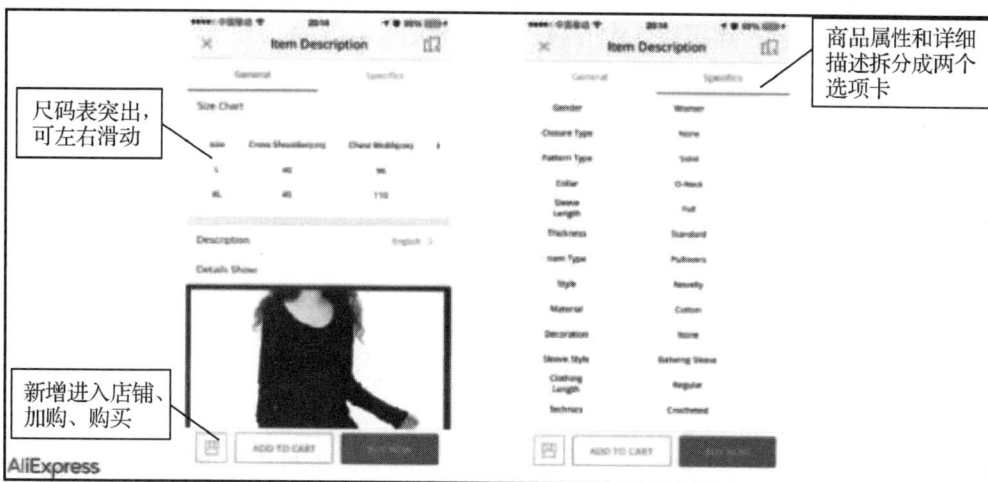

图 7-36　无线端独立详情页描述的展示效果

① 无线端商品详情页描述的编辑入口。在 PC 端管理或发布商品时，详情描述页的底部有一个"无线详情"入口，点击即可展开无线端商品详情描述编辑器，如图 7-37 所示。

添加文字。单击底部的"文字"按钮，即可出现文本编辑框，在文本框中输入要显示的文本信息即可。注意：此处只允许编辑纯文本，不含任何字体、字号、颜色、链接等样式。

添加图片和链接。单击底部的"图片"按钮，在弹出的对话框中选择需要显示的图片（支持 jpg、jpeg 格式，推荐宽度在 720px 或以上，高度不超过 720px）。双击图片可以设置图片的超链接地址。只有四种类型的超链接地址可以添加：PC 端店铺首页地址、PC 端商品页地址、PC 端店铺的二级分类地址、PC 端无线活动页面。"超链接"页面如图 7-38 所示。

图 7-37　无线端商品详情描述编辑器

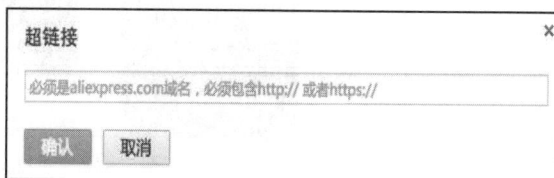

图 7-38　"超链接"页面

详情页描述预览。在无线端商品详情描述编辑页面，单击"手机端展示预览"按钮，如图 7-39 所示。系统自动生成二维码，打开速卖通 App 客户端，扫描即可预览编辑好的无线详情描述页。

② 无线端商品详情页描述的其他编辑入口。除了使用速卖通平台提供的独立编辑无线端详情页功能以外，还可以使用第三方服务公司提供的工具进行编辑。目前支持独立无线端详情页编辑功能的第三方服务公司的工具有：旺销王、芒果店长、Act Need 店铺管理（Web

版）、iBay365（Web 版）、店小秘（Web 版）、马帮 ERP3.0（Web 版）等。

图 7-39 "手机端展示预览"页面

2．无线端活动页面

无线端活动页面也是重要的流量承接页面，同样是无线端页面装修的重要组成部分。使用无线活动页面工具搭建的无线活动页面，可以用于店铺装修或平台外部投放，同时有机会得到无线端搜索资源的推广，推广展示位置如图 7-40 所示，但目前仅限金、银牌卖家申请。创建无线活动页面的方法如下。

（1）创建无线活动页面的路径。在 PC 端登录速卖通后台，执行"店铺"→"店铺装修及管理"→"无线店铺"→"进入装修"命令，打开"页面管理"页面，如图 7-41 所示。选择"无线活动页面"选项，再单击"添加主题活动"按钮。

图 7-40　推广展示位置

图 7-41　"页面管理"页面

（2）设置活动的基本信息。根据页面的提示信息，逐项进行设置即可。"活动信息"设置页面如图 7-42 所示。

活动信息设置说明如下。

① 标题。64 个字符以内的英语标题，这个标题会被买家看到，请不要随意乱写。

② 备注。可以输入任何文字。备注内容不在买家端显示，仅用于卖家后台管理。

③ 类型。目前有四种类型供选择，分别是促销、新品、品牌和搭配，促销是指有明确利益点的活动，比如全店铺打折、满立折/满立减等活动；新品是指针对有卖点的新产品创建的

活动；品牌是指品牌故事、品牌调性、品牌传播等相关活动；搭配是指能提供买家搭配的参考信息、潮流引导、知识介绍等内容。活动类型虽然不会被买家看到，但错误的活动类型，会影响店铺额外资源的获取。

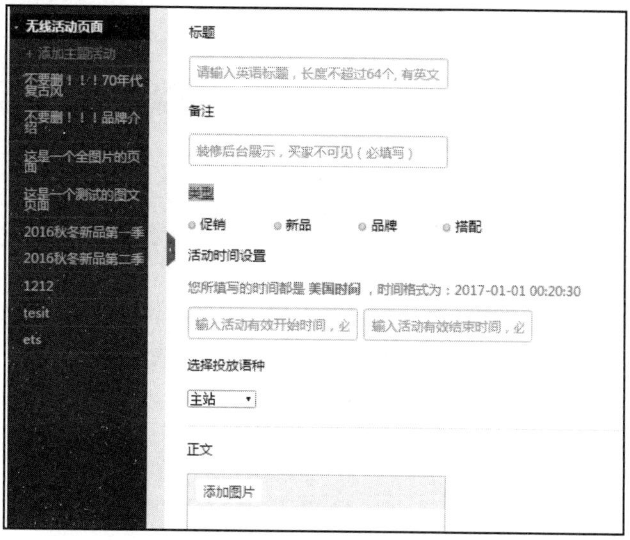

图 7-42　"活动信息"设置页面

④ 活动时间设置。填写的时间必须是美国时间，活动时间不能为空，结束时间应该大于开始时间。时间格式为"2019-07-01 00:00:00"，请务必按照正确的格式填写，建议活动开始时间滞后活动创建时间 3 天以上。

⑤ 选择投放语种。目前支持英语（主站）、俄语等多种语言的活动投放，活动页面和封面语言必须一致。

⑥ 正文。活动的正文部分只允许输入文字或添加图片。其中图片除了可以添加一个或多个商品的链接以外，还可以添加店铺首页的链接，使活动的内容能够最终引导买家购买。如果是图片＋文字页面，先放入所有的文字，在需要添加图片的地方点击添加图片；如果全部是图片的页面，直接添加图片即可。一次可以添加 5 张图片，如果图片超过 5 张，则需要分多次上传，页面长度建议在 3～6 屏之间。一个屏幕长度的活动页面一定不会通过审核！

为了保证无线端的页面清晰度，图片宽度必须在 720px 以上，单张图片的高度不超过1 000px。单张图片高度越高，图片越大，打开的速度越慢，页且可能会因为系统自动压缩而变模糊。如果文字是直接写到图片上的，字号不要小于 24px，否则看不清楚。不管是直接放文字还是把文字写到图片上，文字部分都应该简明扼要，不要写太多无关或不重要的内容。

添加图片后，通过鼠标在图片上画框的方式，在想要买家点击的地方添加 1 个或多个热区。但同一块区域内，不建议添加 3 个以上的热区，以免误点。热区框的宽度不要超出图片的宽度，否则会点击出错。切记一定要给图片添加链接，否则无线活动页面买家就只能看，不能点击到相关商品页进行购买。"热区图片设置"页面如图 7-43 所示。

图片热区链接只支持 PC 店铺首页地址、PC 商品页地址、无线活动页面地址和 PC 店铺二级分类地址，其他形式的地址暂不支持。需要特别注意的是，如果错误地使用其他链接，会导致无线端转化率下降，间接影响无线搜索排序。

说明：PC 店铺二级分类地址是新支持的链接类型，必须升级 App 到最新版才能自动跳转。

图 7-43 "热区图片设置"页面

⑦ 申请投放。完成页面设置内容以后，可以申请无线端的资源位来进行投放。目前开放申请的资源位只有无线搜索位置（金、银牌卖家专享）。

申请资源位必须按照各个资源位的要求添加封面，否则申请一定不会成功。建议创建完活动后，务必把所有的封面都设置好。特别是申请搜索资源位的封面，必须两种尺寸的封面都设置，否则一定不会审核通过。还有一点必须注意，封面商品必须是该无线活动页面内的主推商品（什么是主推商品？即一个屏幕内能看到的），否则买家就算点进来，也会因为找不到封面上的商品而关掉页面，非常影响转化率！

资源位的封面要求如下。

搜索资源位有两种图片尺寸，建议都添加。一种尺寸为 360×480px，可以直接放商品图片，不添加任何文字，或者添加的文字不影响商品图片的展示，如图 7-44 所示。另一种尺寸为 1 920×320px，商品有效的内容要在 720×320px 的范围内，意思就是把重要的信息，比如商品图片放在居中的 720px 宽度以内，其余的地方为背景，如图 7-45 所示。

图 7-44　搜索资源位示例图片 1

图 7-45　搜索资源位示例图片 2

卖家可以在活动创建页面查看活动审核结果，如图 7-46 所示。注意审核通过的活动就不能再进行修改。

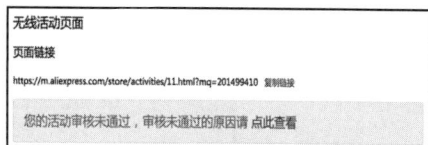

图 7-46　无线活动页面

卖家创建了任何一种类型的无线活动页面，并且申请了 App 端搜索资源位，审核通过之后，算法会根据活动商品的英语标题，匹配到具体的搜索关键词的某些特定位置下。

（3）审核不通过的原因。

① 使用了无效的链接地址。解决办法：只能使用 PC 店铺商品页、PC 店铺首页、无线活动页面链接、PC 店铺二级分类地址。

② 未设置封面。解决方法：设置关注频道封面 1 张，设置搜索资源位的图片 2 张。请注意，申请搜索资源位必须同时设置搜索两种尺寸的图片。

③ 封面与页面内容不符。解决方法："所见即所得"，封面商品必须为页面一个屏幕内能看到的主推商品。

④ 页面内容太短。解决方法：丰富页面内容，保持在 3～6 屏左右。

⑤ 页面有中文，乱写标题。解决方法：重新设计页面内容和改写标题。

⑥ 页面无点击区域，或者点击区域太小，或者热区边框超出了图片的范围，从而导致点击出错。解决方法：活动设置完成后，自己用手机扫码二维码预览并进行验证，更改出错的地方。

⑦ 活动有效时间不能超过 30 天。

⑧ 用设计 PC 端页面的方式设计无线端页面，无线端根本看不清楚。解决方法：做完页面，卖家自己在无线端预览效果，看不清楚的地方需要调整。

⑨ 页面重点内容不对。页面要首先展示商品，其次才是别的内容。解决办法为更换页面内容。

⑩ 整张图片上传或图片尺寸太大，导致系统自动压缩图片后变得模糊。解决方法：使用图片切割工具将图片进行切割，分段上传。

⑪ 活动的创建时间和生效时间间隔建议大于 3 天，否则，有效期短的活动审核刚刚通过，活动就到期了，导致活动无法进行投放。

⑫ 封面设计不合格，封面背景不能使用白色。

（4）封面设计指导。

主标题：内容须具备互动性、情感性、品牌性等特征，文字须简洁，字体较副标题字体大、突出重要卖点。

副标题：集中阅读区域的文案更易阅读，不建议一次性放太多卖点，挑重点放置即可，而且断行太多会增加阅读难度。

行动点：展示图片并不是让用户停留在当前页欣赏，而是希望用户尽快进入承接页产生转化率。所以，一个促使用户产生点击的行动点就非常重要了。

主题图片需要清晰表达活动的商品，可以使用模特来展示使用方式或效果等。单品类活动的图片，图片本身的吸引力强于数量的影响。多品类活动的图片，品类的丰富度对选择更有作用。封面设计效果图如图 7-47 所示。

图 7-47　封面设计效果图

任务实训

【实训 1】无线端有哪些流量入口？

【实训 2】无线端流量的获取方式有哪些？

【实训 3】在无线活动页面的图片热区链接，支持哪些形式的链接地址？

任务 7.2　无线端运营技巧

任务导入

无线端运营技巧主要针对三个流量最多的频道来解析，包括金币频道、无线端试用频道和无线抢购频道。本任务将着重介绍三个活动频道的参与方法及技巧。

任务导图

学习目标

知识 目标	了解金币频道活动的内容
	了解无线端试用频道的内容
	了解无线抢购的内容
能力 目标	能够利用金币频道活动来提高店铺流量
	能够利用无线端试用频道活动来提高店铺流量
	能够利用无线抢购活动来提高店铺流量

任务实施

7.2.1　金币频道（Coins & Coupons）

1．金币频道的主要功能

1）金币获取方式

可以通过签到或翻牌子的方式得到金币。签到获得金币的规则为每人每天只能签到一次，而且如果中断，获得金币数量将重新从 1 个开始。签到获金币规则页面如图 7-48 所示。翻牌子得金币规则为每次翻牌子需要消耗 5 个金币，且每人每天最多可以翻牌 10 次，每次翻出两张牌子。牌子的奖励有店铺优惠券和不等面额的金币（这里的店铺优惠券，主要来源平台卖家设置的无门槛店铺优惠券，系统会根据买家的行业偏好进行个性化的推送）。

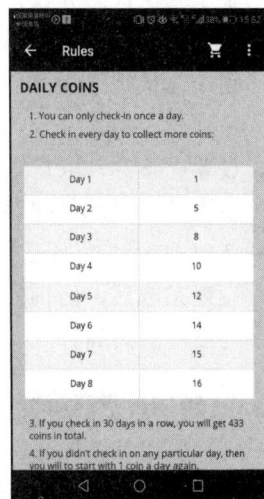

图 7-48　签到获金币规则页面

2）金币可以兑换的权益

（1）金币兑换速卖通平台优惠券。目前有三种面额的速卖通平台优惠券供买家兑换。这种优惠券是不分店铺的，但仅限 App 上使用，每天限量发放。

（2）金币兑换店铺优惠券。卖家在后台设置无门槛的店铺优惠券，优惠券面额从 1～200 美元不等，每种面额至少设置 50 张的发放量，且每个月最多只能创建 10 个金币兑换优惠券活动，有使用条件限制的活动最多 3 个。设置完成以后，后台会结合买家的行业偏好，展示在金币频道上，供用户兑换。同时，后台系统会提供可以兑换 6 个卖家的热销商品和店铺商品一同展示。兑换比例为 50∶1，即 50 个金币可以兑换 1 美元的优惠券。

（3）金币兑换商品。金牌、银牌卖家可以在平台中看到每期的金币兑换商品活动报名入口，如图 7-49 所示。根据活动的要求填报指定品类的商品即可，"行业小二"审核通过后就会展示到金币频道对应位置。

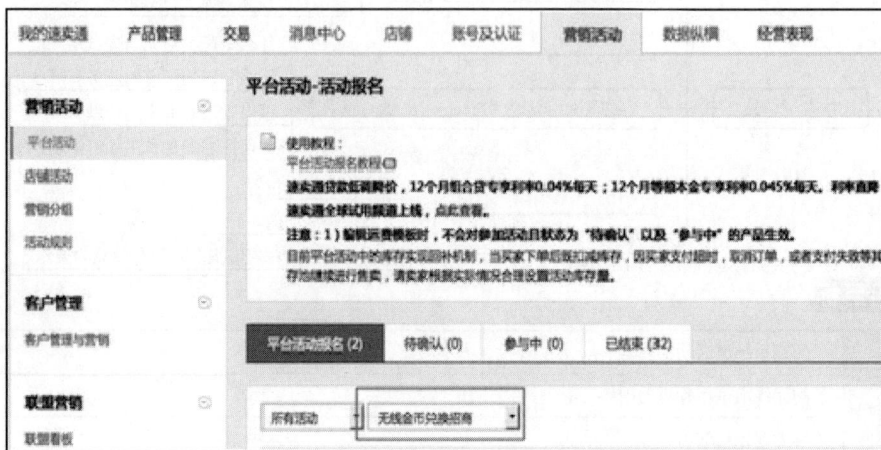

图 7-49 "平台活动–活动报名"页面

2. 金币兑换优惠券设置步骤

金币兑换优惠券设置步骤如下。

步骤 1：在 PC 端登陆速卖通后台，执行"营销活动"→"店铺活动"→"店铺优惠券"→"金币兑换优惠券活动"命令。

步骤 2：单击"添加优惠券"命令，打开"活动设置"页面，按照要求填写活动基本信息、设置优惠券领取规则、设置优惠券使用规则，如图 7-50 所示。

步骤 3：活动创建确认。在弹出的"活动创建确认"窗口中，单击"确认创建"按钮。如图 7-51 所示。买家必须通过移动端扫描二维码，才可以直接访问无线金币频道。

设置完成后，店铺的信息会在活动开始时同步到无线金币频道，根据不同的买家偏好展示不同店铺的商品。

3. 金币兑换优惠券常见问题解答

（1）金币兑换优惠券活动的面额可以设置为多少金额？

可以设置的金额为 1～200 美元（包含 1 美元和 200 美元）的正整数。

（2）金币兑换优惠券活动的发放总数量可以设置多少张？

金币兑换优惠券活动，以月为单位，每月活动数量 10 个，07月剩余活动 0 个(包括 0 个有限定使用条件的)，08月剩余活动 8 个(包括 3 个有限定使用条件的)，09月剩余活动 10 个(包括 3 个有限定使用条件的)。
查看详细规则

活动基本信息

＊活动名称：　[活动名称最大字符数为32]
　　　　　　　最多输入 32 个字符，买家不可见

＊活动开始时间：　[　　]　[00:00 ▼]

＊活动结束时间：　[　　]　[23:59 ▼]　可跨月设置
　　　　　　　活动时间为美国太平洋时间

优惠券领取规则设置

领取条件：　◉ 金币兑换优惠券活动

＊面额：　US$ [　　]

每人限领：　[1　▼]

＊发放总数量：　[　　]

优惠券使用规则设置

＊使用条件：　◎ 不限
　　　　　　◉ 订单金额满 US $ [　　]

图 7-50　"活动设置"页面

可以设置的总张数为 50～99 999 张之间（包含 50 张和 99 999 张）的正整数。

（3）设置完金币兑换优惠券活动后，还可以进行编辑、修改或关闭等操作吗？

金币兑换优惠券活动设置完成后，如果活动处于"未开始"状态，可以进行修改活动时间、活动优惠券面额、发放数量或关闭活动等操作；如果活动正在进行中，可以对数据状况或活动设置进行查看，但不支持修改活动或关闭活动的操作。

提示：关闭金币兑换优惠券活动后将无法重新开启。

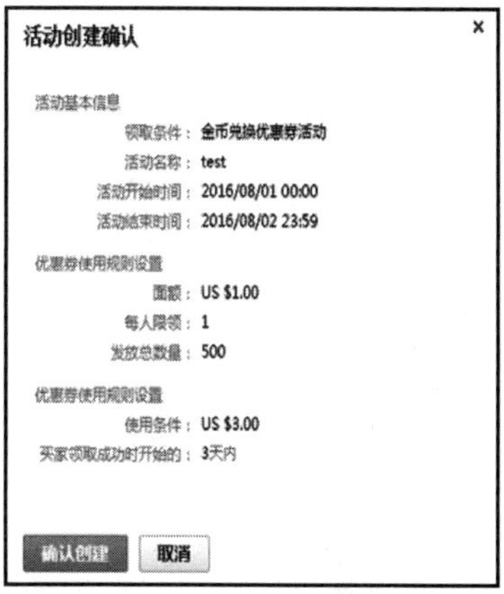

（4）设置完金币兑换优惠券活动后会在哪里展示？

活动创建确认　✕

活动基本信息
　　领取条件：**金币兑换优惠券活动**
　　活动名称：test
　　活动开始时间：2016/08/01 00:00
　　活动结束时间：2016/08/02 23:59

优惠券使用规则设置
　　面额：US $1.00
　　每人限领：1
　　发放总数量：500

优惠券使用规则设置
　　使用条件：US $3.00
　　买家领取成功后开始的：3天内

[确认创建]　[取消]

图 7-51　"活动创建确认"窗口

活动开始后，金币兑换优惠券会在无线金币频道中进行展示，如图 7-52 所示。

由于金币兑换优惠券是无线金币优惠的一种方式，所以在活动开始后，该优惠信息不会在 PC 端店铺商品栏下展示优惠券信息，只在无线金币频道展示；金币兑换优惠券活动结束后，该优惠券信息也不会在金币频道展示。

（5）店铺还未开通，可以设置店铺优惠券吗？

商铺在未开通的情况下，不能设置店铺优惠券。

（6）可以看到哪些买家领用了优惠券吗？

在活动开始后可以通过点击"查看数据状况"按钮，查看优惠券的使用情况，但无法查看哪些买家领用了优惠券。

（7）多少金币可以兑换多少面额的优惠券？

兑换比率为 50∶1，例如，50 个金币可以兑换 1 美元的优惠券，100 金币可以兑换 2 美元的优惠券等。

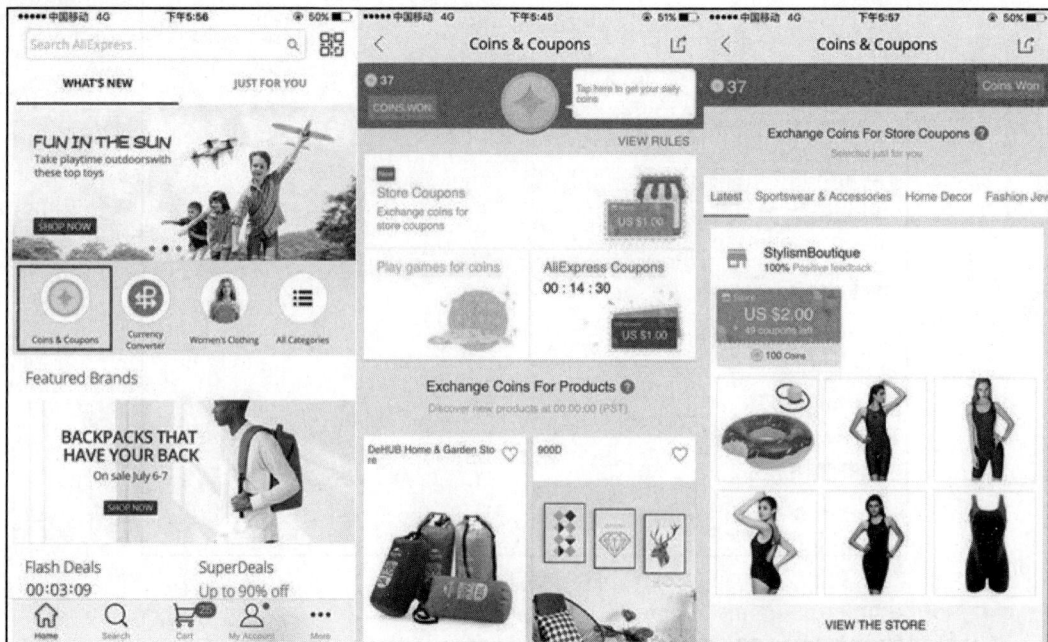

图 7-52　金币兑换优惠券的展示位置

（8）设置好店铺优惠券活动后，买家怎么兑换？

买家登录无线金币频道，选择想要兑换的优惠券，然后单击"确认"按钮即可兑换。

（9）买家使用金币兑换的优惠券订单，交易手续费怎么算？

使用金币兑换优惠券订单的交易手续费的计算和普通优惠券一样，即如果买家使用了金币兑换的店铺优惠券，交易手续费是按买家实际支付的金额进行计算的。例如，100 美元的订单买家用了 5 美元的金币兑换优惠券，实际支付金额是 95 美元，则该订单是按照 95 美元计算交易手续费的。

（10）一个订单可以使用几张金币兑换的店铺优惠券？

一个订单只能使用一张店铺优惠券，但一个订单可以用一张店铺优惠券和一张平台优惠券。若买家拥有某一店铺里的多种类型的优惠券，如金币兑换的优惠券、领取型的优惠券及定向发放型的优惠券，在一个订单里也只能使用一张优惠券。

（11）买家用金币兑换店铺优惠券，金币会到卖家的账户么？

答：买家用金币兑换后，金币被直接消耗掉，不会流入卖家的账户。

7.2.2　无线端试用频道（Freebies & Reviews）

1. 什么是速卖通无线端试用频道

速卖通无线端试用频道是中国较大的跨境商品免费试用中心，是专业的全球试客分享平台。频道聚集了上百万个中国优质商品的试用机会，以及全球 200 多个国家的千万名消费者对各类商品全面、真实、客观的试用体验报告，为消费者提供购买决策。试用频道作为集用户营销、活动营销、口碑营销、商品营销为一体的营销导购平台，为数百万商家提升了品牌的价值和影响力。

2．无线端试用频道的业务有哪些

1）1 美分试用

1 美分试用是速卖通平台推出的、会员仅通过支付 1 美分即可获取试用品的活动。会员通过试用报告分享试用感受，对卖家的商品进行公正专业的描述，为其他消费者提供购物决策，找到真正优质、合适的商品。

2）试用报告

会员在成功申请试用品后，需要提交试用报告。试用报告是会员在试用后对商品品质、性能等方面做出的客观真实的试用感受。试用报告支持文字、图片等呈现方式。试用报告富有真实的场景感，从而可以为其他消费者提供购物参考，找到真正适合自己的商品。频道支持试用报告通过点赞、转发和评论等方式产生互动，这样可以为试用品起到口碑宣传的作用。优秀的试用报告将会在店铺中的重要位置进行展示并供其他买家进行参考。

3．试用频道对商家的帮助

（1）提供无线端首页的重点曝光位置，以"TODAY'S NEW ARRIVALS"页面的方式呈现，如图 7-53 所示，从而让更多的买家看到你的商品。

（2）增加店铺收藏数量。买家申请试用前，必须收藏提供试用商品的店铺才能申请。"收藏店铺"页面如图 7-54 所示。

图 7-53　"TODAY'S NEW ARRIVALS"页面

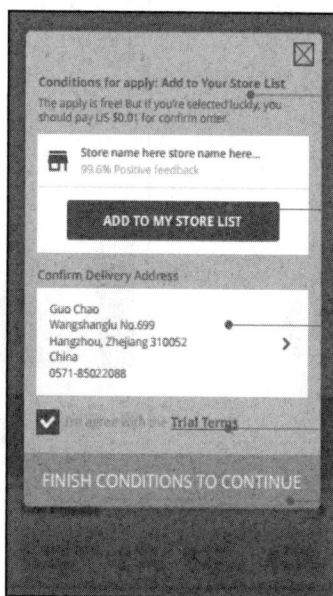

图 7-54　"收藏店铺"页面

（3）推荐店铺商品。在买家的申请过程中，提供大量的店铺商品推荐位，从而可以提升店铺曝光量和流量。一般而言，在试用商品展示过程中，店铺的各项成交核心指标数据都会有较大的增幅，如图 7-55 所示。

（4）真实的买家试用报告，为优质商品提供客观真实的评价，为其他消费者提供购物决策。买家试用评价如图 7-56 所示。

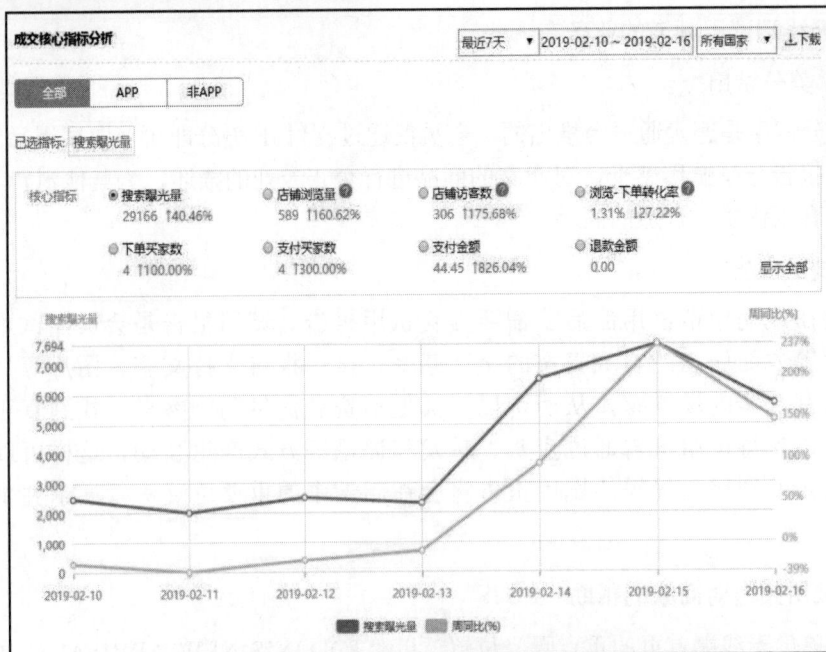

图 7-55 "成交核心指标分析"页面

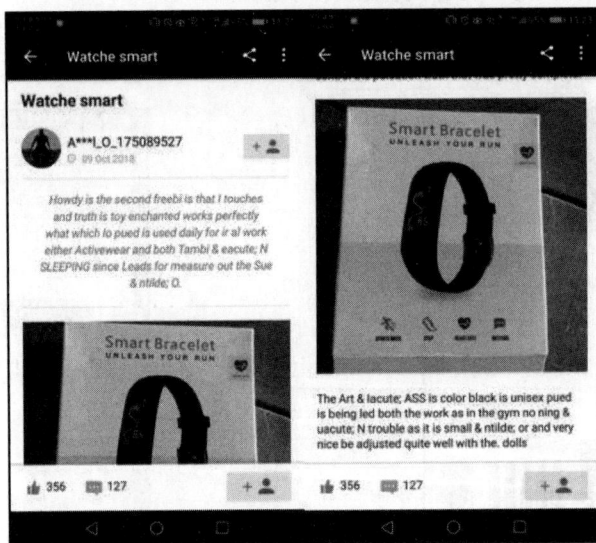

图 7-56 买家试用评价

4．如何报名参加试用频道活动

1）1 美分试用活动规则

（1）卖家规则。

- 活动招商。活动每周开启一轮常规招商活动，一周招 7 期，每期最少 10 个商品。
- 活动展示。一周展示 7 期活动，每期活动展示 7 天，每天展示一期新的活动。
- 报名商品审核。在活动报名的第二周，平台会进行活动审核，决定最终参与试用的商品。
- 审核结果通知。审核结束后，会在报名列表及邮件中通知商家审核结果。
- 活动上线。

（2）买家规则。

- 买家申请：活动开始后，买家即可以申请商品的试用机会，在申请之前需要收藏提供试用商品的店铺并填写收货地址，该申请不需要任何费用。
- 申请结果通知：活动结束后，平台会根据申请买家对速卖通平台的贡献度，决定最终的试客名单并进行通知，衡量买家贡献度的主要指标包括对此类目的 GMV 贡献、主动留好评及对此类目的 DAU（日活跃用户数据）的贡献。
- 买家支付。成功申请试用商品的买家，在规定时间内必须支付 1 美分。

（3）卖家发货。买家成功支付后，商家须在发货期内完成对试用商品的发货。

（4）买家填写试用报告。买家确认收货后，平台将打开试用报告的填写入口供买家填写。试用报告分两个部分：商品试用概述和商品试用细节描述，需要填写一定数量的文字描述和提供 5 张以上高质量的商品试用图片。

2）活动资质及商品要求

（1）活动资质要求。报名 1 美分试用活动，对商家的活动资质要求如图 7-57 所示。

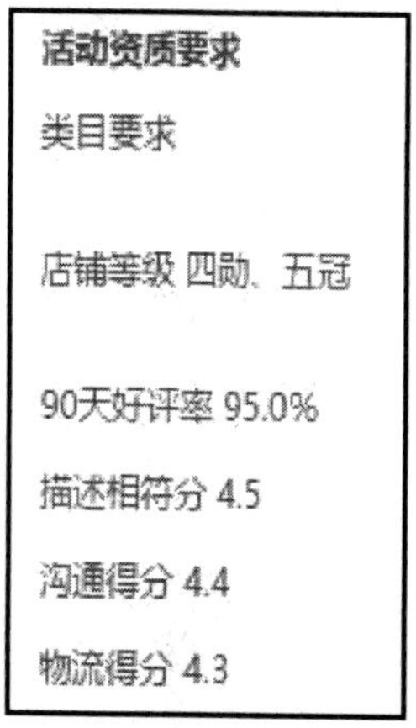

（2）商品要求。免邮国家包括俄罗斯、乌克兰、白俄罗斯、美国、英国、西班牙、德国、法国、以色列、意大利、澳大利亚、土耳其、波兰、荷兰，发货期≤5 天。商品图片无水印、不可拼图。

3）报名流程

步骤 1：登入速卖通后台，执行"营销活动"→"店铺活动"→"平台活动"命令，打开"平台活动报名"页面，如图 7-58 所示。

活动资质要求

类目要求

店铺等级 四勋、五冠

90天好评率 95.0%

描述相符分 4.5

沟通得分 4.4

物流得分 4.3

图 7-57　对商家的活动
资质要求

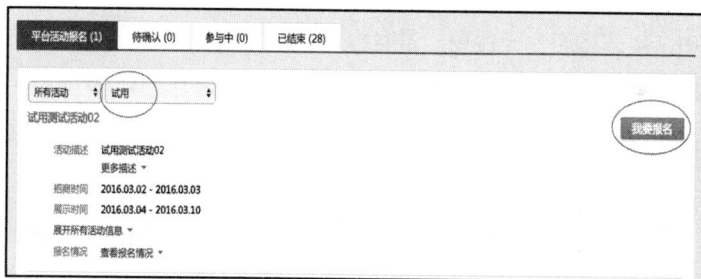

图 7-58　"平台活动报名"页面

步骤 2：在打开的"平台活动报名"页面中，选择活动名称"试用"，单击"我要报名"按钮。打开"活动商品及促销规则设置"页面。

步骤 3：在打开的"活动商品及促销规则设置"页面中，选择商品并设置促销规则，如图 7-59 所示。

填写说明如下。

一口价：买家仅需支付 1 美分即可获得试用商品，该处要求报名试用活动的商品均为 1 美分。

试用份额：试用份额即商家参与试用活动提供的试用品数量，受活动要求的限制，与普通库存量无关。如红色 L 码、黑色 X 码填写 1，则表示有 2 件试用品。如果买家在申请时无法选择尺码、颜色等，买家申请成功后则可以联系卖家说明对商品规格的要求。

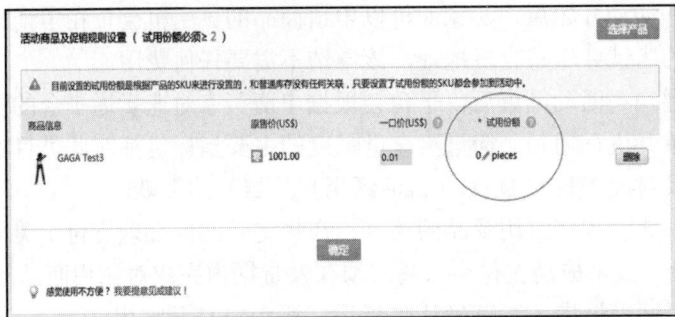

图 7-59 "活动商品及促销规则设置"页面

步骤 4：查看报名情况。提交商品后，商家可以在待确认状态下查看报名商品的审核结果。

4）商家注意事项

（1）如果报名商品有规格属性（如尺码），该如何发货？因买家申请试用商品时不能选择想要的属性，请主动联系成功申请试用的买家，确定需要的商品规格。

（2）试用商品的寄送邮费需要商家支付吗？试用活动为了提升买家的试用体验，在招商时要求对部分国家包邮，如买家成功申请且属于包邮国家，卖家需承担运费，如买家不属于包邮国家，则买家需支付运费。

（3）试用商品是否影响该商品的正常售卖？不影响，正常商品将同时以店铺价格进行售卖。

（4）报名试用活动后，该商品还能报名平台其他的活动吗？可以报名平台其他活动。

（5）试用商品会展示几天？一期活动展示 7 天。

7.2.3　无线抢购（Flash Deals）

无线抢购是 2015 年速卖通为无线用户量身打造的活动频道，它已经成为了速卖通流量较大的频道之一。此活动的入选商品享受无线端最大的曝光量倾斜，活动效果 100%出单，售罄率高达 80%。

1．无线抢购曝光位置

无线抢购活动在速卖通 PC 端和无线端均有展示，PC 端展示位置如图 7-60 所示。

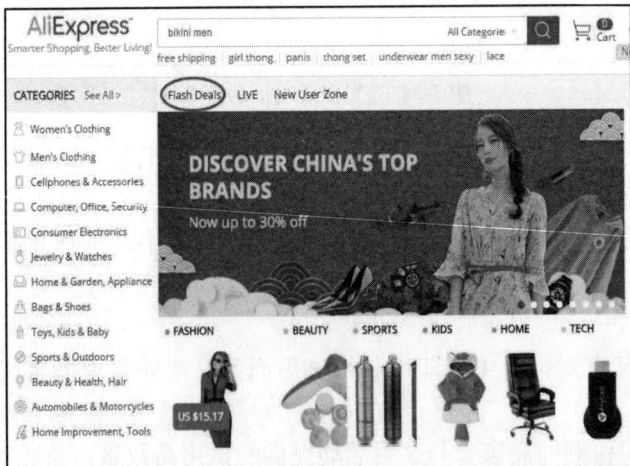

图 7-60　无线抢购活动的 PC 端展示位置

无线抢购活动在无线端展示位置如图 7-61 所示。

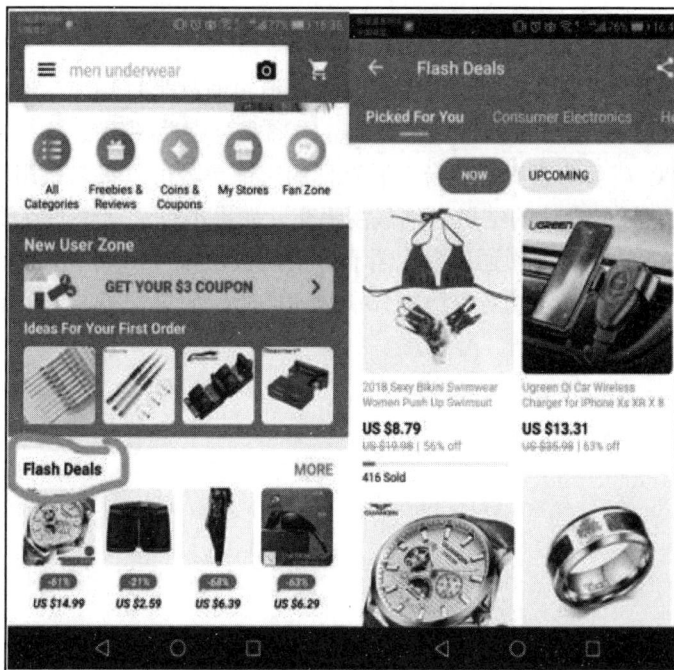

图 7-61 无线抢购活动在无线端展示位置

2．无线抢购活动的时间

无线抢购活动每周招募 7 期。

3．无线抢购活动对店铺报名资质和商品的要求

（1）店铺报名资质。

- 店铺等级三勋及以上。
- 店铺物流得分≥4.5 分。
- 店铺沟通得分≥4.5 分。
- 店铺 90 天好评率 95%及以上。
- 店铺描述得分≥4.5 分。
- 卖家不能在店铺活动黑名单中。

（2）商品要求。

- 此活动招商统一为一口价，请选择单一价格的商品参加。
- 必须指定包邮的国家：俄罗斯、乌克兰、白俄罗斯、美国、英国、西班牙、法国。
- 商品发货期需在 5 天以下。
- 禁止提价打折，且折后价为无线端当天的最低价。
- 活动当天报名的商品不得参加其他任何平台活动，店铺自主促销的价格必须高于此活动的价格，否则将失去此活动的参与权限。
- 图片清晰，细节图完整，折扣真实，好评优秀。
- 商品库存合理，总库存最少 20 个，最多 50 个。
- 每个卖家限报 1 个商品，请务必选择最符合条件、最具优势的商品。

择活动时间报名，避免扎堆报名，提高入选概率。

打开速卖通无线端，进入无线金币频道里商品类目频道，选择 3 种以上商品，的金币兑换美元的比率是多少，并将 3 种商品分别截图提交。

【实训 2】在 PC 端登录速卖通后台，看看你的店铺是否可以报名试用频道活动，如果可以，请把报名要求和报名成功的结果分别截图提交。如果不行，请说明不能参与的原因。

【实训 3】在 PC 端登录速卖通后台，看看你的店铺是否可以报名无线抢购频道活动，如果可以，请把报名要求和报名成功的结果分别截图提交。如果不行，请说明为什么不能参与的原因。

参 考 文 献

[1] 叶杨翔，朱杨琼. 和我一起学做速卖通. 北京：电子工业出版社，2017.

[2] 来立冬. 跨境电子商务. 北京：电子工业出版社，2018.

[3] 徐津平. 跨境电商物流. 北京：电子工业出版社，2016.

[4] 黄爱萍. 跨境电商与国际物流. 北京：电子工业出版社，2017.

[5] 陈碎雷. 跨境电商物流管理. 北京：电子工业出版社，2018.

[6] 杨璐，徐津平，贺俐. 当时尚遇见跨境电商. 北京：电子工业出版社，2016.

[7] 速卖通大学. 跨境电商美工. 北京：电子工业出版社，2016.

[8] 速卖通大学. 跨境电商 SNS 营销与商机，北京：电子工业出版社，2015.

[9] 易传识网络科技，丁晖. 跨境电商多平台运营——实战基础. 北京：电子工业出版社，2017.

[10] 速卖通大学. 跨境电商运营与管理. 北京：电子工业出版社，2017.

[11] 阿里巴巴商学院. 跨境电商基础、策略与实战. 北京：电子工业出版社，2016.

[12] 冯晓宁，梁永创，齐建伟. 跨境电商：阿里巴巴速卖通实操全攻略。北京：人民邮电出版社，2015.

[13] 钟云苑，跨境电商——速卖通宝典. 北京：机械工业出版社，2017.

[14] 阿里巴巴（中国）网络技术有限公司. 从 0 开始：跨境电商实训教程. 北京：电子工业出版社，2016.

[15] 速卖通大学. 跨境电商：阿里巴巴速卖通宝典. 北京：电子工业出版社，2015.

[16] 速卖通大学. 跨境电商数据化管理. 北京：电子工业出版社，2016.